“十四五”职业教育汽车类专业系列教材

汽车发动机电控系统维修

李　军◎主　编
李春旭◎副主编

QICHE FADONGJI DIANKONG XITONG WEIXIU

中国铁道出版社有限公司
CHINA RAILWAY PUBLISHING HOUSE CO., LTD.

内 容 简 介

本书依据《中等职业学校汽车运用与维修专业教学标准》以及国家和交通行业相关职业标准编写而成，包括认识发动机电子控制系统总体结构、操作与使用解码器、识别发动机电控系统电路图、检测空气流量计、检测进气压力传感器、检测进气温度传感器、检测冷却液温度传感器、检测凸轮轴位置传感器、检测曲轴位置传感器、检测节气门、油门踏板位置传感器、检测爆震传感器、检测氧传感器、检测车速传感器、检测点火系统、检测喷油器、检测怠速控制执行器、检测炭罐电磁阀、检测三元催化器、检测燃油系统压力、检测电动燃油泵、检测起动信号、检测ECM电源电路、发动机电子控制系统排除故障的思路与方法、发动机电子控制系统综合故障排除训练，共计24个项目。

本书是在学生已掌握汽车维修基本知识和技能的基础上，进一步讲解发动机电控系统的结构、原理和维修技术，使学生具备对发动机电控系统进行维护、故障诊断、修理的技能，为毕业后从事汽车的维修工作奠定良好的基础。

本书适合作为中等职业学校汽车类专业的教材，也可供汽车维修相关专业人员学习参考。

图书在版编目（CIP）数据

汽车发动机电控系统维修/李军主编. —北京：中国铁道出版社有限公司，2022.11

“十四五”职业教育汽车类专业系列教材

ISBN 978-7-113-29160-0

Ⅰ.①汽… Ⅱ.①李… Ⅲ.①汽车-发动机-电子系统-控制系统-维修-职业教育-教材 Ⅳ.①U472.43

中国版本图书馆CIP数据核字（2022）第090129号

书　名：汽车发动机电控系统维修
作　者：李　军

策　　划：何红艳　　**编辑部电话：**（010）63560043
责任编辑：何红艳
封面设计：郑春鹏
责任校对：苗　丹
责任印制：樊启鹏

出版发行：中国铁道出版社有限公司（100054，北京市西城区右安门西街 8 号）
网　　址：http://www.tdpress.com/51eds/
印　　刷：三河市兴达印务有限公司
版　　次：2022 年 11 月第 1 版　2022 年 11 月第 1 次印刷
开　　本：787 mm×1 092 mm　1/16　**印张：**20.25　**字数：**455 千
书　　号：ISBN 978-7-113-29160-0
定　　价：59.80 元

前　言

随着职业教育教学改革的不断深入，中等职业学校对课程结构、课程内容及教学模式提出了更高的要求。为适应社会经济发展和汽车运用与维修专业技能型紧缺人才培养的需要，依据教育部颁布的《中等职业学校汽车运用与维修专业教学标准》，组织中等职业学校汽车专业教师编写了本书。

本书总结了编者多年来的汽车专业教学经验，将职业岗位所需要的知识、技能和职业素养融入汽车专业教学中，体现了中等职业教育的特色。本书特点如下：

1. 图文并茂，通俗易懂，简明实用，由浅入深，深浅适度，便于读者学习把握；

2. “以服务发展为宗旨，以促进就业为导向”，加强文化基础教育，强化技术技能培养，符合汽车专业实用人才培养的需求；

3. 符合中等职业学校学生的认知规律，注重知识的实际应用和对学生职业技能的训练，符合汽车类专业教学与培训的需要；

4. 与汽车维修中级工、高级工及技师职业技能鉴定考核相吻合，便于学生毕业后适应岗位技能要求；

5. 结合实际工作中的需要，对维修工作的操作步骤、注意事项进行了详尽的说明，力图以实践方式，与企业实际工作紧密结合，着重培养学生的实践及动手能力。

“汽车发动机电控系统维修”是汽车运用与维修专业课之一，本书主要内容包括：认识发动机电子控制系统总体结构、操作与使用解码器、识别发动机电控系统电路图、检测空气流量计、检测进气压力传感器、检测进气温度传感器等 24 个项目。本书由天津市东丽区职业教育中心学校李军担任主编，天津市东丽区职业教育中心学校李春旭担任副主编。参加编写的还有天津市东丽区职业教育中心学校张宏成、李超、许德磊、刘广博、王雪、范百超、张娜、刘文召、潘东浩，天津市南洋工业学校张春旺。本书编写分工为：李军、张宏成、李超编写项目一 ~ 项目八；李春旭、许德磊、刘广博编写项目九 ~ 项目十三；王雪、范百超、张春旺编写项目十四～项目十九；李军、张娜、刘文召和潘东浩编写项目二十～项目二十四。

在此，对本书编写过程中提供资料及技术上给予大力协助与支持的相关行业、院校专家刑振东、魏洪英、纪瑶瑶、马永亮、刘明星等表示感谢。在本书各项目中的检查程序环节参考了部分丰田维修手册，如“参见 ES-24 页”代表查看丰田维修手册 ES 发动机控制系统手册第 24 页；“参见 EM-147 页”代表查看发动机机械部分手册第 147 页，以此类推。其中 FU 代表燃油控制系统手册，EC 代表排放控制系统手册，IT 代表进气系统手册， EX 代表排放系统，CO 代表冷却系统，LU 代表润滑系统手册，IG 代表点火系统手册，ST 代表起动系统手册，CH 代表充电系统手册。

限于编者经历和水平，本书内容难以覆盖全国各地中等职业学校的实际情况，希望各学校在选用和推广本书的同时，及时提出修改意见和建议，以便修订再版时改正。

编　者

2022 年 5 月

目录

项目一

认识发动机电子控制系统总体结构

现代汽车发动机的改革和创新，特别是电子控制系统技术的应用，在很大程度改善了汽车排放性能、动力性能和经济性能。作为一名维修人员，我们需要向客户介绍电控发动机总体的结构。

项目目标

1. 知识目标

（1）了解发动机电子控制系统总体组成；

（2）了解汽油发动机电控燃油喷射系统的分类。

2. 能力目标

（1）知道发动机电子控制系统的工作原理；

（2）识别发动机电子控制系统的主要传感器和执行器及其安装位置。

3. 素质目标

（1）严格遵守实操操作流程，养成良好的职业道德；

（2）培养团队合作意识。

项目设备

（1）工具：无。

（2）设备：1ZR发动机实验台4台，解剖发动机台架1台，其他D型电控发动机1台。

项目知识

1. 汽油发动机电控燃油喷射系统工作原理

汽油发动机电控燃油喷射系统以发动机电子控制单元（Electronic Control Unit，ECU）为控制中心，利用安装在发动机不同部位的各种传感器检测发动机的各种工作参数。根据这些参数选择ECU中设定的程序，通过控制喷油器，精确地控制喷油量，使发动机在各种工况下都能获得最佳空燃比的混合气，其工作原理如图1-1所示。此外，电控燃油喷射系统通过ECU的控制程序，实现起动加浓、暖机加浓、加速加浓、全负荷加浓、减速调稀、强制怠速断油、自动怠速控制等功能，满足发动机特殊工况对混合气的要求，使发动机获得良好的燃油经济性和排放性，提高汽车的使用性能。

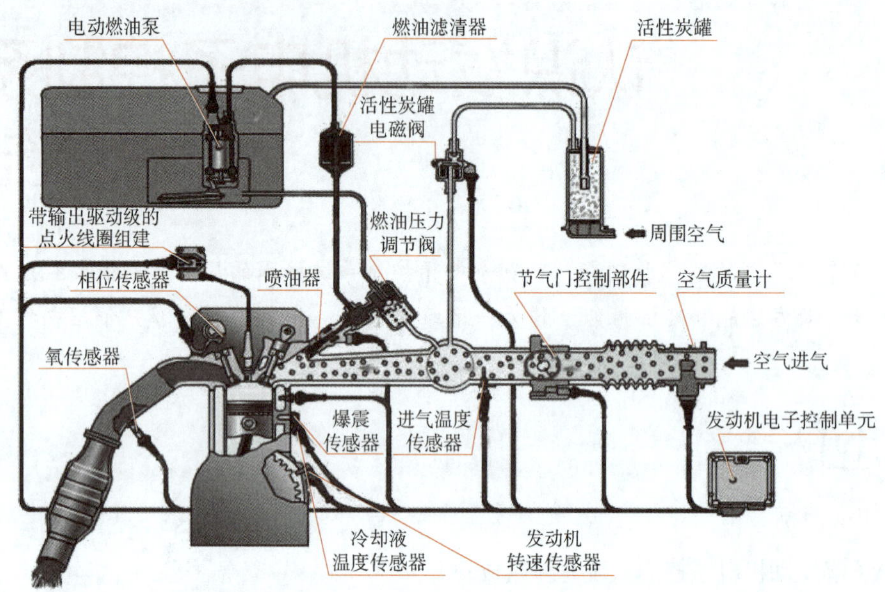

图1-1　汽油发动机电控燃油喷射系统工作原理

2. 汽油发动机电控燃油喷射系统的组成

汽油发动机电控燃油喷射系统一般由3个子系统组成，分别为空气供给系统、燃油供给系统和电控系统。

（1）空气供给系统

空气供给系统为发动机可燃混合气的形成提供必需的空气。空气经空气滤清器、空气流量计（L型汽油发动机电控燃油喷射系统）、节气门体、进气压力传感器（D型汽油发动机电控燃油喷射系统）、进气管（进气总管和进气歧管）进入各气缸。一般行驶时，空气的流量由通道中的节气门体来控制（节气门体由加速踏板操作）。踩下加速踏板时，节气门体打开，进入的空气量多。怠速时，节气门体关闭，空气由旁通气道通过。怠速转速的控制是由怠速调整螺钉和怠速空气调整器调整流经旁通气道的空气量来实现的。怠速空气调整器一般由ECU控制。在气温较低，发动机需要暖机时，怠速空气调整器的通路打开，将暖机时必需的空气量供给进气歧管，此时，发动机转速比正常怠速高，称为快怠速。随着发动机冷却液温度升高，怠速空气调整器使旁通气道开度逐渐减小，旁通空气量也随之减小，发动机转速逐渐降低至正常怠速。

（2）燃油供给系统

燃油供给系统向发动机精确地提供各种工况下所需要的燃油。在燃油供给系统中，电动汽油泵将汽油从油箱泵出，经过燃油滤清器、燃油压力调节器，压力比进气管压力高出约250 kPa，经输油管配送给各个喷油器包括冷起动喷油器。喷油器根据ECU发来的喷射信号，把适量汽油喷射到进气歧管中。当油路压力超过规定值时，压力调节器工作，多余的汽油返回油箱，从而保证送给喷油器的燃油压力基本不变。当冷却液温度较低时，冷起动喷油器工作，将燃油喷入进气总管，以改善发动机低温时的起动性能。燃油系统主要由汽油箱、电动汽油泵、燃油压力调节器、燃油滤清器、喷油器及冷起动喷油器等构成。

（3）电控系统

电控系统的功能是根据发动机运转状况和车辆运行状况确定燃油的最佳喷射量。配备电子燃油喷射系统的汽车，其发动机控制是由发动机电子控制系统（Engine Electronic Control System，简称EECS或EEC）来完成的，主要功能是控制空燃比、喷油时刻与点火时刻。除此之外，还有控制发动机的冷热车起动、怠速转速、最大转速、废气再循环、二次空气喷射、爆震、电动燃油泵、故障自诊断以及给其他电控系统发送状态信号等功能。其工作性质是采集发动机各部位的工况信号，根据采集到的信号计算确定最佳喷油量、最佳喷油时刻和最佳点火时刻。

发动机电子控制系统由传感器、ECU和执行器三部分组成，如图1-2所示。传感器是一种信号检测与转换装置，安装在发动机的各个部位，如图1-3所示。其功能是：检测发动机运行状态的各种电量参数、物理量和化学量等，并将这些参量转换成计算机能够识别的电量信号输入ECU。ECU又称电子控制器，俗称电脑，是发动机电子控制系统的核心部件，其功能是：根据各种传感器和控制开关输入的信号参数，对喷油量、喷油时刻和点火时刻等进行实时控制。执行器是控制系统的执行机构，其功能是：接受ECU的控制指令，完成具体的控制动作，从而使发动机处于最佳的运行状态。

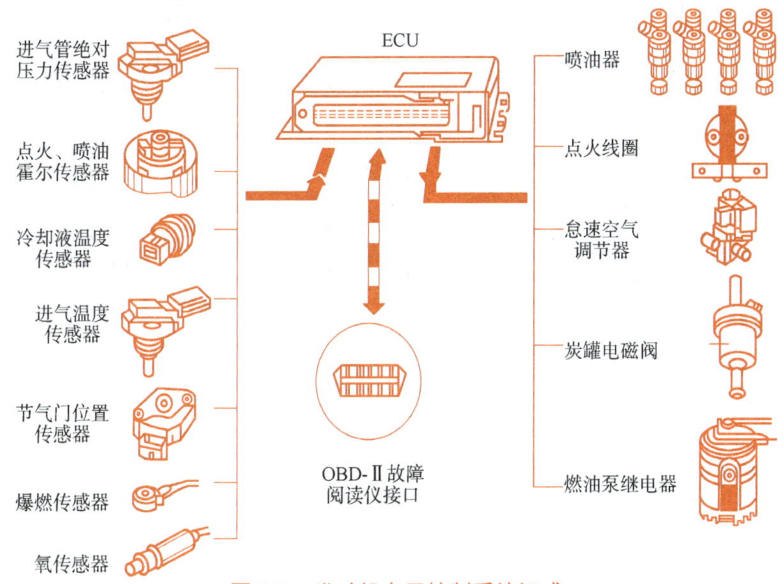

图1-2　发动机电子控制系统组成

3. 汽油发动机电控燃油喷射系统的分类

（1）L型汽油发动机电控燃油喷射系统

L是德文“空气”一词的首字母，L型汽油发动机电控燃油喷射系统采用多点间歇喷射方式，用空气流量计直接测量吸入的空气量，性能优良，应用广泛。其系统组成如图1-4所示。

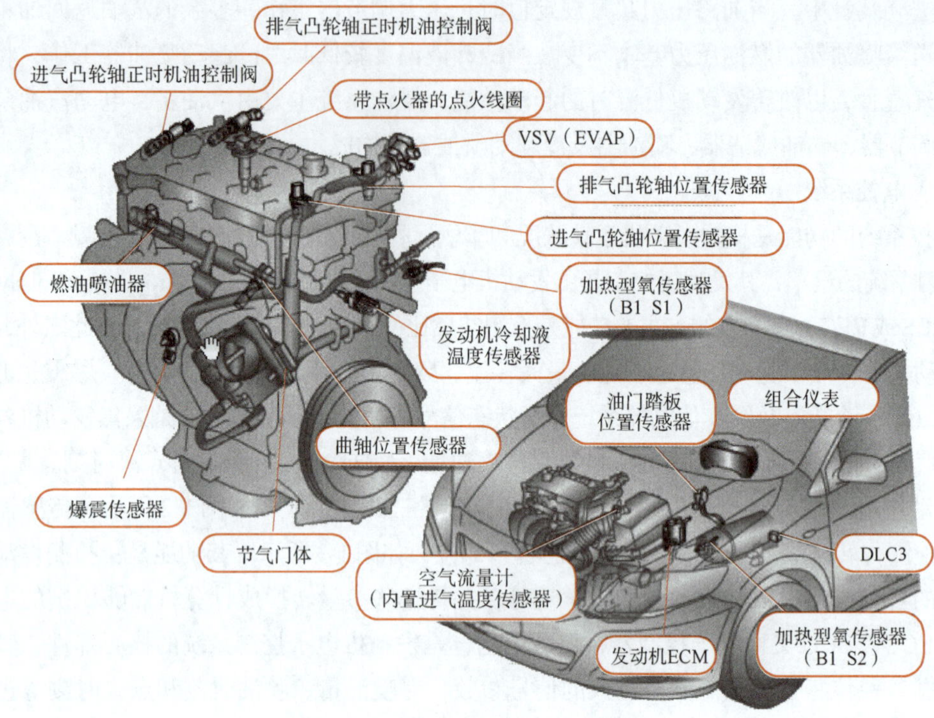

图 1-3　1ZR 发动机传感器安装部位

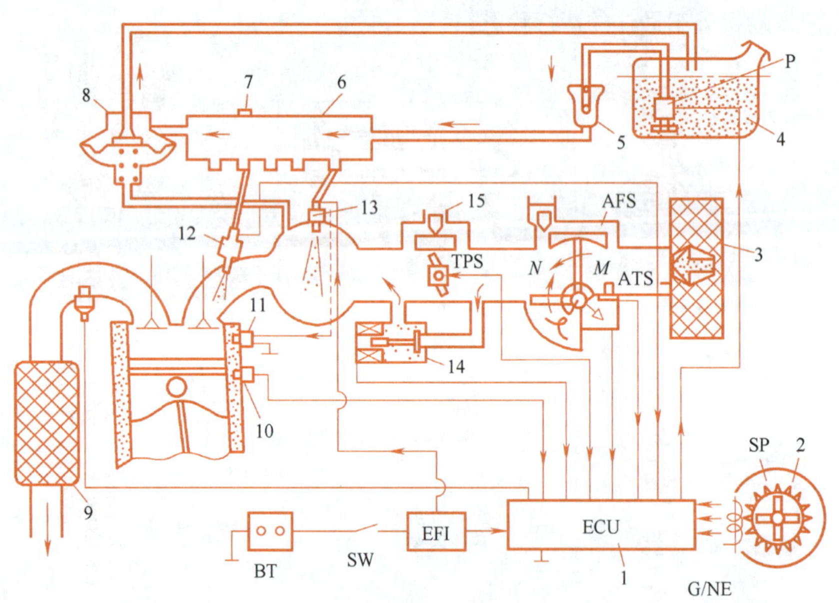

图 1-4　L 型汽油发动机电控燃油喷射系统组成

1—发动机电控单元；2—分电器；3—空气滤清器；4—汽油箱；5—汽油滤清器；6—汽油分配管；7—测压孔；8—油压调节器；9—三元催化转化器；10—冷却液温度传感器；11—温控开关；12—喷油器；13—冷起动喷油器；14—怠速空气调节器；15—怠速调节螺钉；P—电动汽油泵；TPS—节气门位置传感器；AFS—空气流量计；*M*—气流力矩；*N*—扭簧力矩；ATS—空气温度传感器；EFI—主继电器；BT—蓄电池；SW—电源开关；SP—转速信号；G—曲轴判缸信号；NE—曲轴转角信号

（2）D型汽油发动机电控燃油喷射系统

D是德文“压力”一词的首字母。D型系统是最早的、典型的多点压力感应式喷射系统。美国的通用、福特和克莱斯勒，日本的丰田、本田、铃木和大发等主要汽车公司，都有类似的产品。由于空气在进气管内波动，因而使该方法的测量精度稍差，并且响应较慢。其系统组成如图1-5所示。

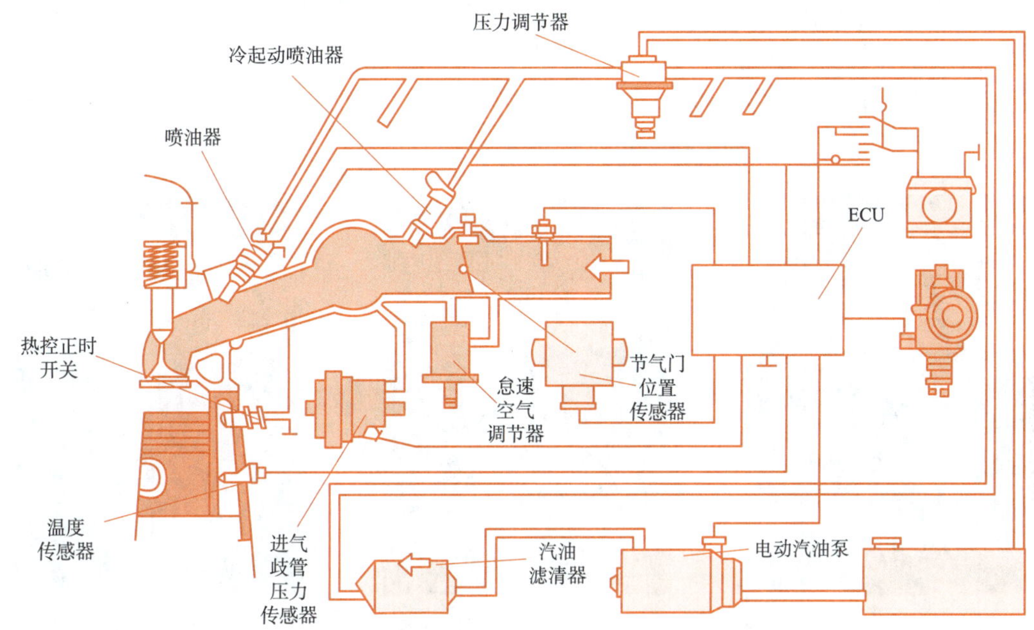

图1-5　D型汽油发动机电控燃油喷射系统组成

4. 1ZR发动机常见传感器及执行器

（1）空气流量计（AFS），如图1-6所示，安装在空气滤清器后进气管上，用于测量发动机的进气量，并将进气量转换成电信号输送给ECU，作为燃油喷射控制和点火控制的主控信号。

图1-6　空气流量计

（2）进气压力传感器（MAPS），如图1-7所示，安装在进气歧管上，用于测量进气歧管内气体的绝对压力，并将进气压力转换成电信号输送给ECU，作为燃油喷射和点火控制的主控信号（AJR发动机没有进气压力传感器，讲解及认知实物时可选择丰田5A等装配D型电控燃油喷射系统的发动机）。

（3）节气门位置传感器（TPS），如图1-8所示，安装在节气门阀体上，用于检测节气门的开度及开度变化，并将此信号输入ECU，用于燃油喷射控制和其他辅助控制。

（4）凸轮轴位置传感器（CMPS），如图1-9所示，安装在凸轮轴的前端，不同车型安装位置不同，有的装在分电器内，如5A发动机。用于给ECU提供曲轴转角基准位置信号（G信号），作为喷油正时控制和点火正时控制的主控信号。

（5）曲轴位置传感器（CKPS）又称转速传感器，如图1-10所示，安装于缸体中下部，用于测量曲轴转角位移，给ECU提供发动机转速和曲轴转角信号，作为喷油正时控制和点火控制的主控信号。

图1-7　进气压力传感器

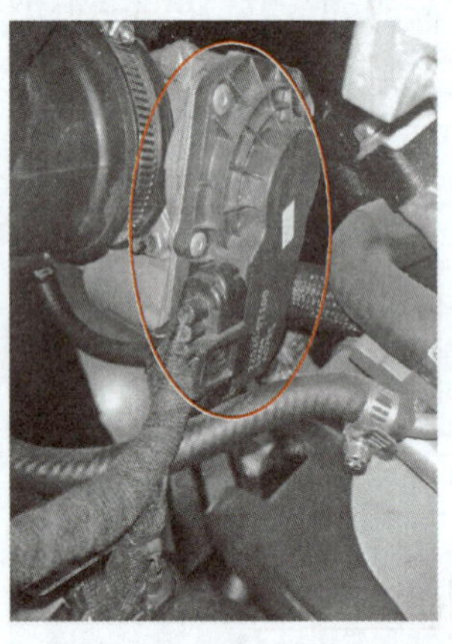

图1-8　节气门位置传感器

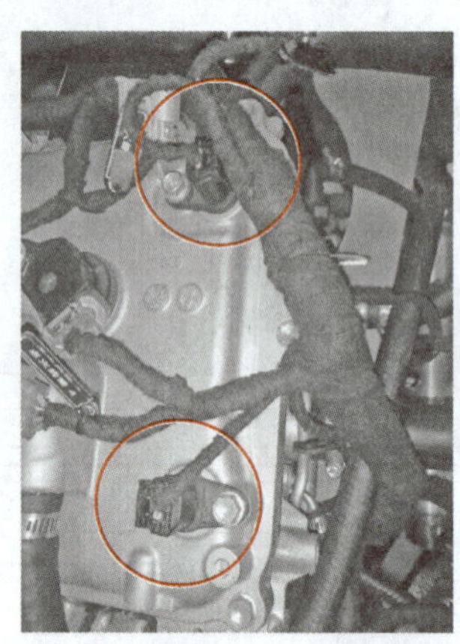

图1-9　凸轮轴位置传感器

图1-10　曲轴位置传感器

（6）进气温度传感器（IATS），如图1-11所示，安装在进气管上，功用是给ECU提供进气温度信号，作为燃油喷射控制和点火控制的修正信号。

（7）冷却液温度传感器（ECTS），如图1-12所示，安装于水道中，在AJR发动机上装于缸盖后部，功用是给ECU提供发动机冷却液温度信号，作为燃油喷射控制和点火控制的修正信号。

（8）氧传感器（O_2S），如图1-13所示，安装于排气管上，用来检测排气中氧的含量，向ECU输送空燃比反馈信号，进行喷油量的闭环控制。

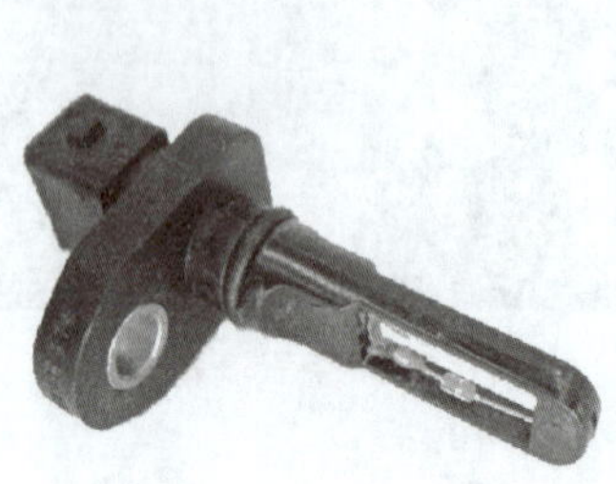

图1-11　进气温度传感器

图1-12　冷却液温度传感器

图1-13　氧传感器

（9）爆震传感器（KS），如图1-14所示，安装在缸体上，用来检测汽油发动机是否爆震及爆震强度，将此信号输入ECU，作为点火正时控制修正（反馈）信号。

（10）电子控制单元，如图1-15所示，根据车型不同安装位置也不同，装备1ZR发动机的卡罗拉轿车的ECU安装在发动机舱的左前角处，装备5A发动机的威驰轿车，ECU安装在驾驶室内右前乘客侧的杂物箱下面，而丰田皇冠轿车的ECU则安装在发动机室内，其他车型的ECU安装位置在此不一一叙述。ECU的功用是按照一定的程序对各种输入的信号进行运算、储存、分析处理，然后输出指令，控制执行元件工作，以达到快速、准确、自动控制发动机工作的目的。

（11）电动燃油泵，如图1-16所示，安装于汽油箱内，向发动机提供燃料。

图1-14　爆震传感器

图1-15　电子控制单元

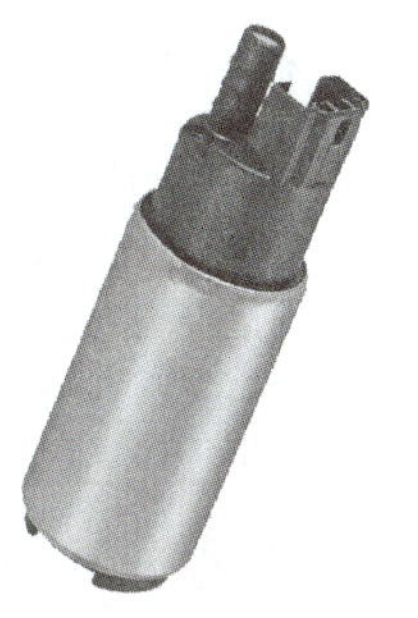

图1-16　电动燃油泵

（12）活性炭罐电磁阀，如图1-17所示，安装于右内侧翼子板附近，用于将炭罐内的活性炭吸附燃油蒸汽送入进气管，有利于减少汽车排放。

（13）喷油器，如图1-18所示，安装在进气歧管的末端，用于适时适量的喷射燃油，由ECU控制其打开和关闭的时间。

（14）点火线圈，如图1-19所示，安装进气歧管的下面，不同车型其安装位置也不相同，点火器根据ECU的指令，适时产生高压火花，点燃汽缸内的可燃混合气。

图1-17　活性炭罐电磁阀

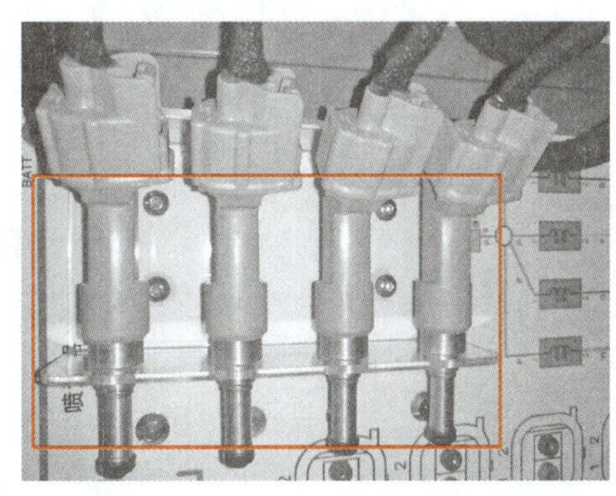

图1-18　喷油器

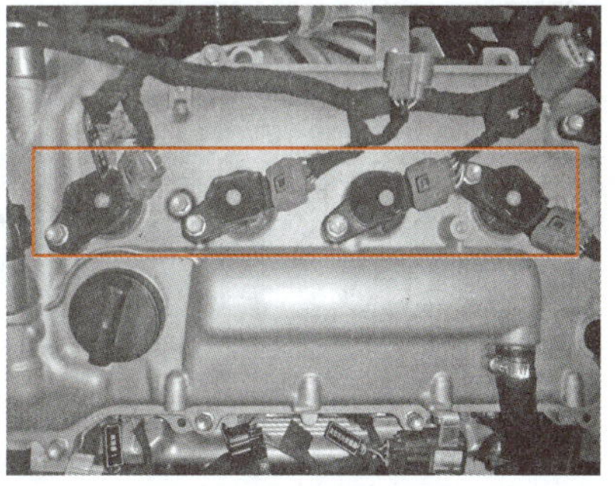

图1-19　点火线圈

（15）氧传感器加热器与氧传感器在一起共同安装在发动机排气管上，用于给氧传感器加热，以便氧传感器正常工作。

（16）怠速控制电动机安装于节气门阀体内，不同车型怠速控制方式不一样，有节气门直动式和旁通空气式，所用执行器有直流电动机式、步进电动机式、旋转滑阀式和占空比电磁阀式，其功能都是一样的，就是在怠速时控制进气量，根据不同怠速工况满足怠速对空气的需要。

项目实施

1. 注意事项

（1）遵守实验室规章制度，未经许可，不得擅自移动和拆卸仪器与设备。

（2）必须穿工作服、工作鞋，严格执行安全、5S管理制度。

（3）严禁未经许可，擅自操作教具、设备的电器开关、点火开关和起动开关，以防发生危险。

（4）在教师允许和监控下，才能起动发动机，需与设备周围的人员进行互动，防止意外发生。

（5）发动机运行期间，严禁拔下各传感器及执行器接口，以免损坏ECU。

2. 实施步骤

项目工单

<table>
<tr><td>项目名称</td><td colspan="2">认识发动机电子控制系统总体结构</td><td>序号</td><td>1</td><td>日期</td><td></td></tr>
<tr><td>班级</td><td></td><td>姓名</td><td></td><td>学号</td><td colspan="2"></td></tr>
<tr><td colspan="7">一、资讯
（1）实训机器型号：____________和____________。
（2）电控系统的组成：____________、____________。
（3）电控系统按进气测量方式不同分为：____________和____________。
（4）电控系统其他分类方式：

（5）电控系统的工作原理：

</td></tr>
</table>

二、决策和计划

人员分工		选择设备	工作计划
组号			
组长			
组员			

三、实施

元件名称	作用	安装位置

四、检查

每个工作小组选派一名代表，说出元件名称、作用及指出安装位置。

五、评估

序号	考核要点	配分	评分标准	得分
1	清楚电控系统基本组成和各组成部分的功用	40	不清楚电控系统组成及功用一次扣5分	
2	正确指出各主要传感器的安装位置	20	不能正确指出传感器安装位置一次扣5分	
3	正确指出主要执行器的安装位置	20	不能正确指出执行器安装位置一次扣5分	
4	整理工具，清理现场 实习态度和纪律	20	保持实习现场秩序和卫生，保证人身及设备的安全，违规一次扣5分	
5	总分	100	实得总分	

1. 小组自评：成绩____________________

2. 教师点评：成绩____________________

教师签字：____________________

思考题

（1）发动机电子控制系统由哪几部分组成？

（2）什么是传感器？传感器功能是什么？电子控制系统常用传感器有哪些？

（3）什么是执行器？执行器功能是什么？电子控制系统常用执行器有哪些？

（4）什么是ECU？ ECU的功能是什么？

项目二

操作与使用解码器

一辆装有1ZR发动机的丰田卡罗拉轿车，在车辆行驶过程中仪表盘出现了故障灯点亮、无法行驶的现象。需要对车辆故障进行检查维修，为此司机将车辆开到服务站进行维修。作为一名维修人员，你应该如何使用解码器进行故障查询呢？

项目目标

1. 知识目标

（1）了解第二代随车诊断系统（OBD-Ⅱ）相关知识；

（2）了解金德KT600诊断仪的连接。

2. 能力目标

（1）能够熟练操作金德KT600诊断仪；

（2）能够进行故障码、数据流、定格数据的读取。

3. 素质目标

（1）锻炼学生勤于思考，研究认真的学习态度；

（2）培养学生独立思考，解决问题的能力。

项目设备

（1）工具：金德KT600诊断仪、电眼睛X-431、IT-Ⅱ、V.A.G1551、V.A.S5051（根据教学设备，酌情准备）。

（2）设备：1ZR发动机实验台4台，解剖发动机台架1台，其他D型电控发动机1台。

项目知识

现代汽车都具有自诊断功能，通过使用解码器可调出ECU内部的故障码和数据流。带有数据流功能的故障诊断仪可分为专用型和通用型两大类。

专用型故障诊断仪是汽车制造公司为自己生产的汽车而专门设计制造的，世界上一些大的汽车制造公司都有自己专用的故障诊断仪，如日本本田车系专用的PGM、美国克莱斯勒车系专用的DRB-Ⅱ、美国福特车系专用的STAR-Ⅱ、德国大众车系专用的V.A.G1551和V.A.G1552、德国宝马车系专用的MODIC-Ⅲ等。专用故障诊断仪一般只适合在特约维修站配备，以便提供良好的售后服务，充分发挥故障诊断仪的功能。图2-1为专用型故障诊断仪（通用汽车诊断仪TECH 2）。

通用型故障诊断仪是汽车保修设备制造公司为适应诊断检测多种车型而设计制造的，一般都配有不同车系的测试卡和适合各种车型的检测连接电缆连接器，测试卡存储有几十种甚至上百种不同公司、不同车型汽车电控系统的检测程序、检测数据和故障码等资料，适合综合性维修企业使用。目前常用的通用型故障诊断仪有：美国Snap-on公司生产的MT2500、美国IAE公司生产的OTC4000、深圳元征公司生产的431ME电眼睛和三元修车王、德国博世公司生产的FSA740和KT660故障诊断仪等。通用型故障诊断仪如图2-2所示。

图2-1　专用型故障诊断仪

（a）FSA740故障诊断仪

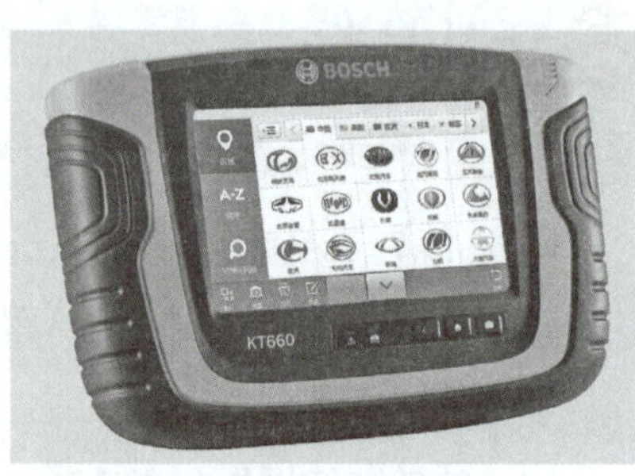

（b）KT660故障诊断仪

图2-2　通用型故障诊断仪

1. OBD-Ⅱ简介

在汽车技术发展的历程中，由于世界各大汽车制造公司的技术特点各不相同，缺乏统一的标准，导致各种汽车自诊断系统的故障诊断座形式和位置、读取与清除故障码的方法各异，这给汽车用户和维修人员带来了很大不便。为此，20世纪70年代，汽车电控系统中开始采用了第一代随车诊断系统（OBD-Ⅰ）；1994年以后，美国、日本和欧洲的主要汽车制造厂家生产的电控汽车逐步开始采用第二代随车诊断系统（OBD-Ⅱ）。

OBD是“ON-BOARD DIAGNOSTICS”的英文缩写，即随车诊断系统。OBD-Ⅱ的主要特点如下。

（1）汽车按标准装用统一的16端子诊断座，如图2-3所示，并将诊断座统一安装在驾驶室仪表盘下方。

（2）OBD-Ⅱ具有数据传输功能，并规定了两个传输线标准：一般情况下，欧洲数据传输用7号和15号端子，美国数据传输用2号和10号端子。

（3）OBD-Ⅱ具有行车记录功能，能记录车辆行驶过程的有关数据资料；能记忆和重新显示故障码的功能，可利用仪器方便、快速地调取或清除故障码。

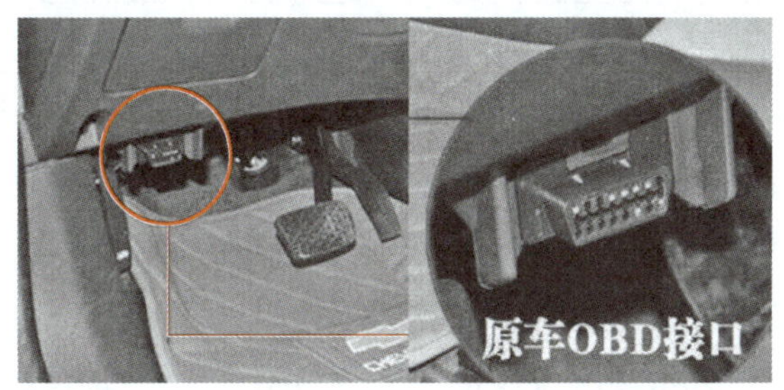

图 2-3　OBD- Ⅱ诊断座

（4）装用OBD-Ⅱ的汽车，采用相同的故障码代号及故障码含义。故障码由1个英文字母和4个数字组成，如图2-4所示。故障码说明如表2-1所示。SAE共规定了100个统一的OBD-Ⅱ故障码，其含义如表2-2所示。

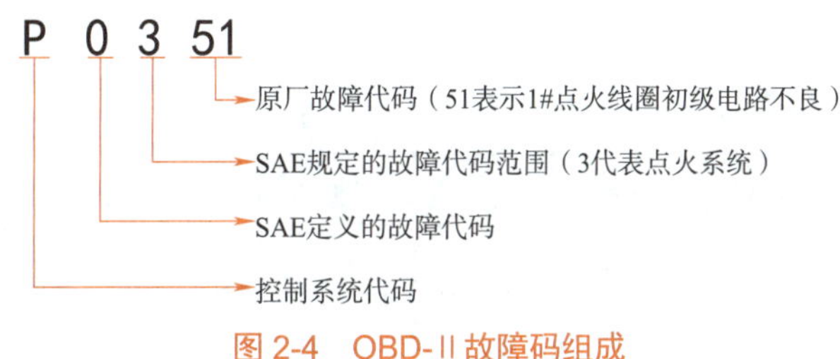

图 2-4　OBD-Ⅱ故障码组成

表 2-1　OBD-Ⅱ故障码说明

代码性质	代码	代码含义
控制系统代码（英文字母）	P	汽车发动机和自动变速器控制系统
	C	汽车底盘控制系统
	B	汽车车身控制系统
制造厂代码（1位数字）	0	SAE 定义的故障代码
	其他 1，2，3，…，9	汽车制造厂自定义的故障代码
SAE 定义故障码范围代码（1位数字）	1，2	燃油或进气测量系统故障
	3	点火系统故障或发动机间歇熄火故障
	4	废气控制系统故障
	5	怠速控制系统故障
	6	ECU 或执行元件控制系统故障
	7，8	自动变速器控制系统故障
原厂故障代码（2位数字）	—	由原厂规定的具体元件故障码，不同代码有不同的含义

表2-2 OBD-Ⅱ故障码含义

故障码	故障含义	故障码	故障含义
P0100	空气流量计线路故障	P0151	前氧传感器信号电压过低
P0101	怠速时空气流量计信号不良	P0152	前氧传感器信号电压过高
P0102	空气流量计信号电压过低	P0153	后氧传感器信号变化率过慢
P0103	空气流量计信号电压过高	P0154	前副氧传感器线路断路
P0105	大气压力传感器信号不良	P0155	后氧传感器加热线圈线路短路
P0107	进气管绝对压力传感器信号电压过高	P0158	后副氧传感器信号电压过高
P0108	进气管绝对压力传感器信号电压过低	P0160	后副氧传感器信号线路不良
P0110	进气温度传感器线路故障	P0161	后副氧传感器信号线路受干扰
P0111	进气温度传感器信号不良	P0171	氧传感器信号电压过低
P0112	进气温度传感器线路短路	P0172	氧传感器信号电压过高
P0113	进气温度传感器线路断路	P0174	后氧传感器信号电压过低
P0115	冷却液温度传感器线路故障	P0175	后氧传感器信号电压过高
P0116	冷却液温度传感器信号不良	P0201	第一缸喷油器线路不良
P0117	冷却液温度传感器线路短路	P0202	第二缸喷油器线路不良
P0118	冷却液温度传感器线路断路	P0203	第三缸喷油器线路不良
P0120	节气门位置传感器信号不良	P0204	第四缸喷油器线路不良
P0121	节气门位置传感器调整不当	P0205	第五缸喷油器线路不良
P0122	节气门位置传感器信号电压过低	P0206	第六缸喷油器线路不良
P0123	节气门位置传感器信号电压过高	P0207	第七缸喷油器线路不良
P0125	发动机无法达到闭环工作温度	P0208	第八缸喷油器线路不良
P0130	主氧传感器信号电压过高或过低	P0300	发动机有间歇性不点火故障
P0131	氧传感器信号电压过低	P0301	第一缸有间歇性不点火故障
P0132	氧传感器信号电压过高	P0302	第二缸有间歇性不点火故障
P0133	主氧传感器信号电压变化不灵敏	P0303	第三缸有间歇性不点火故障
P0135	主氧传感器加热线圈线路不良	P0304	第四缸有间歇性不点火故障
P0136	副氧传感器信号电压过高或过低	P0305	第五缸有间歇性不点火故障
P0137	副氧传感器信号电压过低	P0306	第六缸有间歇性不点火故障
P0138	副氧传感器信号电压过高	P0307	第七缸有间歇性不点火故障
P0140	副氧传感器线路断路	P0308	第八缸有间歇性不点火故障
P0141	副氧传感器加热线圈线短路	P0320	发动机转速信号不良
P0150	后氧传感器信号电压过高或过低	P0321	曲轴位置传感器信号不良

续表

故障码	故障含义	故障码	故障含义
P0325	前爆震传感器信号不良	P0505	怠速步进电动机不良
P0330	后爆震传感器信号不良	P0510	节气门位置传感器不良
P0335	起动或运转中未收到曲轴传感器信号	P0605	主 ECU 的 ROM 存储器不良
P0336	凸轮轴和曲轴位置传感器信号不良	P0703	制动灯开关信号不良
P0340	起动或运转中未收到凸轮轴传感器信号	P0707	挡位开关信号电压过低
P0400	EGR 阀控制系统不良	P0708	挡位开关信号电压过高
P0401	EGR 阀控制系统温度信号或线路不良	P0712	变速器油温传感器短路
P0402	EGR 阀怠速时漏气	P0713	变速器油温传感器断路
P0403	EGR 阀控制系统线路不良	P0720	变速器输出轴车速传感器信号不良
P0420	TWC 或后氧传感器不良	P0740	变矩器离合器电磁阀不良
P0421	TWC 不良	P0741	变矩器离合器电磁阀不良或卡在全开位置
P0422	同 P0421	P0743	变矩器离合器电磁阀控制线路不良
P0430	后 TWC 不良	P0750	换挡电磁阀 A 不良
P0440	活性炭罐堵塞或控制不良	P0751	换挡电磁阀 A 卡在全开位置
P0443	活性炭罐电磁阀线路不良	P0753	换挡电磁阀 A 短路或断路
P0444	活性炭罐电磁阀信号电压过低	P0755	换挡电磁阀 B 不良
P0445	活性炭罐电磁阀信号电压过高	P0756	换挡电磁阀 B 卡在全开位置
P0500	无车速信号	P0758	换挡电磁阀 B 短路或断路
P0501	实际车速在 29 km/h 以上，但无车速信号	P0770	变矩器离合器（ECC）电磁阀不良
P0502	已挂入挡位，且发动机转速在 3 000 r/min 以上，但无车速信号	P0773	变矩器离合器（ECC）电磁阀短路或断路

2. 解码器的使用

解码器（汽车故障诊断仪）的种类繁多，虽然使用方法不同，但操作方法大同小异，参照使用说明书能很快掌握。下面以金德KT600为例介绍一下通用解码器的使用。

金德KT600诊断仪是集多种功能于一体的诊断设备，如图2-5所示。它包含了大多数原厂通信协议及控制器局域网（CAN）的通信协议，可扩充性强；配备超大容量的CF卡，可随意扩充升级程序，实时保存诊断结果；带有精密的微型打印机，可实时打印诊断报告；彩色大屏幕，触摸屏操作，非常直观明了；实时检测点火系统、传感器、执行器等波形，为准确判断汽车故障提供强有力的支持。

（1）金德KT600诊断仪的连接。

首先确认被测车蓄电池电压介于11～14 V之间，关闭点火开关，确定诊断座的位置、形状以及是否需要外接电源，如需外接电源，则按图2-6所示方法连接。根据车型及诊断座的形状选择相应的接头，将测试延长线的一端插入KT600诊断仪的测试口内，另一端连接测试接头，将连接好测试延长线的测试接头插到车辆的诊断座上，连接好仪器后接通电源，启动KT600诊断仪进入主菜单，选择汽车诊断模块，如图2-7所示。其界面具体说明如表2-3所示。

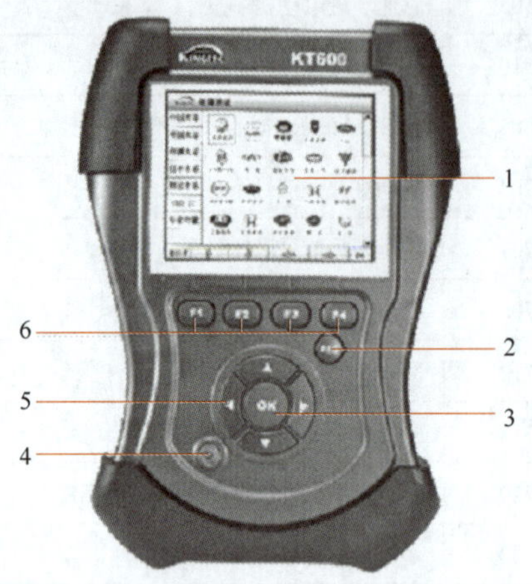

图 2-5 金德 KT600 诊断仪

1—触摸屏；2—返回上级菜单、退出；3—进入菜单、确认所选项目；4—电源开关；5—方向选择按钮；6—多功能辅助按钮

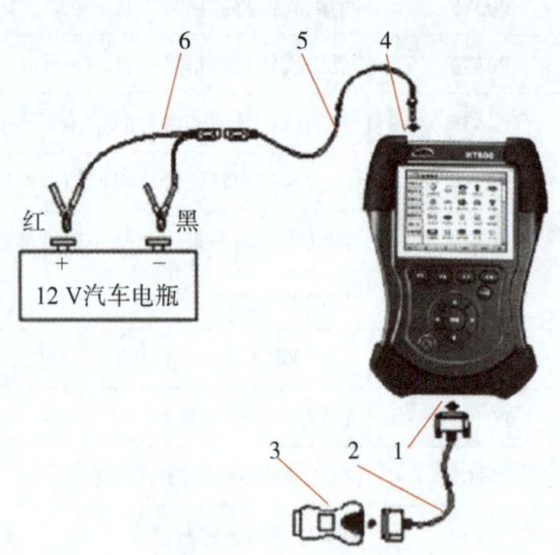

图 2-6 接外接电源

1—KT600测试口；2—测试延长线；3—专用测试接头；4—KT600电源接口；5—电源延长线；6—双钳电源线

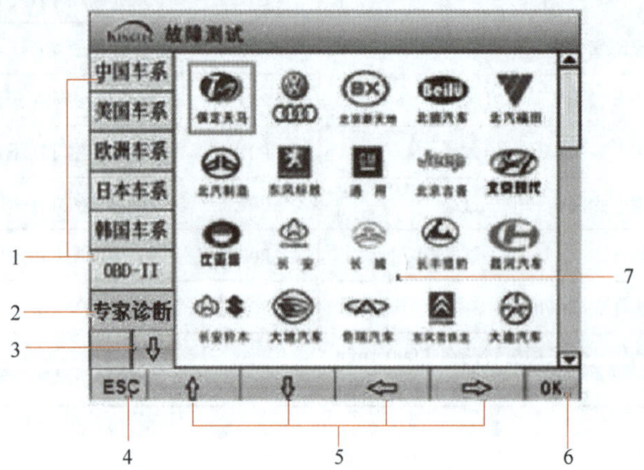

图 2-7 汽车诊断模块

表2-3 汽车诊断模块界面具体说明

图　注	项　目	说　明
1	车系选择	中国车系 / 美国车系 / 欧洲车系 / 日本车系 / 韩国车系 /OBD- Ⅱ，请根据被测车辆正确选择
2	专家诊断	专家诊断功能中包含“电控系统”，能够正确识别电控系统型式的用户可以通过此测试路径快速进行汽车诊断
3	⇩	滚动按钮，点击此按钮读取下一条菜单信息
4	ESC	触摸按钮，退出，返回上级菜单
5	⇧ ⇩ ⇦ ⇨	触摸按钮，方向选择
6	OK	触摸按钮，确认选择
7	选择车型	请根据被测车型正确选择（车型图标会根据使用的频率自动排列）

（2）故障诊断测试。

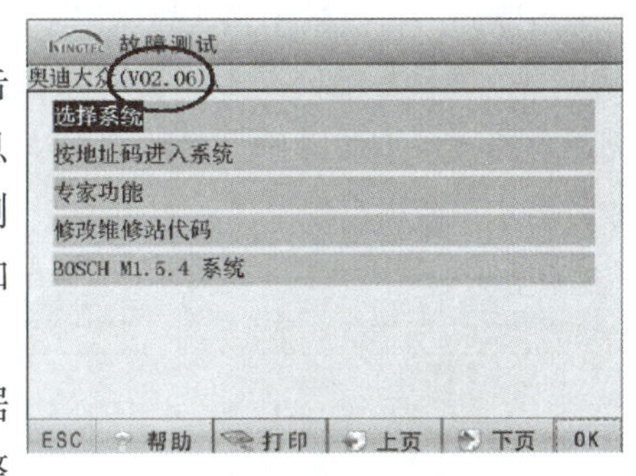

图 2-8　奥迪大众故障诊断信息

选择相应的车型图标进行车辆故障测试，如点击中国车系、奥迪大众图标，屏幕显示该车的诊断信息（V02.06 为当前仪器内该车型的诊断车型版本，根据测试版本的不同，该号码在程序升级后会随之改变），如图 2-8 所示。

测试功能包括读取故障码、清除故障码、读取数据流、基本设定、控制器编码、元件控制测试、各种调整匹配、自适应清除、系统登录、匹配防盗钥匙等，在屏幕中点击选择系统进入系统功能选择菜单，如图 2-9 所示；按地址码进入系统可直接输入系统代码进入被测系统；专家功能菜单后面显示维修帮助功能菜单，维修帮助功能菜单下包含了“音响解码功能”和“奥迪大众车系维修技术手册”（包含故障码分析、数据流分析、基本设定与调整技巧、控制单元编码技巧、第二及第三代防盗系统匹配）；修改维修站代码菜单可以修改维修站的代码；BOSCH M1.5.4 系统菜单可进入 BOSCH M1.5.4 系统。

进入系统功能选择菜单后，可根据实际情况选择相应的被测系统，如选择 01- 发动机，将显示汽车电脑版本号，部分车型会有多屏显示，可点击查看。读取完汽车电脑版本号后，按任意按钮，进入系统诊断界面，下面分别对各测试系统功能菜单进行说明。

① 在系统功能选择菜单中选择 01- 读取车辆电脑型号，屏幕显示如图 2-10 所示。此项功能可以读取被测试系统的电脑信息，包括版本号、CODING 号、服务站代码以及相关信息。

图 2-9　系统功能选择菜单

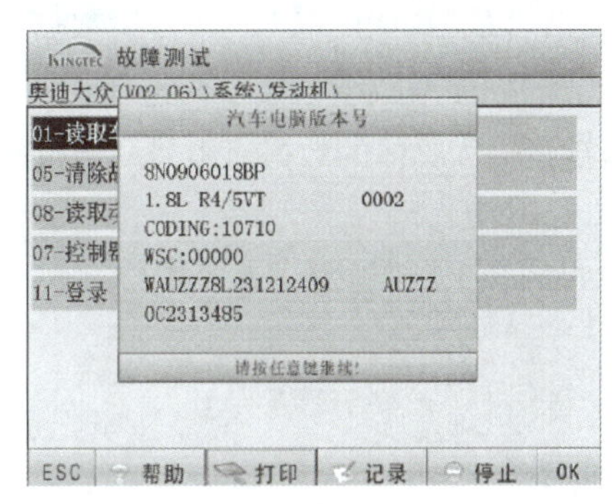

图 2-10　读取车辆电脑型号

② 在系统功能选择菜单中选择 02- 读取故障码，系统开始检测电脑随机存储器（ROM）中存储的故障记忆内容，测试完毕，屏幕显示出测试结果，如图 2-11 所示。通过滚动条滚动屏幕查看所有故障码信息，若所测试系统无故障码，则屏幕显示无故障码字样，点击 ESC 按钮返回上一级菜单。此项功能可以读取被测试系统 ECU 存储器内的故障代码，帮助维修人员快速地判断发动机故障的范围。特别说明：在故障显示内容后标有 /SP 字样的故障为偶发性故障。

③ 在系统功能选择菜单中选择 05- 清除故障码，进入操作界面，如图 2-12 所示。此项功能可以清除被测试系统 ECU 内存储的故障代码，一般车型请严格按照常规顺序操作：先读故障码，并记录（或打印）然后再清除故障码，试车、再次读取故障码进行验证，维修车辆，

清除故障码，再次试车确认故障码不再出现。

当前硬性故障码是不能被清除的，如果是氧传感器、爆震传感器、混合气修正、汽缸失火之类的技术型故障码虽然能立即清除，但在一定周期内还会出现。必需彻底排除故障之后故障码才不会再出现。

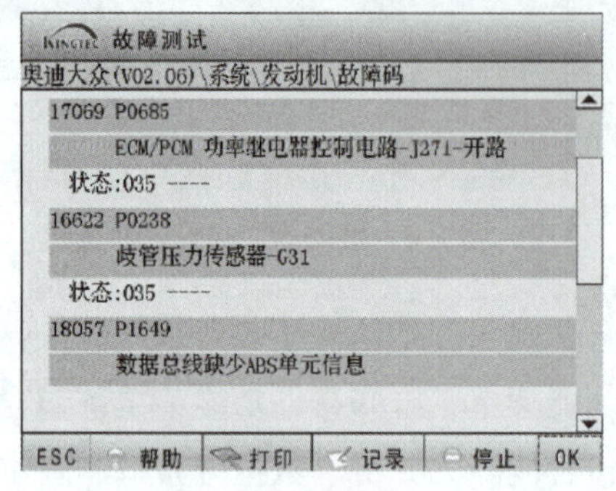

图 2-11　读取故障码

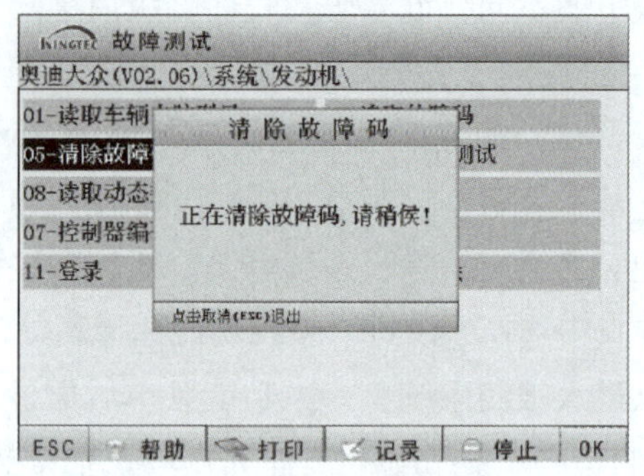

图 2-12　清除故障码

④ 在系统功能选择菜单选择03-元件控制测试，进入操作界面，如图2-13所示。此项功能可以检查执行元件的电路工作状况，进行元件控制测试时可以观察该元件是否正常工作，如果该执行元件不正常工作，则需要检查相关电器元件、插头线束或机械部位是否存在故障。特别注意：03-元件控制测试功能的使用请按照原厂手册操作，以免造成车辆故障。

⑤ 在系统功能选择菜单选择08-读取动态数据流菜单，进入操作界面，奥迪大众车系的数据流很齐全，但是需要原厂手册支持，否则只显示数据而不知道内容。例如：进入奥迪大众的测试系统，仪器默认读取1、2、3组数据流，如图2-14所示。用户可以通过点击屏幕界面上的组号调节框顺序增减组号大小，选择不同的数据流组；或者可以直接点击组号框，利用界面弹出的小键盘输入具体的数据流组号。通过此项功能，用户可以读取到任意组的动态数据流。

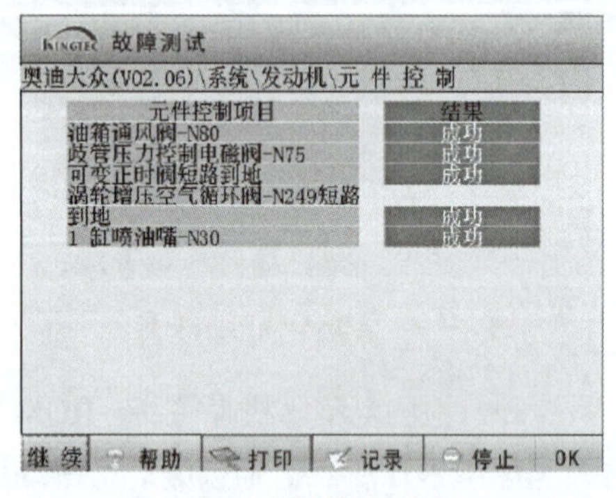

图 2-13　元件控制测试

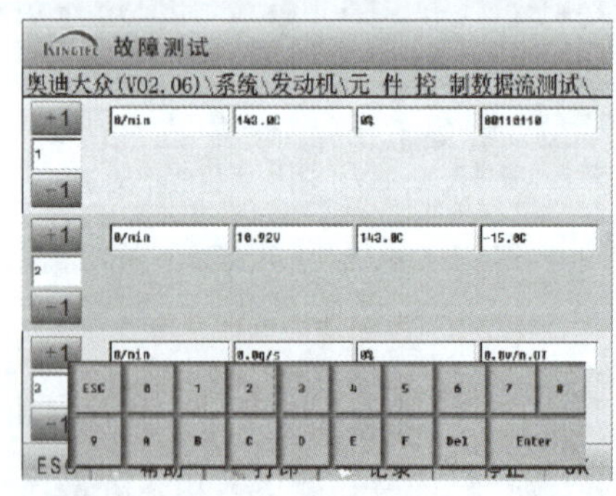

图 2-14　读取动态数据流菜单

⑥ 对奥迪大众车系某些系统维修或者保养后，必须进行基本设定，如节气门自适应过程、点火正时、混合气、怠速稳定阀的设定，ABS系统的排气等，不同车型、不同参数的基本设定选择不同的组号，以原厂手册为准。

一般情况下，可以先查看基本设定组号对应的数据流，如果无此组数据流或者数据流和基本设定内容不符合，则此基本设定组号不正确。基本设定的操作步骤如下：在系统功能选择菜单里选择04-基本设定功能，屏幕显示如图2-15所示。用户可以通过界面弹出的小键盘进行组号设定，完成设定后点击OK按钮确认并退出。注意：设定条件为控制单元内无故障码存储；冷却液温度不低于80℃；关闭所有电器（设定时散热器电风扇必须关闭），空调关闭。

⑦ 如果车辆的代码没有显示或者主电脑已经更换后，则必须进行控制单元编码，如果新的控制单元零件号和索引号完全和老的控制单元一样，只需读出老的控制单元的编码，然后编入新的控制单元，一般如果车辆配置不同，控制单元编码就肯定不同，一些车型的控制单元可能只允许编码一次，且错误的编码轻则会导致车辆的性能不良，重则给车辆带来严重故障，所以尽量不能误操作。

在系统功能选择菜单里选择07-控制器编码，系统将会弹出编码值录入窗体，确认屏幕显示如图2-16所示。点击录入窗体后，利用界面弹出的软键盘在新CODING栏输入正确的控制单元编码，点击〈Enter〉键确认并退出或直接点击〈ESC〉键退出软键盘后，点击确认按键则控制单元编码完成。返回上一级重新执行01-读取车辆电脑型号功能，可以查看刚才录入的编码是否已经显示在CODING后面。

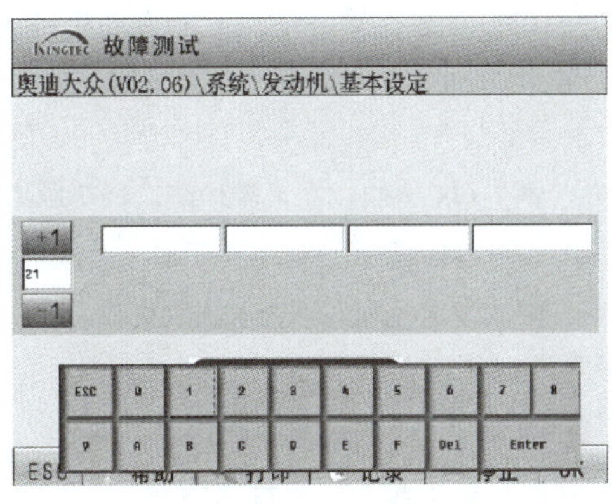

图2-15　基本设定功能

图2-16　控制器编码

⑧ 一般在对系统执行10-调整功能时，需要先登录，然后才能进行调整，例如：匹配防盗钥匙、对仪表系统一些组号进行的调整，还有一些车型的怠速调整等均需要先登录然后才能执行各项功能。

在系统功能选择菜单里选择11-登录功能，点击OK按钮，屏幕显示如图2-17所示。通过点击小键盘输入登录密码后，点击〈Enter〉键确认并退出，或者直接选择小键盘上的〈ESC〉键退出小键盘，点击界面提示菜单上的确定按钮即登录成功。点击ESC按钮返回上一级菜单。

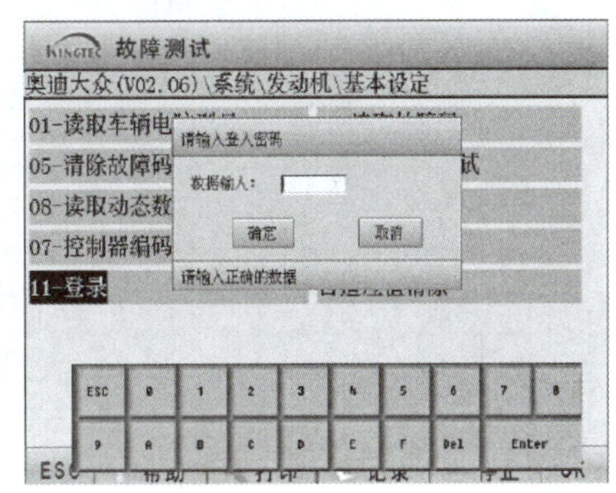

图2-17　登录功能

⑨ 调整功能在各系统中的组号有不同的用途，需要查看该车型的原厂手册，方可对车辆进行操作，但并不是所有车型都具备该功能，关键在于该车型的控制单元是否支持该调整功能。通过该功能用户可以实现防盗钥匙匹配、怠速稳定阀的设定等功能。

首先在系统功能选择菜单里选择11-登录功能，登录成功后，选择10-调整功能进入如

图2-18所示的操作界面。在使用调整功能时，请参照车型的原厂手册，首先输入组号，通过界面弹出的小键盘输入所要调整的组号后，点击读取按钮，系统将自动读取该组号的原始值，选择调整值窗体通过界面弹出的软键盘，录入想要的数值，点击测试按钮进入测试阶段，测试完成以后点击保存按钮，系统将自动保存刚才的调整信息，点击ESC按钮退出调整功能。注意：在做防盗钥匙匹配时每把钥匙适配时间不得超过30 s，不得将刚匹配的钥匙重新插入点火开关重复匹配，否则防盗钥匙匹配自动终止，需重新执行此功能。没有带芯片的钥匙不能匹配。

⑩ 自适应值清除功能相当于调整功能的00组，是为了恢复控制单元的初始值。

在奥迪大众车系安装第二代防盗电脑的车型更换发动机电脑时，只用进入防盗系统，在系统功能选择菜单中选择自适应值清除功能，则无须进行钥匙的匹配。

选择自适应清除点击OK按钮，屏幕显示“是否确认要执行该操作？”，点击确定按钮执行，系统信息将会提示“自适应值已被清除”，自适应值清除成功，点击ESC按钮或任意点击触摸屏退出。当用非法钥匙起动发动机，也会触发防盗，此时只需要用合法的钥匙插入点火开关，打开点火开关不起动发动机，用自适应清除功能，可解除防盗，不需要配钥匙。注意：如果发动机闭锁了，则只有将合法钥匙插入点火开关，等待闭锁结束，方可起动发动机。

⑪ 奥迪大众车系使用第三代防盗技术的车辆，如果同时更换发动机控制单元和仪表，则需要进行设定底盘编码。

在系统功能选择菜单中选择17-仪表板组合（防盗）点击OK按钮，在系统功能选择菜单里选择15-设定底盘编码功能，点击OK按钮进入，屏幕显示如图2-19所示。利用界面弹出的软键盘，输入该车的底盘号，点击设定按钮，系统执行参数设定，参数设定完成后点击触摸屏退出。

注意：只有同时更换发动机控制单元和仪表板系统时才需要执行此项功能，而且只能设定一次。

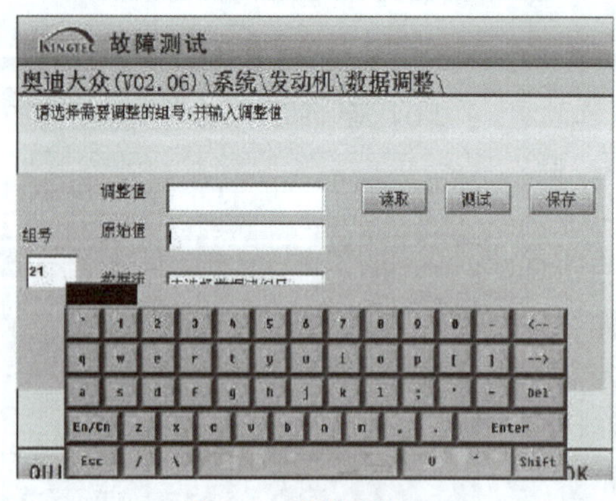

图 2-18　调整功能

图 2-19　设定底盘编码功能

（3）读取数据流。

进入读取数据流菜单，屏幕显示当前车辆的相关数据流，以下以丰田1ZR发动机为例，显示的部分数据流信息如表2-4所示。

表 2-4　显示的部分数据流

检测仪显示	测量项目 / 范围	正 常 状 态	诊 断 备 注
Injector	1 号气缸的喷油时间： 最小为 0 ms，最大为 32.64 ms	1.0 ~ 2.5 ms：怠速	—
IGN Advance	1 号气缸点火正时提前： 最小为 -64°，最大为 63.5°	BTDC 3° ~ 13°：怠速（N 位置）	—
Calculate Load	ECM 计算的负载： 最小为 0%，最大为 100%	10% ~ 40%：怠速 10% ~ 40%：转速为 2 500 r/min 时无负载运转	—
Vehicle Load	车辆负载： 最小为 0%，最大为 25 700%	实际车辆负载	最大进气流量时的负载百分比
MAF	质量空气流量（MAF）计的气流率： 最小为 0 g/s，最大为 655.35 g/s	0.54 ~ 4.33 g/s：怠速 3.33 ~ 9.17 g/s：转速为 2 500 r/min 时无负载运转	如果流量值约为 0 g/s： 质量空气流量计电源电路短路；VG 电路断路或短路。 如果流量值为 271.0 g/s 或更大： E2G 电路断路
Engine Speed	发动机转速： 最小为 0 r/min，最大为 16 383.75 r/min	600 ~ 700 r/min：怠速	—
Vehicle Speed	车速： 最小为 0 km/h，最大为 255 km/h	实际车速	显示在速度表上的速度
Coolant Temp	发动机冷却液温度： 最小为 -40 ℃，最大为 140 ℃	80 ~ 95℃（176 ~ 203 ℉）：暖机后	如果温度值为 -40 ℃（-104 ℉）： 传感器电路断路； 如果温度值为 140 ℃（284 ℉）或者更高：传感器短路
Intake Air	进气温度： 最小为 -40 ℃，最大为 140 ℃	等于环境气温	如果温度值为 -40 ℃（-104 ℉）： 传感器电路断路； 如果温度值为 140 ℃（284 ℉）或者更高：传感器电路短路
Air-Fuel Ratio	与理论值之比： 最小为 0，最大为 1.999	0.8 ~ 1.2：怠速	0 ~ 0.999 为浓 1 为理论空燃比 1.001 ~ 1.999 为稀
Purge Density Learn Value	清污气流浓度的学习值： 最小为 -50，最大为 350	-40 ~ 10：怠速	—
Purge Flow	燃油蒸气清污气流与进气量之比： 最小为 0%，最大为 102.4%	0 ~ 10%：怠速	—
EVAP（Purge）VSV	清污 VSV 占空控制： 最小为 0%，最大为 100%	10% ~ 50%：怠速	来自 ECM 的指令信号
Knock Correct Learn Value	爆震校正学习值： 最小为 -64 °CA，最大为 1 984 °CA	0 ~ 20 °CA： 以 70 km/h 的速度行驶	维修数据
Knock Feedback Value	爆震反馈值： 最小为 -64 °CA，最大为 1 984 °CA	-20 ~ 0 °CA： 以 70 km/h 的速度行驶	维修数据
Accelerator Position No.1	1 号油门踏板绝对位置： 最小为 0%，最大为 100%	10% ~ 22%：油门踏板松开 52% ~ 90%：油门踏板完全踩下	在点火开关置于 ON 位置的情况下读取数值（不要起动发动机）
Accelerator Position No. 2	2 号油门踏板绝对位置： 最小为 0%，最大为 100%	24% ~ 40%：油门踏板松开 68% ~ 100%：油门踏板完全踩下	在点火开关置于 ON 位置的情况下，读取数值（不要起动发动机）
Accelerator Position No.1	1 号油门踏板位置传感器电压： 最小为 0 V，最大为 5 V	0.5 ~ 1.1 V：油门踏板松开 2.6 ~ 4.5 V：油门踏板完全踩下	在点火开关置于 ON 位置的情况下，读取数值（不要起动发动机）
Accelerator Position No. 2	2 号油门踏板位置传感器电压： 最小为 0 V，最大为 5 V	1.2 ~ 2.0 V：油门踏板松开 3.4 ~ 5.0 V：油门踏板完全踩下	在点火开关置于 ON 位置的情况下，读取数值（不要起动发动机）
Accelerator Idle Position	油门踏板位置传感器是否检测到怠速：ON 或 OFF	ON：怠速运转	—

续表

检测仪显示	测量项目 / 范围	正 常 状 态	诊 断 备 注
Throttle Fully Close Learn	节气门全关（学习值）： 最小为 0 V，最大为 5 V	0.4 ~ 0.8 V	—
Accel Fully Close #1(AD)	1 号油门踏板位置传感器电压（AD）： 最小为 0 V，最大为 49 804 V	—	节气门电控系统维修数据
Accel Fully Close Learn #1	1 号油门踏板全关学习值： 最小为 0°，最大为 125°	—	节气门电控系统维修数据
Accel Fully Close Learn #2	2 号油门踏板全关学习值： 最小为 0°，最大为 125°	—	节气门电控系统维修数据
Fail Safe Drive	是否收行失效保护功能： ON 或 OFF	ON：节气门电控系统失效	—
Fail Safe Drive （Main CPU）	是否执行失效保护功能： ON 或 OFF	ON：节气门电控系统失效	—
ST1	制动踏板信号： ON 或 OFF	ON：制动踏板踩下	—
System Guard	系统防护： ON 或 OFF	—	节气门电控系统维修数据
Open side Malfunction	开启侧故障： ON 或 OFF	—	节气门电控系统维修数据
Throttle Position	节气门位置传感器： 最小为 0%，最大为 100%	8% ~ 20%：节气门全关 64% ~ 96%：节气门全开	基于 VTA1 的计算值 在点火开关置于 ON 位置的情况下读取数值（不要起动发动机）
Throttle Idle Position	节气门位置传感器是否检测到怠速： ON 或 OFF	ON：怠速运转	—
Throttle Require Position	要求的节气门位置： 最小为 0 V，最大为 5 V	0.5 ~ 1.0 V：怠速	—
Throttle Sensor Position	节气门位置： 最小为 0%，最大为 100%	0%：节气门全关 50% ~ 80%：节气门全开	ECM 上的节气门开度识别值在点火开关置于 ON 位置的情况下读取数值（不要起动发动机）
Throttle Sensor Positioning #2	2 号节气门位置传感器： 最小为 0%，最大为 100%	42% ~ 62%：节气门全关 92% ~ 100%：节气门全开	基于 VTA2 的计算值 在点火开关置于 ON 位置的情况下读取数值（不要起动发动机）
Throttle Position No.1	1 号节气门位置传感器输出电压： 最小为 0 V，最大为 5 V	0.5 ~ 1.1 V：节气门全关 3.2 ~ 4.9 V：节气门全开	在点火开关置于 ON 位置的情况下读取数值（不要起动发动机）
Throttle Position No.2	2 号节气门位置传感器输出电压： 最小为 0 V，最大为 5 V	21 ~ 31 V：节气门全关 4.5 ~ 5.0 V：节气门全开	在点火开关置于 ON 位置的情况下读取数值（不要起动发动机）
Throttle Position Command	节气门位置指令值： 最小为 0 V，最大为 4.98 V	0.5 ~ 4.9 V	在点火开关置于 ON 位置的情况下读取数值（不要起动发动机）
Throttle Sens Open Pos #1	1 号节气门传感器开启位置： 最小为 0 V，最大为 4.980 4 V	—	节气门电控系统维修数据
Throttle Sens Open Pos #2	2 号节气门传感器开启位置： 最小为 0 V，最大为 4.980 4 V	—	节气门电控系统维修数据
Throttle Sens Open #1（AD）	1 号节气门位置传感器输出电压（AD）： 最小为 0 V，最大为 4.980 4 V	0.5 ~ 4.9 V	在点火开关置于 ON 位置的情况下读取数值（不要起动发动机）
Throttle Motor	是否允许节气门执行器控制： ON 或 OFF	ON：怠速运转	在点火开关置于 ON 位置的情况下读取数值（不要起动发动机）
Throttle Motor Current	节气门执行器电流： 最小为 0 A，最大为 80 A	0 ~ 3.0 A：怠速	—

续表

检测仪显示	测量项目 / 范围	正 常 状 态	诊 断 备 注
Throttle Motor	节气门执行器： 最小为 0%，最大为 100%	发动机暖机后台怠速： 30% ~ 50%	—
Throttle Motor Duty(Open)	节气门执行器占空比（开启）： 最小为 0%，最大为 100%	0% ~ 40%：怠速	节气门电控系统维修数据
Throttle Motor Duty(Close)	节气门执行器占空比（关闭）： 最小为 0%，最大为 100%	0% ~ 40%：怠速	节气门电控系统维修数据
O2S B1 S1	B1 S1 的加热型氧传感器输出电压： 最小为 0 V，最大为 1.275 V	0.1 ~ 0.9 V： 以 70 km/h 的速度行驶	进行主动测试的控制喷油量或控制 A/F 传感器的增油量功能可以使技师检查传感器的输出电压
O2S B1 S2	B1 S2 的加热型氧传感器输出电压： 最小为 0 V，最大为 1.275 V	0.1 ~ 0.9 V： 以 70 km/h 的速度行驶	进行主动测试的控制喷油量或控制 A/F 传感器的增油量功能可以使技师检查传感器的输出电压
Short FT #1	短期燃油修正： 最小为 -100%，最大为 99.2%	-0.2% ~ 0.2%	短期燃油补偿用于使空燃比保持在理论空燃比
Long FT #1	长期燃油修正： 最小为 -100%，最大为 99.2%	-20% ~ 20%	长期进行的全面燃油补偿，用于补偿短期燃油修正与中心值的持续偏差
Fuel System Status (Bank 1)	燃油系统状态： OL 或 CL 或 OL DRIVE 或 OL FAULT 或 CL FAULT	CL：暖机后怠速	OL（开环）；尚不能满足闭环的条件 CL（闭环）：使用加热型传感器作为燃油控制的反馈 OL DRIVE：由于行驶条件（燃油加浓）造成的开环 OL FAULT：由于检测到系统故障造成的开环 CL FAULT：闭环，但用于燃油控制的加热型氧传感器发生故障
O2 FT B1 S1	与 B1 S1 相关的短期燃油修正： 最小为 -100%，最大为 99.2%	-20% ~ 20%	—
O2 LR B1 S1	加热型氧传感器（B1 S1）电压由稀到浓切换时间	—	—
O2 RL B1 S1	加热型氧传感器（B1 S1）电压由浓到稀切换时间	—	—
Catalyst Temp (B1 S1)	估计的催化剂温度（B1 S1）： 最小为 -40 ℃，最大为 6 513.5 ℃	—	—
Catalyst Temp (B1 S2)	估计的催化剂温度（B1 S2）： 最小为 -40 ℃，最大为 6 513.5 ℃	—	—
Sub O2S Impedance B1S2	加热型氧传感器阻抗（B1 S2）： 最小为 0 Ω，最大为 21 247.68 Ω	5 ~ 15 000 Ω：恒速驾驶	—
Initial Engine Coolant Temp	发动机起动时的发动机冷却液温度： 最小为 -40 ℃，最大为 120 ℃	接近环境气温	—
Initial Intake Air Temp	发动机起动时的进气温度： 最小为 -40 ℃，最大为 120 ℃	接近环境气温	—
Injection Volume (Cylinder 1)	喷油量（气缸 1）： 最小为 0 mL，最大为 2.048 mL	0 ~ 0.15 mL：怠速	10 次的燃油喷射总量
ACC Relay	ACC cut 继电器 ON 或 OFF	ON：起动	—
Starter Relay	起动机继电器 ON 或 OFF	ON：起动	—
Starter Signal	起动机开关（STSW）信号： ON 或 OFF	ON：起动	—

续表

检测仪显示	测量项目 / 范围	正常状态	诊断备注
Starter Control	起动机开关状态：ON 或 OFF	ON：起动	—
Power Steering Switch	动力转向信号：ON 或 OFF	ON：动力转向工作	—
Power Steering Signal	动力转向信号（历史）：ON 或 OFF	ON：蓄电池端子连接后，首次转动方向盘时	蓄电池端子断开前，信号状态通常为 ON
Closed Throttle Position SW	节气门位置开关关闭；ON 或 OFF	ON：节气门全关 OFF：节气门打开	—
A/C Signal	空调信号：ON 或 OFF	ON：空调打开	—
Neutral Position SW Signal	驻车挡 / 空挡位置开关状态：ON 或 OFF	ON：空挡位置	—
Electrical Load Signal	电气负载信号：ON 或 OFF	ON：前大灯或除雾器打开	—
Stop Light Switch	刹车灯开关：ON 或 OFF	ON：制动踏板踩下	—
Immobiliser Communication	停机系统通信：ON 或 OFF	—	OFF：通信故障，或发动机停机系统设定，ON：通信正常
Fuel Cut Condition	燃油切断确定标记：正常或异常	—	—
ETCS Actuator Power	节气门电控系统电源：ON 或 OFF	ON：点火开关置于 ON 位置并且系统正常	—
+BM Voltage	+BM 电压： 最小为 0 V，最大为 19.9 V	9 ~ 14 V：点火开关置于 ON 位置并且系统正常	节气门电控系统维修数据
Battery Voltage	蓄电池电压数： 最小为 0 V，最大为 65.535 V	9 ~ 14V：点火开关置于 ON 位置	—
Actuator Power Supply	执行器电源：ON 或 OFF	ON：怠速运转	节气门电控系统维修数据
Atmosphere Pressure	大气压力： 最低为 0 kPa，最高为 255 kPa	约 100 kPa：点火开关置于 ON 位置	—
EVAP Purge VSV	清污 VSV 状态：ON 或 OFF	—	主动测试支持数据
Fuel Pump/Speed Status	燃油泵状态：ON 或 OFF	ON：发动机运转	主动测试支持数据
VVT Control Status(Bank 1)	VVT 控制（B1）状态：ON 或 OFF	—	主动测试支持数据
Electric Fan Motor	电风扇电动机：ON 或 OFF	ON：电风扇电动机运作	主动测试支持数据
TC and TE1	DLC3 的端子 TC 和 CG（TE1）：ON 或 OFF	—	主动测试支持数据
Engine Speed of Cyl #1	1 号气缸燃油切断时的发动机转速： 最小为 0 r/min，最大为 25 600 r/min	—	仅用主动测试执行 1 号燃油切断时的输出
Engine Speed of Cyl #2	2 号气缸燃油切断时的发动机转速： 最小为 0 r/min，最大为 25 600 r/min	—	仅用主动测试执行 2 号燃油切断时的输出
Engine Speed of Cyl #3	3 号气缸燃油切断时的发动机转速： 最小为 0 r/min，最大为 25 600 r/min	—	仅用主动测试执行 3 号燃油切断时的输出
Engine Speed of Cyl #4	4 号气缸燃油切断时的发动机转达： 最小为 0 r/min，最大为 25 600 r/min	—	仅用主动测试执行 4 号燃油切断时的输出
Av Engine Speed of All Cyl	1 至 4 号气缸燃油切断时的发动机转速平均值： 最小为 0 r/min，最大为 25 600 r/min	—	仅进行主动测试时输出
VVT Aim Angle(Bank 1)*2	VVT 目标角度（B1）： 最小为 0%，最大为 100%	0 ~ 100%	侵入操作过程中的 VVT 占空比信号值

续表

检测仪显示	测量项目 / 范围	正常状态	诊断备注
VVT Change Angle (Bank 1)*2	VVT 变化角度（B1）：最小为 0° FR，最大为 60° FR	0° ～ 56° FR	在侵入操作时的位移角
VVT OCV Duty (Bank 1)*2	VVT 机油控制阀工作占空比：最小为 0%，最大为 100%	0 ～ 100%	侵入操作所要求的占空比值
VVT Ex Hold Lm Val (Bank 1)	VVT 排气保持占空比学习值（B1）：最小为 0%，最大为 100%	0 ～ 100%：怠速	—
VVT Ex Chg Angle (Bank 1)	VVT 排气变动角（B1）：最小为 0° FR，最大为 60° FR	0° FR：怠速	—
VVT Ex OCV Duty (Bank 1)	VVT 排气机油控制阀占空比（B1）：最小为 0%，最大为 100%	0 ～ 100%：怠速	—
Idle Fuel Cut	燃油切断怠速：ON 或 OFF	ON：燃油切断操作	节气门全关且发动机转速超过 1 500 r/min 时，怠速切断燃油为 "ON"
FC TAU	燃油切断 TAU（轻载时切断燃油）：ON 或 OFF	ON：燃油切断操作	轻载时执行燃油切断以防止发动机燃烧不完全
Overdrive Cut Switch #1	巡航控制超速挡切断信号：ON 或 OFF	—	—
lgnition "1	点火计数器：最小为 0，最大为 800	0 ～ 400	—
Cylinder #1 Misfire Rate	1 号气缸缺火率：最小为 0，最大为 255	0	—
Cylinder #2 Misfire Rate	2 号气缸缺火率：最小为 0，最大为 255	0	—
Cylinder #3 Misfire Rate	3 号气缸缺火率：最小为 0，最大为 255	0	—
Cylinder #4 Misfire Rate	4 号气缸缺火率：最小为 0，最大为 255	0	—
All Cylinders Misfire Rate	所有气缸缺火率：最小为 0，最大为 255	0	—
Misfire R/MIN *1	缺火时发动机转速：最小为 0 r/min，最大为 6 375 r/min	—	—
Misfire Load *1	缺火时发动机负载：最小为 0 g/rev，最大为 3.98 g/rev	—	—
Misfire Margin *1	发动机缺火极限检测：最小为 -100%，最大为 99.22%	-100% ～ 99.22%	缺火极限检测
# Codes	代码数量：最小为 0，最大为 255	—	检测到的 DTC 数量
Cat OT MF F/C Cylinder #1	1 号气缸催化剂损坏的缺火、导致的燃油切断控制 ON 或 OFF	—	—
Cat OT MF F/C Cylinder #2	2 号气缸催化剂损坏的缺火、导致的燃油切断控制 ON 或 OFF	—	—
Cat OT MF F/C Cylinder #3	3 号气缸催化剂损坏的缺火、导致的燃油切断控制 ON 或 OFF	—	—
Cat OT MF F/C Cylinder #4	4 号气缸催化剂损坏的缺火、导致的燃油切断控制 ON 或 OFF	—	—
SPD Test	车速传感器的检测模式结果：COMPL 或 INCMPL	—	—
Misfire Test	缺火监视的检测模式结果：COMPL 或 INCMPL	—	—
OXS1 Test	加热型氧传感器的检测模式结果：COMPL 或 INCMPL	—	—

续表

检测仪显示	测量项目 / 范围	正常状态	诊断备注
MIL	MIL 状态：ON 或 OFF	ON：MIL 亮起	—
MILON Run Distance	MIL 亮起后的行驶距离： 最小为 0 km，最大为 65 535 km	检测到 DTC 后的行驶距离	—
Running Time from MIL ON	MIL 亮起后的行驶时间： 最小为 0 min，最大为 35 535 min	等于 MIL 亮起后的运行时间	—
Engine Run Time	发动机运转时间： 最小为 0 s，最大为 65 535 s	发动机起动后的时间	—
Time Afer DTC Cleared	Cleared DTC 清除后的时间： 最小为 0 min，最大为 65 535 min	等于 DTC 清除后的时间	—
Distance from DTC Cleared	DTC 清除后的行驶距离： 最小为 0 km，最大为 65 535 km	等于 DTC 清除后的行驶距离	—
Warmup Cycle Cleared DTC	DTC 清除后的暖机循环数： 最小为 0，最大为 255	—	DTC 清除后的暖机循环数
OBD Requirements	OBD 要求	E-OBD	—
Number of Emission DTC	排放 DTC 的数量	—	—
Complete Parts Monitor	全部零部件监视： NOT AVL 或 AVAIL	—	—
Fuel System Monitor *1	燃油系统监视：NOT AVL 或 AVAIL	—	—
Misfire Monitor *1	缺火监视：NOT AVL 或 AVAIL	—	—
O2S（A/FS）Heater Monitor*1	O2S（A/FS）加热器监视： AVAL 或 NOT AVL	—	—
O2S（A/FS）Heater Monitor*1	O2S（A/FS）加热器监视： NOT COMPL 或 INCOMPL	—	—
O2S（A/FS）Monitor *1	O2S（A/FS）监视： NOT COMPL 或 INCOMPL	—	—
O2S（A/FS）Monitor*1	O2S（A/FS）监视： NOT AVL 或 AVAIL	—	—
Catalyst Monitor *1	催化剂监视：NOT AVL 或 AVAIL	—	—
Catalyst Monitor"1	催化剂监视：NOT COMPL 或 INCMPL	—	—
Model Code	识别车型代码	ZRE1#	—
Engine Type	识别发动机型号	1ZRFE	—
Cylinder Number	识别气缸数：最小为 0，最大为 255	4	—
Transmission Type	识别变速器类型	M/T 或 ECT	—
Destination	识别目的地	V	—
Model Year	识别车型年款： 最小为 1 900，最大为 2 155	201#	—
System identification	识别发动机系统	汽油	—

项目实施

1. 注意事项

（1）遵守实验室规章制度，未经许可，不得擅自移动和拆卸仪器与设备。

（2）必须穿工作服、工作鞋，严格执行安全、5S管理制度。

（3）严禁未经许可，擅自操作教具、设备的电器开关、点火开关和起动开关，以防发生危险。

（4）在教师允许和监控下，才能起动发动机，需与设备周围的人员进行互动，防止意外发生。

（5）发动机运行期间，严禁拔下各传感器及执行器接口，以免损坏ECU。

（6）使用解码器调取故障码和数据流时，未连接解码器之前，不得打开点火开关；未关闭点开关之前，不得拔下解码器与电脑的连接接口，防止损坏解码器和发动机ECU。

2. 实施步骤

项 目 工 单

项目名称	操作与使用解码器		序号	2	日期	
班级		姓名		学号		

一、资讯

（1）实训机器型号：______________和______________。

（2）解码器型号：______________。

（3）OBD的含义：______________英文全称：______________。

（4）解码器的功能有哪些：

二、决策和计划

人员分工		选择设备	工作计划
组号			
组长			
组员			

三、实施

1. 解码器的连接步骤

2. 由教师随机设置数个故障，学习读取故障码并写出故障码的含义

故障代码	含义

3. 在发动机工作正常情况下，读取数据流

数据流名称	仪器显示数据			
	正常怠速	1 000 r/min	1 500 r/min	2 000 r/min
Injector				
IGN Advance				
Calculate Load				
Vehicle Load				
MAF				
Engine Speed				
Vehicle Speed				
Coolant Temp				
In take Air				
Knock Correct Learn Value				
Knock Feedback Value				
Accelerator Position No. 1				
Accelerator Position No. 2				
Throttle Position				
Throttle Sensor Position				
Throttle Sensor Positioning #2				
Throttle Motor				
O2S S1				
O2S S2				
Short FT #1				
Long FT #1				
Closed Throttle Position SW				
VVT Ex Hold Lm Val (Bank 1)				
All Cylinders Misfire Rate *1				

四、检查

每个工作小组选派一名代表，操作解码器，并读取相关故障码及数据流。

五、评估

序号	考核要点	配分	评分标准	得分
1	仪器的连接	20	连接方法不正确一次扣 5 分	
2	解码器读取故障码	20	不能正确读出故障码一次扣 10 分	
3	解码器读取数据流	30	不能正确读出数据流一次扣 10 分	
4	解码器消除故障码	10	不能正确消除故障码一次扣 5 分	
5	整理工具，清理现场 实习态度和纪律	20	保持实习现场秩序和卫生，保证人身及设备的安全，违规一次扣 5 分	
6	总分	100	实得总分	

1. 小组自评：成绩__________________

2. 教师点评：成绩__________________

教师签字：__________________

思考题

（1）如何正确与发动机 ECU 连接解码器？

（2）如何正确读出故障码？

（3）数据流反映的是什么？对修车有什么帮助？

（4）ECU 储存的故障码被人工清除后，是不是发动机就没有故障？为什么？

（5）如果储存的故障码标有“SP”（大众车系），表示什么含义？对这样的故障码所对应的故障是不是可以不检查？

项目三

识别发动机电控系统电路图

随着现代汽车技术的发展，汽车的检测与维修不仅仅是用简单的测量就能解决问题的事情了。如何当好一名“汽车医生”是我们当代汽车维修人员的责任，而做好汽车医生的必要条件就要掌握识别发动机电控系统电路图的技能。

项目目标

1. 知识目标

（1）了解电路图的基本知识；

（2）掌握读电路图的规则。

2. 能力目标

（1）能够正确分析电控系统电路图；

（2）能够结合电路图在电控台架和整车上找出与电路图相对应电路。

3. 素质目标

（1）能够自主学习新知识，形成一定的自学能力；

（2）培养良好的沟通、表达能力和团队协作能力。

项目设备

（1）工具：万用表，常用工具各4套。

（2）设备：1ZR发动机实验台4台，解剖发动机台架1台，其他D型电控发动机1台。

项目知识

1. 汽车电路的特点

随着电子技术的发展，汽车发动机集中控制系统的控制功能（即控制内容）越来越多，电路也越来越复杂。在维修资料中，各车型都配有电路图，读不懂电路图，会导致在汽车修理过程中走许多的弯路，能正确识读汽车电路图，不仅可进一步了解各电控系统元件的工作原理和它们之间的相互连接关系，而且对汽车故障诊断和检修也十分重要。在对汽车进行故障诊断或检修时，利用汽车电路图可帮助我们按汽车上的线路迅速查找电控系统元件的安装位置，以便对故障相关线路进行检查，并可避免检修过程中将线路错误连接。

汽车电路图可分为：线路图、线路简图、电路原理图。

线路图是按各电器元件在汽车上的位置来绘制的电路图，图中元件的位置、外形和线路的走向都与实际情况一致，便于了解电气系统的构成、熟悉整车线路，也便于对电控系统元件及其线路的故障诊断和检修。

线路简图是线路图的一种简化画法，它不注重电器元件的安装位置，独立系统划分比较明确，图中既有表示电器元件的符号，又有外形特征，线条简单。

电路原理图是将各电器元件用符号表示，并作原理性的连接，重在表达各电路系统内部的电路原理，使每个单元电路子系统及每个电气元件间的联系一目了然，便于了解其工作原理、分析故障。

线路图中由于需将电器元件的位置、外形和线路的走向都表达清楚，所以比较复杂，尤其“线条”密集，在各种维修资料和教材中一般不多见。在各种维修资料中给出的汽车电路图一般都是线路简图或电路原理图。

汽车电气线路虽然因车而异，但它们有如下的共同特点。

（1）双电源、低直流电压。汽车上均有蓄电池和发电机两个电源；蓄电池主要用于向起动机供电，发电机主要用于在发动机正常工作时向蓄电池充电和向用电设备供电；汽车电源电压一般为12 V，也有部分车型采用24 V电源。

（2）单线制。众所周知，直流电源向用电设备供电必须要有两根导线形成回路，才能使电流通过用电设备，用电设备才能工作。

在汽车上，电源和所有用电设备的一端（一般是负极）与汽车的金属部分相连，俗称“搭铁”，而形成一“根”公共搭铁线，用电设备与电源之间只需要一根连接导线，这种连接方式已形成汽车电器线路设计安装的制度，称为“单线制”。单线制接线方法具有节约导线、简化线路、便于安装、易于维护和检修等优点。

在发动机控制系统中，灵敏度或精度要求很高的传感器或执行元件与ECU之间一般仍采用双线连接，以保证其工作可靠。

（3）并联连接。汽车上的两个电源之间、所有用电设备和控制系统均为并联连接。这样能发挥两个电源的优越性，可方便地启用或停止任何一个用电设备工作，能限制电路的故障范围，便于设备的独立拆装、维护、故障排除。

但也有少数电气设备必须采用串联连接，如电流表就必须串联在电路中，转向灯闪光器也必须与转向灯电路串联。

（4）负极搭铁。汽车线路一般都是负极搭铁，我国规定汽车线路全部负极搭铁。

（5）布局基本相同。无论哪个公司、哪种品牌的汽车，为保证电控系统元件检测或控制的灵敏度和精度，多数元件的安装位置都有固定的范围，如冷却液温度传感器的安装位置必须靠近水套凸轮轴、曲轴位置传感器的安装位置必须与曲轴有固定传动关系、节气门位置传感器和怠速空气控制阀必须安装在节气门体附近等；由于各电控元件安装位置基本相同，这样就形成了汽车电器线路的走向和布局的共性。

2. 汽车电路中的线路颜色标记及符号

为方便识别和检修复杂的汽车电器线路，各汽车制造公司普遍采用不同颜色、不同编号的导线区分不同的电器回路。

汽车电器线路的颜色在同一电系中，双色线的主色应与其单色线的颜色相同；分支电路必须按规定选配相应的辅色；辅色在导线的主色上形成两条轴对称直线。国产汽车电器线路的主色与颜色标记如表3-1所示；线路的辅色选配如表3-2所示，其中“▲”表示允许配成双色线。

表3-1 国产汽车线路的主色与颜色标记

线路种类	主色	颜色标记
电源线路	红	R
点火与起动线路	白	W
前照灯、雾灯等外部照明线路	蓝	U
转向灯及灯光信号线路	绿	G
防空灯及车内照明线路	黄	Y
仪表、报警信号及电喇叭线路	棕	N
收音机、电钟、点烟器等辅助电器线路	紫	P
多种辅助电动机及电器等辅助电器线路	灰	S
搭铁线路	黑	B

表3-2 国产汽车线路的辅色选配

主色	辅色						
	红	黄	白	黑	棕	绿	蓝
红		▲	▲	▲		▲	▲
黄	▲		▲	▲			
蓝	▲	▲	▲	▲			

续表

主色	辅　色						
	红	黄	白	黑	棕	绿	蓝
白	▲	▲			▲	▲	
绿	▲	▲	▲	▲	▲		▲
棕	▲	▲	▲	▲		▲	▲
紫		▲	▲	▲		▲	
灰	▲	▲			▲	▲	▲

世界各大汽车公司生产对汽车电器线路颜色的规定有较大差别，但每个系统中的线路主色相同，且电路中的线路颜色标记一般为英文缩写，在使用与维修中只要加以注意，很容易区别。

3. 读识电路图的一般要点

（1）纵观全车，眼盯局部——由集中到分散。

全车电路一般都是由各个局部电路所构成，它表达了各个局部电路之间的连接和控制关系。要把局部电路从全车总图中分割出来，就必须掌握各个单元电路的基本情况和接线规律。

各单元（局部）电路，例如电源系统、起动系统、点火系统、照明系统、信号系统、仪表系统等都有其自身的一些特点，看电路要以其自身的特点为指导，去分解并研究全车电路，这样做会少一些盲目性，能较快速、准确地识读汽车电路图。

开始，必须认真地读几遍图注，对照线路图查看电器在车上的大概位置及数量、电器的用途，确认有没有新颖独特的电器，如有，应加倍注意。

（2）抓住开关的作用——所控制的对象。开关是控制电路通断的关键，特别注意继电器不但是控制开关也是被控制对象。

（3）寻找电流的回路——控制对象的通路。

回路是最简单的电气学概念。无论什么电器，要想正常工作（将电能转换为其他形式的能），必须与电源（发电机或蓄电池）的正负两极构成通路，即从电源的正极出发→通过用电器→回到同一电源的负极。这个简单而重要的原则无论在读什么电路图时都是必须用到的，在读汽车电路时却往往被忽略，理不出头绪来。

4. 丰田电路图识图方法

丰田车系电路图识图说明图如图3-1所示，其识图方法如表3-3所示。电源系统电路如图3-2、图3-3所示，发动机控制系统电路如图3-4、图3-5、图3-6、图3-7所示。

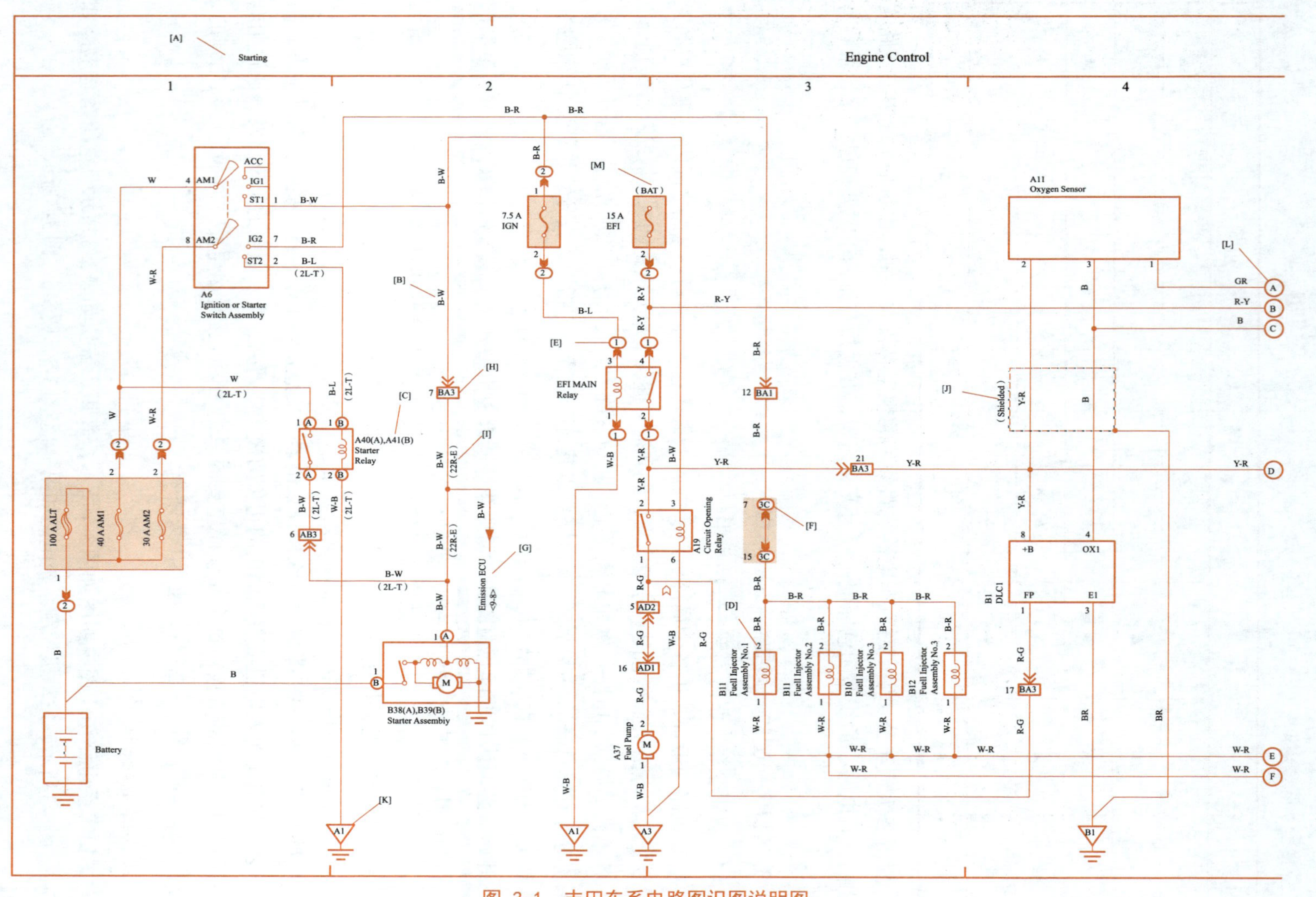

图 3-1 丰田车系电路图识图说明图

表 3-3　丰田电路图识图方法

图中标识	说明
[A]	系统名称
[B]	表示配线颜色。配线颜色由字母表示。 B= 黑色、L= 蓝色、R= 红色、P= 粉色、O= 橙红、W= 白色、G= 绿色、Y= 黄色、V= 紫色、BR= 棕色、LG= 天蓝色、GR= 浅绿色、SB= 灰色。 第一个字母表示基本配线颜色，第二个表示条纹的颜色。 例： 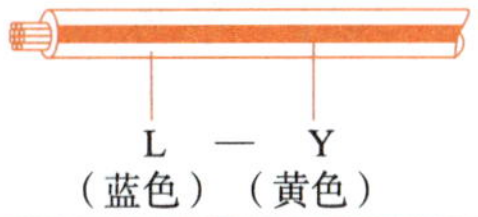 L — Y （蓝色）（黄色）
[C]	零件位置与电路图和配线路径中显示的一致
[D]	表示连接器引脚数。 阴连接器和阳连接器的编号系统互不相同。 例：从左上到右下编号　从右上到左下编号  1 2 3 / 4 5 6　　3 2 1 / 6 5 4 阴连接器　阳连接器 总断路图的编号系统与上面相同
[E]	表示继电器盒。用无阴影表示且仅显示继电器盒号以区别接线盒。 例：(1) 表示 1 号继电器盒
[F]	表示接线盒（圈内数字为接线盒号，旁边为连接器代码）。接线盒用阴影标出，以便将它和其他零件区别开来。 例： 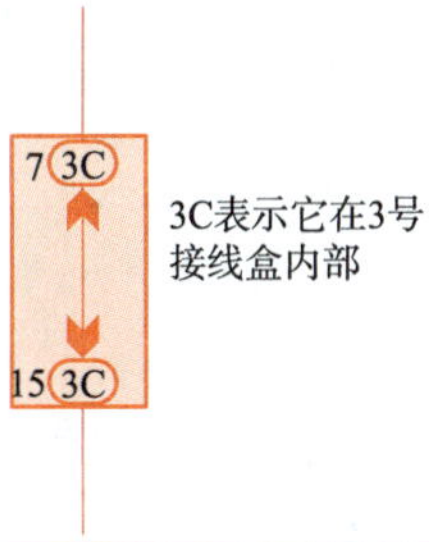 7 3C 15 3C 3C表示它在3号接线盒内部
[G]	表示相关系统
[H]	例：表示线束和线束连接器。带阳端子的线束以箭头（﹀）表示。外侧数字为引脚数 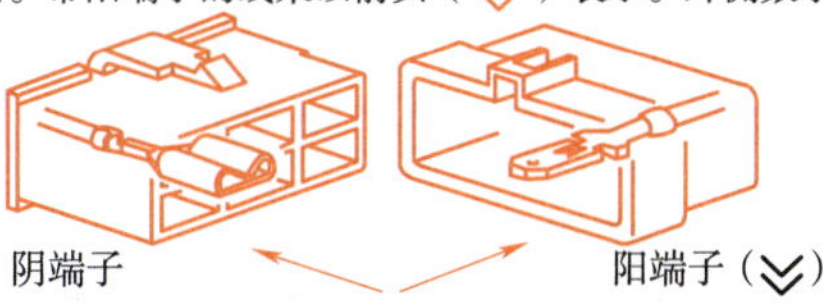 阴端子　阳端子（﹀）
[I]	车辆型号、发动机类型或规格不同时用（　）表示不同的配线和连接器
[J]	例：表示屏蔽电缆。 
[K]	指示搭铁点
[L]	出现在下页中的相同代码显示线束连续
[M]	指示熔丝通电时点火钥匙的位置

Power Source
*1:w/ Smart Entry & Start System
*2:w/o Smart Entry & Start System
*3:HID Type
*4:Except HID Type
E4
Ignition or Starter
Switch Assembly
E50(A),E51(B)
Main Body ECU
7.5 A AM2 No.2
30 A AM2
15 A IGT/INJ
10 A ETCS
10 A TURN-HAZ
120 A ALT
50 A P/I
7.5 A ALT-S
60 A EPS
40 A RDI FAN
50 A HTR
30 A H-LP CLN
50 A ABS NO.1
30 A ABS NO.3
30 A HTR SUB NO.1
30 A HTR SUB NO.2
30 A HTR SUB NO.3
20 A EFI MAIN
15 A IG2
10 A HORN
EFI MAIN
Relay
10 A EFI NO.1
10 A EFI NO.2
DCC
10 A ECU-B2
20 A STRG LOCK
50 A H-LP MAIN
10 A ECU-B
10 A DOME
15 A RAD NO.1
DIMMER Relay
H-LP Relay
10 A H-LP LHHI
10 A H-LP RHHI
15 A H-LP LH LO (*3)
15 A H-LP LH LO (*4)
15 A H-LP RH LO (*3)
15 A H-LP RH LO (*4)
FL MAIN
3.0 W
Battery

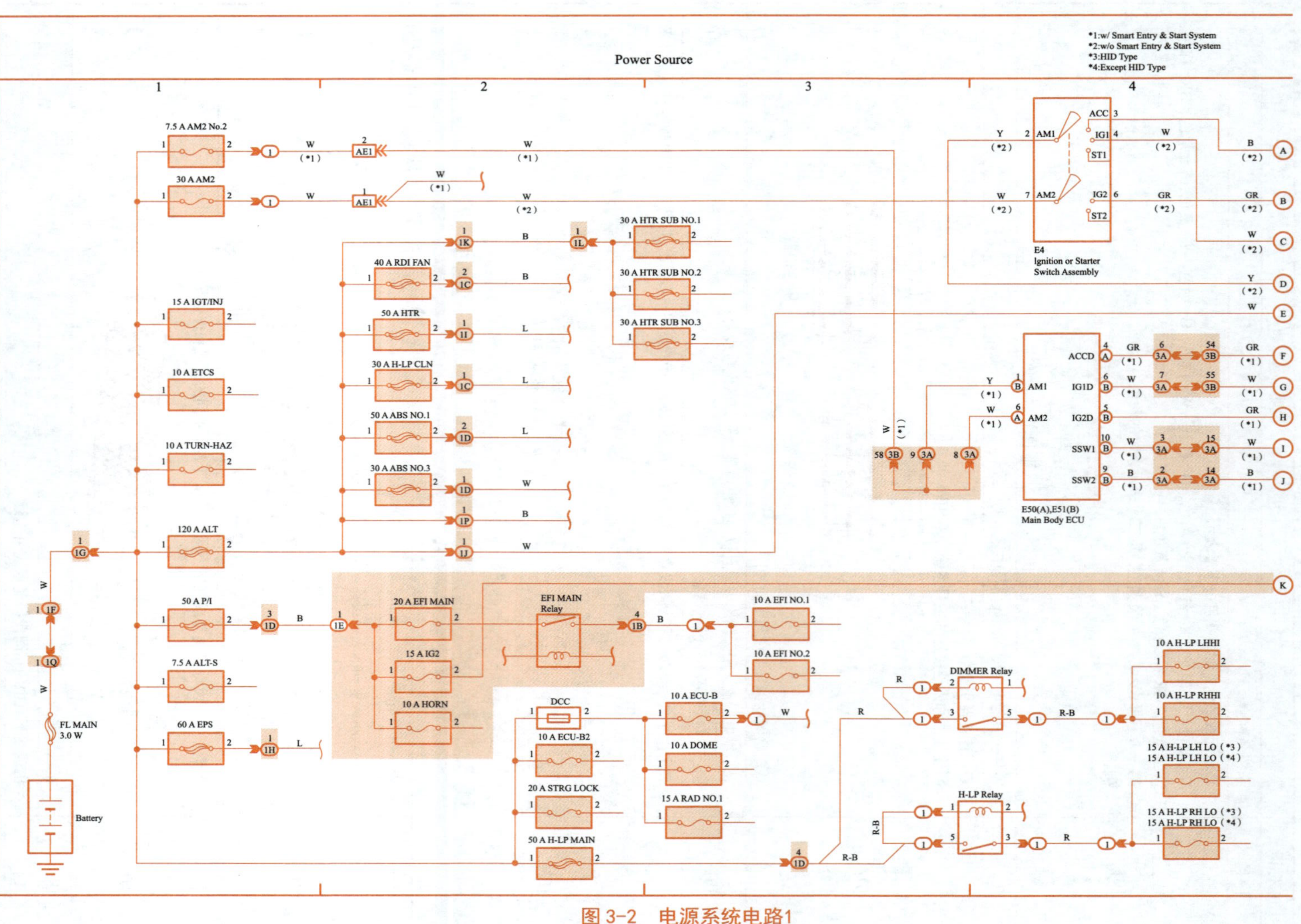

图 3-2　电源系统电路1

Power Source
*1:w/ Smart Entry & Start System
*2:w/o Smart Entry & Start System
25 A WIPER
10 A ECU-IG NO.1
10 A ECU-IG NO.2
10 A HTR-IG
10 A WASHER
IG1 Relay
7.5 A PANEL
10 A TAIL
30 A POWER
20 A RL DOOR
20 A RR DOOR
10 A MIR HTR
Noise Filter
T-LP Relay
PWR Relay
DEF Relay
7.5 A OBD
10 A STOP
7.5 A RR FOG
15 A FR FOG
20 A FR DOOR
25 A DOOR
20 A SUNROOF
40 A DEF
30 A P/SEAT
15 A CIG
7.5 A ACC
25 A ACC-B
7.5 A AM1
ACC Relay
7.5 A METER
7.5 A IGN
A46 Junction Connector
IG2 Relay
7.5 A IG2 NO.2
E38 Power Switch
SS1
SS2
GND
COM
W-B
E1
E2
E5
A1

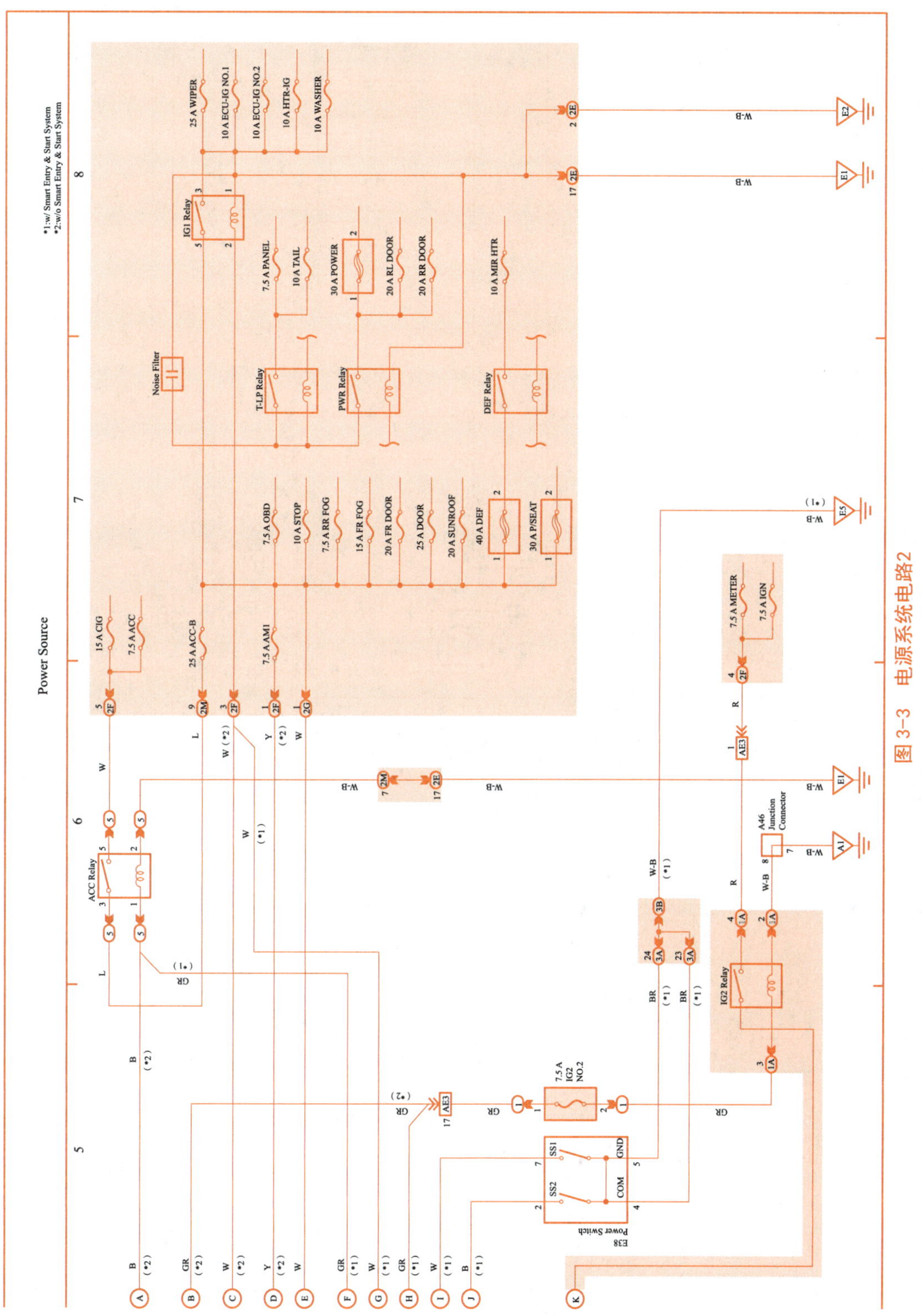

图 3-3　电源系统电路2

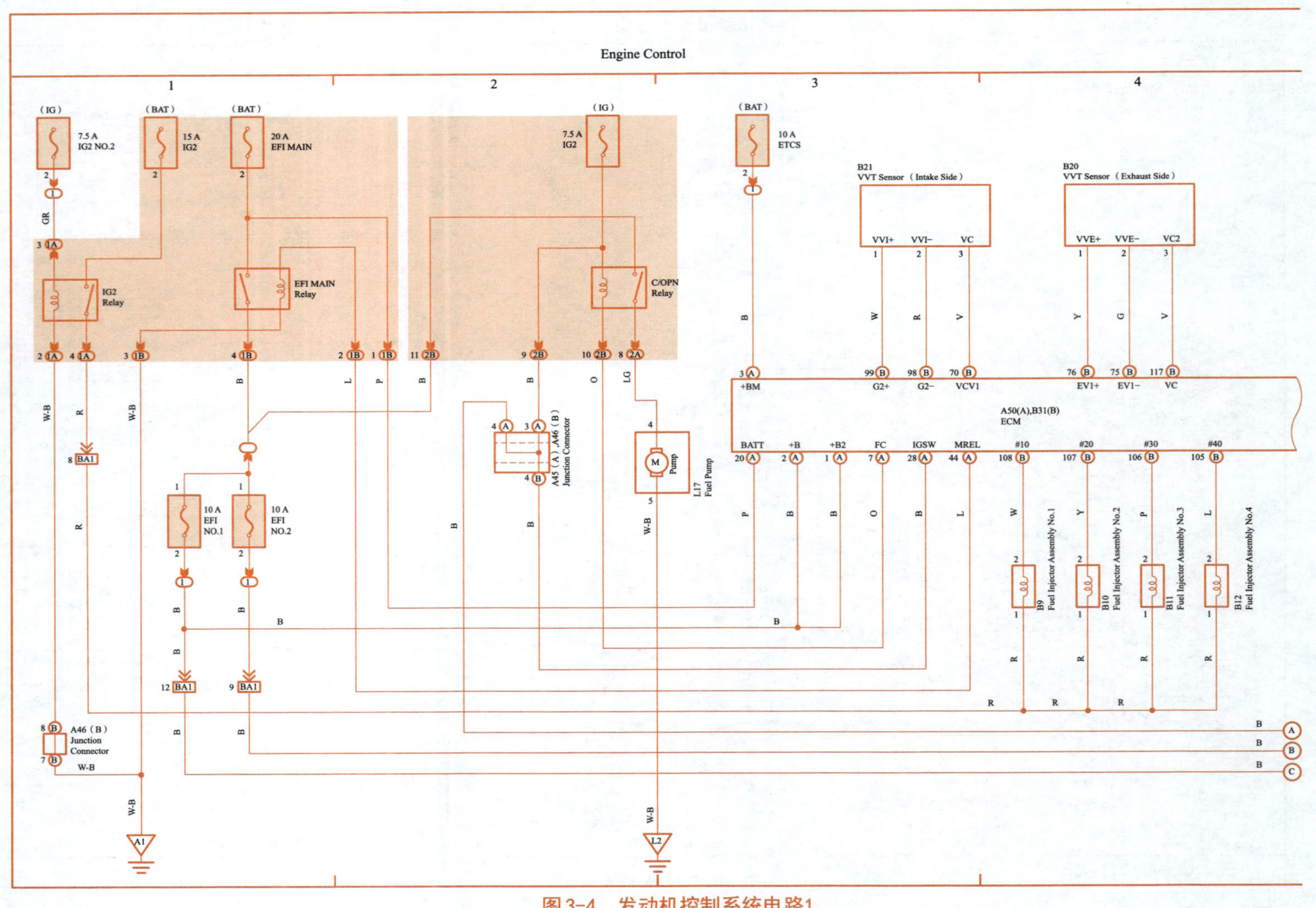

图3-4　发动机控制系统电路1

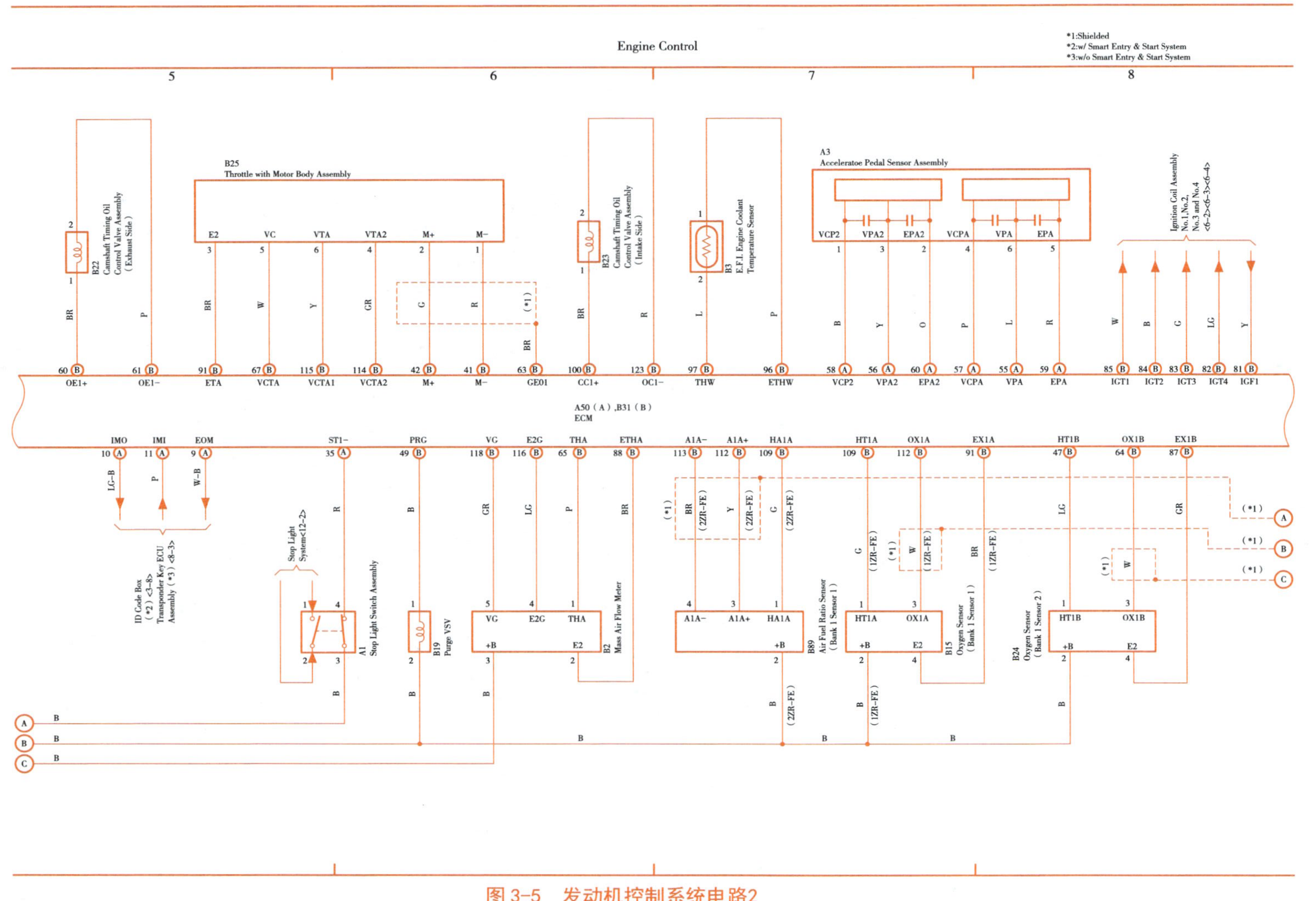

图 3-5 发动机控制系统电路2

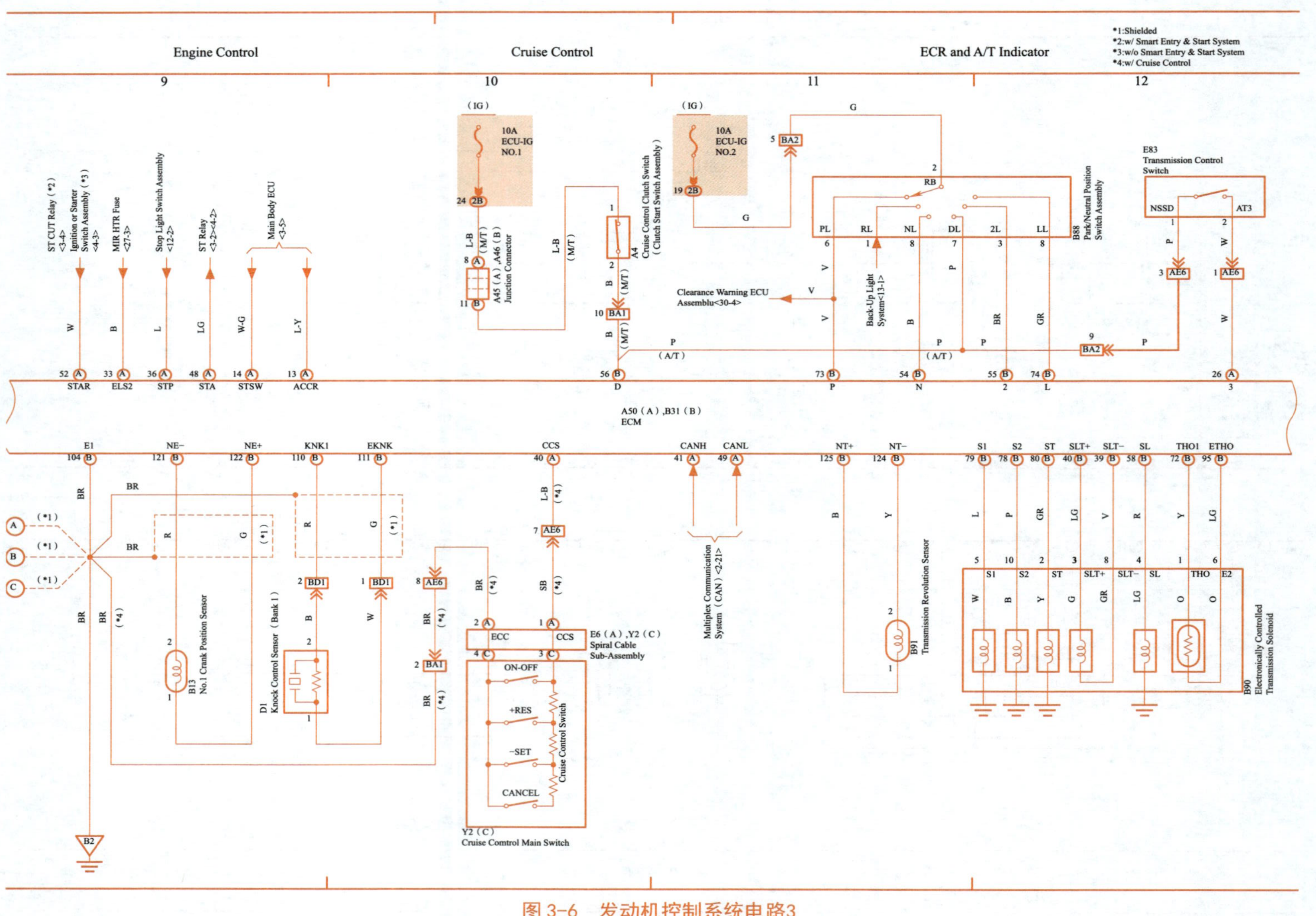

图 3-6 发动机控制系统电路3

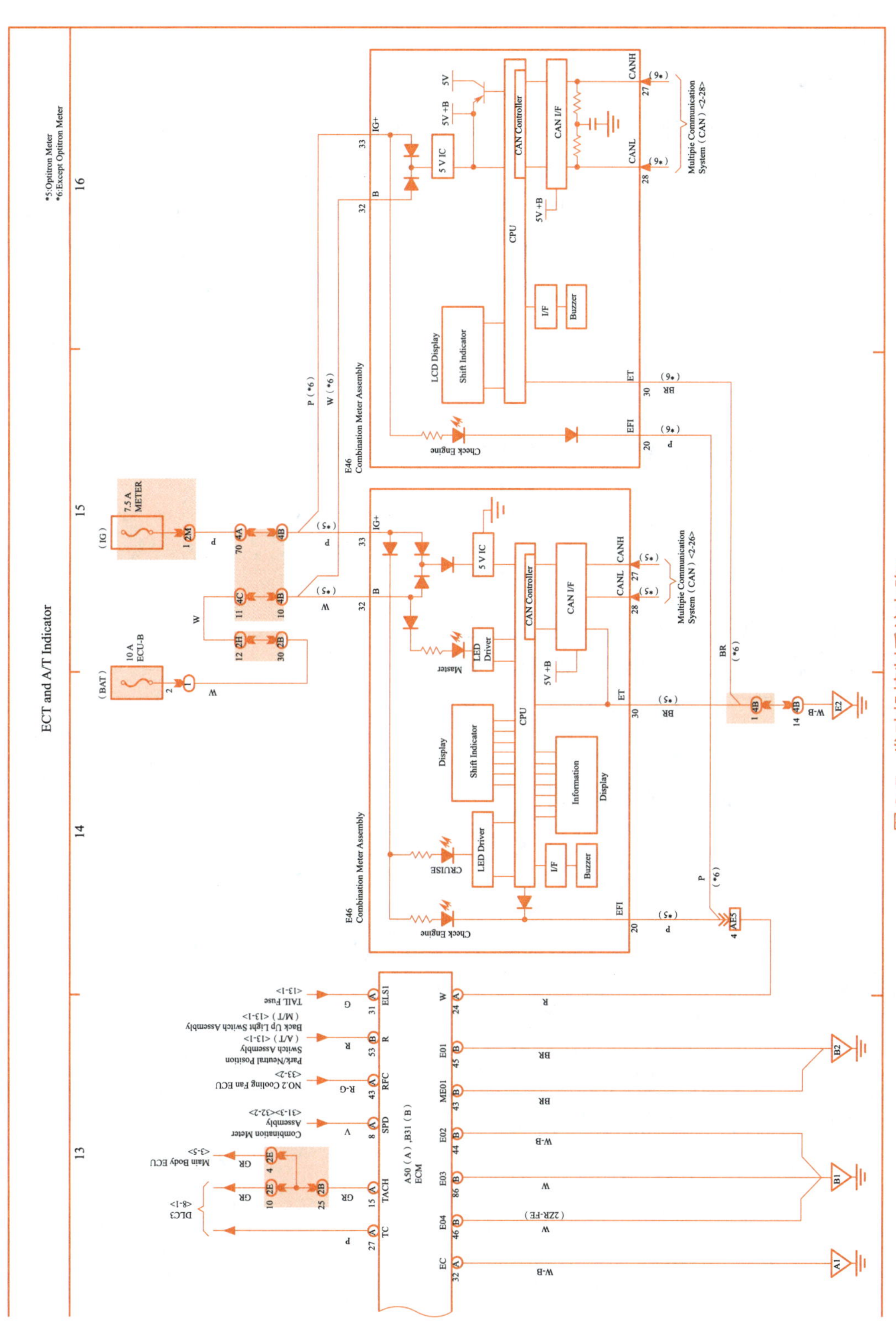

图 3-7　发动机控制系统电路 4

项目实施

1．注意事项

（1）遵守实验室规章制度，未经许可，不得擅自移动和拆卸仪器与设备。

（2）必须穿工作服、工作鞋，严格执行安全、5S管理制度。

（3）严禁未经许可，擅自操作教具、设备的电器开关、点火开关和起动开关，以防发生危险。

（4）在教师允许和监控下，才能起动发动机，需与设备周围的人员进行互动，防止意外发生。

（5）发动机运行期间，严禁拔下各传感器及执行器接口，以免损坏ECU。

2．实施步骤

项目工单

项目名称	识别发动机电控系统电路图			序号	3	日期	
班级		姓名			学号		

一、资讯

（1）汽车电路图可分为：________________、________________、________________。

（2）根据我国汽车电路的特点填写下表。

线路种类	主色	颜色标记
	红	
点火与起动线路		
		U
	绿	
	黄	
	棕	
		P
		S
搭铁线路		

（3）识读电路图的要点是什么？

（4）下图中，各表示什么端子？

从左上到右下编号　　从右上到左下编号

1	2	3
4	5	6

3	2	1
6	5	4

答：________　________

二、决策和计划

人员分工		选择设备	工作计划
组号			
组长			
组员			

三、实施

（1）画出 ECU 供电及搭铁电路，并做简要说明。

（2）对应电路图找出前氧传感器的各脚位，并说明各导线颜色及连接走向。

四、检查

每个工作小组选派一名代表，展示小组学习成果，并说明学习体会。

五、评估

序号	考核要点	配分	评分标准	得分
1	熟知图中标注的含义	20	不清楚电路图标记每次扣 5 分	
2	正确说明电路图中线路的连接与走向	20	错误一次扣 5 分	
3	正确指出电路图与实际电路的对应关系	20	一项叙述不清扣 5 分	
4	正确分析电路图	30	分析错误一次扣 5 分	
5	整理工具，清理现场 实习态度和纪律	10	保持实习现场秩序和卫生，保证人身及设备的安全，违规一次扣 5 分	
6	总分	100	实得总分	

1. 小组自评：成绩____________________

2. 教师点评：成绩____________________

教师签字：____________________

思考题

（1）汽车电器有哪些特点？

（2）B、BR、G、GR、L、O、P、R、V、W、Y、LG、CLR、PPL、TRN 都代表什么颜色？

（3）“G – W”在导线颜色中代表什么含义？

项目四

检测空气流量计

一辆装有1ZR发动机的丰田卡罗拉轿车，司机发现该车怠速时游车、油耗上升，且发动机加速无力，为此司机将车辆开到服务站进行维修。作为一名维修人员，你应如何对车辆开展维修呢？

项目目标

1. 知识目标

（1）了解空气流量计的结构与工作原理；

（2）了解空气流量计故障对整个电控系统的影响。

2. 能力目标

（1）能够对进行空气流量计进行检测；

（2）知道空气流量计数据分析的方法。

3. 素质目标

（1）培养良好的沟通、表达能力和团队协作能力；

（2）培养良好的心理素质和克服困难的能力。

项目设备

（1）工具：数字万用表，金德KT600诊断仪，家用电热吹风机，常用工具各4套。

（2）设备：1ZR发动机实验台4台，解剖发动机台架1台。其他D型电控发动机1台。

项目知识

空气流量计（Air Flow Meter，AFM）是进气歧管空气流量计（Manifold Air Flow Meter，MAFM）的简称，又称空气流量传感器（Air Flow Sensor，AFS），其功用是检测发动机进气量大小，并将进气量信息转换成电信号输入ECU以供计算确定喷油量。进气量信号是ECU精确计算喷油量的主要依据，如果空气流量计发生故障，ECU将启动备用模式，把空气流量值设定在5 g/s，同时记录故障代码。此时将造成怠速不稳、发动机喘抖、怠速游车、怠速转速偏高、燃油脉宽增加、行驶费油、点火推迟、尾气排放恶劣等现象。本次实训选用的1ZR电控系统空气流量计，如图4-1所示，属L型热丝式空气流量计，其他型如桑塔纳3000型超越者轿车使用的空气流量计如图4-2所示，属L型热膜式空气流量计。

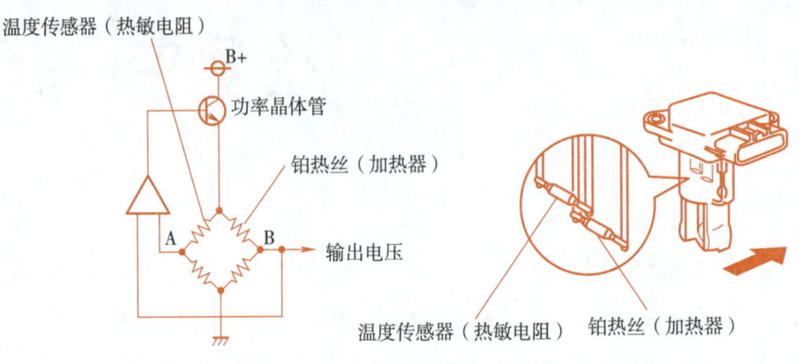

图4-1　1ZR热丝式空气流量计

1. 空气流量计的测量原理

热膜式空气流量计的测量原理如图4-3所示，空气流量计内部电路连接成惠斯登电桥电路。热膜电阻R_H和温度补偿电阻R_K分别连接到电桥的一个臂上，电桥各个臂的电流由控制电路A控制。电桥电压平衡时，控制电路供给热膜电阻的电流I_H(I_H=50 ~ 120 mA)使其温度T_H保持恒定（120 ℃左右）。供给温度补偿电阻的电流使热膜电阻的温度T_H与温度补偿电阻的温度T_K之差保持恒定（$\Delta=T=T_H-T_K$=100 ℃左右）。当空气流经温度补偿电阻和热膜电阻，二者受到冷却，温度降低，阻值减小。当热膜电阻的阻值减小时，电桥电压就会失去平衡，控制电路将增大供给热膜电阻的电流，使其温度保持恒定（120 ℃）。

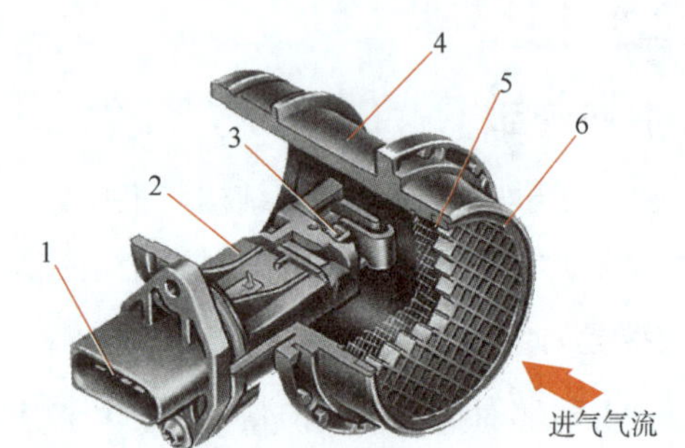

图4-2　桑塔纳热模式空气流量计

1—线束插座；2—混合电路盒；3—温度补偿电阻；4—外壳；5—金属滤网；6—导流格栅

电流增加值的大小，取决于热膜电阻受到冷却的程度，即取决于流过流量传感器的空气量。当电桥电流增大时，测量电阻R_A上的电压就会升高，从而将空气流量的变化转换为信号电压U_A的变化。由于电阻为线性元件，因此测量电阻上信号电压U_A将随空气流量的变化而呈线性变化，信号电压输入电控单元ECU后，ECU便可根据信号电压的高低计算空气流量的大小。当发动机怠速或空气为热空气时，因为怠速时节气门关闭或接近全闭，所以空气流速低，空气量少，又因空气温度越高，空气密度越小，所以在体积相同的情况下，热空气的质量小，因此热膜电阻受到冷却的程度小，电阻值减小得少，保持电桥平衡需要的电流小，故取样电阻上的信号电压低。ECU根据信号电压即可计算出空气量，桑塔纳AT、GSI型轿车怠速时的空气流量标准值为0.39 g/s左右。当发动机负荷增大或空气为冷空气时，因为节气门开度增大空气流速加快使空气流量增大；而冷空气密度大，在体积相同的情况下冷空气质量大，所以热膜电阻受到冷却的程度增大，电阻值减小得多，保持电桥平衡需要的电流增大，因此当发动机负荷增大时，信号电压升高。

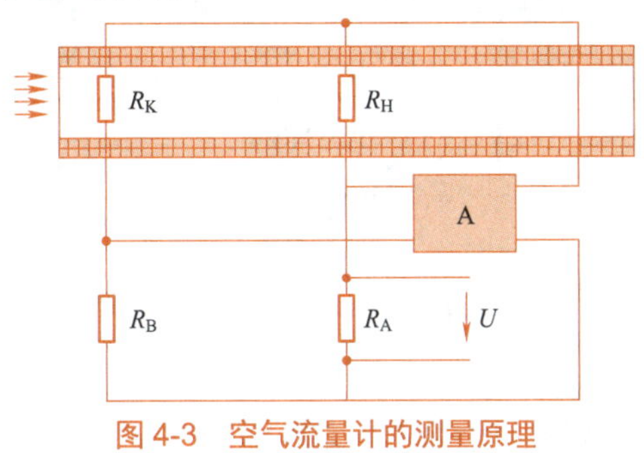

图 4-3　空气流量计的测量原理

R_K—补偿电阻；R_H—热线电阻；R_A—精密测量电阻；R_B—电桥电阻；A—混合集成电路

2. 温度补偿原理

当进气温度变化时，热膜电阻的阻值就会发生变化，测量进气量的精度就会受到影响。设置温度补偿电阻后，从电桥电路上可以看出，当进气温度降低使热膜电阻上的电流增大时，为了保持电桥平衡，温度补偿电阻上的电流相应增大，以保证热膜电阻的温度与温度补偿电阻的温度之差保持恒定，使传感器测量精度不受进气温度变化的影响。热膜式与热线式空气流量传感器的响应速度很快，能在几毫秒时间内反映出空气流量的变化，因此其测量精度不会受到进气气流脉动的影响（气流脉动在发动机大负荷、低转速运转时最为明显），此外还具有进气阻力小、无磨损部件等优点。热膜式传感器热膜的面积远比热线式大，并与热电阻制作在一起，因此不会因沾染污物而影响测量精度。

3. 电路图

空气流量计电路图如图 4-4 所示。

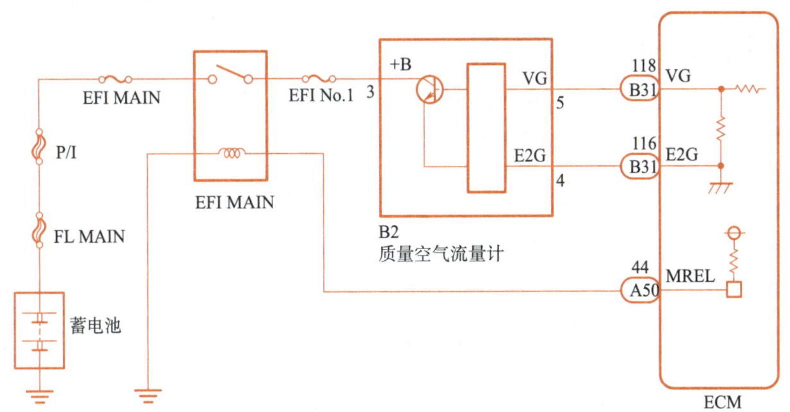

图 4-4　1ZR 发动机的空气流量计与 ECU 连接电路图

4. 空气流量计故障码及其生成条件与故障部位

具体的故障码及其生成条件与故障部位如表 4-1 所示。

表4-1　故障码及其生成条件与故障部位

DTC 号	DTC 检测条件	故障部位
P0100	质量空气流量计电压低于 0.2 V 或高于 4.9 V 达 3 s（单程检测逻辑）	- 质量空气流量计电路断路或短路 - 质量空气流量计 - ECM
P0102	质量空气流量计电压低于 0.2 V 达 3 s（单程检测逻辑）	- 质量空气流量计电路断路或短路 - 质量空气流量计 - ECM
P0103	质量空气流量计电压高于 4.9 V 达 3 s（单程检测逻辑）	- 质量空气流量计电路断路或短路 - 质量空气流量计 - ECM

5. 空气流量计故障诊断程序

1）使用智能检测仪读取数值（质量空气流率）

（a）将智能检测仪连接到 DLC3。
（b）起动发动机，并打开检测仪。
（c）选择以下菜单项：Powertrain/Engine and ECT/Data List/ MAF。
（d）读取检测仪上的显示值。

结果	转至
质量空气流率为 0.0	A
质量空气流率为 271.0 或更高	B
质量空气流率在 1.0 和 270.0(*1) 之间	C

*1: 发动机运转的情况中，节气门打开或关闭时该值必改变。

B → 转至步骤6

C → 检查间歇性故障（参见ES-12页）

A

2）检查质量空气流量计（电源电压）

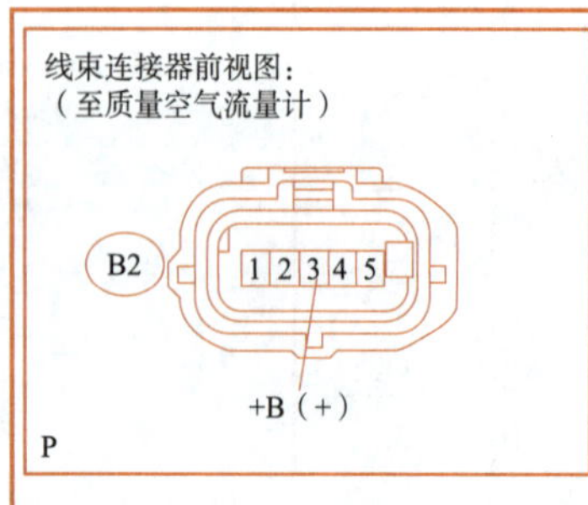

（a）断开质量空气流量计连接器。
（b）将点火开关置于 ON 位置。
（c）根据下表中的值测量电压。

标准电压

检测仪连接	开关状态	规定状态
B2-3(+B)- 车身搭铁	点火开关置于 ON 位置	9 ~ 14 V

（d）重新连接质量空气流量计连接器。

异常 → 转至步骤5

正常

3）检查质量空气流量计（VG电压）

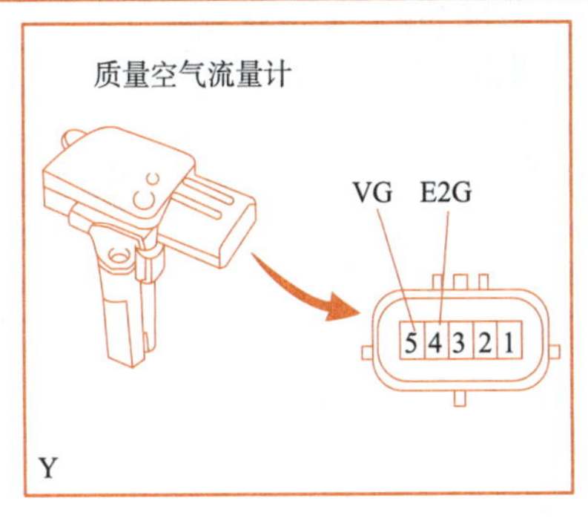

检查输出电压。

（a）断开质量空气流量计连接器。

（b）向端子+B和E2G之间施加蓄电池电压。

（c）将检测仪正极（+）探针连接至端子VG，检测仪负极(–)探针连接至端子E2G。

（d）根据下表中的值测量电压。

标准电压

检测仪连接	条件	规定状态
5(VG)-4(E2G)	向端子+B和E2G之间施加蓄电池电压	0.2 ~ 4.9 V

（e）重新连接质量空气流量计连接器。

异常 → 更换质量空气流量计（参见ES-332页）

正常

4）检查线束和连接器（质量空气流量计-ECM）

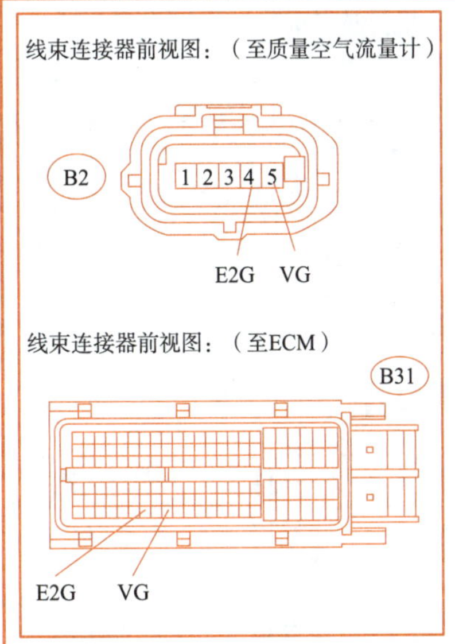

（a）断开质量空气流量计连接器。

（b）断开ECM连接器。

（c）根据下表中的值测量电阻。

标准电阻（断路检查）

检测仪连接	条件	规定状态
B2-5(VG)-B31-118(VG)	始终	＜1Ω
B2-4(E2G)-B31-116(E2G)	始终	＜1Ω

标准电阻（短路检查）

检测仪连接	条件	规定状态
B2-5(VG)或B31-118(VG)-车身搭铁	始终	≥10 kΩ

（d）重新连接质量空气流量计连接器。

（e）重新连接ECM连接器。

异常 → 维修或更换线束或连接器（质量空气流量计ECM）

正常

更换ECM(参见ES-326页)

5）检查熔丝（EFI No.1）

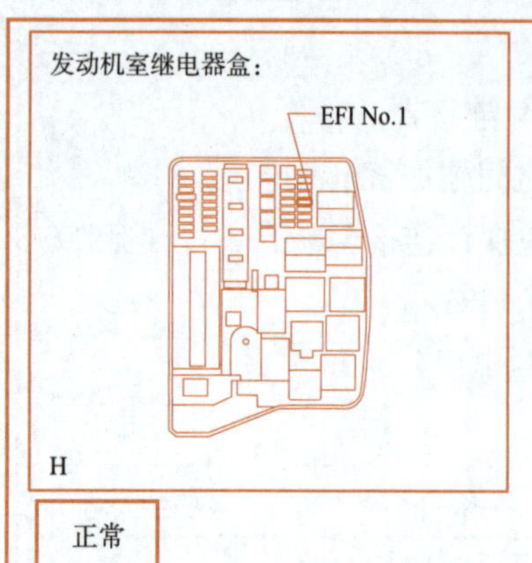

（a）从发动机室继电器盒上拆下 EFI No.1 熔丝。
（b）根据下表中的值测量电阻。
标准电阻

检测仪连接	条件	规定状态
EFI No.1 熔丝	始终	＜1Ω

（c）重新安装 EFI No.1 熔丝。

异常 → 更换熔丝（EFI No.1）

正常

维修或更换线束或连接器（质量空气流量计 - 集成继电器）

6）检查线束和连接器（传感器搭铁）

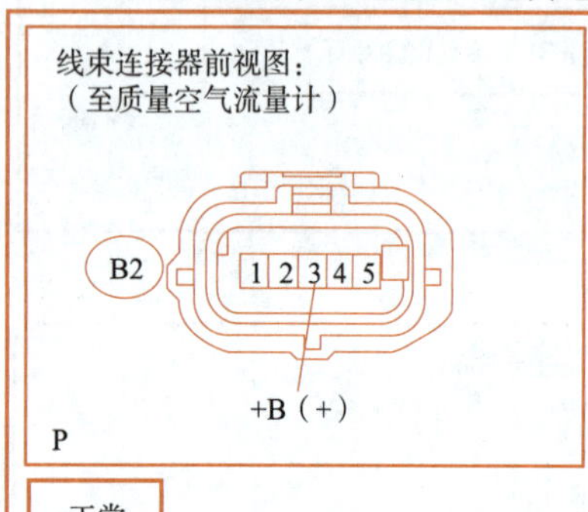

（a）断开质量空气流量计连接器。
（b）根据下表中的值测量电阻。
标准电阻

检测仪连接	条件	规定状态
B2-4(E2G)- 车身搭铁	始终	＜1Ω

（c）重新连接质量空气流量计连接器。

异常 → 转至步骤7

正常

更换质量空气流量计（参见 ES-332 页）

7）检查线束和连接器（质量空气流量计 -ECM）

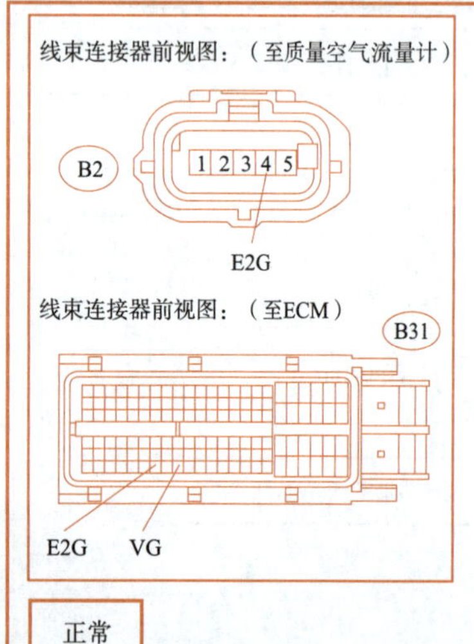

（a）断开质量空气流量计连接器。
（b）断开 ECM 连接器。
（c）根据下表中的值测量电阻。
标准电阻（断路检查）

检测仪连接	条件	规定状态
B2-4(E2G)-B31-116 (E2G)	始终	＜1Ω

标准电阻（短路检查）

检测仪连接	条件	规定状态
B2-4(E2G)-B31-116 (E2G)-车身搭铁	始终	≥ 10 kΩ

（d）重新连接质量空气流量计连接器。
（e）重新连接 ECM 连接器。

异常 → 维修或更换线束或连接器（质量空气流量计ECM）

正常

更换 ECM(参见 ES-326 页)

项目实施

1. 注意事项

（1）遵守实验室规章制度，未经许可，不得擅自移动和拆卸仪器与设备。

（2）必须穿工作服、工作鞋，严格执行安全、5S管理制度。

（3）严禁未经许可，擅自操作教具、设备的电器开关、点火开关和起动开关，以防发生危险。

（4）在教师允许和监控下，才能起动发动机，需与设备周围的人员进行互动，防止意外发生。

（5）发动机运行期间，严禁拔下各传感器及执行器接口，以免损坏ECU。

（6）空气流量计是精密电子器件，要轻拿轻放，避免空气流量计掉在地上摔坏内部电路和元件。

（7）用电热吹风机注意不要将出风口离空气流量计太近，以免烫坏零部件。防止烫伤手指、衣物和其他实验设备。

（8）在实验台测试电压信号时，注意操作流程和相对应的测试端口。原则上只做本次实验相关的测试，其他无关的部位不要测试，否则按原理不清或看不懂电路图扣分。

（9）在实物台架上，测试端口与ECU直接相连，不要将任何电压加在发动机实验台的测试端口上，以免损坏ECU。

2. 实施步骤

项目工单

项目名称	检测空气流量计		序号	4	日期	
班级		姓名		学号		

一、资讯

（1）空气流量计的工作原理是什么？

（2）连接空气流量计电路并填写相应内容。

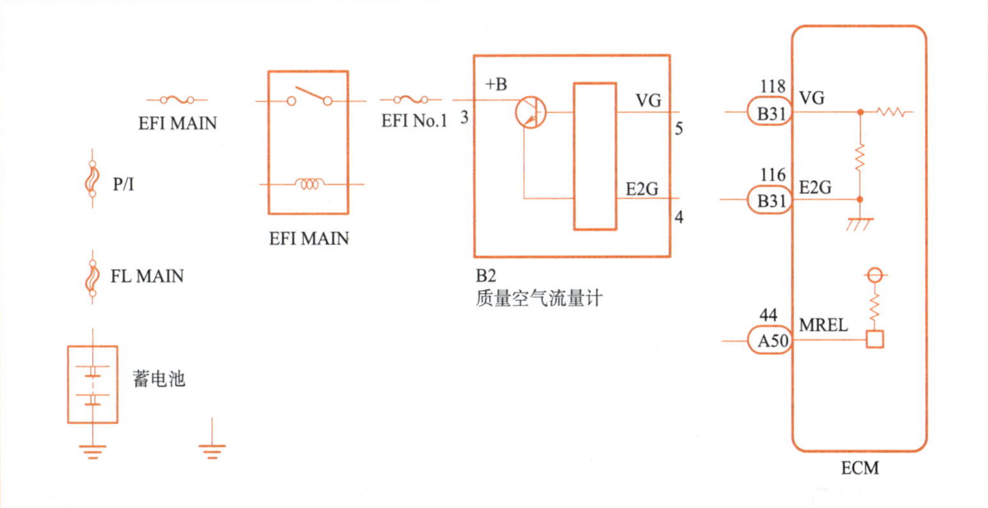

端子	功用	条件及参数
B2-3		
B2-4		
B2-5		

（3）空气流量计及其线路出现故障时，发动机有什么故障现象？

二、决策和计划

人员分工		选择设备	工作计划
组号			
组长			
组员			

三、实施

1. 空气流量计信号端子电压测量（条件：无故障测试）

空气流量计端子	测试条件	数据流	电压
B2-5	不起动发动机		
	怠速		
	1 500 r/min		
	2 000 r/min		
	2 500 r/min		
	3 000 r/min		

2. 空气流量计信号波形测试（用不同颜色的笔标出正常与故障时的波形）

示波器正表笔连接元件端口编号： ________________ 针脚号： ________________ 示波器负表笔连接部位： ________________	每格电压：　　　每格时间：

3. 故障排除（由教师设置故障，每组可设不同故障点）

（1）故障现象。

（2）故障码的检测与清除。

（3）定格数据及数据分析。

（4）故障原因分析。

（5）基本检查。

（6）主要数据流读取与分析。

（7）故障排除与检测过程记录。

（8）故障点确认。

（9）维修结论。

（10）维修结果。

四、检查

每个工作小组选派一名代表，汇报实训过程体会、掌握了哪些技能。教师确认发动机正常工作，故障已排除。

五、评估

序号	考核要点	配分	评分标准	得分
1	空气流量计的检测原理	20	一处叙述不清扣 5 分	
2	空气流量计的故障检测	30	错误一次扣 5 分	
3	故障码与数据流的读取	20	错误一次扣 5 分	
4	数据流的分析	20	错误一次扣 5 分	
5	整理工具，清理现场 实习态度和纪律	10	保持实习现场秩序和卫生，保证人身及设备的安全，违规一次扣 5 分	
6	总分	100	实得总分	

1. 小组自评：成绩____________________

2. 教师点评：成绩____________________

教师签字：____________________

思 考 题

（1）热式空气流量计的作用及其工作原理什么？

（2）为什么设置温度补偿电阻？

（3）简述如何判断热膜式空气流量计的好坏。

（4）简述空气流量计的测量步骤。

项目五

检测进气压力传感器

一辆装有1ZR发动机的丰田卡罗拉轿车，在行驶过程中司机发现该车出现怠速游车、行驶无力，且发动机故障指示灯点亮报警的现象，为此司机将车辆开到服务站进行维修。作为一名维修人员，你应该如何对车辆开展维修呢?

项目目标

1. 知识目标

（1）理解进气压力传感器的结构与工作原理；

（2）掌握进气压力传感器故障对整个电控系统的影响。

2. 能力目标

（1）能够对进气压力传感器进行检测（电阻测试、电压测试、波形测试、数据流测试）；

（2）知道进气压力传感器数据分析的方法。

3. 素质目标

（1）能够自主学习新知识，形成一定的自学能力；

（2）培养良好的专业素质及职业能力。

项目设备

（1）工具：数字万用表，金德KT600解码器，手动真空泵，常用工具各4套。

（2）设备：丰田5A发动机台架，或其他D型电控发动机1台。

项目知识

在D型电控燃油喷射系统中，由进气管绝对压力传感器（IMAPS）测量进气管压力，并将信号输入ECU，ECU根据进气管内的绝对压力和发动机转速推算出发动机的进气量，再根据进气量和发动机转速确定基本喷油量。进气压力信号作为燃油喷射和点火控制的主控制信号之一。

进气管绝对压力传感器的种类较多，按其检测原理可分为压敏电阻式、电容式、膜盒式、表面弹性波式等，在D型电控燃油喷射系统中应用最多的是压敏电阻式和电容式两种。进气压力传感器工作原理如图5-1所示。

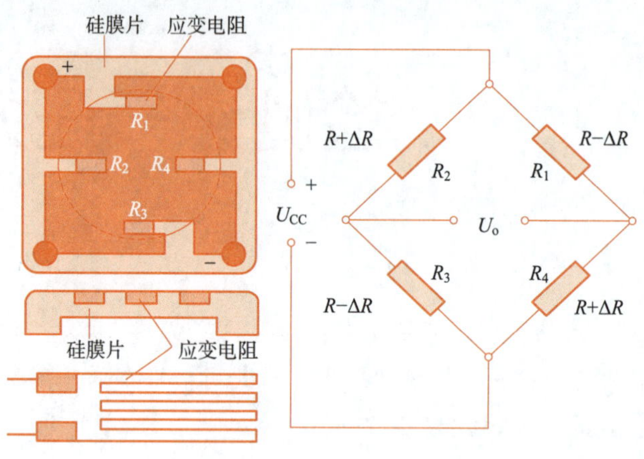

图5-1　进气压力传感器工作原理

1. 压敏电阻式进气管绝对压力传感器

压敏电阻式进气管绝对压力传感器如图5-2所示，其主要由绝对真空室、硅片和IC放大电路组成。硅片的一侧是真空室（绝对压力为0），而另一侧承受进气管内的压力，在此压力作用下使硅片产生变形；由于真空室的压力是固定的，进气管绝对压力变化时，硅片的变形量不同；硅片是一个压力转换元件（压敏电阻），其电阻值随其变形量而变化，导致硅片所处的电桥电路输出电压发生变化，电桥电路输出的电压（很小）经IC放大电路放大后输送给ECU。

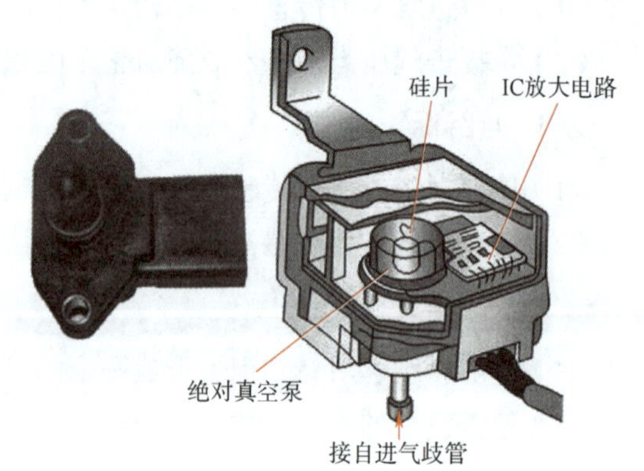

图5-2　压敏电阻式进气管绝对压力传感器

压敏电阻式进气管绝对压力传感器的工作原理如下。

在应力作用下，半导体压敏电阻的电阻率就会发生变化而引起阻值变化，电桥上电阻值的平衡就被打破。当电桥输入端输入一定的电压或电流时，在电桥的输出端就可得到变化的信号电压或信号电流。根据信号电压或信号电流的大小，就可检测出歧管压力的高低。当差动电桥采用恒流源供电时，可得电桥输出电压的计算公式，即

$$U_O = \frac{3\pi_{44}IR}{16h^2}[(1+\mu)r^2-(1+3\mu)x^2]p$$

式中　U_o——传感器输出信号电压（V）；

r——圆形膜片的有效半径（mm）；

x——计算点半径（即压敏电阻中心至膜片圆心的距离，mm）；

h——膜片厚度（mm）；

μ——泊松比（硅取μ=0.35）；

π_{44}——剪切压阻系数，可由实验测得；

I——恒流源供给电流（A）；

R——每只固态电阻的阻值（Ω）；

p——均布压力（Pa）。

由公式可见，当压阻效应式传感器结构一定并采用恒流源供电时，差动电桥的输出电压与硅膜片上作用的压力成正比。

2. 电容式进气管绝对压力传感器

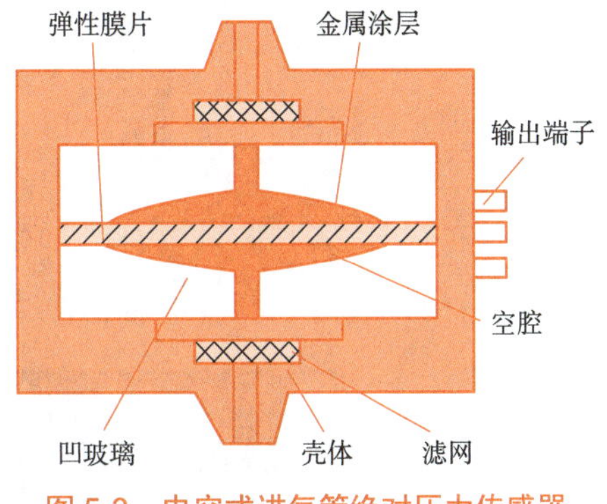

图 5-3 电容式进气管绝对压力传感器

电容式进气管绝对压力传感器如图 5-3 所示，位于传感器壳体内腔的弹性膜片用金属制成，弹性膜片上、下两个凹玻璃的表面也均有金属涂层，这样在弹性膜片与两个金属涂层之间形成两个串联的电容。

电容式进气管绝对压力传感器利用电容效应检测进气管绝对压力。发动机工作时，进气管内的空气压力作用于弹性膜片上，使弹性膜片产生位移，弹性膜片与两个金属涂层之间的距离发生变化，一个距离减小、而另一个距离增大，在弹性膜片与两个金属涂层之间形成的两个电容的电容量也就一个增加，另一个则减小。电容量的变化量与弹性膜片的位移成正比，两弹性膜片的位移取决上、下两个空腔的气体压力，只要弹性膜片上部的空腔为绝对真空，下部空腔接通进气歧管，则可通过检测电容量的变化来检测进气歧管的绝对压力。电容量的变化量再经过测量电路转换成电压信号输送给ECU，测量电路可以是电容电桥电路或谐振电路等。

进气压力传感器电路连接图如图5-4所示。

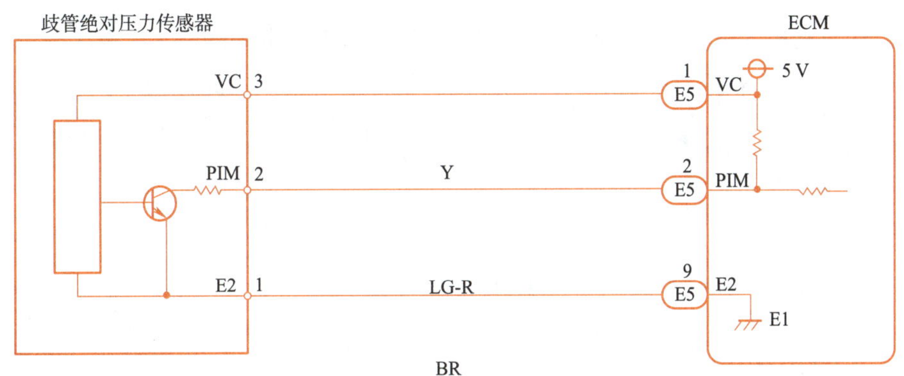

图 5-4 进气压力传感器电路连接图

由于进气压力传感器把进气歧管的压力转换成电信号输送给ECU，根据转换电路的设计不同，转换成的电信号有两种，一种是模拟信号，一种是数字信号。模拟信号的电压值是随压力的变化而成线性变化的，如图5-5所示；数字信号输出的频率信号，其电压值不变，频率随压力的变化而变化，如图5-6所示。

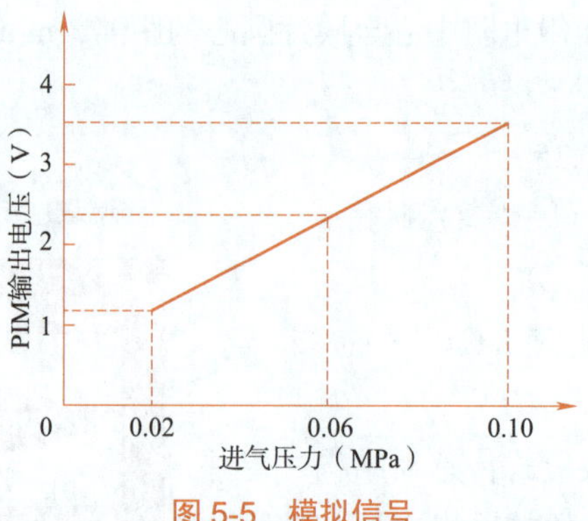

图 5-5　模拟信号

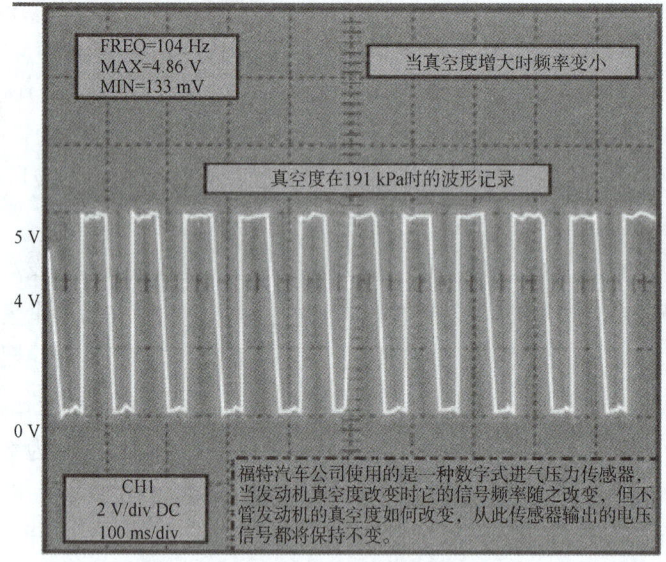

图 5-6　数字信号

威驰 5A 发动机的进气压力传感器与发动机 ECU 相连的参数如表 5-1 所示。

表 5-1　发动机的进气压力传感器与发动机 ECU 相连的参数

管脚编号	管脚定义	电阻测量		电压测量	
		测量点	电阻值	测量点	电压值
1	连接 ECU 的 E5 插头第 9 脚，通过 ECU 接地	1 脚（传感器）~ ECU 的 E5-9 脚	＜ 0.5Ω	—	—
2	连接 ECU 的 E5 插头第 2 脚，向 ECU 传输模拟信号	2 脚（传感器）~ ECU 的 E5-2 脚	＜ 0.5Ω	2 脚 ~ 搭铁	随歧管压力变化输出 0 ~ 5 V 之间的电压
3	连接 ECU 的 E5 插头第 1 脚，由 ECU 向进气压力传感器提供 5 V 工作电压	3 脚（传感器）~ ECU 的 E5-1 脚	＜ 0.5Ω	3 脚 ~ 搭铁	5 V

3. 检查程序

用手持式测试仪读取定格数据，在检测到故障时，定格数据记录了发动机状况。

在查找故障时，可确定在发生故障时车辆是否行驶，发动机是否预热，空燃比稀或浓等。

如果端子 E2 用作搭铁端子，会同时输出与其他系统有关的不同的故障码，则 E2 可能开路。

1）使用手持式测试仪时

（1）读出手持式测试仪的读数(歧管绝对压力)。

① 点火开关拧至 ON 位置。

② 选择项目 DIAGNOSIS　/ ENHANDEDOBD Ⅱ / DATALIST　/ ALLDATA　/ MAP 并读出手持式测试显示的读数，压力：与大气压力相同。

如果正常，检查有无间歇性故障；如果不正常，转到下一步骤。

（2）检查 ECU(VC) 电压，如图 5-7 所示。

① 点火开关拧至 ON 位置。

② 测量 ECU 连接器端子 VC 和 E2 之间电压。电压：4.5 ~ 5.5 V。

如果不正常，检查和更换 ECU；如果正常，转到下一步骤。

（3）检查 ECU(PIM) 电压，如图 5-8 所示。

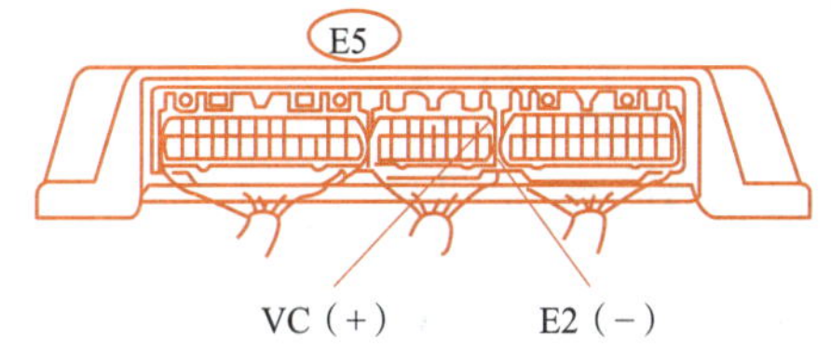

图 5-7　检查 ECU(VC) 电压

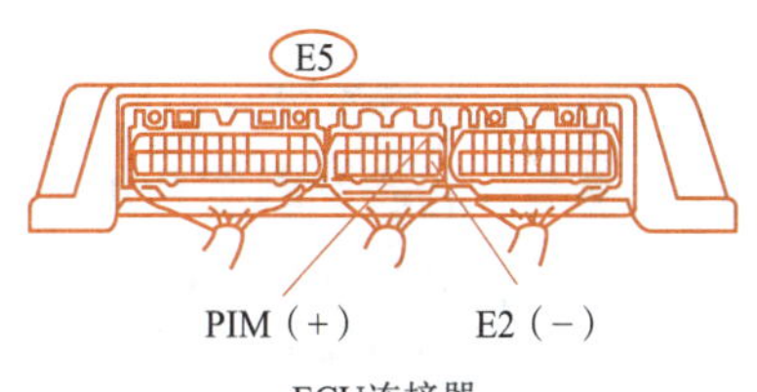

图 5-8　检查 ECU(PIM) 电压

① 点火开关拧至 ON 位置。

② 测量 ECU 连接器端子 PIM 和 E2 之间电压。电压：3.4 ~ 3.8 V。

如果不正常，检查和更换 ECU；如果正常，转到下一步骤。

（4）检查线束和连接器（ECU- 歧管绝对压力传感器），如图 5-9、图 5-10 所示。

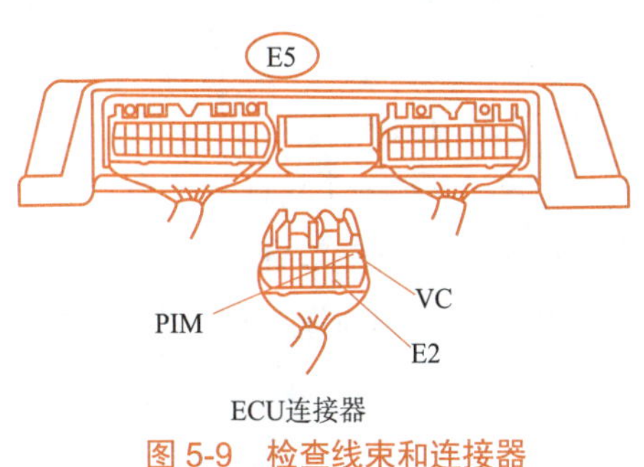

图 5-9　检查线束和连接器

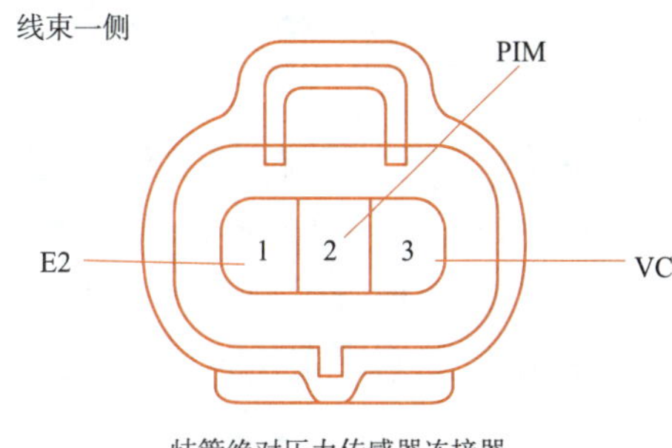

图 5-10　歧管绝对压力传感器端视图

① 脱开 ECU E5 连接器。

② 脱开歧管绝对压力传感器连接器。

③ 测量 ECU 连接器端子 VC 和歧管绝对压力传感器连接器端子 VC 之间电阻。电阻：不大于 1 Ω。

④ 测量 ECU 连接器端子 PIM 和歧管绝对压力传感器连接器端子 PIM 之间电阻。电阻：不大于 1 Ω。

⑤ 测量 ECU连接器端子 E2 和歧管绝对压力传感器连接器端子 E2 之间电阻。电阻：不大于 1Ω。

⑥ 测量 ECU连接器端子 VC 和 PIM 之间电阻。电阻：不小于 1 MΩ。

⑦ 测量 ECU连接器端子 VC 和车身搭铁之间电阻。电阻：不小于 1 MΩ。

⑧ 测量 ECU连接器端子 PIM 和车身搭铁之间电阻。电阻：不小于 1 MΩ。

如果不正常，修理或更换线束或连接器；如果正常，更换歧管绝对压力传感器。

2）不用手持式测试仪时

（1）检查 ECU(VC) 电压（见图5-7）。

① 点火开关拧至 ON 位置。

② 测量 ECU连接器端子 VC 和 E2 之间电压。电压：4.5 ~ 5.5 V。

如果不正常，检查和更换 ECU；如果正常，转到下一步骤。

（2）检查 ECU(PIM) 电压（见图5-8）。

① 点火开关拧至 ON 位置。

② 测量 ECU连接器端子 P1M 和 E2 之间电压。电压：3.4 ~ 3.8 V。

如果不正常，检查和更换 ECU；如果正常，转到下一步骤。

（3）检查线束和连接器（ECU-歧管绝对压力传感器）（见图5-9、图 5-10）。

① 脱开 ECU E5 连接器。

② 脱开歧管绝对压力传感器连接器。

③ 测量 ECU 连接器端子 VC 和歧管绝对压力传感器连接器端子 VC 之间电阻。电阻：不大于 1 Ω。

④ 测量 ECU连接器端子 P1M 和歧管绝对压力传感器连接器端子 PIM 之间电阻。电阻：不大于 1 Ω。

⑤ 测量 PCM连接器端子 E2 和歧管绝对压力传感器连接器端子 E2 之间电阻。电阻：不大于 1 Ω。

⑥ 测量 ECU连接器端子 VC 和 PIM 之间电阻。电阻：不小于 1 MΩ。

⑦ 测量 ECU连接器端子 VC 和车身搭铁之间电阻。电阻：不小于 1 MΩ。

⑧ 测量 ECU连接器端子 PIM 和车身搭铁之间电阻。电阻：不小于 1 MΩ。

如果不正常，修理或更换线束或连接器；如果正常，更换歧管绝对压力传感器。

项目实施

1. 注意事项

（1）遵守实验室规章制度，未经许可，不得擅自移动和拆卸仪器与设备。

（2）必须穿工作服、工作鞋，严格执行安全、7S 管理制度。

（3）严禁未经许可，擅自操作教具、设备的电器开关、点火开关和起动开关，以防发生危险。

（4）在教师允许和监控下，才能起动发动机，需与设备周围的人员进行互动，防止意外发生。

（5）发动机运行期间，严禁拔下各传感器及执行器接口，以免损坏ECU。

（6）进气压力传感器是精密电子器件，要轻拿轻放，避免进气压力传感器掉在地上摔坏内部电路和元件。

（7）实验台测试电压信号时，注意操作流程和相对应的测试端口。原则上只做本次实验相关的测试，其他无关的部位不要测试。

（8）在实物台架上，测试端口与ECU直接相连，不要将任何电压加在发动机实验台的测试端口上，以免损坏ECU。

2. 实施步骤

项目工单

项目名称	检测进气压力传感器		序号	5	日期	
班级		姓名		学号		

一、资讯

（1）进气压力传感器的工作原理是什么？

（2）连接进气压力传感器电路并填写相应内容。

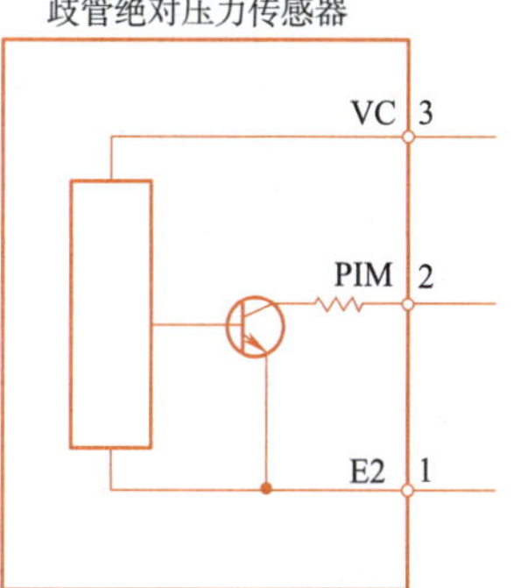

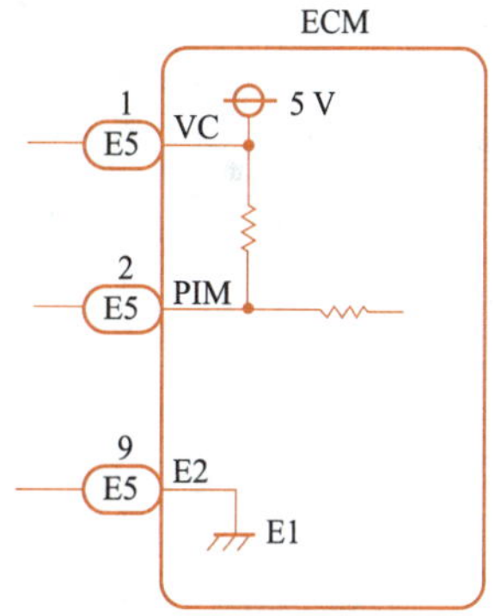

端子	功用	条件及参数
E2		
PIM		
VC		

（3）丰田5A发动机进气压力传感器输出信号是数字信号还是模拟信号？

二、决策和计划

人员分工		选择设备	工作计划
组号			
组长			
组员			

三、实施

1. 进气压力传感器信号端子电压测量（条件：无故障测试）

传感器端子	测试条件	数据流	电压
PIM	不起动发动机		
	怠速		
	1 500 r/min		
	2 000 r/min		
	2 500 r/min		
	3 000 r/min		

2. 进气压力传感器信号波形测试（用不同颜色的笔标出正常与故障时的波形）

示波器正表笔连接元件端口编号：________ 针脚号：________ 示波器负表笔连接部位：________	每格电压：　　每格时间：

3. 故障排除（由教师设置故障，每组可设不同故障点）

（1）故障现象。

（2）故障码的检测与清除。

（3）定格数据及数据分析。

（4）故障原因分析。

（5）基本检查。

（6）主要数据流读取与分析。

（7）故障排除与检测过程记录。

（8）故障点确认。

（9）维修结论。

（10）维修结果。

四、检查

每个工作小组选派一名代表，汇报实训过程体会、掌握了哪些技能。教师确认发动机正常工作，故障已排除。

五、评估

序号	考核要点	配分	评分标准	得分
1	进气压力传感器的工作原理	20	一处叙述不清扣 5 分	
2	进气压力传感器的故障检测	40	错误一次扣 5 分	
3	故障码数据流的读取	15	错误一次扣 5 分	
4	数据流的分析	15	错误一次扣 5 分	
5	整理工具，清理现场	10	保持实习现场秩序和卫生，保证人身及设备的安全，违规一次扣 5 分	
	实习态度和纪律			
6	总分	100	实得总分	

1. 小组自评：成绩＿＿＿＿＿＿＿＿

2. 教师点评：成绩＿＿＿＿＿＿＿＿

教师签字：＿＿＿＿＿＿＿＿

思 考 题

（1）进气压力传感器的作用及其工作原理什么？

（2）进气压力传感器输出信号都一样吗？为什么？

（3）简述进气压力传感器的测量步骤。

项目六

检测进气温度传感器

一辆装有1ZR发动机的丰田卡罗拉轿车，在启动过程中司机发现该车起动困难，着车后出现怠速不稳且发动机故障指示灯点亮报警的现象，为此司机将车辆开到服务站进行维修。作为一名维修人员，你应该如何对车辆开展维修呢？

项目目标

1. 知识目标

（1）理解进气温度传感器的结构与工作原理；

（2）掌握进气温度传感器故障对整个电控系统的影响。

2. 能力目标

（1）能够对进气温度传感器进行检测（电阻测试、电压测试、波形测试、数据流测试）；

（2）知道进气温度传感器数据分析的方法。

3. 素质目标

（1）能够自主学习新知识，形成一定的自学能力；

（2）培养良好的沟通、表达能力和团队协作能力。

项目设备

（1）工具：数字万用表，金德KT600诊断仪，家用电热吹风机，普通温度计，常用工具各4套。

（2）设备：1ZR发动机实验台4台，解剖发动机台架1台，其他D型电控发动机1台。

项目知识

进气温度传感器（Intake Air Temperature Sensor，IATS）的功能是检测进气温度，并将温度信号转换为电信号输入发动机ECU。进气温度信号是多种控制功能的修正信号，包括燃油脉宽、点火正时、怠速控制和尾气排放等，若进气温度传感器信号中断，将导致发动机热起动困难，燃油脉宽增加，尾气排放恶化。

温度是反映发动机热负荷状态的重要参数，为了保证ECU能够精确地控制发动机正常运行，必须随时监测发动机的进气温度，以便修正主控制参数，准确计算吸入汽缸空气的质量流量以及进行排气净化处理等。空气质量大小与进气温度（密度）和大气（进气）压力高低密切相关。当进气温度低时空气密度大，相同体积气体的质量增大；反之，当进气温度升高时，相同体积气体的质量将减小。在采用各种歧管压力式或空气流量式传感器的燃油喷射系统中，都需要加装进气温度传感器，有些还需要加装大气压力传感器，以便随时监测周围环境温度和大气压力的变化，修正喷油量，使ECU自动适应外部环境温度变化以及不同海拔高度大气压力的变化情况。温度传感器的种类很多，常用的有热敏电阻式、金属热电阻式、线绕电阻式、半导体晶体管式等。

热敏电阻是利用陶瓷半导体材料的电阻值随温度变化而变化的特性制成的。根据热敏电阻的特性不同，可分为负温度系数型（NTC）热敏电阻、正温度系数型（PTC）热敏电阻和临界温度热敏电阻（CTR）。电阻值随温度升高而减小的称为负温度系数型热敏电阻；电阻值随温度升高而增大的称为正温度系数型热敏电阻；有一类热敏电阻的阻值以某一温度(称为临界温度)为界，高于此温度时阻值为某一水平，低于此温度时阻值为另一水平，这类热敏电阻称为临界温度热敏电阻，三种热敏电阻与铂（Pt）金属电阻的温度特性曲线如图6-1所示。

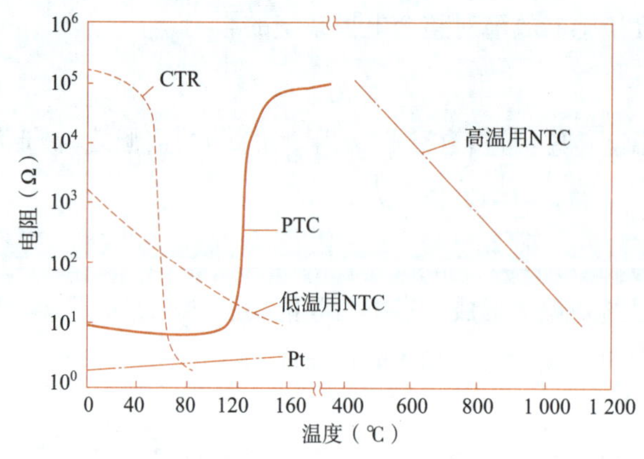

图6-1　三种热敏电阻与铂（Pt）金属电阻的温度特性曲线

汽车上常用的是负温度系数型热敏电阻式温度传感器，如进气温度传感器、冷却液温度传感器、排气温度传感器和润滑油温度传感器等。如图6-2所示，其结构主要由热敏电阻、金属或塑料壳体、接线插座与连接导线组成。

热敏电阻是温度传感器的主要部件，汽车用热敏电阻是在陶瓷半导体材料中掺入适量金属氧化物，并在1 000 ℃以上的高温条件下烧结而成的。控制掺入氧化物的比例和烧结温度，即可得到不同特性的热敏电阻，从而满足使用要求。例如，如果测量发动机冷却液温度，则热敏电阻的工作温度为-30 ~ +130 ℃；如果测量发动机的排气温度，热敏电阻的工作温度则为600 ~ 1 000 ℃。

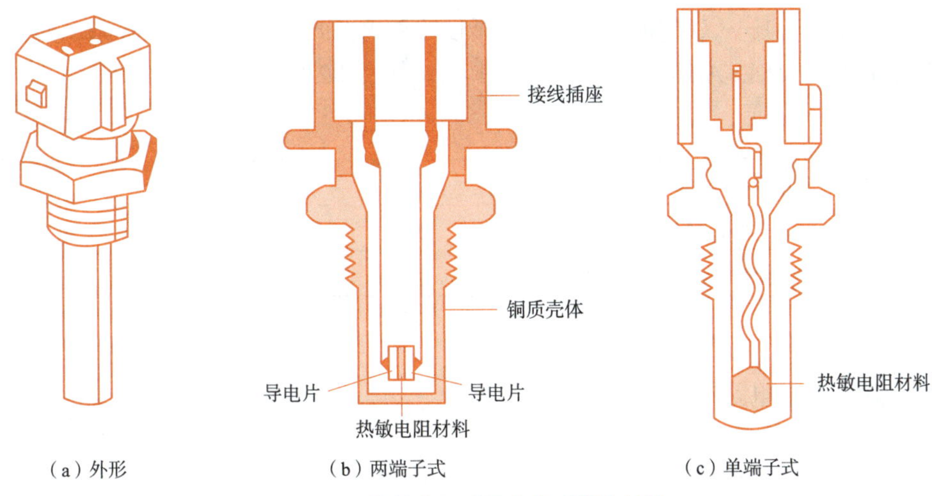

图 6-2　热敏电阻式温度传感器的结构

热敏电阻的突出优点是灵敏度高、响应及时、结构简单、制造方便、成本低廉。热敏电阻的外形制作成珍珠形、圆盘形、垫圈形、梳状芯片形、厚膜形等，放置在传感器的金属管壳内。在热敏电阻的两个端面各引出一个电极并连接到传感器插座上。传感器壳体上制作有螺纹，以便安装与拆卸。接线插座分为单端子式和两端子式两种，中高档轿车燃油喷射系统一般采用两端子式温度传感器，低档轿车燃油喷射系统以及汽车仪表一般采用单端子式温度传感器。如传感器插座上只有一个接线端子，则壳体为传感器的一个电极。目前，电控系统使用的温度传感器插座大多数都有两个接线端子，分别与ECU插座上的相应端子连接，以便可靠传递信号。

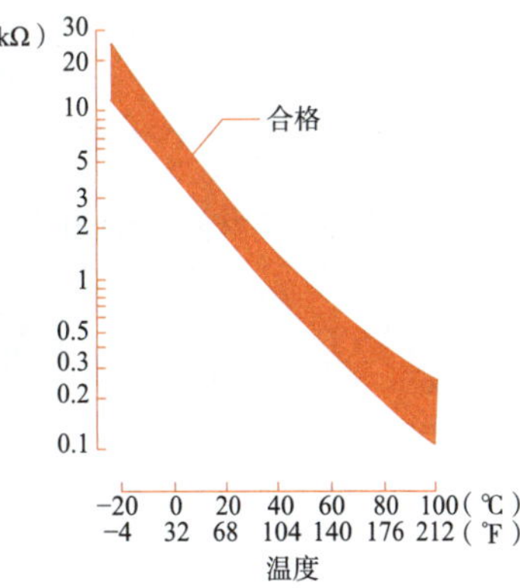

图 6-3　进气温度传感器电阻值与温度的变化关系

1. 进气温度传感器电阻值与温度的变化关系

进气温度传感器电阻值与温度的变化关系，如图6-3所示。

2. 故障码及其生成条件与故障部位

具体的故障码及其生成条件与故障部位如表6-1所示。

表 6-1　故障码及其生成条件与故障部位

DTC 号	DTC 检测条件	故障部位
P0110	进气温度传感器电路断路或短路 0.5 s（单程检测逻辑）	- 进气温度传感器电路断路或短路 - 进气温度传感器（内置于质量空气流量计中） - ECM
P0112	进气温度传感器电路短路 0.5 s（单程检测逻辑）	- 进气温度传感器电路短路 - 进气温度传感器（内置于质量空气流量计中） -ECM
P0113	进气温度传感器电路断路 0.5 s（单程检测逻辑）	- 进气温度传感器电路断路 - 进气温度传感器（内置于质量空气流量计中）

提示：设置以上任一 DTC时，通过选择智能检测仪上的以下菜单项：Powertrain / Engine and ECT/ Data List/ Intake Air,检查进气温度，其显示如表6-2所示。

表6-2　检测仪显示数据

显示的温度	故障
-40 ℃ (-104 ℉)	断路
140 ℃ (284 ℉) 或更高	短路

3. 电路图

进气温度传感器电路图如图6-4所示。

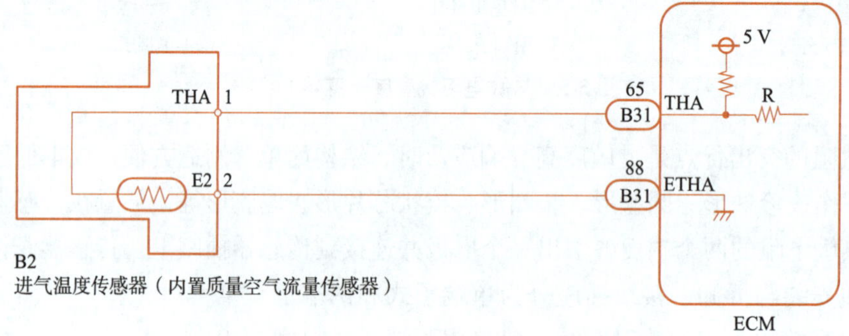

图6-4　进气温度传感器电路图

4. 检查程序

1）使用智能检测仪读取数值（进气温度）

（a）将智能检测仪连接到DLC3。
（b）将点火开关置于ON位置并开启检测仪。
（c）选择以下菜单项:Powertrain/Engine and ECT/Data List/ Intake Air。
（d）读取检测仪上的显示值。
标准：
与实际温度相同。

结果	转至
显示温度为-40 ℃(-104 ℉)	A
显示温度为140 ℃(284 ℉)或更高	B
显示温度与实际进气温度相同	C

提示：

- 如果存在电路断路，智能检测仪将显示-40 ℃(-104 ℉)
- 如果存在电路短路，智能检测仪将显示140 ℃(284 ℉)或更高。

B → 转至步骤4

C → 检查间歇性故障（ES-12页）

A ↓

2）使用智能检测仪读取数值（检查线束是否断路）

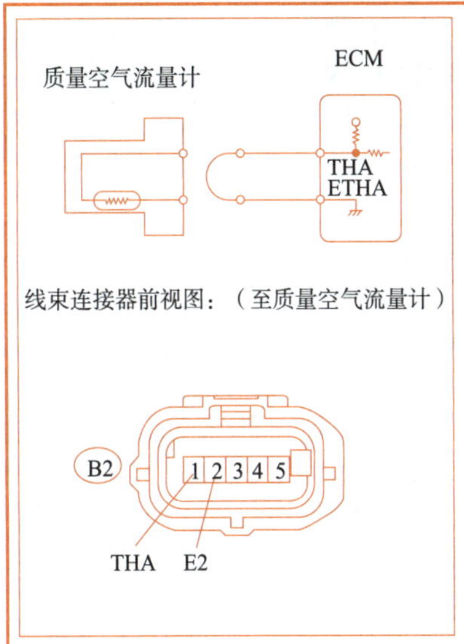

（a）确认质量空气流量计连接良好。

（b）断开质量空气流量计连接器。

（c）连接 MAF 计线束侧连接器的端子 THA 和E2。

（d）将智能检测仪连接到DLC3。

（e）将点火开关置于ON 位置并开启检测仪。

（f）选择以下菜单项:Powertrain/Engine and ECT/Data List / Intake Air。

（g）读取检测仪上的显示值。

标准：

140 ℃(284 ℉)或更高。

（h）重新连接质量空气流量计连接器。

异常 → 转至步骤3

正常 ↓

更换质量空气流量计（参见ES-332页）

3）连接线束和连接器

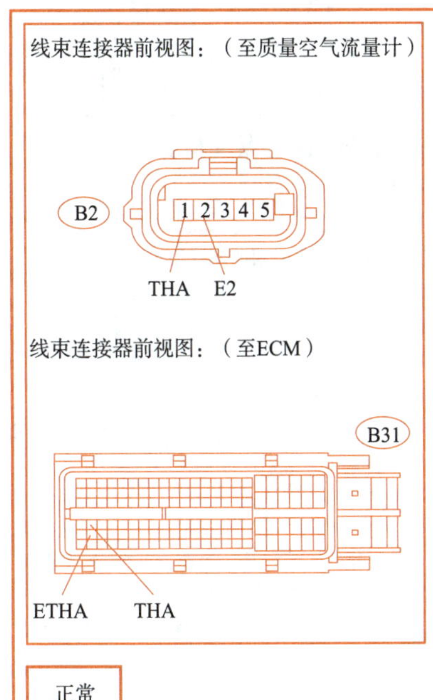

（a）断开质量空气流量计连接器。

（b）断开 ECM 连接器。

（c）根据下表中的值测量电阻。

标准电阻

检测仪连接	条件	规定状态
B2-1(THA)-B31-65(THA)	始终	<1 Ω
B2-2(E2)-B31-88(ETHA)	始终	<1 Ω

（d）重新连接质量空气流量计连接器。

（e）重新连接 ECM 连接器。

异常 → 维修或更换线束或连接器（发动机冷却液温度传感器-ECM）

正常 ↓

更换ECM（参见ES-326页）

4）使用智能检测仪读取数值(检查线束是否短路)

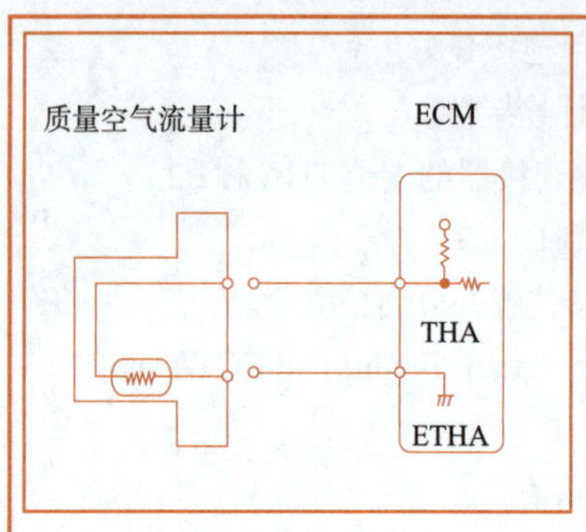

（a）断开质量空气流量计连接器。

（b）将智能检测仪连接到DLC3。

（c）将点火开关置于ON位置并开启检测仪。

（d）选择以下菜单项:Powertrain/Engine and ECT/Data THA List/ intake Air。

（e）读取检测仪上的显示值。

标准:

-40℃(-104℉)。

（f）重新连接质量空气流量计连接器。

正常

异常 → 转至步骤5

更换质量空气流量计（参见ES-332页）

5）检查线束和连接器（质量空气流量计-ECM）

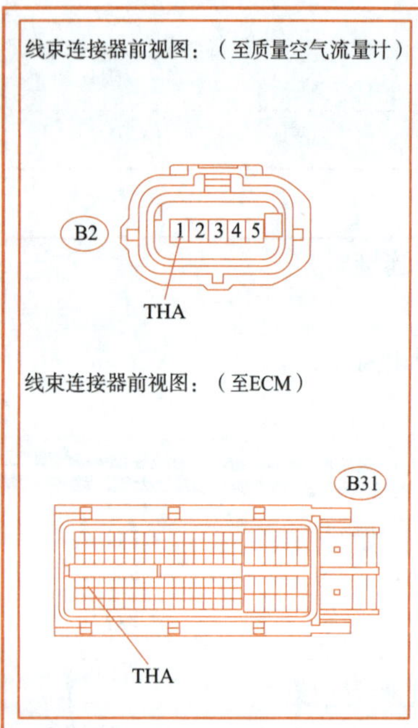

（a）断开发动机冷却液温度传感器连接器。

（b）断开 ECM 连接器。

（c）根据下表中的值测量电阻。

标准电阻

检测仪连接	条件	规定状态
B2-1 或 B31-65(THA)- 车身搭铁	始终	≥ 10Ω

（d）重新连接发动机冷却液温度传感器连接器。

（e）重新连接 ECM 连接器。

正常

异常 → 维修或更换线束或连接器（发动机冷却液温度传感器-ECM）

更换ECM（参见ES-326页）

项目实施

1. 注意事项

（1）遵守实验室规章制度，未经许可，不得擅自移动和拆卸仪器与设备。

（2）必须穿工作服、工作鞋，严格执行安全、5S管理制度。

（3）严禁未经许可，擅自操作教具、设备的电器开关、点火开关和起动开关，以防发生危险。

（4）在教师允许和监控下，才能起动发动机，需与设备周围的人员进行互动，防止意外发生。

（5）发动机运行期间，严禁拔下各传感器及执行器接口，以免损坏ECU。

（6）避免进气温度传感器掉在地上摔坏元件，使用电热吹风机注意不要将出风口离进气温度传感器传感头太近，以免烫坏零部件。防止烫伤手指、衣物和其他实验设备。

（7）实验台测试电压信号时，注意操作流程和相对应的测试端口。原则上只做本次实验相关的测试，其他无关的部位不要测试。

（8）在实物台架上，测试端口与ECU直接相连，不要将任何电压加在发动机实验台的测试端口上，以免损坏ECU。

2. 实施步骤

项目工单

项目名称	检测进气温度传感器		序号	6	日期	
班级		姓名		学号		

一、资讯

（1）进气温度传感器的工作原理是什么？

（2）连接进气温度传感器电路并填写相应内容。

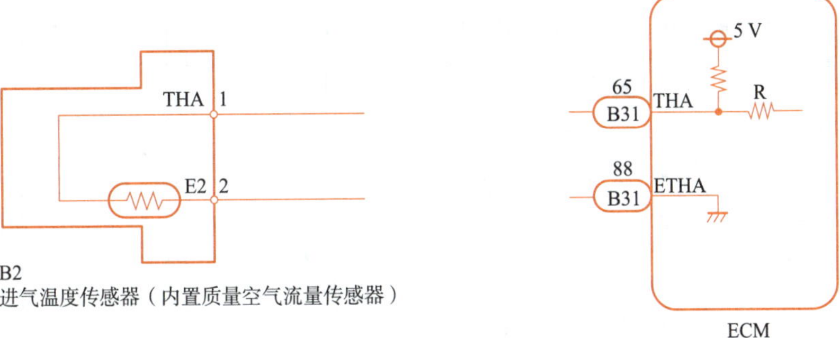

端子	功用	条件及参数
B2-1		
B2-2		

（3）出现故障码P0110、P0112和P0113的生成条件是什么，当故障码P0110生成后故障部位可能是什么地方？

二、决策和计划

<table>
<tr><th colspan="2">人员分工</th><th>选择设备</th><th>工作计划</th></tr>
<tr><td>组号</td><td></td><td rowspan="3"></td><td rowspan="3"></td></tr>
<tr><td>组长</td><td></td></tr>
<tr><td>组员</td><td></td></tr>
</table>

三、实施

1. 进气温度传感器信号端子电压测量（条件：无故障测试）

传感器端子	测试条件 /℃	数据流	电压
B2-1	10		
	20		
	30		
	40		
	50		
	60		

2. 进气温度传感器信号波形测试（用不同颜色的笔标出正常与故障时的波形）

示波器正表笔连接元件端口编号： ____________ 针脚号： ____________ 示波器负表笔连接部位： ____________	每格电压：　　　每格时间：

3.故障排除（由教师设置故障，每组可设不同故障点）

（1）故障现象。

（2）故障码的检测与清除。

（3）定格数据及数据分析。

（4）故障原因分析。

（5）基本检查。

（6）主要数据流读取与分析。

（7）故障排除与检测过程记录。

（8）故障点确认。

（9）维修结论。

（10）维修结果。

四、检查

每个工作小组选派一名代表，汇报实训过程体会、掌握了哪些技能。教师确认发动机正常工作，故障已排除。

五、评估

序号	考核要点	配分	评分标准	得分
1	进气温度传感器的检测原理	20	一处叙述不清扣 5 分	
2	进气温度传感器的故障检测	30	错误一次扣 5 分	
3	故障码与数据流的读取	20	错误一次扣 5 分	
4	数据流的分析	20	错误一次扣 5 分	
5	整理工具，清理现场 实习态度和纪律	10	保持实习现场秩序和卫生，保证人身及设备安全，违规一次扣 5 分	
6	总分	100	实得总分	

1. 小组自评：成绩____________________

2. 教师点评：成绩____________________

教师签字：____________________

思 考 题

（1）简述进气温度传感的作用。

（2）根据热敏电阻的特性不同，可分为几种热敏电阻？

（3）简述市场常见车型的进气温度传感器的安装位置。

（4）简述进气温度传感器的检查方法和步骤。

项目七

检测冷却液温度传感器

一辆装有1ZR发动机的丰田卡罗拉轿车，司机发现点火开关ON的状态下冷却风扇旋转，且冷启动困难，车辆在行驶过程中发现该车行驶无力，且发动机故障指示灯点亮报警，为此司机将车辆开到服务站进行维修。作为一名维修人员，你应该如何对车辆开展维修呢？

项目目标

1. 知识目标

（1）理解冷却液温度传感器的结构与工作原理；

（2）掌握冷却液温度传感器故障对整个电控系统的影响。

2. 能力目标

（1）能够对冷却液温度传感器进行检测（电阻测试、电压测试、波形测试、数据流测试）；

（2）知道冷却液温度传感器数据分析的方法。

3. 素质目标

（1）能够自主学习新知识，形成一定的自学能力；

（2）培养良好的沟通、表达能力和团队协作能力。

项目设备

（1）工具：数字万用表，金德KT600诊断仪，酒精灯或电热杯，普通温度计，常用工具各4套。

（2）设备：1ZR发动机实验台4台，解剖发动机台架1台，其他D型电控发动机1台。

项目知识

冷却液温度传感器（Coolant Temperature Sensor，CTS）通常又称水温传感器，属负温度系数型热敏电阻式温度传感器，安装在发动机冷却液出水管上，如图7-1所示。其功能是检测发动机冷却液的温度，并将温度信号转换为电信号传送给发动机ECU，ECU根据该信号修正喷油时间和点火时间，使发动机工况处于最佳运行状态。

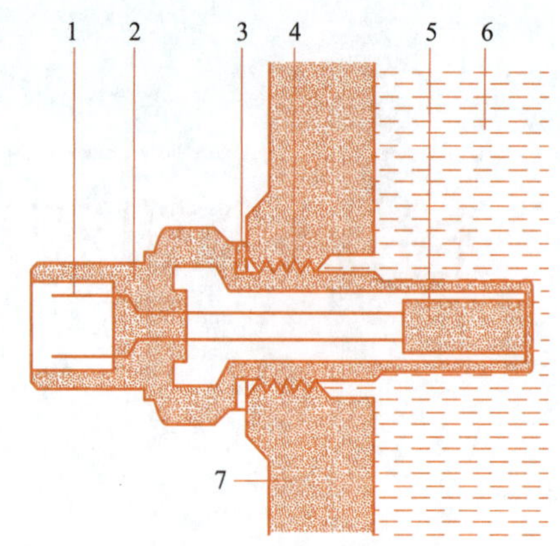

图 7-1　冷却液温度传感器基本结构及安装位置

1—电插座；2—外壳；3—密封圈；4—安装螺纹；5—热敏电阻元件；6—发动机冷却液；7—发动机缸体

冷却液温度传感器信号是许多控制功能的修正信号，如喷油量修正、点火提前角修正、活性炭罐电磁阀控制等。冷却液温度信号也是汽车上其他电控系统的重要参考信号，如电控自动变速器系统、自动空调系统。在一些车型的电控自动变速器系统中，若检测到发动机冷却液温度低于60℃，为保护行驶装置，自动变速器控制单元将进入“安全运行模式”，不会允许车辆升入超速挡，汽车只能在90 km/h以下速度行驶。如果冷却液温度传感器故障或信号中断，发动机ECU将启动备用模式，把水温值设定在80℃左右，同时记录故障代码。此时车辆虽然能够正常行驶，但发动机冷、热车均起动困难，且油耗增加、怠速稳定性降低、废气排放量升高等。

虽然各型汽车采用的温度传感器的阻值各不相同，但是其检修方法基本相同。当冷却液温度传感器出现故障时，发动机ECU能够检测到，并能使发动机进入故障应急状态下运行。利用故障诊断仪，通过诊断插座可以读取有关的故障信息。

检修冷却液温度传感器时，可用万用表就车检测传感器的电源电压和信号电压。拔下冷却液温度传感器插头，接通点火开关，检测传感器ECU一侧插头上两个端子之间的电压应为5 V左右。插上传感器插头，接通点火开关，检测传感器插头上两个端子间的信号电压应为0.5～3.0 V，具体阻值与温度有关。如电压值不符合规定，说明传感器失效，应予更换。

冷却液温度传感器的阻值可用万用表电阻挡进行检测。检测时，断开点火开关，拔下温度传感器插头，拆下温度传感器，将传感器和温度表放入烧杯或加热容器中。在不同温度下，检测传感器两端子间的电阻值，应当符合规定，如图7-2所示。阻值偏差过大、过小或为无穷大，说明传感器失效，应予更换。

1. 冷却液温度传感器电阻值与温度的变化关系（与进气温度传感器相同）

冷却液温度传感器电阻值与温度的变化关系，如图7-3所示。

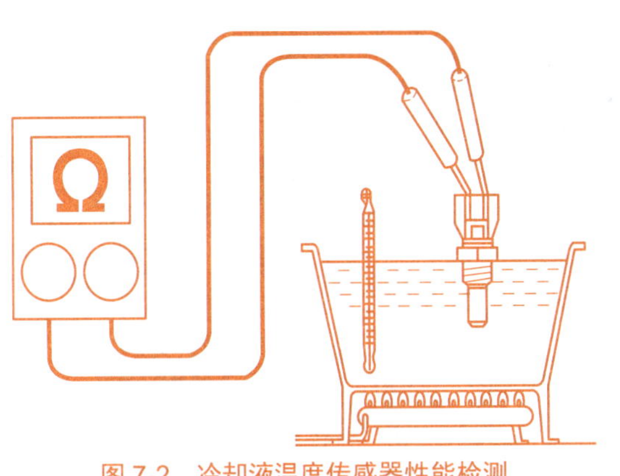

图 7-2　冷却液温度传感器性能检测

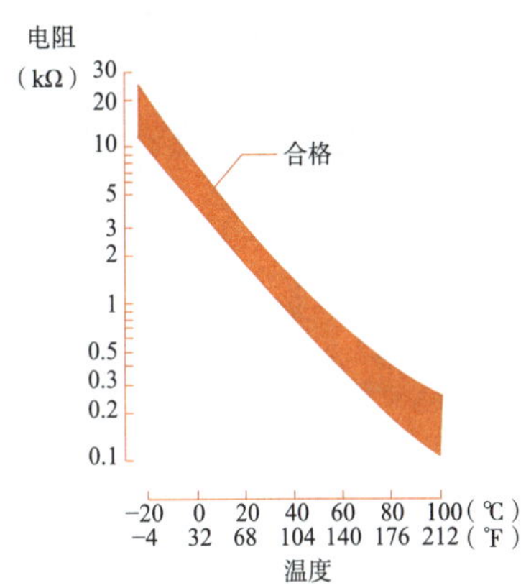

图 7-3　冷却液温度传感器电阻值与温度的变化关系

2. 故障码及其生件成条与故障部位

具体的故障码及其生成条件与故障部位如表 7-1 所示。

表 7-1　故障码及其生成条件与故障部位

DTC 号	DTC 检测条件	故障部位
P0115	发动机冷却液温度传感器电路断路或短路 0.5 s（单程检测逻辑）	- 发动机冷却液温度传感器电路断路或短路 - 发动机冷却液温度传感器 - ECM
P0117	发动机冷却液温度传感器电路短路 0.5 s（单程检测逻辑）	- 发动机冷却液温度传感器电路短路 - 发动机冷却液温度传感器 - ECM
P0118	发动机冷却液温度传感器电路断路 0.5 s（单程检测逻辑）	- 发动机冷却液温度传感器电路断路 - 发动机冷却液温度传感器 - ECM

提示：设置以上任一 DTC 时，通过选择智能检测仪上的以下菜单项：Powertrain / Engine and ECT / Data List / Coolant Temp，检查发动机冷却液温度，其显示如表 7-2 所示。

表 7-2　检测仪显示数据

显示的温度	故障
–40 °C (–104 ℉)	断路
140 °C (284 ℉) 或更高	短路

3. 电路图

冷却液温度传感器电路图如图 7-4 所示。

图 7-4　冷却液温度传感器电路图

4. 检查程序

1）使用智能检测仪读取数值(发动机冷却液温度)

(a)将智能检测仪连接到DLC3。
(b)将点火开关置于ON位置并开启检测仪。
(c)选择以下菜单项:Powertrain/Engine and ECT/Data List/Coolant Temp。
(d)读取检测仪上的显示值。
标准:
发动机暖机时，在80℃至100℃(176℉至212℉)之间。

结果	转至
显示温度为–40 ℃(–104 ℉)	A
显示温度为140 ℃(284 ℉)或更高	B
显示温度在80 ℃至100 ℃(176 ℉至212 ℉)之间	C

提示:
• 如果存在电路断路，智能检测仪将显示–40 ℃(–104 ℉)
• 如果存在电路短路，智能检测仪将显示140 ℃(284 ℉)或更高。

B → 转至步骤4

C → 检查间歇性故障（ES-12页）

A

2）使用智能检测仪读取数值(检查线束是否断路)

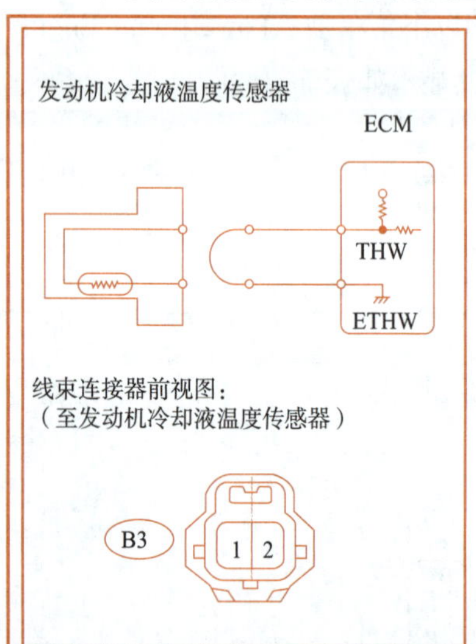

(a) 确认发动机冷却液温度传感器连接良好。
(b) 断开发动机冷却液温度传感器连接器。
(c) 连接线束侧发动机冷却液温度传感器连接器的端子1和2。
(d) 将智能检测仪连接到DLC3。
(e) 将点火开关置于ON位置并开启检测仪。
(f) 选择以下菜单项：Powertrain/Engine and ECT/Data ETHW List/ Coolant Temp。
(g) 读取检测仪上的显示值。
标准:
140 ℃(284 ℉)或更高。
(h) 重新连接发动机冷却液温度传感器连接器。

异常 → 转至步骤3

A

更换发动机冷却液温度传感器（参见ES-339页）

3）检查线束和连接器（发动机冷却液温度传感器-ECM）

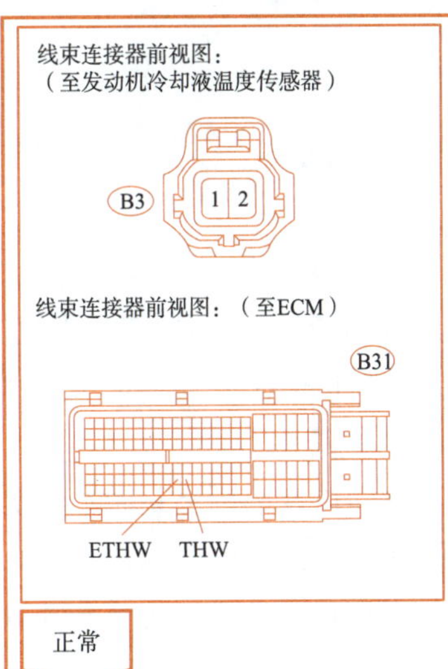

（a）断开发动机冷却液温度传感器连接器。
（b）断开 ECM 连接器。
（c）根据下表中的值测量电阻。
标准电阻

检测仪连接	条件	规定状态
B3-2-B31-97(THW)	始终	$<1\,\Omega$
B3-1-B31-96(ETHW)	始终	$<1\,\Omega$

（d）重新连接发动机冷却液温度传感器连接器。
（e）重新连接 ECM连接器。

异常 → 维修或更换线束或连接器（发动机冷却液温度传感器-ECM）

正常

4）使用智能检测仪读取数值（检查线束是否短路）

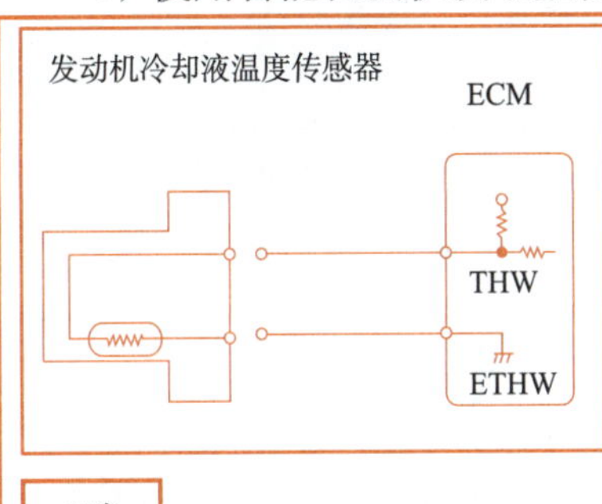

（a）断开发动机冷却液温度传感器连接器。
（b）将智能检测仪连接到DLC3。
（c）将点火开关置于ON位置并开启检测仪。
（d）选择以下菜单项：Powertrain/Engine and ECT/Data List/ Coolant Temp。
（e）读取检测仪上的显示值。
标准：
–40 ℃(–104 ℉)
（f）重新连接发动机冷却液温度传感器连接器。

异常 → 转至步骤5

正常

更换发动机冷却液温度传感器（参见ES-339页）

5）检查线束和连接器（发动机冷却液温度传感器-ECM）

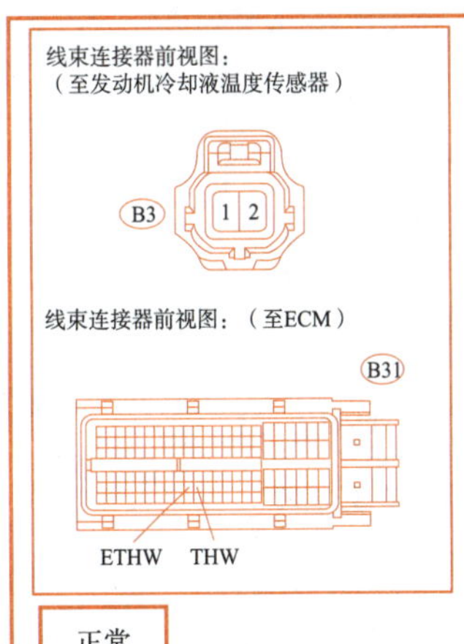

（a）断开发动机冷却液温度传感器连接器。
（b）断开 ECM 连接器。
（c）根据下表中的值测量电阻。
标准电阻

检测仪连接	条件	规定状态
B3-2 或 B31-97(THW) 车身搭铁	始终	$\geqslant 10\,k\Omega$

（d）重新连接发动机冷却液温度传感器连接器。
（e）重新连接 ECM 连接器。

异常 → 维修或更换线束或连接器（发动机冷却液温度传感器-ECM）

正常

更换ECM（参见ES-326页）

项目实施

1. 注意事项

（1）遵守实验室规章制度，未经许可，不得擅自移动和拆卸仪器与设备。

（2）必须穿工作服、工作鞋，严格执行安全、5S管理制度。

（3）严禁未经许可，擅自操作教具、设备的电器开关、点火开关和起动开关，以防发生危险。

（4）在教师允许和监控下，才能起动发动机，需与设备周围的人员进行互动，防止意外发生。

（5）发动机运行期间，严禁拔下各传感器及执行器接口，以免损坏ECU。

（6）冷却液温度传感器要轻拿轻放，避免不必要的损坏。

（7）上实验台测试电压信号时，注意操作流程和相对应的测试端口。原则上只做本次实验相关的测试，其他无关的部位不要测试，否则按原理不清或看不懂电路图扣分。

（8）在实物台架上，测试端口与ECU直接相连，不要将任何电压加在发动机实验台的测试端口上，以免损坏ECU。

2. 实施步骤

项 目 工 单

项目名称	检测冷却液温度传感器	序号	7	日期	
班级		姓名		学号	

一、资讯

（1）冷却液温度传感器的工作原理是什么？

（2）连接冷却液温度传感器电路并填写相应内容。

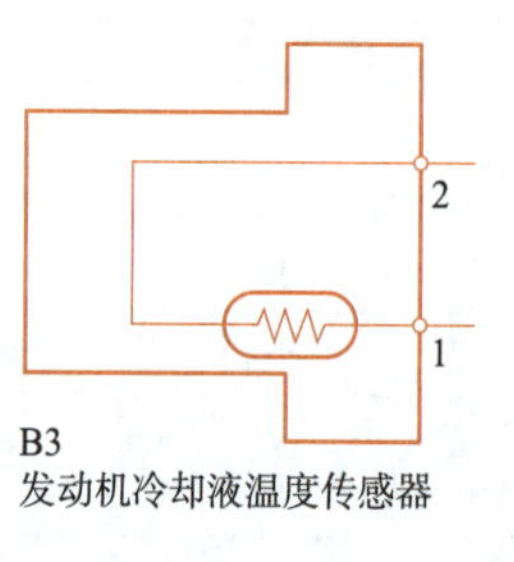

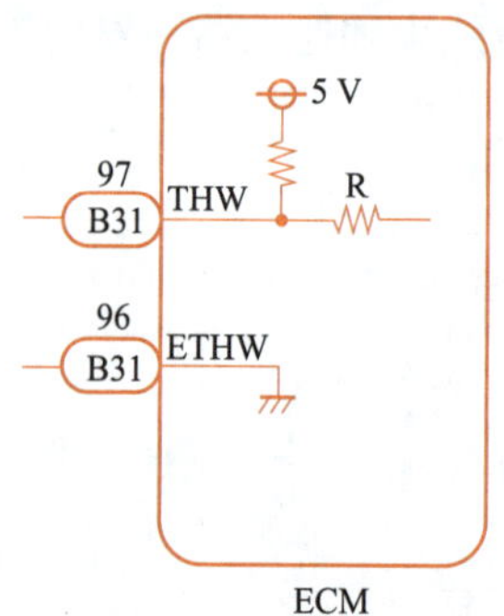

端子	功用	条件及参数
B3-1		
B3-2		

（3）出现故障码 P0115、P0116 和 P0117 的生成条件是什么，当故障码 P0115 生成后故障部位可能是什么地方？

二、决策和计划

人员分工		选择设备	工作计划
组号			
组长			
组员			

三、实施

1. 冷却液温度传感器信号端子电压测量（条件：无故障测试）

传感器端子	测试条件 /℃	数据流	电压
B3-1	10		
	20		
	30		
	40		
	50		
	60		

2. 冷却液温度传感器信号波形测试（用不同颜色的笔标出正常与故障时的波形）

示波器正表笔连接元件端口编号： ________________ 针脚号： ________________ 示波器负表笔连接部位： ________________	每格电压：　　　　每格时间：

3. 故障排除（由教师设置故障，每组可设不同故障点）

（1）故障现象。

（2）故障码的检测与清除。

（3）定格数据及数据分析。

（4）故障原因分析。

（5）基本检查。

（6）主要数据流读取与分析。

（7）故障排除与检测过程记录。

（8）故障点确认。

（9）维修结论。

（10）维修结果。

四、检查

每个工作小组选派一名代表，汇报实训过程体会、掌握了哪些技能。教师确认发动机正常工作，故障已排除。

五、评估

序号	考核要点	配分	评分标准	得分
1	冷却液温度传感器的检测原理	20	一处叙述不清扣 5 分	
2	冷却液温度传感器的故障检测	30	错误一次扣 5 分	
3	故障码与数据流的读取	20	错误一次扣 5 分	
4	数据流的分析	20	错误一次扣 5 分	
5	整理工具，清理现场	10	保持实习现场秩序和卫生，保证人身及设备的安全，违规一次扣 5 分	
	实习态度和纪律			
6	总分	100	实得总分	

1. 小组自评：成绩________________

2. 教师点评：成绩________________

教师签字：________________

思 考 题

（1）简述冷却液温度传感器的作用。

（2）冷却液温度传感器损坏后，对电控系统有什么影响？

（3）冷却液温度传感器传输给 ECU 的信号可分为几种情况？

（4）如何对冷却液温度传感器进行检测？

项目八

检测凸轮轴位置传感器

一辆装有1ZR发动机的丰田卡罗拉轿车，在行驶过程中司机发现该车油耗上升、行驶无力，且发动机故障指示灯点亮报警，为此司机将车辆开到服务站进行维修。经检测是凸轮轴位置传感器发生故障。作为一名维修人员，你应该如何对车辆开展维修呢？

项目目标

1. 知识目标

（1）理解凸轮轴位置传感器的结构与工作原理；

（2）掌握凸轮轴位置传感器故障对整个电控系统的影响。

2. 能力目标

（1）能够对凸轮轴位置传感器进行检测；

（2）知道凸轮轴位置传感器数据分析的方法。

3. 素质目标

（1）培养良好的心理素质和克服困难的能力；

（2）培养良好的社会责任感及职业道德。

项目设备

（1）工具：数字万用表，金德KT600诊断仪，常用工具各4套。

（2）设备：1ZR发动机实验台4台，解剖发动机台架1台，其他D型电控发动机1台。

项目知识

霍尔效应（Hall Effect）是美国约翰斯·霍普金斯大学物理学家爱德华·霍尔于1879年首先发现的。霍尔效应是指将一个通有电流I的长方形白金导体垂直于磁力线放入磁感应强度为B的磁场中，如图8-1所示，在白金导体的两个横向侧面上就会产生一个垂直于电流方向和磁场方向的电压，当取消磁场时电压立即消失。产生的电压后来被称之为霍尔电压U_H，U_H与通过白金导体的电流I和磁感应强度B成正比。

利用霍尔效应制成的元件称为霍尔元件，利用霍尔元件制成的传感器称为霍尔效应式传感器，简称霍尔传感器。由于半导体材料也存在霍尔效应，其霍尔系数远远大于金属材料的霍尔系数，因此一般都采用半导体材料制作霍尔元件。利用霍尔效应不仅可以通过接通和切断磁场来检测电压，而且还可以检测导线中流过的电流，因为导线周围的磁场强度与流过导线的电流成正比。20世纪80年代以来，汽车电子产品应用的霍尔式传感器与日俱增，主要原因在于霍尔式传感器有两个显著的优点：一是输出电压信号近似于方波信号；二是输出电压高低与被测物体的转速无关。霍尔效应式传感器与磁感应式传感器的不同之处是需要外加电源。霍尔式传感器主要由触发叶轮、霍尔集成电路、导磁钢片（磁轭）与永久磁铁组成，其基本结构如图8-2所示。

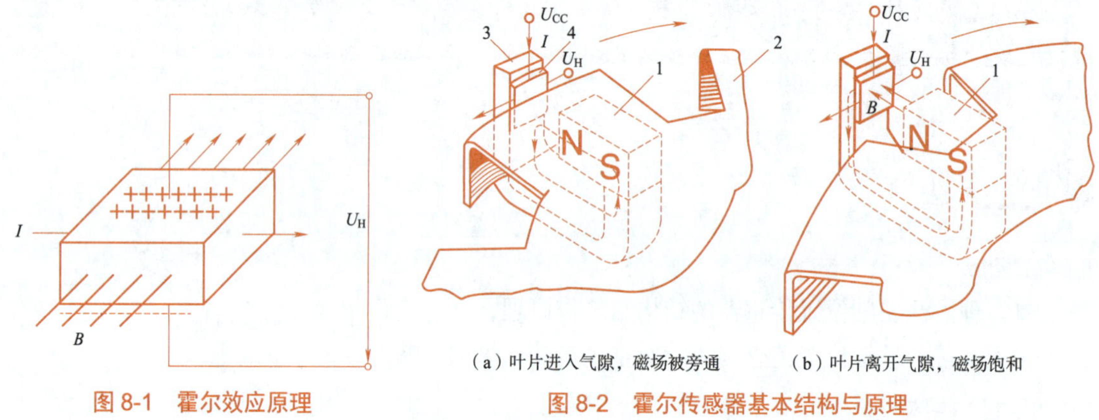

图8-1　霍尔效应原理

（a）叶片进入气隙，磁场被旁通　　（b）叶片离开气隙，磁场饱和

图8-2　霍尔传感器基本结构与原理

1—永久磁铁；2—触发叶轮；3—磁轭；4—霍尔集成电路

霍尔集成电路由霍尔元件、放大电路、稳压电路、温度补偿电路、信号变换电路和输出电路等组成。霍尔元件目前用硅半导体材料制成，与永久磁铁之间留有1 mm左右的气隙，当信号转子随凸轮轴一同转动时，隔板和缺口便从霍尔集成电路与永久磁铁之间的间隙中转过。每当信号转子的隔板（叶片）进入气隙时，霍尔集成电路中的磁场便被隔板（叶片）旁路，霍尔元件上没有磁力线穿过，霍尔电压U_H为零，集成电路输出级的三极管截止，传感器输出的信号电压U_O为高电平（约为4.0 V）。每当信号转子的隔板离开气隙（即缺口进入气隙）时，永久磁铁的磁通便经导磁钢片和霍尔集成电路构成回路，此时霍尔元件产生霍尔电压（约为2.0 V），集成电路输出级的三极管导通，传感器输出的信号电压Uo为低电平(约为0.1 V)。由此可见，当隔板（叶片）进入气隙（即在气隙内）时，霍尔元件不产生电压，传感器输出高电平信号；当隔板（叶片）离开气隙（即缺口进入气隙）时，霍尔元件产生电压，传感器输出低电平信号。

凸轮轴位置传感器（Crankshaft Position Sensor，CPS）又称判缸传感器，为了区别于曲轴位置传感器CPS，凸轮轴位置传感器一般使用缩写CIS来表示，在形式上分为光电式、磁感应式和霍尔式三种。凸轮轴位置传感器的功用是采集配气机构凸轮轴的位置信号并输入ECU，以便ECU识别1缸压缩上止点位置，从而精确计算顺序喷油控制、点火正时控制和燃烧爆震控制。此外，凸轮轴位置信号还用于发动机刚起动时识别出第一次点火时刻。

1. 1ZR 凸轮轴位置传感器描述

进气凸轮轴的可变气门正时（VVT）传感器（G信号）由磁铁和MRE元件组成。

VVT凸轮轴主动齿轮有一个信号盘，信号盘的外圆周上有3个齿。齿轮旋转时，信号盘和耦合线圈间的气隙会发生改变，从而影响磁铁。结果，MRE材料的电阻就会发生波动。凸轮轴位置传感器将齿轮旋转数据转换为脉冲信号，并将这些脉冲信号发送到ECM来确定凸轮轴角度。ECM利用此数据来控制燃油喷射时间和喷油正时。

曲轴位置信号盘有34个齿。发动机每转一圈，耦合线圈产生34个信号。ECM根据G信号和实际曲轴转角，来检测正常的曲轴转角。ECM还根据NE信号来检测发动机转速。

2. 凸轮轴位置传感器故障码及其生成条件与故障部位

具体的故障码及其生成条件与故障部位如表8-1所示。

表8-1　故障码及其生成条件与故障部位

DTC 号	DTC 检测条件	故障部位
P0340	- 将点火开关置于 ON 位置 2 s 或更长时间后，至 ECM 的输入电压保持在 0.3 V 或更低，或者保持在 4.7 V 或更高并持续 5 s 以上。（单程检测逻辑） - 起动时，无凸轮轴位置传感器信号传送至 ECM（双程检测逻辑）	- 进气凸轮轴位置传感器电路断路或短路 - 进气凸轮轴位置传感器 - 进气凸轮轴正时齿轮 - 正时链条跳齿 - ECM
P0342	- 凸轮轴位置传感器的输出电压为 0.3 V 或更低并持续 5 s（单程检测逻辑）	- 进气凸轮轴位置传感器电路断路或短路 - 进气凸轮轴位置传感器 - 进气凸轮轴正时齿轮 - 正时链条跳齿 - ECM
P0343	- 凸轮轴位置传感器的输出电压为 4.7 V 或更高并持续 5 s（单程检测逻辑）	- 进气凸轮轴位置传感器电路断路或短路 - 进气凸轮轴位置传感器 - 进气凸轮轴正时齿轮 - 正时链条跳齿 - ECM
P0365	- 将点火开关置于 ON 位置 2 s 或更长时间后，至 ECM 的输入电压保持在 0.3 V 或更低，或者保持在 4.7 V 或更高并持续 5 s 以上。（单程检测逻辑） - 起动时，无凸轮轴位置传感器信号传送至 ECM（双程检测逻辑）	- 排气凸轮轴位置传感器电路断路或短路 - 排气凸轮轴位置传感器 - 排气凸轮轴 - 正时链条跳齿 -ECM
P0367	- 凸轮轴位置传感器的输出电压为 0.3 V 或更低并持续 5 s（单程检测逻辑）	- 排气凸轮轴位置传感器电路断路或短路 - 排气凸轮轴位置传感器 - 排气凸轮轴 - 正时链条跳齿 - ECM
P0368	凸轮轴位置传感器的输出电压为 4.7 V 或更高并持续 5 s（单程检测逻辑）	- 排气凸轮轴位置传感器电路断路或短路 - 排气凸轮轴位置传感器 - 排气凸轮轴 - 正时链条跳齿 - ECM

3. 电路图

凸轮轴位置传感器电路图如图8-3所示。

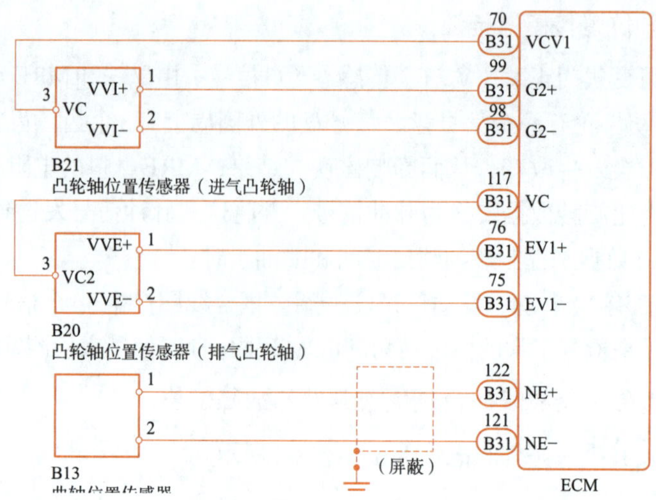

图8-3　凸轮轴位置传感器电路图

4. 检查程序

1）进气凸轮轴位置传感器的检测

（1）检查是否有其他DTC输出（除DTC P0340、P0342或P0343以外）。

（a）将智能检测仪连接到DLC3。
（b）将点火开关置于ON位置。
（c）打开检测仪。
（d）选择以下菜单项：Powertrain/Engine and ECT/DTC。
（e）读取 DTC。

结果	转至
输出DTC P0340、P0342或P0343	A
输出DTC P0340、P0342或P0343以及其他DTC	B

提示：
如果输出了除P0340、P0342或P0343外的其他DTC应先对其他DTC进行故障排除。

A

B　转至DTC表（参见ES-38页）

（2）检查进气凸轮轴位置传感器（传感器电源）。

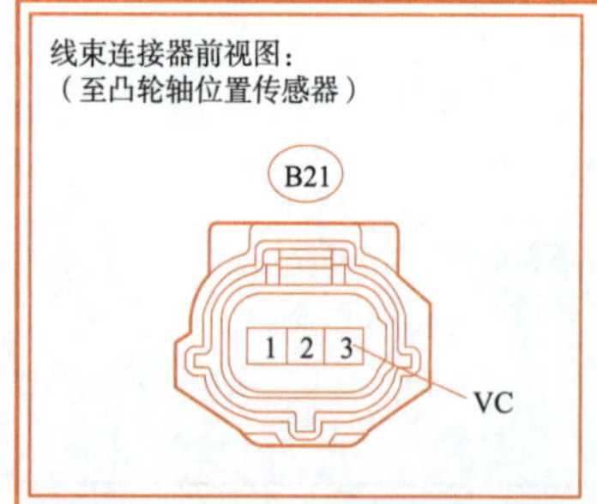

（a）断开凸轮轴位置传感器连接器。
（b）将点火开关置于ON位置。
（c）根据下表中的值测量电压。
标准电阻

检测仪连接	开关状态	规定状态
B21-3(VC)- 车身搭铁	点火开关置于ON位置	4.5 ～ 5.0 V

（d）重新连接凸轮轴位置传感器连接器。

正常

异常　转至步骤10

更换ECM（参见ES-326页）

（3）检查线束和连接器（进气凸轮轴位置传感器-ECM）。

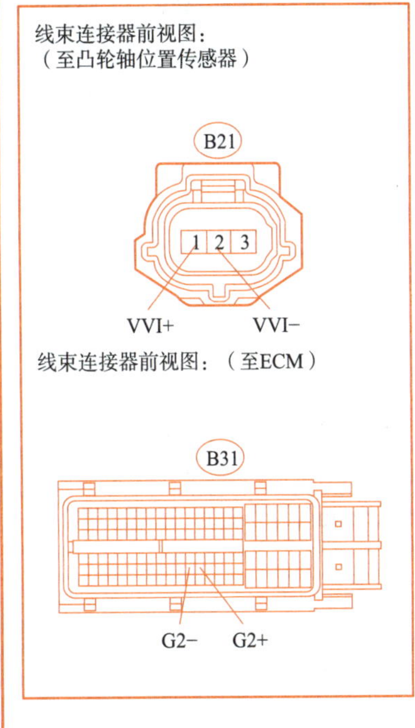

（a）断开凸轮轴位置传感器连接器。

（b）断开 ECM 连接器。

（c）根据下表中的值测量电阻。

标准电阻（断路检测）

检测仪连接	条件	规定状态
B21-1(VVI+)-B31-99 (G2+)	始终	<1 Ω
B21-2(VV1-)-B31-98 (G2-)	始终	<1 Ω

标准电阻（短路检测）

检测仪连接	条件	规定状态
B21-1(VVI+) 或 B31-99 (G2+)- 车身搭铁	始终	≥ 10 kΩ
B21-2(VV1-) 或 B31-98 (G2-)- 车身搭铁	始终	≥ 10 kΩ

（d）重新连接凸轮轴位置传感器连接器。

（e）重新连接 ECM 连接器。

异常 → 维修或更换线束或连接器（进气凸轮轴位置传感器-ECM）

正常

（4）检查传感器的安装情况（进气凸轮轴位置传感器）。

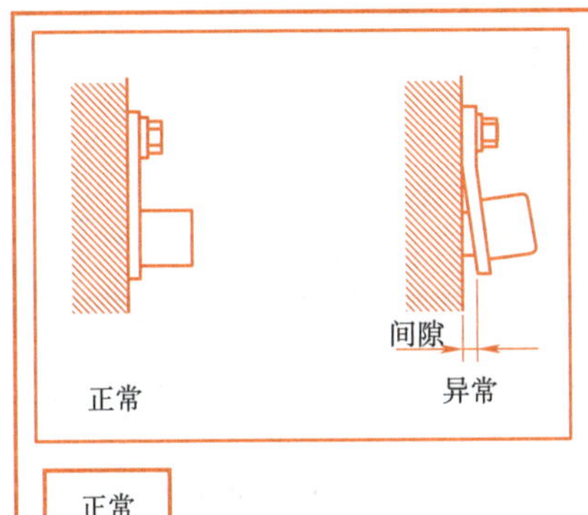

检查凸轮轴位置传感器的安装情况。

正常：

传感器安装正确。

异常 → 重新牢固地安装进气凸轮轴位置传感器（参见 ES-335页）

正常

（5）检查进气凸轮轴。

检查进气凸轮轴齿。

正常：

凸轮轴齿无任何变形或裂纹。

异常 → 更换进气凸轮轴（参见EM-14页）

正常

（6）更换进气凸轮轴位置传感器。

更换进气凸轮轴位置传感器（参见ES-34页）。

正常

（7）检查DTC是否再次输出。

（a）将智能检测仪连接到DLC3。
（b）将点火开关置于ON位置。
（c）开启检测仪。
（d）清除DTC(参见ES-24页)。
（e）起动发动机。
（f）选择以下菜单项:Powertrain/Engine and ECT/DTC。
（g）读取 DTC。

结果	转至
未输出 DTC	A
输出DTCP0340，P0342或P0343	B

提示：
如果发动机不起动，更换ECM。

B → 更换ECM（参见ES-326页）

A

（8）调整气门正时。

提示：
气缸盖上没有可用于配合气门正时检查的标记。只有将正时链条上的涂色片和带轮上的标记对准，才能够检查气门正时。可能需要拆下链条并重新安装，以与正时标记相匹配（参见 EM-147 页）。

下一步

（9）检查 DTC 是否再次输出。

（a）将智能检测仪连接到DLC3。
（b）将点火开关置于ON位置。
（c）开启检测仪。
（d）清除DTC(参见ES-24页)。
（e）起动发动机。
（f）选择以下菜单项:Powertrain/Engine and ECT/DTC
（g）读取 DTC。

结果	转至
输出 DTC	A
输出 DTC P0340、P0342 或 P0343	B

提示：
如果发动机不起动，更换ECM。

B　更换ECM（参见ES-326页）

A

结束

（10）检查线束和连接器（进气凸轮轴位置传感器-ECM）。

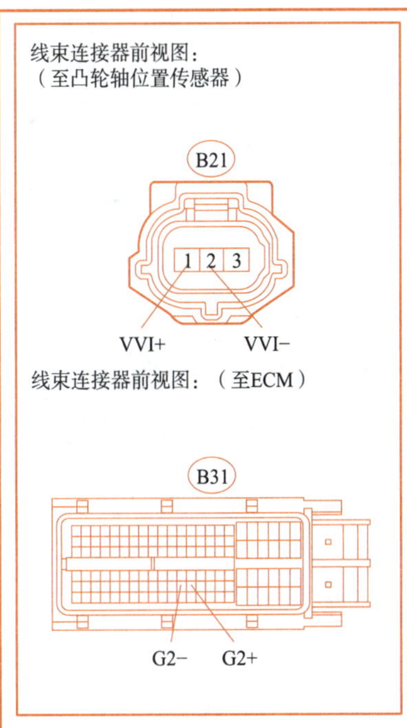

（a）断开凸轮轴位置传感器连接器。
（b）断开 ECM 连接器。
（c）根据下表中的值测量电阻。

标准电阻（断路检测）

检测仪连接	条件	规定状态
B21-3(VC)-831-70 (VCV1)	始终	<1 Ω

标准电阻（短路检测）

检测仪连接	条件	规定状态
B21-3(VC) 或 831-70 (VCV1)- 车身搭铁	始终	≥ 10 kΩ

（d）重新连接凸轮轴位置传感器连接器。
（e）重新连接 ECM 连接器。

异常　维修或更换线束或连接器（进气凸轮轴位置传感器ECM）

正常

更换ECM（参见ES-326页）

2）排气凸轮轴位置传感器的检测

（1）检查是否有其他DTC输出（除DTC P0365、P0367或P0368以外）。

（a）将智能检测仪连接到DLC3。

（b）将点火开关置于ON位置。

（c）打开检测仪。

（d）选择以下菜单项:Powertrain/Engine and ECT/DTC。

（e）读取DTC。

结果	转至
输出DTC P0365、P0367或P0368	A
输出DTC P0365、P0367或P0368以及其他DTC	B

提示：

如果输出了除P0365、P0367或P0368外的其他DTC，应先对其他 DTC 进行故障排除。

B　转至DTC表（参见ES-38页）

A

（2）检查排气凸轮轴位置传感器（传感器电源）。

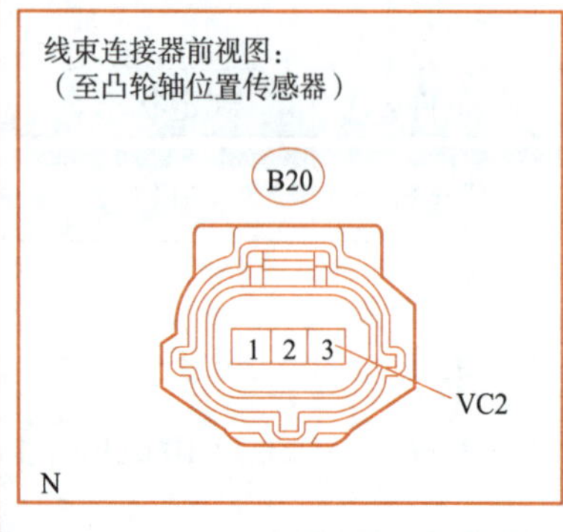

（a）断开凸轮轴位置传感器连接器。

（b）将点火开关置于ON 位置。

（c）根据下表中的值测量电压。

标准电阻

检测仪连接	开关状态	规定状态
B21-3(VC2)- 车身搭铁	点火开关置于ON 位置	4.5 ~ 5.0 V

（d）重新连接凸轮轴位置传感器连接器。

异常　转至步骤10

正常

（3）检查线束和连接器（排气凸轮轴位置传感器-ECM）。

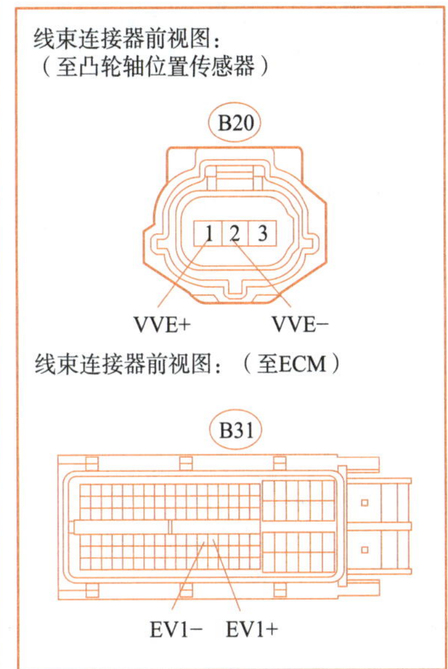

（a）断开凸轮轴位置传感器连接器。
（b）断开 ECM 连接器。
（c）根据下表中的值测量电阻。

标准电阻（断路检测）

检测仪连接	条件	规定状态
B20-1(VVE+)-B3 -76 (EV1+)	始终	< 1Ω
B20-2(VVE-)-B3 -75 (EV1-)	始终	< 1Ω

标准电阻（断路检测）

检测仪连接	条件	规定状态
B20-1(VVE+) 或 B31-76 (EV1+)- 车身搭铁	始终	≥ 10 kΩ
B20-2(VVE-) 或 B31-75 (EV1-)- 车身搭铁	始终	≥ 10 kΩ

（d）重新连接凸轮轴位置传感器连接器。
（e）重新连接 ECM连接器。

异常 → 维修或更换线束或连接器（排气凸轮轴位置传感器ECM）

正常

（4）检查传感器的安装情况（排气凸轮轴位置传感器）。

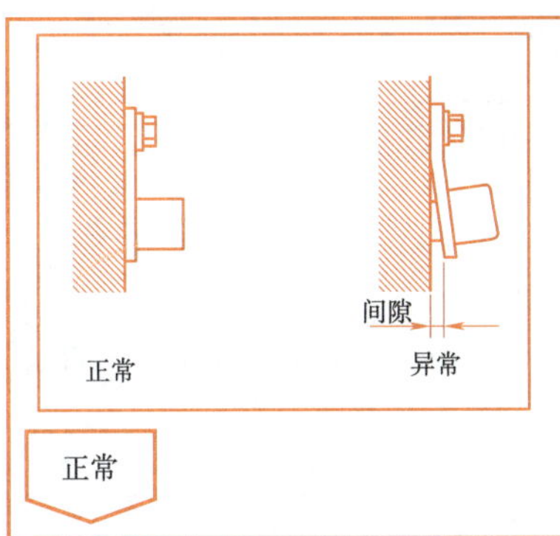

检查凸轮轴位置传感器的安装情况。
正常：
传感器安装正确。

异常 → 重新牢固地安装进气凸轮轴位置传感器（参见 ES-335页）

正常

（5）检查排气凸轮轴。

检查进排气凸轮轴齿。
正常：
凸轮轴齿无任何变形或裂纹

异常 → 更换排气凸轮轴（参见EM-14页）

正常

（6）更换排气凸轮轴位置传感器。

更换排气凸轮轴位置传感器（参见 ES-334 页）。

下一步

（7）检查DTC是否再次输出。

（a）将智能检测仪连接到DLC3。
（b）将点火开关置于ON位置。
（c）打开检测仪。
（d）清除DTC(参见ES-24页)。
（e）选择以下菜单项：Powertrain/Engine and ECT/DTC。
（f）读取DTC。

结果	转至
未输出DTC	A
输出DTCP0365、P0367或P0368	B

提示：
如果发动机不起动，更换ECM。

A

B　更换ECM（参见ES-326页）

（8）调整气门正时。

提示：
气缸盖上没有可用于配合气门正时检查的标记。只有将正时链条一的涂色片和皮带轮上的标记对准，才能够检查气门正时。可能需要拆下链条并重新安装，以与正时标记相匹配(参见EM-147页)。

下一步

（9）检查是否再次输出DTC。

（a）将智能检测仪连接到DLC3。
（b）将点火开关置于ON位置。
（c）打开检测仪。
（d）清除DTC（参见ES-24页）。
（e）选择以下菜单项：Powertrain/Engine and ECT/DTC
（g）读取 DTC。

结果	转至
输出DTC	A
输出DTC P0365、P0367或P0368	B

提示：
如果发动机不起动，更换ECM。

A

B　更换ECM（参见ES-326页）

结束

项目实施

1. 注意事项

（1）遵守实验室规章制度，未经许可，不得擅自移动和拆卸仪器与设备。

（2）必须穿工作服、工作鞋，严格执行安全、5S管理制度。

（3）严禁未经许可，擅自操作教具、设备的电器开关、点火开关和起动开关，以防发生危险。

（4）在教师允许和监控下，才能起动发动机，需与设备周围的人员进行互动，防止意外发生。

（5）发动机运行期间，严禁拔下各传感器及执行器接口，以免损坏ECU。

（6）避免凸轮轴位置传感器掉在地上摔坏内部电路和元件。

（7）上实验台测试电压信号时，注意操作流程和相对应的测试端口。原则上只做本次实验相关的测试，其他无关的部位不要测试。

（8）在实物台架上，测试端口与ECU直接相连，不要将任何电压加在发动机实验台的测试端口上，以免损坏ECU。

2. 实施步骤

项目工单

项目名称	检测凸轮轴位置传感器		序号	8	日期	
班级		姓名		学号		

一、资讯

（1）凸轮轴位置传感器的工作原理是什么？为什么设两个凸轮轴位置传感器？

（2）连接凸轮轴位置传感器电路并填写相应内容。

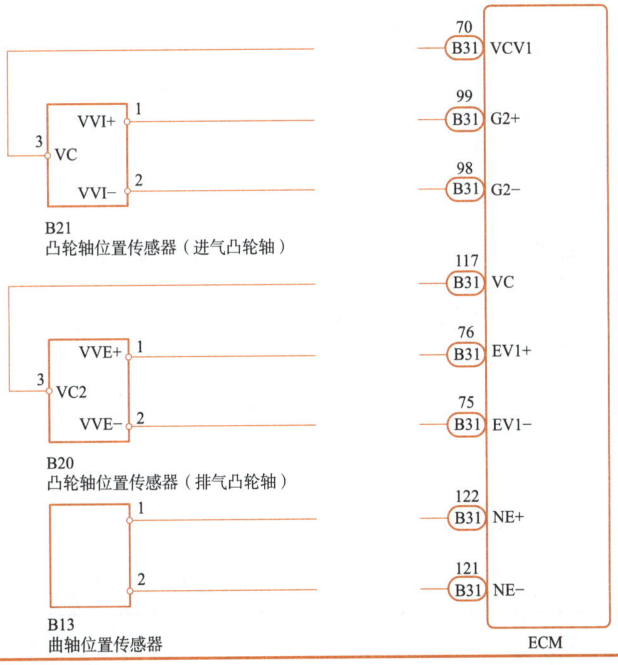

端子	功用	条件及参数
B21-1		
B21-2		
B21-3		
B31-117		
B31-76		
B31-75		

（3）出现故障码P0340、P0367的生成条件是什么，当故障码P0368生成后故障部位可能是什么地方？

（4）凸轮轴位置传感器出现故障时，能正常起动发动机吗？

二、决策和计划

<table>
<tr><th colspan="2">人员分工</th><th>选择设备</th><th>工作计划</th></tr>
<tr><td>组号</td><td></td><td rowspan="3"></td><td rowspan="3"></td></tr>
<tr><td>组长</td><td></td></tr>
<tr><td>组员</td><td></td></tr>
</table>

三、实施

1. 凸轮轴位置传感器信号端子电压测量（条件：无故障测试）

<table>
<tr><th>测试条件 /(r · min^{-1})</th><th>B21-1 电压 /V</th><th>B20-1 电压 /V</th><th>波形测试</th></tr>
<tr><td>正常怠速</td><td></td><td></td><td rowspan="6">在不同转速下，仔细观察凸轮轴位置传感器信号波变化规律，并填写下一题</td></tr>
<tr><td>1 000</td><td></td><td></td></tr>
<tr><td>1 500</td><td></td><td></td></tr>
<tr><td>2 000</td><td></td><td></td></tr>
<tr><td>2 500</td><td></td><td></td></tr>
<tr><td>3 000</td><td></td><td></td></tr>
</table>

2. 凸轮轴位置传感器信号波形测试（用不同颜色的笔标出正常与故障时的波形）（怠速）。

示波器正表笔连接元件端口编号：________ 针脚号：________ 示波器负表笔连接部位：________	每格电压：　　　　每格时间：

3. 故障排除（由教师设置故障，每组可设不同故障点）

（1）故障现象。

（2）故障码的检测与清除。

（3）定格数据及数据分析。

（4）故障原因分析。

（5）基本检查。

（6）主要数据流读取与分析。

（7）故障排除与检测过程记录。

（8）故障点确认。

（9）维修结论。

（10）维修结果。

四、检查

每个工作小组选派一名代表，汇报实训过程体会、掌握了哪些技能。教师确认发动机正常工作，故障已排除。

五、评估

序号	考核要点	配分	评分标准	得分
1	凸轮轴位置传感器的检测原理	20	一处叙述不清扣 5 分	
2	凸轮轴位置传感器的故障检测	30	错误一次扣 5 分	
3	故障码与数据流的读取	20	错误一次扣 5 分	
4	数据流的分析	20	错误一次扣 5 分	
5	整理工具，清理现场 实习态度和纪律	10	保持实习现场秩序和卫生，保证人身及设备的安全，违规一次扣 5 分	
6	总分	100	实得总分	

1. 小组自评：成绩________________

2. 教师点评：成绩________________

教师签字：________________

思考题

（1）什么是霍尔效应？

（2）霍尔传感器输出的信号是数字式还是模拟式的？

（3）简述如何判霍尔传感器的好坏。

（4）简述测量霍尔传感器的步骤。

（5）光电传感器的工作原理是什么？

项目九

检测曲轴位置传感器

一辆装有1ZR发动机的丰田卡罗拉轿车，司机发现该车无法启动，转速表无反应。司机拨打救援电话后，救援人员赶到将车拖到4S店进行维修。经检测是曲轴位置传感器发生故障，ECU得不到上止点的位置信号和转速、转角信号，无法进行点火、供油与喷油。作为一名维修人员，你应该如何对车辆开展维修呢?

项目目标

1. 知识目标

（1）理解曲轴位置传感器的结构与工作原理；

（2）掌握曲轴位置传感器故障对整个电控系统的影响。

2. 能力目标

（1）能够对曲轴位置传感器进行检测；

（2）知道曲轴位置传感器数据分析的方法。

3. 素质目标

（1）能够自主学习新知识，形成一定的自学能力；

（2）培养良好的专业素质及职业能力。

项目设备

（1）工具：数字万用表，金德KT600诊断仪，常用工具各4套。

（2）设备：1ZR发动机实验台4台，解剖发动机台架1台，其他D型电控发动机1台。

项目知识

曲轴位置传感器（Crankshaft Position Sensor，CPS）又称发动机转速传感器或曲轴转角传感器，其功用是采集曲轴转过的角度与速度（发动机转速）信号，并将信号直接输入

ECU，以便确定点火时刻与喷油时刻。曲轴位置传感器信号是ECU控制点火与喷油的主要信号，如果ECU收不到该信号或信号超出规定的范围，发动机都不能运行，也没有“备用模式”可替代，但故障指示灯会常亮，ECU会记录相应的故障码，指明应立即直接检修的部位。

一般汽车上常见的曲轴位置传感器有光电式和磁感应式两种类型。工作原理分别如图9-1、图9-2所示。

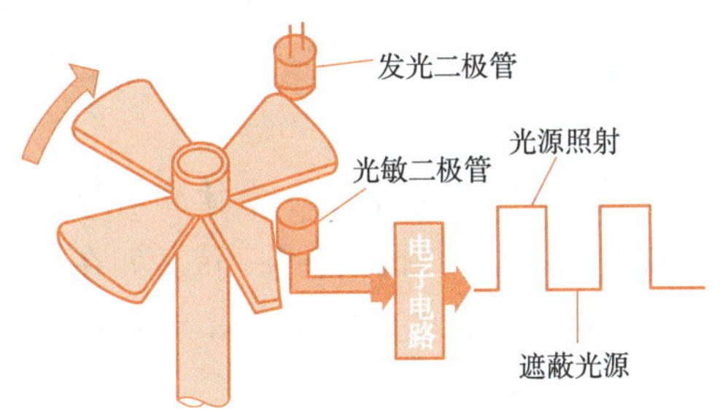

图9-1　光电式曲轴位置传感器工作原理

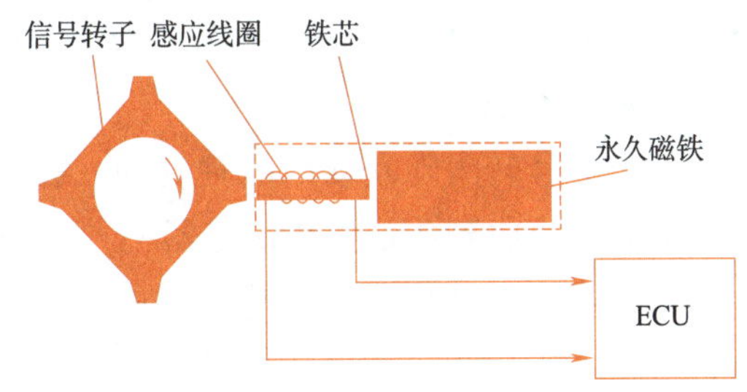

图9-2　磁感应式曲轴位置传感器工作原理

美国车系、德国车系和一些使用直接点火装置的车型，大多采用磁感应式曲轴位置传感器，传感器以固定位置安装在发动机壳体上。日本车系特别是丰田、本田车大多采用光电式曲轴位置传感器，传感器安装在分电器壳体内。

磁感应式曲轴位置传感器的工作原理如图9-3（a）所示，磁力线穿过的路径为：永久磁铁N极→转子凸齿→转子凸齿与定子磁头间的气隙→磁头→导磁板→永久磁铁S极。当信号转子旋转时，磁路中的气隙就会周期性地发生变化，磁路的磁阻和穿过信号线圈磁头的磁通量随之发生周期性变化。根据电磁感应原理，传感线圈中就会感应产生交变电动势。

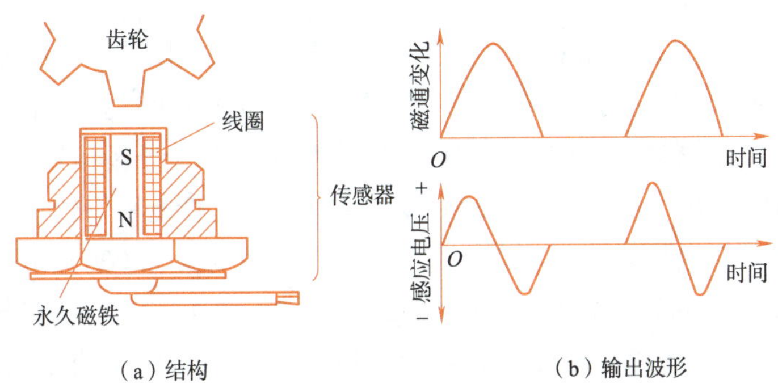

（a）结构　　（b）输出波形

图9-3　磁感应式曲轴位置传感器的结构与输出波形

磁感应式曲轴位置传感器的突出优点是不需要外加电源，永久磁铁起着将机械能转变为电能的作用，其磁能不会损失。当发动机转速变化时，转子凸齿转动的速度将发生变化，磁通变化率也将随之发生变化。转速越高，磁通变化率就越大，传感线圈中的感应电动势也就越高。转速不同时，磁通和感应电动势的输出波形如图9-3（b）所示。由于转子凸齿与磁头间的气隙直接影响磁路的磁阻和传感器线圈输出电压的高低，因此在使用中，转子凸齿与磁头间的气隙不能随意变动。如曲轴位置传感器、自动变速器输入轴与输出轴转速传感器、ABS轮速传感器等都是以固定位置安装的，不得随意改变。

信号转子上有一个大齿缺，所以当大齿缺转过磁头时，信号电压所占的时间较长，即输出信号为一宽脉冲信号，如图9-3（a）所示，该信号对应于1缸或4缸上止点前一定角度。ECU接收到宽脉冲信号时，便可知道1缸或4缸上止点位置即将到来，至于即将到来的是1缸还是4缸则需根据凸轮轴位置传感器输入的信号来确定。由于信号转子上有58个凸齿，因此信号转子每转一圈(发动机曲轴转一转)，传感线圈就会产生58个交变电压信号，并输入ECU。

每当信号转子随发动机曲轴转动一转，传感线圈就会向ECU输入58个脉冲信号。因此，ECU每接收到曲轴位置传感器58个信号，就可知道发动机曲轴旋转了一转。如在一分钟内ECU接收到曲轴位置传感器116 000个信号，ECU便可计算出曲轴转速n=116 000/58=2 000 r/min。

发动机转速信号和负荷信号是电控系统最重要、最基本的控制信号，ECU根据这两个信号就能计算出以下三个基本控制参数：基本喷油时间，基本点火提前角和点火导通角(闭合角)。

磁感应式曲轴位置传感器信号转子上的大齿缺对应的信号为基准信号，所以ECU控制喷油时间和点火时间是以大齿缺对应的信号为基准。信号转子上每个凸齿和每个小齿缺所占的曲轴转角均为3°，大齿缺所占的曲轴转角为15°，所以ECU接收到大齿缺对应的信号后，其内部分频电路将凸齿信号和小齿缺信号进行分频处理，便可得到曲轴转角信号。如将3°分成3等份，则每等份所占曲轴转角即为1°。从而便可精确控制点火时间、喷油时间和点火线圈初级绕组导通角。

在电控系统中，ECU控制喷油时间、点火提前角和点火线圈初级绕组导通角等参数都是通过控制时间进行控制的，因此需要说明曲轴转角与时间的对应关系。例如，当发动机转速为2 000 r/min时，曲轴位置传感器输入ECU的信号为116 000个凸齿信号(2 000×58=116 000个高电平信号)、114 000个小齿缺信号(2 000×57=114 000个低电平信号)和2 000个大齿缺信号(2 000×1=2 000个低电平信号)，曲轴每转一转所占的时间为60 000 ms/2 000=30 ms，58个凸齿和57个小齿缺所占的时间为30 ms/120×(58+57)=28.75 ms，一个大齿缺相当于5个凸齿或小齿缺，所占的时间为30 ms/120×5=1.25 ms，每个凸齿信号或小齿缺信号所占时间为28.75 ms/115=0.25 ms，因为一个凸齿或一个小齿缺信号所占曲轴转角为3°，所以每1°曲轴转角所占时间为0.25 ms×1°/3°≈0.083 ms。设大齿缺信号后第一个凸齿信号对应于上止点前60°（相当于提前0.083 ms×60=5.0 ms)，1缸点火提前角为上止点前20°（相当于提前0.083 ms×20=1.67 ms)，那么ECU接收到1缸上止点前的基准信号(大齿缺信号)后3.33 ms (5.0 ms−1.67 ms＝3.33 ms)时，向点火控制器发出指令，切断初级绕组电流，使次级绕组产生高压电在火花塞电极之间跳火点着可燃混合气，从而实现提前20°点火。

1. 1ZR 曲轴位置传感器的拆装与检查

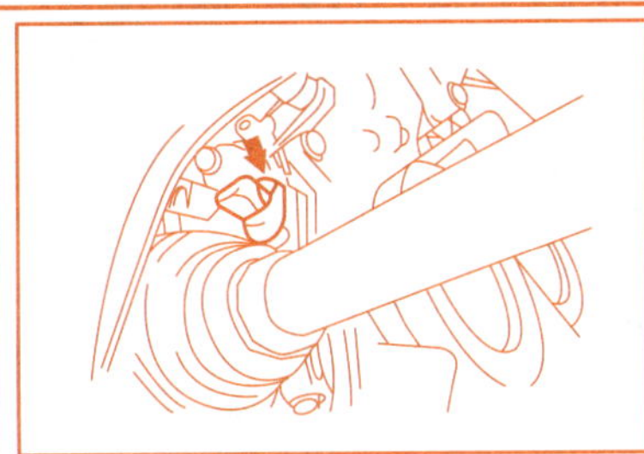

1）拆卸

（1）拆卸发动机右底罩。

（2）拆卸曲轴位置传感器。

（a）断开曲轴位置传感器连接器。

（b）拆下螺栓和曲轴位置传感器。

2）检查

检查曲轴位置传感器，根据下表中的值测量电阻。

标准电阻

检测仪连接	条件	规规定状态
1-2	冷态	1 630 ～ 2 740Ω
	热态	2 065 ～ 3 225Ω

提示："冷态"和"热态"是指线圈自身的温度。"冷态"是从 -10 至 50℃（14 至 122 ℉），"热态"是从 50 至 100℃（122 至 212℉）。

如果电阻不符合规定，则更换传感器。

3）安装

（1）安装曲轴位置传感器。

（a）在传感器 O 形圈上涂抹一薄层发动机机油。

（b）用螺栓安装曲轴位置传感器。

扭矩：10 N•m。注意：安装时，确保 O 形圈没有破裂或卡住。

（c）连接曲轴位置传感器连接器。

（2）安装发动机右底罩。

2. 1ZR 曲轴位置传感器的描述

曲轴位置传感器系统包括一个曲轴位置信号盘和一个耦合线圈。信号盘有 34 个齿，并安装在曲轴上。耦合线圈由缠绕的铜线、铁芯和磁铁组成。信号盘旋转时，随着每个齿经过耦合线圈，便产生一个冲信号。发动机每转一圈，耦合线圈产生 34 个信号。ECM 根据这些信号计算出曲轴位置和发动机转速。使用这些计算结果，可以控制燃油喷射时间和点火正时。

3. 故障码及生成条件

具体的故障码及其生成条件与故障部位如表 9-1 所示。

表 9-1　故障码及其生成条件与故障部位

DTC 号	DTC 检测条件	故障部位
P0335	符合下列条件之一时： -起动时无曲轴位置传感器信号发送到 ECM（单程检测逻辑） -发动机转速为 600 r/min 或更高时，无曲轴位置传感器信号发送到 ECM（单程检测逻辑）	-曲轴位置传感器电路断路或短路 -曲轴位置传感器 -曲轴位置信号盘 -ECM
P0339	在条件（a）、（b）和（c）下，无曲轴位置传感器信号发送到 ECM 的时间达 0.05 s 或更长时间（单程检测逻辑）： （a）发动机转速为 1 000 r/min 或更高 （b）起动机信号为 OFF （c）起动机信号从 ON 转换至 OFF 后经过 3 s 或更长时间	-曲轴位置传感器电路断路或短路 -曲轴位置传感器 -曲轴位置信号盘 -ECM

4. 电路图

曲轴位置传感器电路图如图9-4所示。

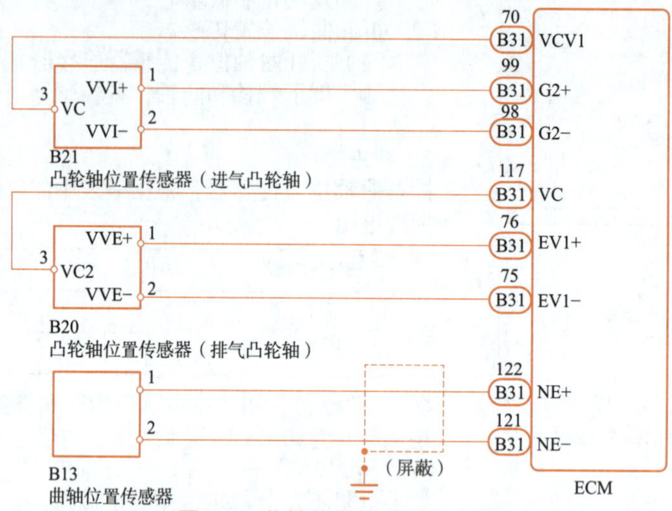

图9-4 曲轴位置传感器电路图

5. 检测程序

1）使用智能检测仪读取数值（发动机转速）

（a）将智能检测仪连接到DLC3。
（b）将点火开关置于ON位置。
（c）打开检测仪。
（d）选择以下菜单项：Powertrain/Engine and ECT/Data List / Engine Speed。
（e）起动发动机。
（f）发动机运转时，读取检测仪上显示的值。
正常：显示正确的值。
提示：
• 显示检测仪上的图形以检查发动机转速变化。
• 如果发动机未起动，则起动时检查发动机转速。
• 如果检测仪上显示的发动机转速仍为零，则曲轴位置传感器电路可能存在断路或短路。

异常 → 转至步骤2

正常 ↓

检查间歇性故障(参见ES-12页)

2）检查车辆是否曾燃尽燃油

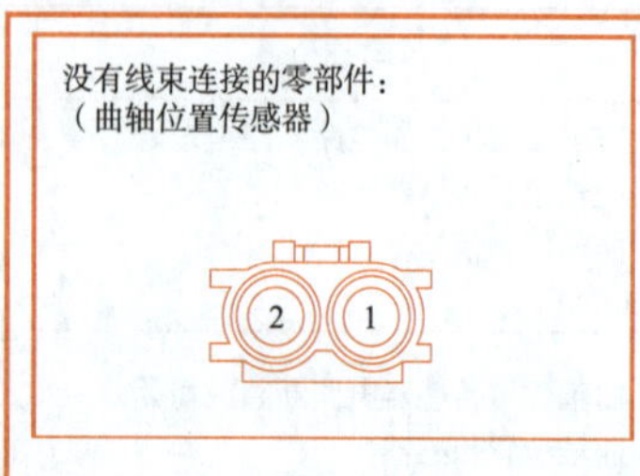

（a）断开曲轴位置传感器连接器。
（b）根据下表中的值测量电阻。
标准电阻（断路检测）

检测仪连接	条件	规定状态
1-2	20℃ (68 ℉)	1 850 ～ 2 450Ω

（c）重新连接曲轴位置传感器连接器。

异常 → 更换曲轴位置传感器（参见ES-337页）

正常 ↓

3）检查线束和连接器(曲轴位置传感器-ECM)

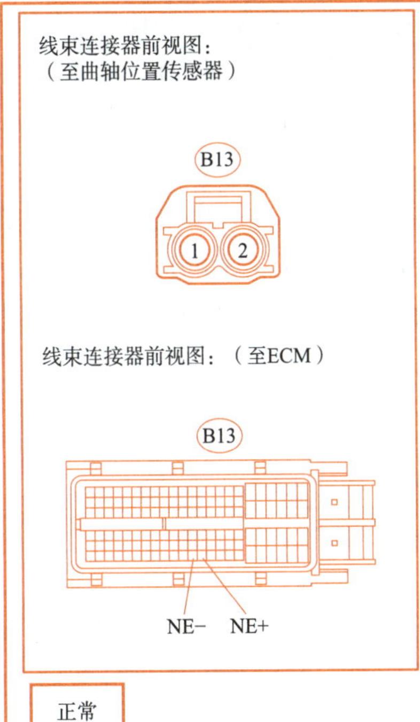

（a）断开曲轴位置传感器连接器。
（b）断开 ECM 连接器。
（c）根据下表中的值测量电阻。

标准电阻（断路检测）

检测仪连接	条件	规定状态
B13-1-B31-122(NE+)	始终	＜1Ω
B13-2-B31-121(NE-)	始终	＜1Ω

标准电阻（短路检测）

检测仪连接	条件	规定状态
B13-1 或 B31-122(NE+) - 车身搭铁	始终	≥10 kΩ
B13-2 或 B31-121(NE-)- 车身搭铁	始终	≥10 kΩ

（d）重新连接 ECM连接器。
（e）重新连接曲轴位置传感器连接器。

异常 → 维修或更换线束或连接器（曲轴位置传感器-ECM）

正常

4）检查传感器的安装情况（曲轴位置传感器）

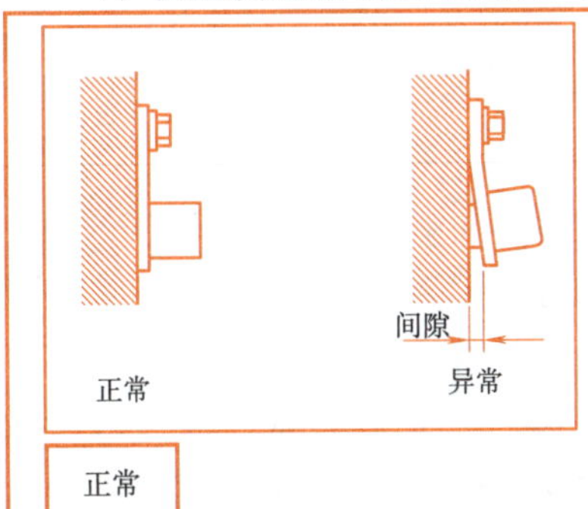

检查曲轴位置传感器的安装情况。
正常：
传感器安装正确。

异常 → 重新牢固地安装曲轴位置传感器（参见ES-337页）

正常

5）检查曲轴位置信号盘(信号盘齿)

检查信号盘齿（参见ES-337页）
正常：
信号盘无任何变形或裂纹。

异常 → 更换信号盘（参见ES-337页）

正常

更换ECM（参见ES-326页）

项目实施

1. 注意事项

（1）遵守实验室规章制度，未经许可，不得擅自移动和拆卸仪器与设备。

（2）必须穿工作服、工作鞋，严格执行安全、5S管理制度。

（3）严禁未经许可，擅自操作教具、设备的电器开关、点火开关和起动开关，以防发生危险。

（4）在教师允许和监控下，才能起动发动机，需与设备周围的人员进行互动，防止意外发生。

（5）发动机运行期间，严禁拔下各传感器及执行器接口，以免损坏ECU。

（6）曲轴位置传感器要轻拿轻放，避免转速传感器掉到地上摔坏。

（7）上实验台测试电压信号时，注意操作流程和相对应的测试端口。原则上只做本次实验相关的测试，其他无关的部位不要测试，否则按原理不清或看不懂电路图扣分。

（8）在实物台架上，测试端口与ECU直接相连，不要将任何电压加在发动机实验台的测试端口上，以免损坏ECU。

2. 实施步骤

项目工单

项目名称	检测曲轴位置传感器			序号	9	日期	
班级		姓名			学号		

一、资讯

（1）曲轴位置传感器的工作原理是什么？没有曲轴位置传感器信号，发动机能起动吗？

（2）连接曲轴位置传感器电路并填写相应内容。

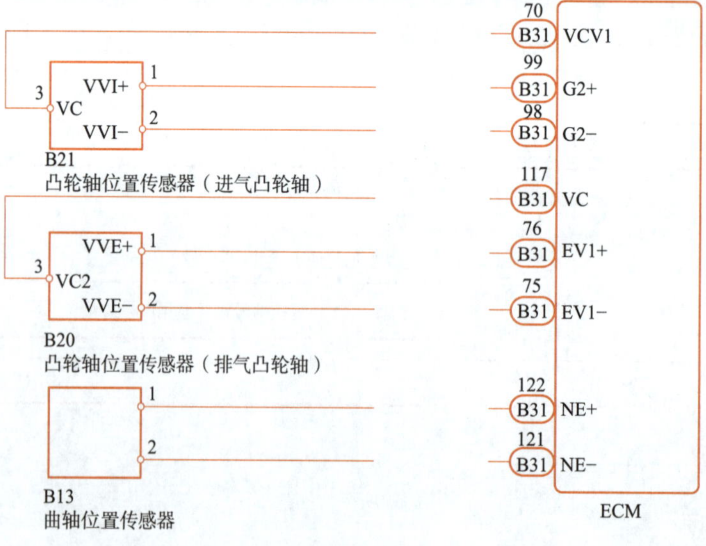

端子	功用	条件及参数
B13-1		
B13-2		

（3）出现故障码P0335、P0339的生成条件是什么，当故障码P0335生成后故障部位可能是什么地方？

二、决策和计划

人员分工		选择设备	工作计划
组号			
组长			
组员			

三、实施

1. 曲轴位置传感器信号端子电阻测量（条件：无故障测试）

测试条件	电阻 /Ω
B13-1 与 B13-2	

2. 曲轴位置传感器信号波形测试（用不同颜色的笔标出正常怠速与故障时的波形）

示波器正表笔连接元件端口编号： __________ 针脚号： __________ 示波器负表笔连接部位： __________	每格电压：　　每格时间：

3.故障排除（由教师设置故障，每组可设不同故障点）

（1）故障现象。

（2）故障码的检测与清除。

（3）定格数据及数据分析。

（4）故障原因分析。

（5）基本检查。

（6）主要数据流读取与分析。

（7）故障排除与检测过程记录。

（8）故障点确认。

（9）维修结论。

（10）维修结果。

四、检查

每个工作小组选派一名代表，汇报实训过程体会、掌握了哪些技能。教师确认发动机正常工作，故障已排除。

五、评估

序号	考核要点	配分	评分标准	得分
1	曲轴位置传感器的检测原理	20	一处叙述不清扣 5 分	
2	曲轴位置传感器的故障检测	30	错误一次扣 5 分	
3	故障码与数据流的读取	20	错误一次扣 5 分	
4	数据流的分析	20	错误一次扣 5 分	
5	整理工具，清理现场 实习态度和纪律	10	保持实习现场秩序和卫生，保证人身及设备的安全，违规一次扣 5 分	
	分数合	100	实得总分	

1. 小组自评：成绩____________________

2. 教师点评：成绩____________________

教师签字：____________________

思考题

（1）简述曲轴位置传感器的作用及其工作原理。

（2）为什么没有曲轴信号，发动机不能起动？

（3）简述如何判断曲轴位置传感器的好坏。

（4）简述曲轴位置传感器的测量方法与步骤。

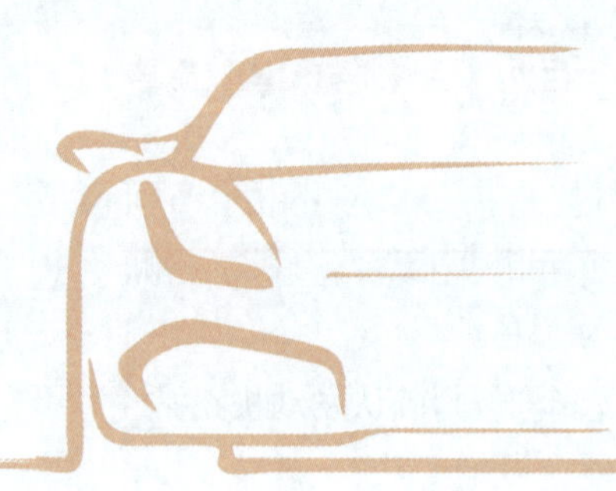

项目十

检测节气门、油门踏板位置传感器

一辆装有1ZR发动机的丰田卡罗拉轿车，在行驶过程中司机发现该车踩下加速踏板后车速反应迟缓、加速无力，且发动机故障指示灯点亮报警，为此司机将车辆开到服务站进行维修。作为一名维修人员，你应该如何对车辆开展维修呢？

项目目标

1. 知识目标

（1）理解节气门、油门踏板位置传感器的结构与工作原理；

（2）掌握节气门、油门踏板位置传感器的故障对整个电控系统的影响。

2. 能力目标

（1）能够对节气门、油门踏板位置传感器进行检测；

（2）知道节气门、油门踏板位置传感器数据分析的方法。

3. 素质目标

（1）培养良好的沟通、表达能力和团队协作能力；

（2）培养积极乐观、努力进取的生活态度。

项目设备

（1）工具：数字万用表，金德KT600诊断仪，常用工具各4套。

（2）设备：1ZR发动机实验台4台，解剖发动机台架1台，其他D型电控发动机1台。

项目知识

发动机工况（如启动、怠速、加速、减速、小负荷和大负荷等）不同，对混合气浓度的要求也不相同。节气门位置传感器的功用是：将节气门开度（即发动机负荷）大小转变为电信号输入发动机ECU，以便确定空燃比的大小。在装备电子控制自动变速器的汽车上，节气门位置传感器信号还要输入变速器电控单元（ECT ECU），作为确定变速器换挡时机和变矩器锁止时机的主要信号。

各型汽车的节气门位置传感器（TPS）都安装在节气门体上节气门轴的一端。按结构不同，节气门位置传感器分为触点式、可变电阻式、触点与可变电阻组合式、非接触式四种类型。按输出信号的类型不同，节气门位置传感器可分为线性（量）输出型和开关（量）输出型两种。

1. 触点式节气门位置传感器

（1）触点式TPS的结构特点。触点式TPS的结构如图10-1（a）、（b）所示，其主要由节气门轴、大负荷触点(又称功率触点)PSW、凸轮、怠速触点IDL和接线插座组成。凸轮随节气门轴转动，节气门轴随油门开度(发动机负荷)大小的变化而变化。

（2）触点式TPS的输出特性。触点式TPS的输出特性如图10-1（c）所示。当节气门关闭时，怠速触点IDL闭合，功率触点PSW断开，怠速触点IDL输出端子输出的信号为低电平O，功率触点PSW输出的信号为高电平1。ECU接收到TPS输入的这两个信号时，如果车速传感器输入ECU的信号表示车速为零，那么ECU将判定发动机处于怠速状态，并控制喷油器增加喷油量，保证发动机怠速转速稳定而不致熄火。如果车速传感器输入ECU的信号表示车速不为零，那么ECU将判定发动机处于减速状态运行，并控制喷油器停止喷油，以降低排放和提高经济性。

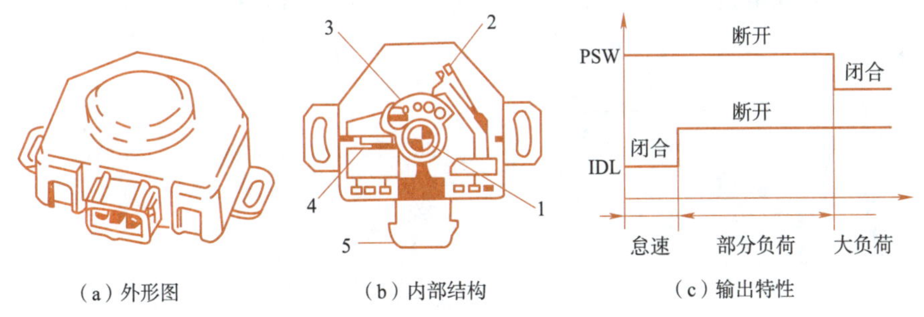

（a）外形图　（b）内部结构　（c）输出特性

图 10-1　触点式 TPS 的结构与输出特性

1—节气门轴；2—功率触点 (PSW)；3—凸轮；4—怠速触点 (IDL)；5—接线插座

当节气门开度增大时，凸轮随节气门轴转动并将怠速触点IDL顶开，如果功率触点PSW保持断开状态，那么IDL端子和PSW端子都将输出高电平1。ECU接收到这两个高电平信号时，将判定发动机处于部分负荷状态，此时ECU将根据空气流量传感器信号和曲轴转速信号计算确定喷油量，保证发动机的经济性和排放性能。

当节气门接近全部开启（80%以上负荷）时，凸轮转动使功率触点PSW闭合，PSW端子输出低电平O，IDL端子保持断开而输出为高电平1。ECU接收到这两个信号时，将判定发动机处于大负荷状态运行，并控制喷油器增加喷油量，保证发动机输出足够的功率，故大负荷触点称为功率触点。在此状态下，控制系统将进入开环控制模式，ECU不采用氧传感器信号。如果此时空调器系统仍在工作，那么ECU将中断空调主继电器信号约15 s，以便切断空调电磁离合器线圈电流，使空调压缩机停止工作，增大发动机的输出功率，提高汽车的动力性。

2. 组合式节气门位置传感器

（1）组合式TPS的结构特点。丰田轿车用组合式TPS的结构与原理电路如图10-2所示，其主要由可变电阻、滑动触点、节气门轴、怠速触点和壳体组成。可变电阻为镀膜电阻，制作在传感器底板上，可变电阻的滑臂随节气门轴一同转动，滑臂与输出端子VTA连接。

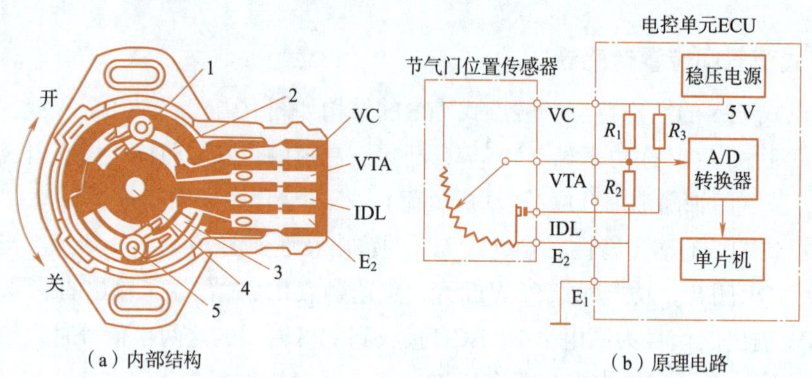

图 10-2　组合式 TPS 的结构与原理电路

1—可变电阻滑动触点；2—电源电压（5 V）；3—绝缘部件；4—节气门轴；5—怠速触点

（2）组合式TPS的输出特性。组合式TPS的输出特性如图10-3所示。当节气门关闭或开度小于1.2° 时，怠速触点闭合，其输出端IDL输出低电平（0 V），如图10-3（a）所示；当节气门开度大于1.2° 时，怠速触点断开，输出端“IDL”输出高电平（5 V）。

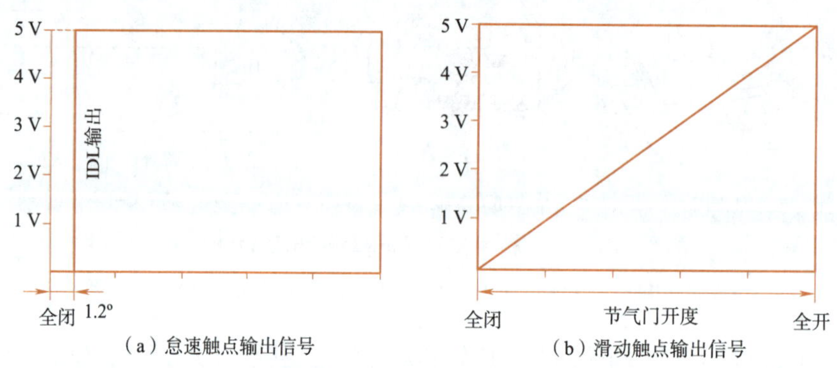

图 10-3　组合式 TPS 的输出特性

当节气门开度变化时，可变电阻的滑臂便随节气门轴转动，滑臂上的触点便在镀膜电阻上滑动，传感器的输出端子“VTA”与“E2”之间的信号电压随之发生变化，如图10-3（b）所示，节气门开度越大，输出电压越高。传感器输出的线性信号经过A/D转换器转换成数字信号后再输入ECU。

3. 丰田 1ZR 发动机的节气门、踏板位置传感器

丰田1ZR发动机采用非接触式、霍尔元件型节气门、油门踏板位置传感器。

油门踏板位置传感器及其输出信号电压如图10-5所示，节气门位置传感器及其输出信号电压如图10-4所示。

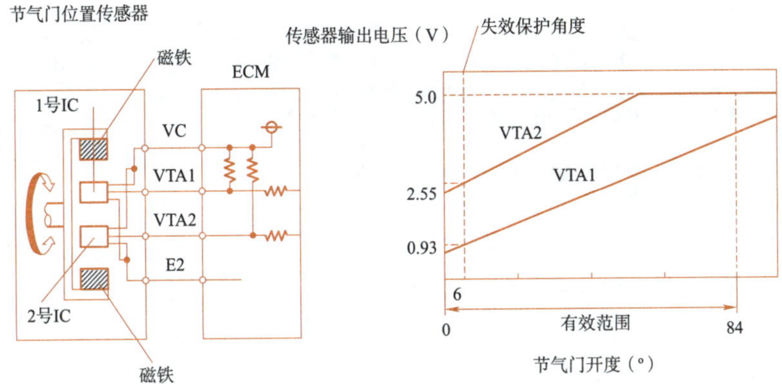

备注：

传感器端子VTA1检测的节气门开度以百分比形式显示。

10%和24%之间：节气门全关；64%和96%之间：节气门全开；约16%：失效保护角度（6°）

图 10-4　节气门位置传感器及其输出信号电压

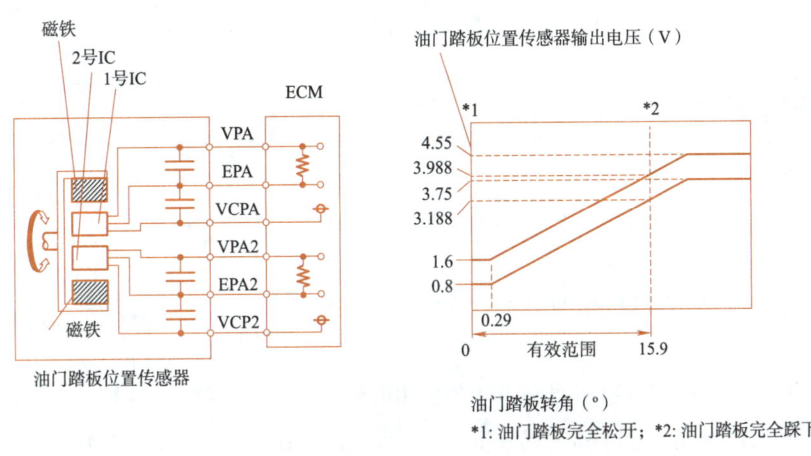

图 10-5　油门踏板位置传感器及其输出信号电压

4. 故障码及生成条件

节气门故障码及其生成条件与故障部位如表10-1所示，使用解码器读取节气门位置传感器数据流显示正常值表10-2所示。油门踏板故障码及其生成条件与故障部位如表10-3所示，使用解码器读取油门踏板位置传感器数据流显示值如表10-4所示。

表 10-1　节气门故障码及其生成条件与故障部位

DTC 号	DTC 检测条件	故障部位
P0120	踩下油门踏板时，VTA1 的输出电压快速波动，并超出上下故障阈值达 2 s（单程检测逻辑）	- 节气门位置传感器（内置于节气门体总成内） - ECM
P0122	踩下油门踏板时，VTA1 的输出电压为 0.2 V 或更低并持续 2 s（单程检测逻辑）	- 节气门位置传感器（内置于节气门体总成内） - VTA1 电路短路 - VC 电路断路 - ECM
P0123	踩下油门踏板时，VTA1 的输出电压为 4.535 V 或更高并持续 2 s（单程检测逻辑）	- 节气门位置传感器（内置于节气门体总成内） - VTA1 电路断路 - E2 电路断路 - VC 和 VTA1 电路之间短路 - ECM

续表

DTC 号	DTC 检测条件	故障部位
P0220	踩下油门踏板时，VTA2 的输出电压快速波动，并超出上下故障阈值达 2 s（单程检测逻辑）	- 节气门位置传感器（内置于节气门体总成内） - ECM
P0222	踩下油门踏板时，VTA2 的输出电压为 1.75V 或更低并持续 2 s（单程检测逻辑）	- 节气门位置传感器（内置于节气门体总成内） - VTA2 电路短路 - VC 电路断路 - ECM
P0223	踩下油门踏板时，VTA2 的输出电压为4.8 V或更高且VTA1 在0.2 V和2.02 V之间达2 s（单程检测逻辑）	- 节气门位置传感器（内置于节气门体总成内） - VTA2 电路断路 - E2 电路断路 - VC 和 VTA2 电路之间短路 - ECM
P2135	满足条件（a）或（b）（单程检测逻辑）： （a）VTA1 和VTA2 的输出电压差为0.02 V或更低达0.5 s或更长时间 （b）VTA1 的输出电压为0.2 V或更低，且VTA2 的输出电压为1.75 V或更低达0.4 s或更长时间	- VTA1 和 VTA2 电路之间短路 - 节气门位置传感器（内置于节气门体总成内） - ECM

表 10-2 使用解码器读取节气门位置传感器数据流显示正常值

检测仪显示	完全松开油门踏板	完全踩下油门踏板
Throttle Position No. 1	0.5 ～ 1.1 V	3.3 ～ 4.9 V
Throttle Position No. 2	2.1 ～ 3.1 V	4.6 ～ 5.0 V

表 10-3 油门踏板故障码及其生成条件与故障部位

DTC号	DTC 检测条件	故障部位
P2120	VPA 快速波动，并超出上下故障阈值达 0.5 s 或更长时间（单程检测逻辑）	- 油门踏板位置传感器 - ECM
P2122	当完全松开油门踏板时，VPA 为 0.4 V 或更低达 0.5 s 或更长时间（单程检测逻辑）	- 油门踏板位置传感器 - VCPA 电路断路 - VPA 电路断路或对搭铁短路 - ECM
P2123	VPA 为4.8 V或更高达2.0 s或更长时间（单程检测逻辑）	- 油门踏板位置传感器 - EPA 电路断路 - ECM
P2125	VPA2 快速波动，并超出上下故障阈值达0.5 s或更长时间（单程检测逻辑）	- 油门踏板位置传感器 - ECM
P2127	当完全松开油门踏板时，VPA2 为1.2 V或更低达0.5 s或更长时间（单程检测逻辑）	- 油门踏板位置传感器 - VCP2 电路断路 - VPA2 电路断路或对搭铁短路 - ECM
P2128	条件（a）和（b）持续2.0 s或以上（单程检测逻辑）： （a）VPA2 为4.8 V 或更高 （b）VPA 在 0.4 V 和 3.45 V 之间	- 油门踏板位置传感器 - EPA2 电路断路 - ECM
P2138	条件（a）或（b）持续2.0 s或更长时间（单程检测逻 辑）： （a）VPA 和VPA2 之间相差0.02 V或更低 （b）VPA 为0.4 V或更低，且VPA2 为1.2 V或更低	- VPA 和VPA2 电路之间短路 - 油门踏板位置传感器 - ECM

表 10-4 使用解码器读取油门踏板位置传感器数据流显示值

故障部位	1 号油门踏板位置松开 AP 时	2 号油门踏板位置松开 AP 时	1 号油门踏板位置踩下 AP 时	2 号油门踏板位置踩下 AP 时
VCP 电路断路	0 ～ 0.2 V	0 ～ 0.2 V	0 ～ 0.2 V	0 ～ 0.2 V
VPA 电路断路或对搭铁短路	0 ～ 0.2 V	1.2 ～ 2.0 V	0 ～ 0.2 V	3.4 ～ 5.0 V
VPA2 电路断路或对搭铁短路	0.5 ～ 1.1 V	0 ～ 0.2 V	2.6 ～ 4.5 V	0 ～ 0.2 V
EPA 电路断路	4.5 ～ 5.0 V	4.5 ～ 5.0 V	4.5 ～ 5.0 V	4.5 ～ 5.0 V
正常状态	0.5 ～ 1.1 V	1.2 ～ 2.0 V	2.6 ～ 4.5 V	3.4 ～ 5.0 V

5. 电路图

节气门位置传感器电路如图10-6所示，油门踏板位置传感器电路如图10-7所示。

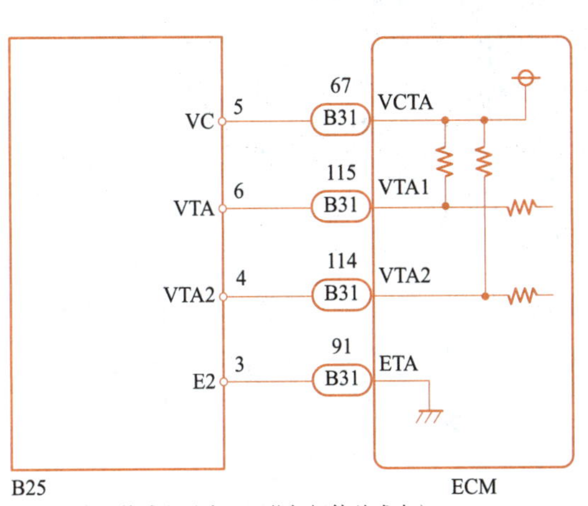

图10-6　节气门位置传感器电路

EPA　VPA　VCPA　EPA2　VPA2　VCP2

5　6　4　2　3　1

59 A50　55 A50　57 A50　60 A50　56 A50　58 A50

EPA　VPA　VCPA　EPA2　VPA2　VCP2

A3 油门踏板位置传感器　ECM

图10-7　油门踏板位置传感器电路

6. 检查程序

1）节气门位置传感器诊断流程

（1）使用智能检测仪读取数值（1号节气门位置和2号节气门位置）。

（a）将智能检测仪连接到DLC3。
（b）将点火开关置于ON 位置并开启检测仪。
（c）选择以下菜单项：Powertrain/Engine and ECT/Data List / Throttle Position No.1 and Throttle Position No.2。
（d）读取检测仪上的值。

结果

1号节气门位置(VTA1)松开油门踏板时	2号节气门位置(VTA2)松开油门踏板时	1号节气门位置(VTA1)踩下油门踏板时	2号节气门位置(VTA2)踩下油门踏板时	故障部位	转至
0～0.2 V	0～0.2 V	0～0.2 V	0～0.2 V	VC电路断路	A
4.5～5.0 V	4.5～5.0 V	4.5～5.0 V	4.5～5.0 V	E2电路断路	A
0～0.2 V 或4.5～50 V	2.4～3.4 V (失效保护)	0～0.2 V 或4.5～5.0 V	2.4～3.4 V (失效保护)	VTA1电路断路或对搭铁短路	A
0.7～1.3 V (失效保护)	0 V ～0.2 V 或4.5 V ～5.0 V	0.7～1.3 V (失效保护)	0～0.2 V 或4.5～5.0 V	VTA2电路断路或对搭铁短路	A
0.5～1.1 V	2.1～3.1 V	3.3～4.9 V (非失效保护)	4.6～5.0 V (非失效保护)	节气门位置传感器电路正常	B

A

B　转至步骤5

（2）检查线束和连接器（节气门位置传感器-ECM）。

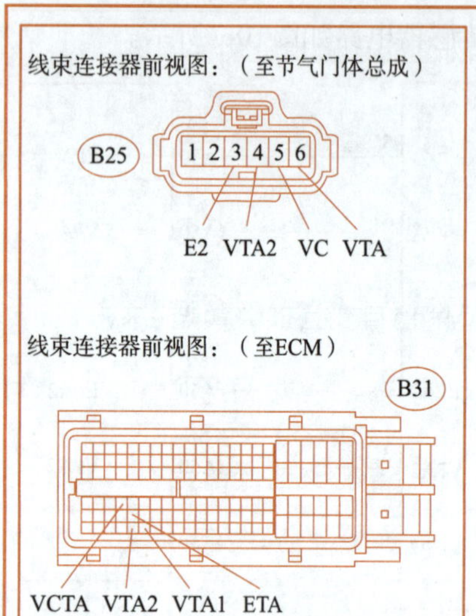

（a）断开节气门体连接器。

（b）断开 ECM 连接器。

（c）根据下表中的值测量电阻。

标准电阻（断路检测）

检测仪连接	条件	规定状态
B25-5(VC)-B31-67 (VCTA)	始终	<1Ω
B25-6(VTA)-B31-115 (VTA1)	始终	<1Ω
B25-4(VTA2)-B31-114 (VA2)	始终	<1Ω
B25-3(E2)-B31-91 (ETA)	始终	<1Ω

标准电阻（短路检测）

检测仪连接	条件	规定状态
B25-5(VC) 或 B31-67 (VCTA)- 车身搭铁	始终	≥ 10 kΩ
B25-6(VTA) 或 B31-115 (VTA1)- 车身搭铁	始终	≥ 10 kΩ
B25-4(VTA2) 或 B31 -114(VTA2)- 车身搭铁	始终	≥ 10 kΩ

（d）重新连接节气门体连接器。

（e）重新连接 ECM 连接器。

正常

异常 → 维修或更换线束或连接器（节气门位置传感器ECM）

（3）检查ECM(VC电压)。

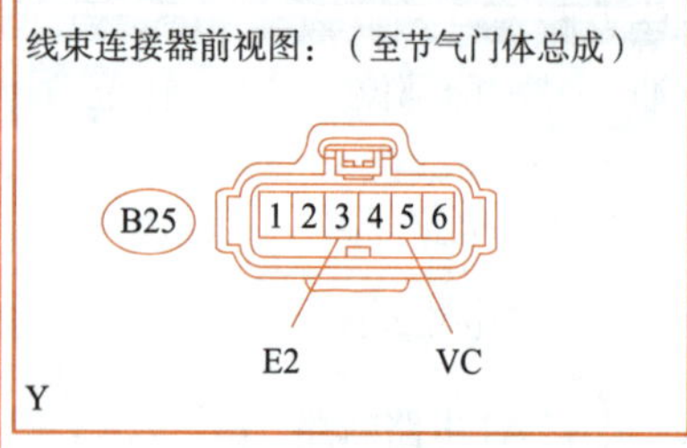

（a）断开节气门体连接器。

（b）将点火开关置于ON 位置。

（c）根据下表中的值测量电压。

标准电压

检测仪连接	条件	规定值
B25-5(VC)-B25-3(E2)	将点火开关置于 ON 位置	4.5 ~ 5.5 V

（d）重新连接节气门体连接器

正常

异常 → 更换 ECM（参见 ES-326页）

（4）更换节气门体总成。

更换节气门体总成（参见 ES-332 页）

下一步

（5）检查 DTC 是否再次输出(节气门位置传感器 DTC)。

（a）将智能检测仪连接到 DLC3。
（b）将点火开关置于 ON 位置并开启检测仪。
（c）清除 DTC(参见 ES-24 页)。
（d）起动发动机。
（e）使发动机怠速运转 15 s 或以上。
（f）选择以下菜单项：Powertrain/Engine and ECT/DTC。
（g）读取 DTC。

结果	转至
输出 DTC P0120、P0122、P0123、P0220、P0222、P02231 或 P2135	A
未输出 DTC	B

A

B → 系统正常

更换 ECM(参见 ES-326 页)

2）油门踏板位置传感器诊断流程

（1）使用智能检测仪读取值（1 号油门踏板位置和 2 号油门踏板位置）。

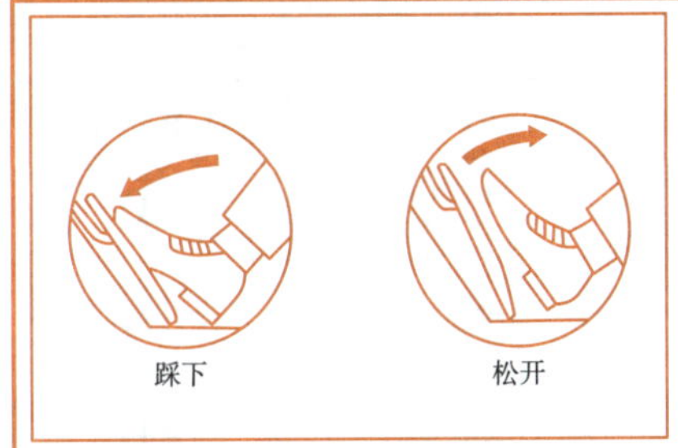

（a）将智能检测仪连接到 DLC3。
（b）将点火开关置于 ON 位置并开启检测仪。
（c）选择以下菜单项：Powertrain/Engine and ECT/Data List/Accelerator Position No.1 and Accelerator Position No.2。
（d）读取检测仪上的显示值。
标准电压

油门踏板的操作	1 号油门踏板位置	2 号油门踏板位置
松开	0.5 ～ 1.1 V	1.2 ～ 2.0 V
踩下	2.6 ～ 4.5 V	3.4 ～ 5.0 V

正常

异常 → 转至步骤2

检查间歇性故障（参见 ES-12 页）

（2）检查 ECM（VCPA 和 VCP2 电压）。

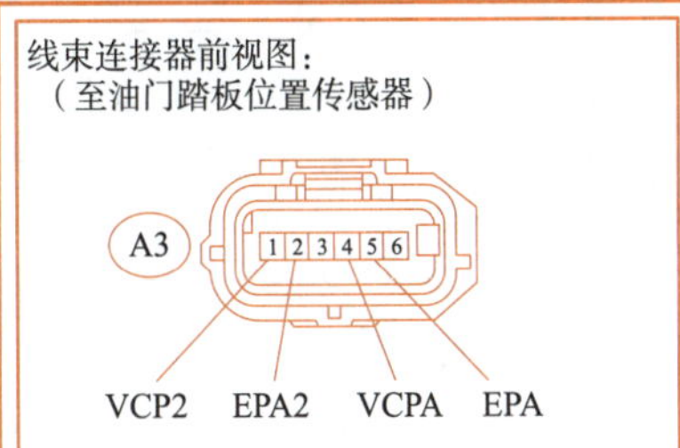

（a）断开油门踏板位置传感器连接器。
（b）将点火开关置于 ON 位置。
（c）根据下表中的值测量电压。
标准电压

检测仪连接	开关状态	规定状态
A3-4(VCPA)-A3-5 (EPA)	点火开关置于 ON 位置	4.5 ～ 5.5 V
A3-1(VCP2)-A3-2 (EPA2)	点火开关置于 ON 位置	4.5 ～ 5.5 V

（d）重新连接油门踏板位置传感器连接器。

正常

异常 → 转至步骤5

（3）检查ECM（油门踏板位置控制电路）。

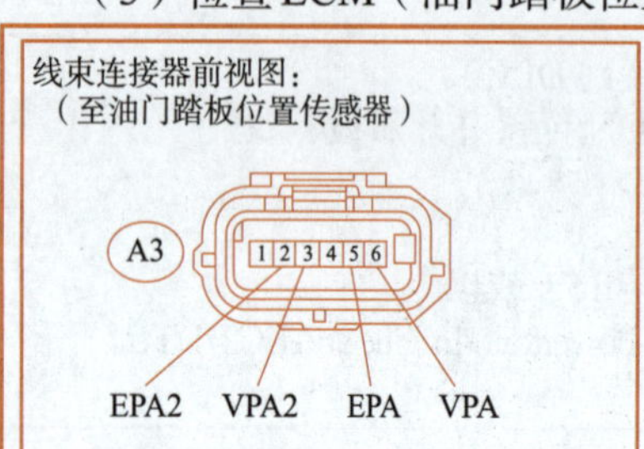

（a）断开油门踏板位置传感器连接器。

（b）根据下表中的值测量电阻。

标准电阻

检测仪连接	条件	规定值
A3-2(EPA2)-A3-3 (VPA2)	始终	36.60 ~ 41.61 kΩ
A3-5(EPA)-A3-6 (VPA)	始终	36.60 ~ 41.61 kΩ

正常

异常 → 转至步骤4

更换油门踏板总成（油门踏板位置传感器）（参见 ES-329 页）

（4）检查线束和连接器（油门踏板位置传感器-ECM）。

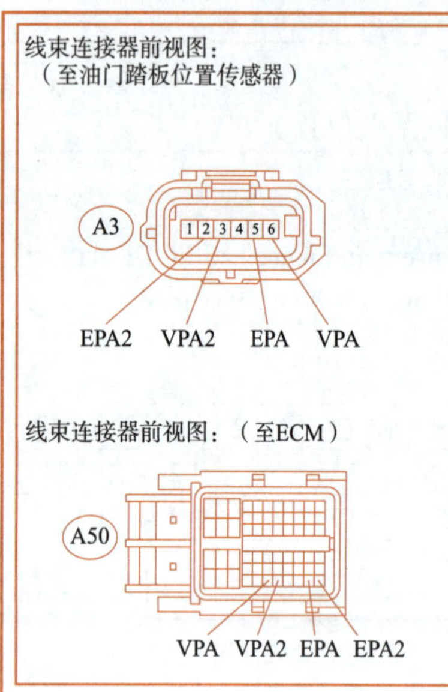

（a）断开油门踏板位置传感器连接器。

（b）断开 ECM 连接器。

（c）根据下表中的值测量电阻。

标准电阻（断路检测）

检测仪连接	条件	规定状态
A3-6(VPA)-A50-55 (VPA)	始终	<1Ω
A3-5(EPA)-A50-59 (EPA)	始终	<1Ω
A3-3(VPA2)-A50-56 (VPA2)	始终	<1Ω
A3-2(EPA2)-A50-60 (EPA2)	始终	<1Ω

标准电阻（短路检测）

检测仪连接	条件	规定状态
A3-6(VPA) 或 A50-55 (VPA)- 车身搭铁	始终	≥ 10 kΩ
A3-5(EPA) 或 A50-59 (EPA)- 车身搭铁	始终	≥ 10 kΩ
A3-3(VPA2) 或 A50-56 (VPA2)- 车身搭铁	始终	≥ 10 kΩ
A3-2(EPA2) 或 A50-60 (EPA2)- 车身搭铁	始终	≥ 10 kΩ

（d）重新连接油门踏板位置传感器连接器。

（e）重新连接 ECM连接器。

正常

异常 → 维修或更换线束或连接器（油门踏板位置传感器ECM）

更换ECM（参见ES-326页）

（5）检查线束和连接器（油门踏板位置传感器-ECM）。

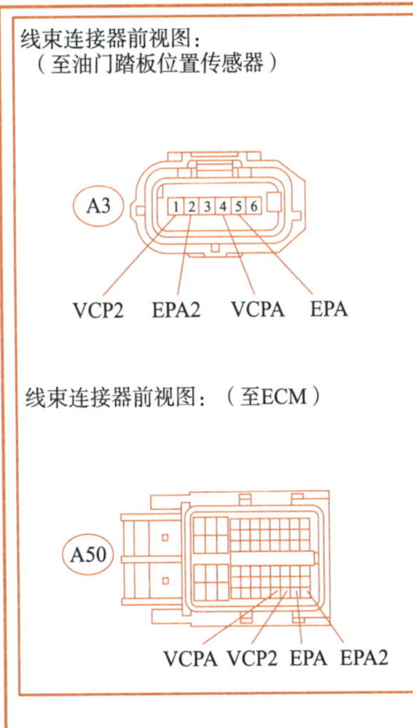

（a）断开油门踏板位置传感器连接器。

（b）断开 ECM 连接器。

（c）根据下表中的值测量电阻。

标准电阻（断路检测）

检测仪连接	条件	规定状态
A3-5(EPA)-A50-59 (EPA)	始终	<1 Ω
A3-4(VCPA)-A50-57 (VCPA)	始终	<1 Ω
A3-2(EPA2)-A50-60 (EPA2)	始终	<1 Ω
A3-1(VCP2)-A50-58 (VCP2)	始终	<1 Ω

标准电阻（短路检测）

检测仪连接	条件	规定状态
A3-5(EPA) 或 A50-59 (EPA)- 车身搭铁	始终	≥ 10 kΩ
A3-4(VCPA) 或 A50-57 (VCPA)- 车身搭铁	始终	≥ 10 kΩ
A3-2(EPA2) 或 A50-60 (EPA2)- 车身搭铁	始终	≥ 10 kΩ
A3-1(VCP2) 或 A50-58 (VCP2)- 车身搭铁	始终	≥ 10 kΩ

（d）重新连接油门踏板位置传感器连接器。

（e）重新连接 ECM 连接器。

异常 → 维修或更换线束或连接器（油门踏板位置传感器ECM）

正常

更换 ECM（参见 ES-326 页）

项目实施

1. 注意事项

（1）遵守实验室规章制度，未经许可，不得擅自移动和拆卸仪器与设备。

（2）必须穿工作服、工作鞋，严格执行安全、5S 管理制度。

（3）严禁未经许可，擅自操作教具、设备的电器开关、点火开关和起动开关，以防发生危险。

（4）在教师允许和监控下，才能起动发动机，需与设备周围的人员进行互动，防止意外发生。

（5）发动机运行期间，严禁拔下各传感器及执行器接口，以免损坏ECU。

（6）节气门组件要轻拿轻放，避免节气门组件掉到地上摔坏。

（7）上实验台测试电压信号时，注意操作流程和相对应的测试端口。原则上只做本次实验相关的测试，其他无关的部位不要测试，否则按原理不清或看不懂电路图扣分。

（8）在实物台架上，测试端口与ECU直接相连，不要将任何电压加在发动机实验台的测试端口上，以免损坏ECU。

2. 实施步骤

项目工单

项目名称	检测节气门、油门踏板位置传感器		序号	10	日期	
班级		姓名		学号		

一、资讯

（1）节气门、油门踏板位置传感器共分几种类型？ 8A发动机的节气门位置传感器与1ZR发动机的节气门位置传感器各为什么型式？

（2）连接节气门、油门踏板位置传感器电路并填写相应内容。

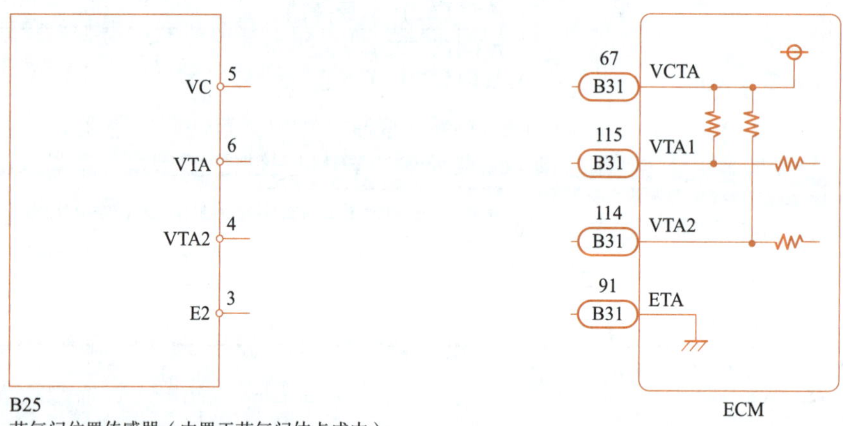

B25
节气门位置传感器（内置于节气门体点成中）

端子	功用	条件及参数
B25-3		
B25-4		
B25-5		
B25-6		

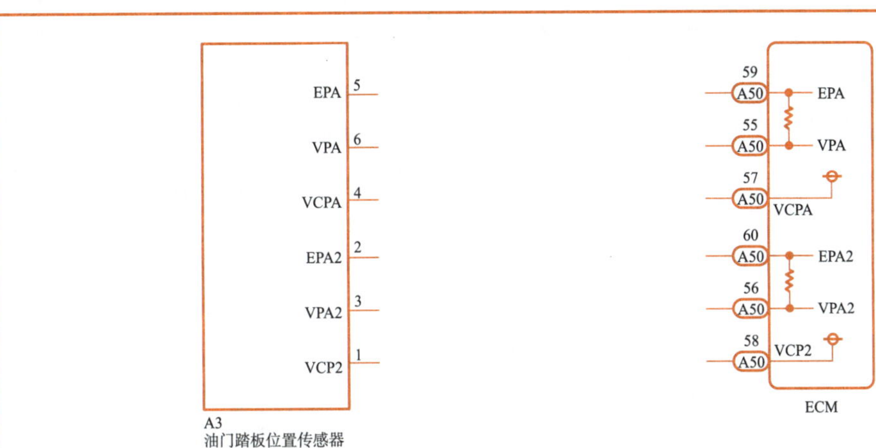

端子	功用	条件及参数
A3-1		
A3-2		
A3-3		
A3-4		
A3-5		
A3-6		

（3）节气门位置传感器与油门踏板位置传感器的故障码什么相似和不同之处?

二、决策和计划

人员分工		选择设备	工作计划
组号			
组长			
组员			

三、实施

1. 节气门、油门踏板位置传感器信号端子电压测量（条件：无故障测试）

端子	开度 0% 电压 /V	开度 50% 电压 /V	开度 100% 电压 /V
A3-1			
A3-2			
A3-3			
A3-4			
A3-5			
A3-6			

2. 故障排除（由教师设置故障，每组可设不同故障点）

（1）故障现象。

（2）故障码的检测与清除。

（3）定格数据及数据分析。

（4）故障原因分析。

（5）基本检查。

（6）主要数据流读取与分析。

（7）故障排除与检测过程记录。

（8）故障点确认。

（9）维修结论。

（10）维修结果。

四、检查

每个工作小组选派一名代表，汇报实训过程体会、掌握了哪些技能。教师确认发动机正常工作，故障已排除。

五、评估

序号	考核要点	配分	评分标准	得分
1	节气门、油门踏板位置传感器的检测原理	20	一处叙述不清扣 5 分	
2	节气门、油门踏板位置传感器的故障检测	30	错误一次扣 5 分	
3	故障码与数据流的读取	20	错误一次扣 5 分	
4	数据流的分析	20	错误一次扣 5 分	
5	整理工具，清理现场 实习态度和纪律	10	保持实习现场秩序和卫生，保证人身及设备的安全，违规一次扣 5 分	
6	总分	100	实得总分	

1. 小组自评：成绩＿＿＿＿＿＿＿＿

2. 教师点评：成绩＿＿＿＿＿＿＿＿

教师签字：＿＿＿＿＿＿＿＿

思考题

（1）按结构不同，节气门位置传感器分几种类型？按输出信号的类型不同，节气门位置传感器可分几种？

（2）组合式 TPS 的输出特性是什么？

项目十一

检测爆震传感器

一辆装有1ZR发动机的丰田卡罗拉轿车，在行驶过程中司机发现该车水温过高并伴有敲缸声响，且发动机故障指示灯点亮报警，为此司机 将车辆开到服务站进行维修。作为一名维修人员，你应该如何对车辆开展维修呢？

项目目标

1. 知识目标

（1）理解爆震传感器的结构与工作原理；

（2）掌握爆震传感器故障对整个电控系统的影响。

2. 能力目标

（1）能够对爆震传感器进行检测；

（2）知道爆震传感器数据分析的方法。

3. 素质目标

（1）能够自主学习新知识，形成一定的自学能力；

（2）培养良好的沟通、表达能力和团队协作能力。

项目设备

（1）工具：数字万用表，金德KT600诊断仪，常用工具各4套。

（2）设备：1ZR发动机实验台4台，解剖发动机台架1台，其他D型电控发动机一台。

项目知识

发动机爆震，是燃烧室内混合气异常燃烧导致汽缸压力骤然上升，而引起发动机缸体产生的震动。在采用闭环控制的发动机电子控制系统中，当发动机产生爆震时，电控系统就能够通过调整点火时刻（点火提前角）来有效地抑制和消除发动机爆震。爆震传感器（Detonation Sensor，DS）是发动机闭环控制系统中的重要部件，其功能是将发动机爆震信号转换为电信号传递给ECU，ECU根据爆震信号随时对点火时刻进行修正，使点火提前角保持在最佳状态。

检测发动机爆震的方法有三种：一是检测发动机燃烧室的压力变化；二是检测发动机缸体的振动频率；三是检测混合气燃烧的噪声。通过直接检测燃烧室压力变化来检测发动机振动的测量精度高，但传感器安装复杂且耐久性差，一般用于测量仪器。测量混合气燃烧噪音的方法为非接触式检测，其耐久性好但测量精度与灵敏度较低，实际应用很少。实际应用的压力检测传感器均为间接测量式，通过检测发动机缸体振动频率来检测爆震的优点是测量灵敏度高、传感器安装方便且输出电压变化大，因此现代汽车工业广泛采用该种检测方法。

爆震传感器一般都安装在发动机缸体上，如图11-1所示。按发动机缸体振动频率的检测方法不同，爆震传感器分为共振型与非共振型两种；按爆震传感器结构不同，分为压电式和磁致伸缩式两种。目前大多数汽车都采用了压电式爆震传感器，其结构都大同小异，特点是灵敏度好、响应及时、制造工艺简便、结构简单、坚固耐用。桑塔纳AJR发动机有两个爆震传感器，分别安装在进气歧管下面、1/2缸与3/4缸之间，传感器插座上有三根引线，其中两根为信号线，一根为屏蔽线。

爆震传感器是发动机电子控制系统中必不可少的重要部件，它的功用是检测发动机有无爆震现象，并将信号送入发动机ECU。

磁致伸缩式爆震传感器的外形结构与组成如图11-2、图11-3所示，其内部由永久磁铁、铁芯、绕组等组成。其工作原理是：当发动机的汽缸体出现振动时，该传感器在7 kHz左右处与发动机产生共振，强磁性材料铁芯的磁导率发生变化，致使永久磁铁穿心的磁通密度也变化，从而在铁心周围的绕组中产生感应电动势，并将这一电信号输入ECU。

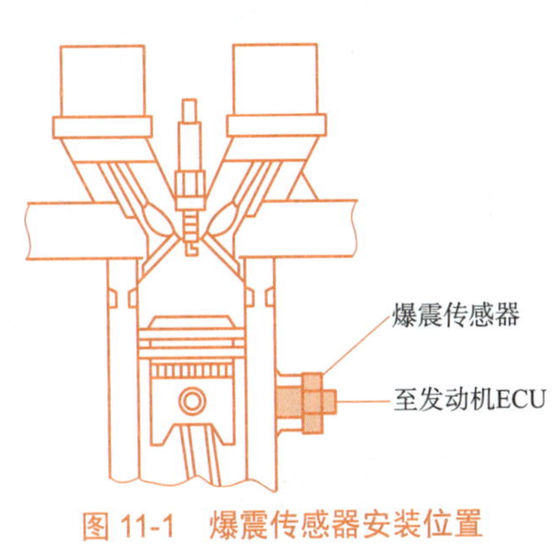

图11-1　爆震传感器安装位置

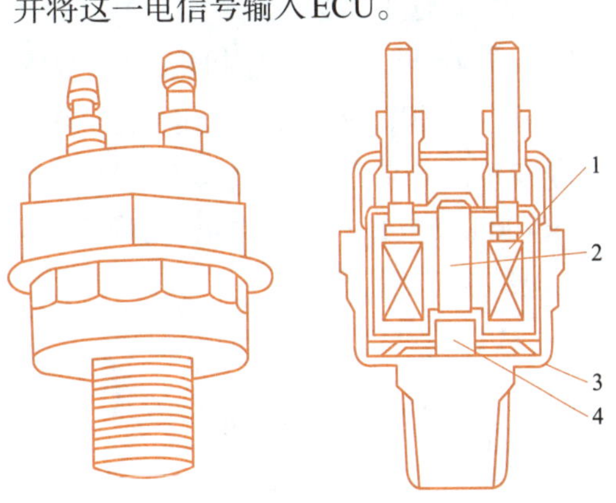

图11-2　磁致伸缩式爆震传感器的外形与结构

1—绕组；2—铁芯；3—外壳；4—永久磁铁

压电式爆震传感器的结构如图11-4所示。这种传感器利用结晶或陶瓷多晶体的压电效应而工作，也有的利用掺杂硅的压电电阻效应。该传感器的外壳内装有压电元件、配重块及引线等。其工作原理是：当发动机的汽缸体出现振动传递到传感器外壳上时，外壳与配重块之间产生相对运动，夹在这两者之间的压电元件所受的压力发生变化，从而产生电压。ECU检测出该电压，并根据其值的大小判断爆震强度。

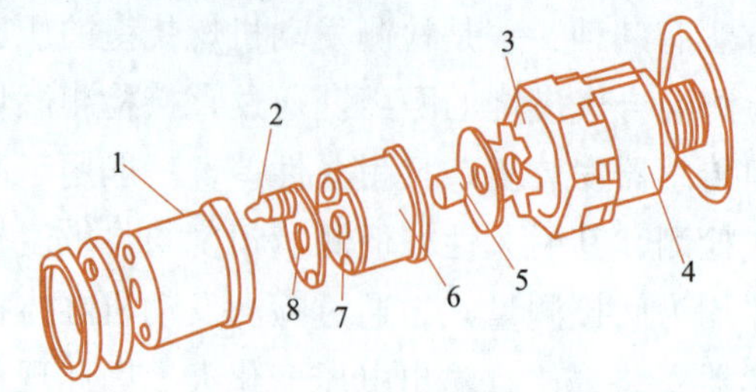

图 11-3　磁致伸缩式爆震传感器的组成

1—软磁套；2—端子；3—弹簧；4—外壳；5—永久磁铁；6—绕组；7—磁致伸缩杆；8—电绝缘体

丰田皇冠3.0轿车2JZ-GE型发动机爆震传感器与ECU的连接如图11-5所示。

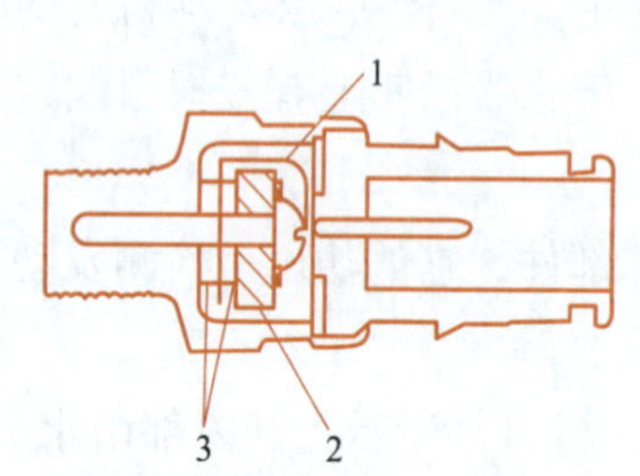

图 11-4　压电式爆震传感器的结构

1—引线；2—配重块；3—压电元件

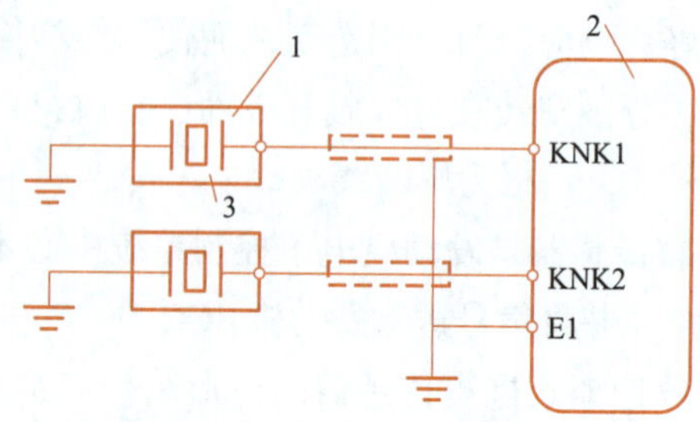

图 11-5　爆震传感器与 ECU 的连接

1—1号爆震传感器；2—发动机ECU；3—2号爆震传感器

当AJR发动机爆震传感器发生故障时，发动机ECU能够检测到，将设置00527（1号爆震传感器）或00540（2号爆震传感器）号故障码，并将各缸点火提前角推迟约15° 运行，利用进口或国产的故障诊断仪，通过连接诊断插座可以读取此故障的有关信息。

爆震传感器的连接电路图与端子图如图11-6、图11-7所示，检修时用万用表电阻OHM × 100 kΩ 或R × 10 kΩ 挡检测传感器电阻。检测时，断开点火开关，拔下传感器线束插头，检测结果应当符合规定。

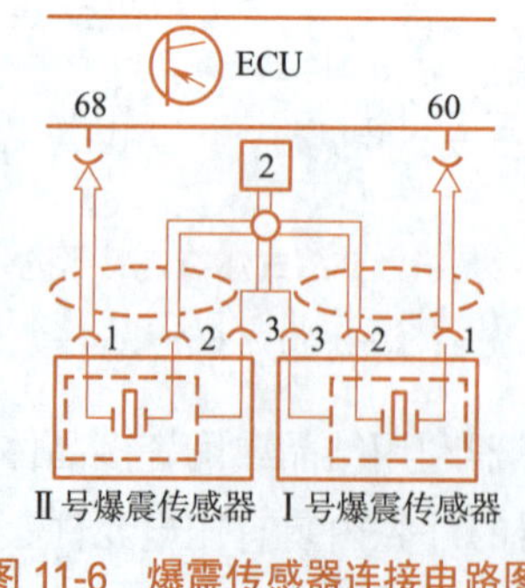

图 11-6　爆震传感器连接电路图

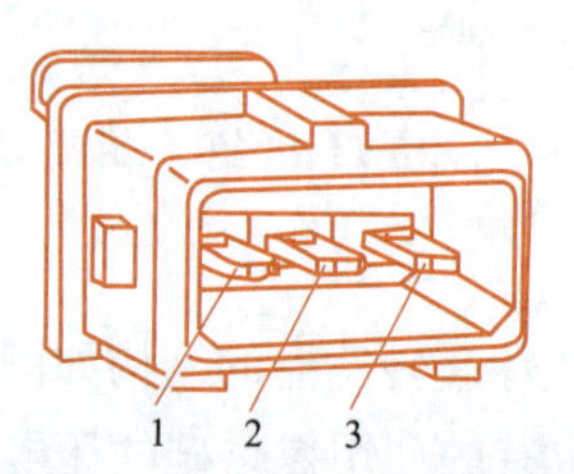

图 11-7　爆震传感器端子图

当用万用表电阻OHM × 200 Ω 或R × 1Ω 挡检测线束电阻时，断开点火开关，拔下控制器线束插头和传感器线束插头，检测两插头上各端子之间导线电阻应当符合规定。如阻值过大或为无穷大，说明线束与端子接触不良或断路，应予修理。

AJR发动机爆震传感器电压检测时检测条件与标准参数如表11-1所示。

表11-1　AJR发动机爆震传感器电压检测时检测条件与标准参数

检测对象	检测条件	检测点	标准值
爆震传感器输出电压	发动机运转	插座端子1和2	0.3 ~ 1.4 V

1. 1ZR爆震传感器描述

1ZR爆震传感器如图11-8所示，为非谐振型的平面型爆震传感器（压电型），可检测较宽频带内的振动，频率范围在6 kHz ~ 15 kHz。

图11-8　1ZR爆震传感器

2. 故障码及生成条件

具体的故障码及其生成条件与故障部位如表11-2所示。

表11-2　故障码及其生成条件与故障部位

DTC号	DTC检测条件	故障部位
P0327	爆震传感器的输出电压为0.5 V或更低（单程检测逻辑）	- 爆震传感器电路短路 - 爆震传感器 - ECM
P0328	爆震传感器的输出电压为4.5 V或更高（单程检测逻辑）	- 爆震传感器电路断路 - 爆震传感器 - ECM

3. 1ZR爆震传感器的波形

当发动机暖机后，转速达到4 000 r/min时，爆震传感器的波形如图11-9所示。

4. 电路图

爆震传感器的电路图如图11-10所示。

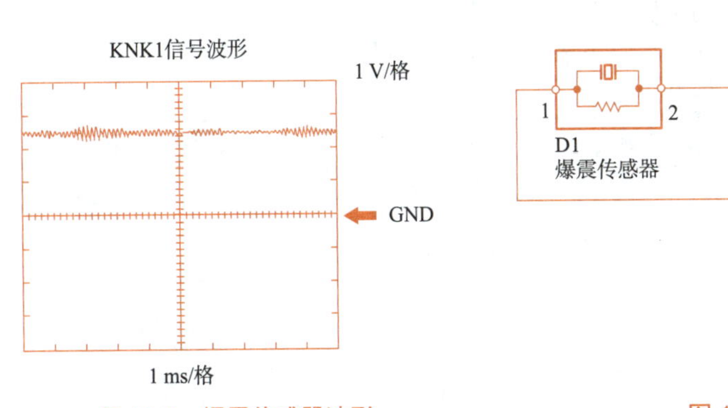

图11-9　爆震传感器波形

图11-10　爆震传感器电路图

5. 检查程序

1）使用智能检测仪读取数值（爆震反馈值）

（a）将智能检测仪连接到DLC3。

（b）起动发动机，并打开检测仪。

（c）使发动机暖机。

（d）选择以下菜单项：Powertrain / Engine and ECT / Data List / Knock Feedback Value。

（e）驾驶车辆时，读取检测仪上显示的值。

正常：数值变化。

提示

未出现故障	爆震反馈值改变
出现故障	爆震反馈值未改变

（f）通过发动机重载运转可以确定爆震反馈值变化，例如，通过激活空调系统和发动机高速空转。

正常

异常 → 转至步骤2

检查间歇性故障（参见 ES-12 页）

2）检查ECM（KNK1电压）

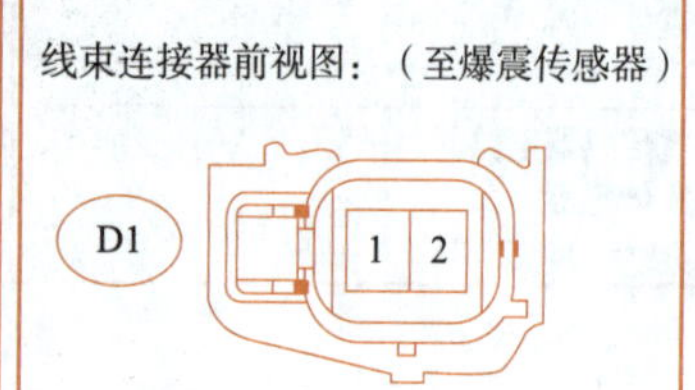

（a）断开爆震传感器连接器。

（b）将点火开关置于ON位置。

（c）根据下表中的值测量电压。

标准电压

检测仪连接	开关状态	规定状态
D1-2-D1-1	点火开关置于 ON 位置	4.5 ~ 5.5 V

（d）重新连接爆震传感器连接器。

正常

异常 → 转至步骤3

3）检查爆震传感器

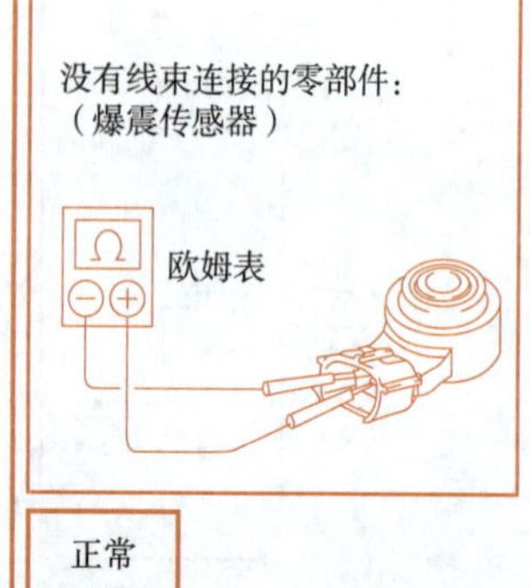

（a）拆下爆震传感器。

（b）根据下表中的值测量电阻。

标准电阻

检测仪连接	条件	规定状态
2-1	20°C (68°F)	120 ~ 280 kΩ

（c）重新安装爆震传感器。

异常 → 转至步骤4

正常

更换ECM（参见ES-326页）

4）检查线束和连接器（ECM-爆震传感器）

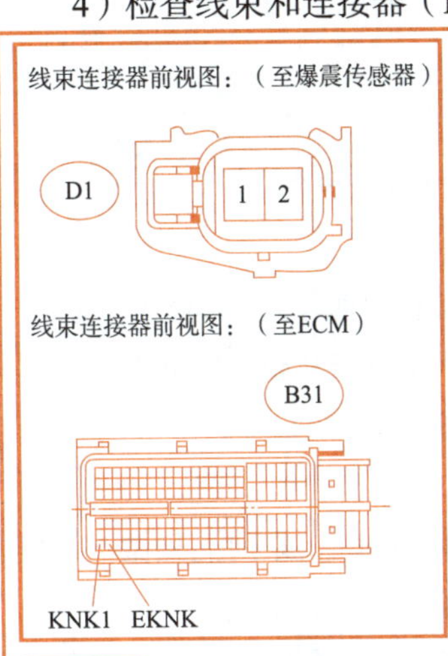

（a）断开爆震传感器连接器。
（b）断开ECM连接器。
（c）根据下表中的值测量电阻。

标准电阻（断路检查）

检测仪连接	条件	规定状态
D1-2-B31-110(KNK1)	始终	<1 Ω
D1-1 -B31-111 (EKNK)	始终	<1 Ω

标准电阻（短路检查）

检测仪连接	条件	规定状态
D1-2 或 B31-110(KNK1)- 车身搭铁	始终	≥ 10 kΩ
D1-1 或 B31-111(EKNK)- 车身搭铁	始终	≥ 10 kΩ

（d）重新连接爆震传感器连接器。
（e）重新连接ECM连接器。

异常 → 维修或更换线束或连接器（ECM-爆震传感器）

正常

更换ECM（参见ES-326页）

6. 1ZR爆震传感器的拆卸与安装

1）拆卸

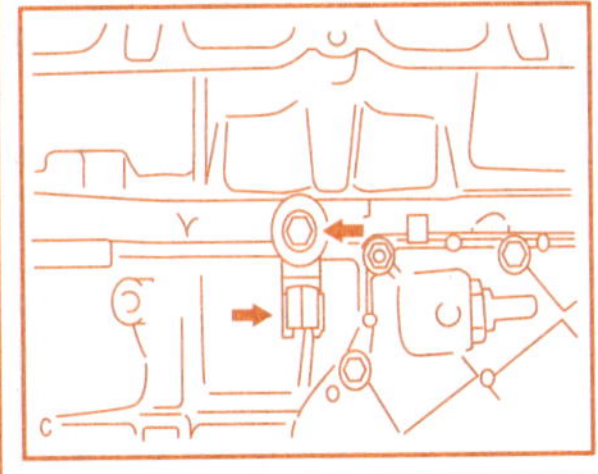

（1）排净发动机冷却液（参见C0-12页）。
（2）拆卸2号气缸盖罩（参见EM-96页）。
（3）拆卸空气滤清器盖分总成（参见ES-322页）。
（4）拆卸节气门体总成（参见ES-323页）。
（5）拆卸进气歧管（参见IT-7页）。
（6）拆卸爆震控制传感器。
　（a）断开爆震控制传感器连接器。
　（b）拆下螺栓和爆震控制传感器。

2）检查

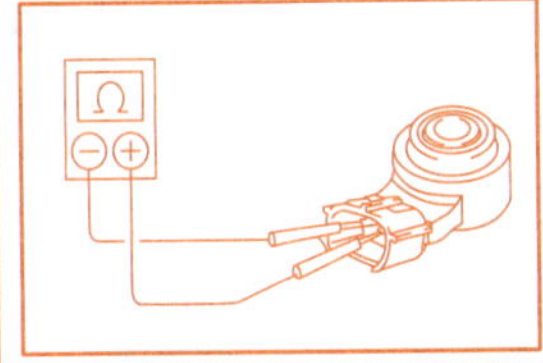

根据下表中的值测量电阻。

标准电阻

检测仪连接	条件	规定状态
1-2	20℃ (68 ℉)	120 ～ 280 kΩ

如果结果不符合规定，则更换爆震控制传感器。

3）安装

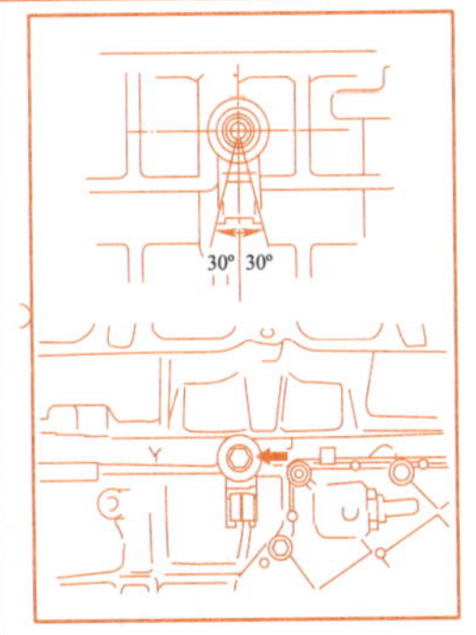

（1）安装爆震控制传感器。
　（a）用螺栓安装爆震控制传感器。
　扭矩：20N·m。注意：确保爆震控制传感器安装在正确的位置。
　（b）连接爆震控制传感器连接器。
（2）安装进气歧管（参见IT-8页）。
（3）安装节气门体总成（参见ES-323页）。
（4）安装空气滤清器盖分总成（参见ES-324页）。
（5）安装2号气缸盖罩（参见EM-115页）。
（6）添加发动机冷却液（参见CO-12页）。
（7）检查冷却液是否泄漏（参见CO-1页）。

项目实施

1. 注意事项

（1）遵守实验室规章制度，未经许可，不得擅自移动和拆卸仪器与设备。

（2）必须穿工作服、工作鞋，严格执行安全、5S管理制度。

（3）严禁未经许可，擅自操作教具、设备的电器开关、点火开关和起动开关，以防发生危险。

（4）在教师允许和监控下，才能起动发动机，需与设备周围的人员进行互动，防止意外发生。

（5）发动机运行期间，严禁拔下各传感器及执行器接口，以免损坏ECU。

（6）爆震传感器要轻拿轻放，避免不必要的损坏

（7）上实验台测试电压信号时，注意操作流程和相对应的测试端口。原则上只做本次实验相关的测试，其他无关的部位不要测试，否则按原理不清或看不懂电路图扣分。

（8）在实物台架上，测试端口与ECU直接相连，不要将任何电压加在发动机实验台的测试端口上，以免损坏ECU。

2. 实施步骤

项目工单

项目名称	检测爆震传感器		序号	11	日期	
班级		姓名		学号		

一、资讯

（1）爆震传感器共分几种类型？ 1ZR 发动机的爆震传感器为什么型式？

（2）连接爆震传感器电路并填写相应内容。

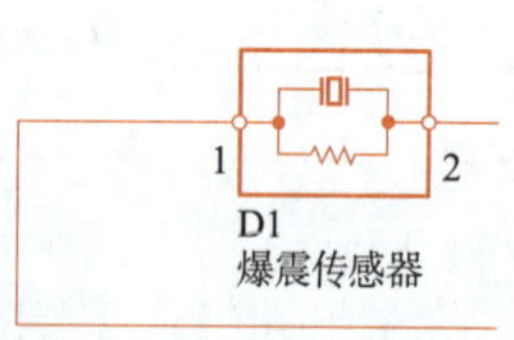

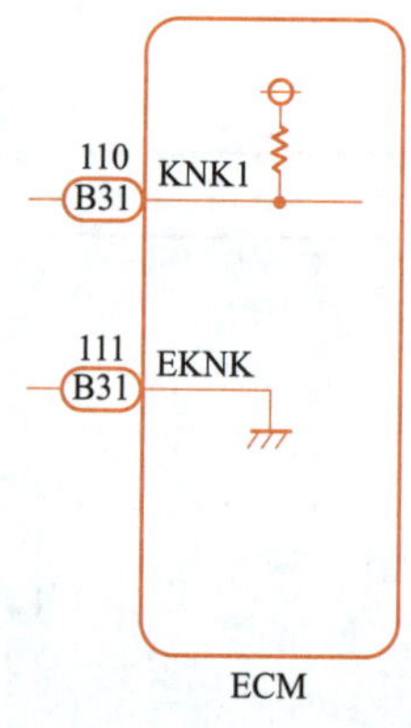

端子	功用	条件及参数
D1-1		
D1-2		

（3）爆震传感器拆装时重点要注意什么？为什么？

二、决策和计划

人员分工		选择设备	工作计划
组号			
组长			
组员			

三、实施

1. 爆震传感器信号端子电压、电阻测量（条件：无故障测试）

端子	静态电阻 /Ω	平均电压 /V（条件为暖机后，4 000 r/min）
D1-1		
D1-2		

2. 爆震传感器信号波形测试（条件为暖机后，4 000 r/min）

示波器正表笔连接元件端口编号：________ 针脚号：________ 示波器负表笔连接部位：________	每格电压：　　每格时间：

3. 故障排除（由教师设置故障，每组可设不同故障点）

（1）故障现象。

（2）故障码的检测与清除。

（3）定格数据及数据分析。

（4）故障原因分析。

（5）基本检查。

（6）主要数据流读取与分析。

（7）故障排除与检测过程记录。

（8）故障点确认。

（9）维修结论。

（10）维修结果。

四、检查

每个工作小组选派一名代表，汇报实训过程体会、掌握了哪些技能。教师确认发动机正常工作，故障已排除。

五、评估

序号	考核要点	配分	评分标准	得分
1	爆震传感器的检测原理	20	一处叙述不清扣5分	
2	爆震传感器的故障检测	30	错误一次扣5分	
3	故障码与数据流的读取	20	错误一次扣5分	
4	数据流的分析	20	错误一次扣5分	
5	整理工具，清理现场 实习态度和纪律	10	保持实习现场秩序和卫生，保证人身及设备的安全，违规一次扣5分	
6	总分	100	实得分数	

1. 小组自评：成绩＿＿＿＿＿＿＿＿＿＿

2. 教师点评：成绩＿＿＿＿＿＿＿＿＿＿

教师签字：＿＿＿＿＿＿＿＿＿＿

思考题

（1）简述爆震传感器的工作原理。

（2）常用的爆震传感器有几种？

（3）简述如何判断爆震传感器的好坏。

（4）简述爆震传感器的检测步骤。

项目十二

检测氧传感器

一辆装有1ZR发动机的丰田卡罗拉轿车，在行驶过程中司机发现该车油耗上升、怠速不稳、排气管冒黑烟，且发动机故障指示灯点亮报警，为此司机将车辆开到服务站进行维修。作为一名维修人员，你应该如何对车辆开展维修呢？

项目目标

1. 知识目标

（1）理解氧传感器的结构与工作原理；

（2）掌握氧传感器故障对整个电控系统的影响。

2. 能力目标

（1）能够对氧传感器进行检测；

（2）知道氧传感器数据分析的方法。

3. 素质目标

（1）能够自主学习新知识，形成一定的自学能力；

（2）培养良好的专业素质及职业能力。

项目设备

（1）工具：数字万用表，金德KT600诊断仪，常用工具各4套。

（2）设备：1ZR发动机实验台4台，解剖发动机台架1台，其他D型电控发动机1台。

项目知识

在使用三效催化转化器降低排放污染的发动机上，氧传感器是必不可少的。三效催化转化器安装在排气管的中段，它能净化排气中CO、HC和NO_x三种主要的有害成分，但只在混合气的空燃比处于接近理论空燃比的一个窄小范围内，三效催化转化器才能有效地起到净化作用。故在排气管中插入氧传感器，借检测废气中的氧浓度测定空燃比，并将其转换成电压信号或电阻信号，反馈给ECU。ECU控制空燃比收敛于理论值。

目前使用的氧传感器有氧化锆（ZrO_2）式和氧化钛（TiO_2）式两种，其中应用最多的是氧化锆式氧传感器。

1. 氧化锆式氧传感器

氧化锆式氧传感器的基本元件是氧化锆陶瓷管（固体电解质），亦称锆管，如图12-1所示。锆管固定在带有安装螺纹的固定套中，内外表面均覆盖着一层多孔性的铂膜，其内表面与大气接触，外表面与废气接触。氧传感器的接线端有一个金属护套，其上开有一个用于锆管内腔与大气相通的孔；电线将锆管内表面的铂极经绝缘套从此接线端引出。

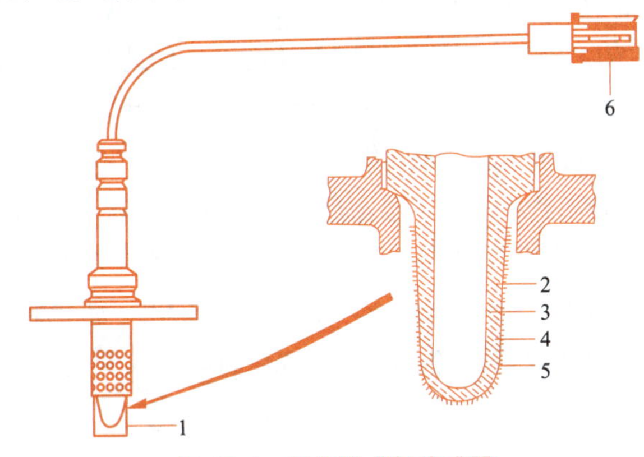

图 12-1　氧化锆式氧传感器

1—保护套管；2—内表面铂电极层；3—氧化锆陶瓷体；4—外表面铂电极层；5—多孔氧化铝保护层；6—线束接头

氧化锆在温度超过300℃后，才能进行正常工作。早期使用的氧传感器靠排气加热，这种传感器必须在发动机起动运转数分钟后才能开始工作，它只有一根接线与ECU相连，如图12-2（a）所示。现在，大部分汽车使用带加热器的氧传感器，如图12-2（b）所示，这种传感器内有一个电加热元件，可在发动机起动后的20～30 s内迅速将氧传感器加热至工作温度。它有三根接线，一根接ECU，另外两根分别接地和电源。

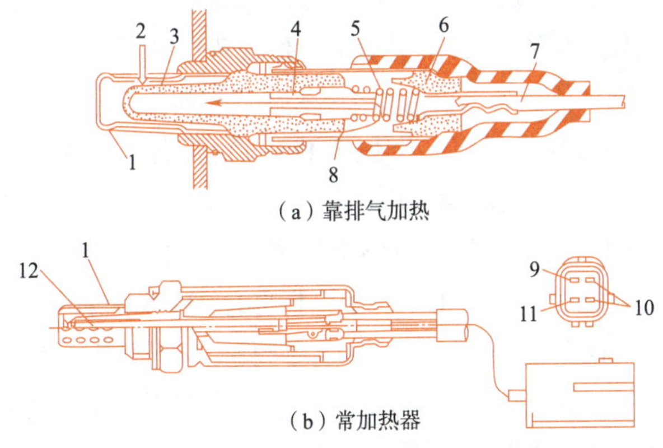

图 12-2　两种不同的氧化锆式氧传感器

1—保护套管；2—废气；3—锆管；4—电极；5—弹簧；6—绝缘体；7—信号输出导线；8—空气；9—接地；10—加热器接线端；11—信号输出端；12—加热器

锆管的陶瓷体是多孔的，渗入其中的氧气，在温度较高时发生电离。由于锆管内、外侧氧含量不一致，存在浓度差，因而氧离子从大气侧向排气一侧扩散，从而使锆管成为一个微电池，在两铂极间产生电压，如图12-3所示。当混合气的实际空燃比小于理论空燃比，即发动机以较浓的混合气运转时，排气中氧含量少，但CO、HC、H_2等较多。这些气体在锆管外表面的铂催化作用下与氧发生反应，将耗尽排气中残余的氧，使锆管外表面氧气浓度变为零，这就使得锆管内、外侧氧浓度差加大，两铂极间电压陡增。因此，锆管传感器产生的电压将在理论空燃比时发生突变：稀混合气时，输出电压几乎为零；浓混合气时，输出电压接近1 V。

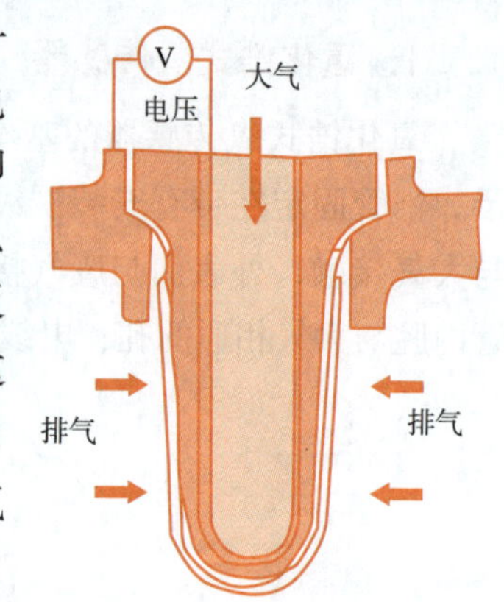

图 12-3　氧传感器的工作原理

要准确地保持混合气浓度为理论空燃比是不可能的。实际上的反馈控制只能使混合气在理论空燃比附近一个较小的范围内波动，故氧传感器的输出电压在0.1 ~ 0.8 V之间不断变化（通常每10 s内变化8次以上）。如果氧传感器输出电压变化过缓（每10 s少于8次）或电压保持不变（不论保持在高电位或低电位），则表明氧传感器有故障，需检修。

2. 氧化钛式氧传感器

氧化钛式氧传感器是利用二氧化钛材料的电阻值随排气中氧含量的变化而变化的特性制成的，故又称电阻型氧传感器。二氧化钛式氧传感器的外形和氧化锆式氧传感器相似。在传感器前端的护罩内是一个二氧化钛厚膜元件，如图12-4所示。纯二氧化钛在常温下是一种高电阻的半导体，但表面一旦缺氧，其晶格便出现缺陷，电阻随之减小。由于二氧化钛的电阻也随温度不同而变化，因此，在二氧化钛式氧传感器内部也有一个电加热器，以保持氧化钛式氧传感器在发动机工作过程中的温度恒定不变。

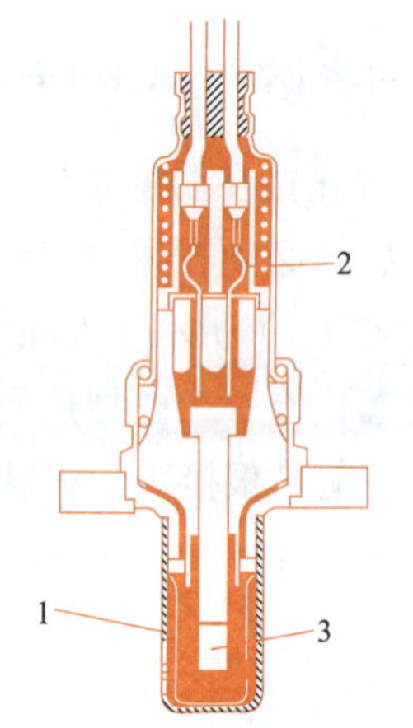

图 12-4　氧化钛式氧传感器

1—保护套管；2—连接线；3—二氧化钛厚膜元件

如图12-5所示，ECU2号端子将一个恒定的1 V电压加在氧化钛式氧传感器的一端上，传感器的另一端子与ECU4号端子相接。当排出的废气中氧浓度随发动机混合气浓度变化而变化时，氧传感器的电阻随之改变，ECU4号端子上的电压降也随着变化，当4号端子上的电压高于参考电压时，ECU判定混合气过稀，当4号端子上的电压低于参考电压时，ECU判定混合气过稀。通过ECU的反馈控制，可保持混合气的浓度在理论空燃比附近。在实际的反馈控制过程中，二氧化钛式氧传感器与ECU连接的4号端子上的电压也是在0.1 ~ 0.9 V之间不断变化，这一点与氧化锆式氧传感器是相似的。

AJR氧传感器的基本电路如图12-6所示。

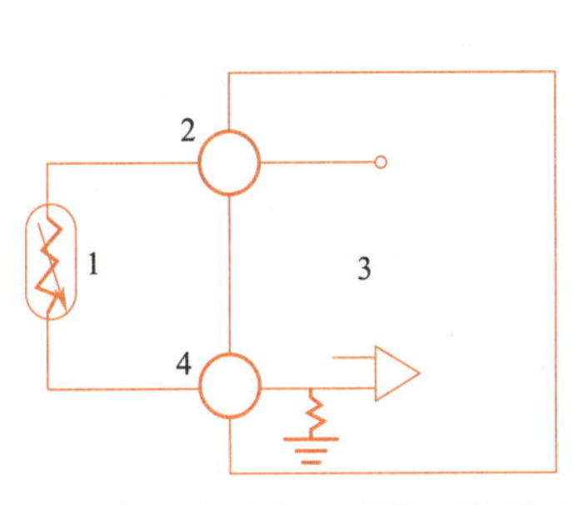

图 12-5　氧化钛式氧传感器工作原理

1—氧化钛式氧传感器；2—1V电压端子；3—ECU；4—输出电压端子

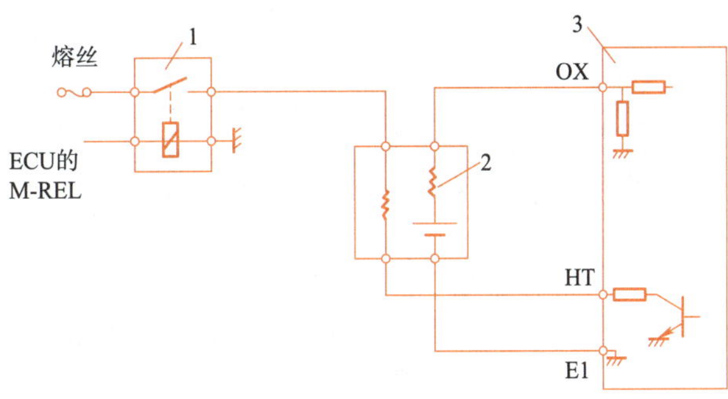

图 12-6　AJR 氧传感器的基本电路

1—主继电路；2—氧传感器；3—发动机ECU

1）氧传感器加热器电阻的检测

点火开关置于OFF位置，拔下氧传感器的导线连接器，用万用表Ω挡测量氧传感器接线端中加热器端子与搭铁端子间的电阻，如图12-7所示，其电阻值应符合标准值（一般为4～40Ω，具体数值参见具体车型说明书）。如不符合标准，应更换氧传感器。测量后，接好氧传感器线束连接器，以便做进一步的检测。

2）氧传感器反馈电压的检测

测量氧传感器反馈电压时，应先拔下氧传感器线束连接器插头，对照被测车型的电路图，从氧传感器反馈电压输出端引出一条细导线，然后插好连接器，在发动机运转时从引出线上测量反馈电压，如图12-8所示。

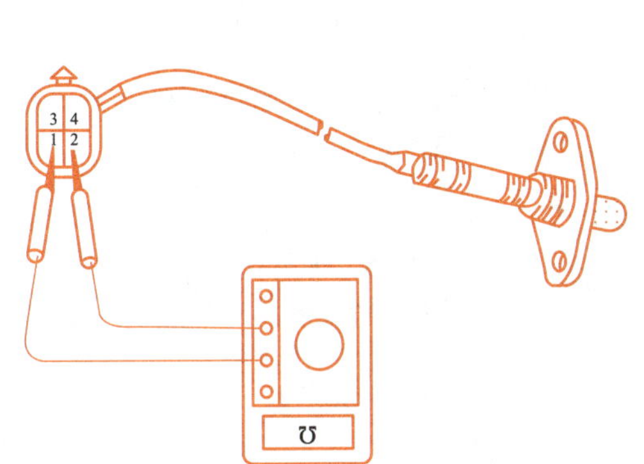

图 12-7　测量氧传感器加热器电阻

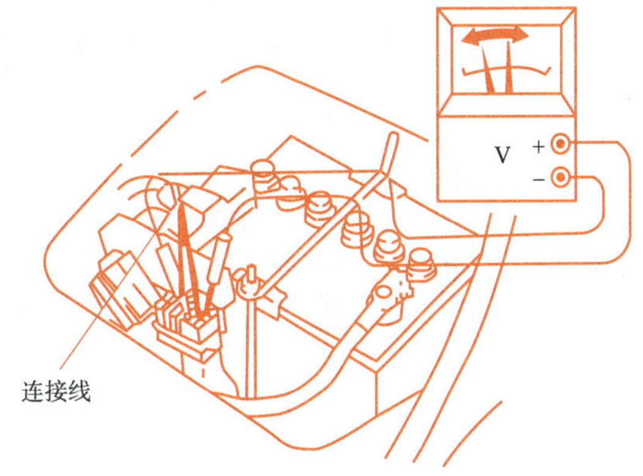

图 12-8　测量氧传感器反馈电压

有些车型也可以从故障诊断插座内测得氧传感器的反馈电压，如丰田汽车公司生产的小轿车，可从故障诊断插座内的OX_1或OX_2插孔内直接测得氧传感器反馈电压（丰田V型六缸发动机两侧排气管上各有一个氧传感器，分别和故障检测插座内的OX_1和OX_2插孔连接）。

在对氧传感器的反馈电压进行检测时，最好使用指针型的电压表，以便直观地反映出反馈电压的变化情况。此外，电压表应是低量程（通常为2 V）和高阻抗（阻抗太低会损坏氧传感器）的。

3. 1ZR 发动机故障码及生成条件

具体的故障码及其生成条件与故障部位如表12-1所示。

表12-1 故障码及其生成条件与故障部位

<table>
<tr><th>DTC 号</th><th>DTC 检测条件</th><th>故 障 部位</th></tr>
<tr><td>P0130</td><td>发动机暖机时怠速过程中，氧传感器输出电压保持在0.4 V或更高，及0.5 V或更低（双程检测逻辑）</td><td rowspan="3">-加热型氧传感器（S1）电路断路或短路
-加热型氧传感器（S1）
-集成继电器（EFI MAIN继电器）
-进气系统
-燃油压力
-喷油器
-ECM</td></tr>
<tr><td>P2195</td><td>发动机暖机时怠速过程中，加热型氧传感器输出电压保持在0.5 V或更低（双程检测逻辑）</td></tr>
<tr><td>P2196</td><td>发动机暖机时怠速过程中，加热型氧传感器输出电压保持在0.4 V或更高（双程检测逻辑）</td></tr>
<tr><td>P0031</td><td>加热器在+B高于11.0 V的情况下工作时，加热型氧传感器加热器电流小于0.3 A（单程检测逻辑）</td><td>-加热型氧传感器加热器电路断路
-加热型氧传感器（S1）加热器
-集成继电器（EFI MAIN继电器）
-ECM</td></tr>
<tr><td>P0032</td><td>加热器工作时，加热型氧传感器加热器电流超过2A（单程检测逻辑）</td><td>-加热型氧传感器加热器电路短路
-加热型氧传感器（S1）加热器
-集成继电器（EFI MAIN继电器）
-ECM</td></tr>
<tr><td>P0134</td><td>当条件（a）、（b）、（c）、（d）和（e）持续超过50 s时，加热型氧传感器（S1）输出却连一次过浓指示都未出现（高于0.45 V）（单程检测逻辑）：
（a）发动机转速：1 400 r/min或更高
（b）车速：40 km/h或更高
（c）节气门未完全关闭
（d）起动发动机后180 s或更长时间
（e）发动机冷却液温度高于40℃（104℉）</td><td>-加热型氧传感器（S1）电路断路或短路
-加热型氧传感器（S1）加热器
-加热型氧传感器（S1）
-燃油压力
-进气系统
-PCV 软管连接
-PCV 阀和软管
-喷油器废气泄漏
-集成继电器（EFI MAIN 继电器）
- ECM</td></tr>
<tr><td>P0136</td><td>满足以下条件（a）或（b）（双程检测逻辑）：
（a）车辆重复加速和减速持续5 min或更长时，后加热型 氧传感器电压一直低于0.4 V（稀）或高于0.5 V（浓）
（b）后加热型氧传感器电压保持低于0.05 V很长一段时间</td><td>-加热型氧传感器（S2）电路断路或短路
-加热型氧传感器（S2）
-加热型氧传感器（S2）加热器
-加热型氧传感器（S1）
-集成继电器（EFI MAIN继电器）
-排气系统废气泄漏
-ECM</td></tr>
<tr><td>P0171</td><td>发动机暖机且空燃比反馈稳定时，燃油修正出现误差，严重偏稀（双程检测逻辑）</td><td>-进气系统
-燃油压力
-喷油器堵塞
-质量空气流量计
-发动机冷却液温度传感器
-排气系统废气泄漏
-加热型氧传感器（S1）电路断路或短路
-加热型氧传感器（S1）
-加热型氧传感器（S1）加热器
-加热型氧传感器加热器电路
- PCV软管连接
- PCV阀和软管
- ECM</td></tr>
</table>

续表

DTC 号	DTC 检测条件	故 障 部位
P0172	发动机暖机且空燃比反馈稳定时，燃油修正出现误差，严重偏浓（双程检测逻辑）	-喷油器泄漏或堵塞 -燃油压力 -质量空气流量计 -发动机冷却液温度传感器 -点火系统 -排气系统废气泄漏 -加热型氧传感器（S1）电路断路或短路 -加热型氧传感器（S1） -加热型氧传感器（S1）加热器 -加热型氧传感器加热器电路 -点火系统 -ECM

4. 电路图

氧传感器的电路图如图 12-9 所示。

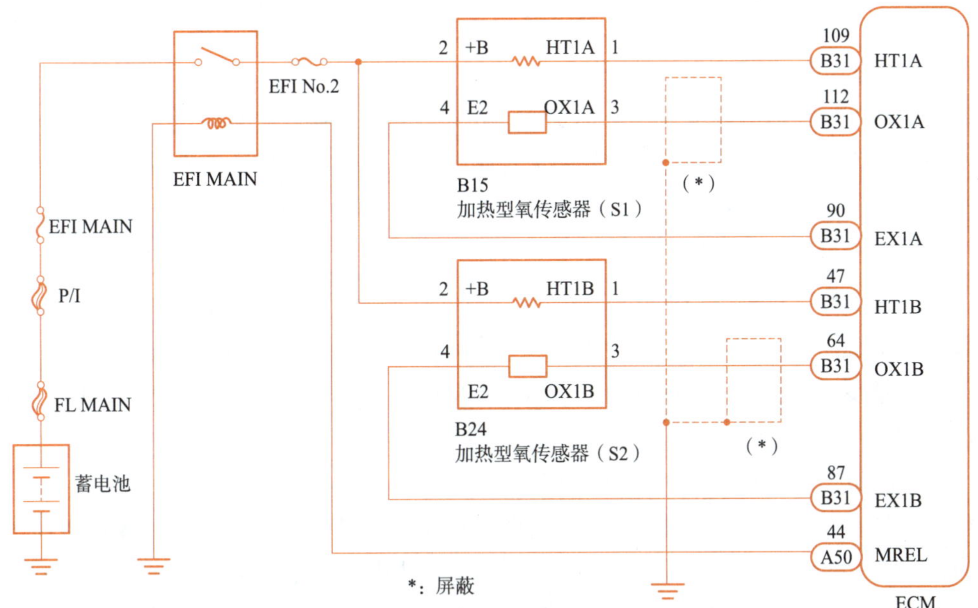

图 12-9　氧传感器电路图

5. 确认行驶模式

该确认行驶模式用于以下诊断故障排除程序，如图 12-10 所示。

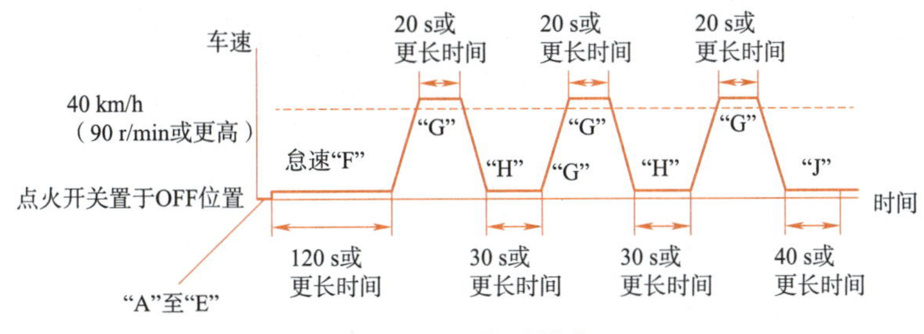

图 12-10　行驶模式

（1）将智能检测仪连接DLC3（程序“A”）。

（2）将点火开关置于ON位置（程序“B”）。

（3）打开检测仪（程序“C”）。

（4）清除DTC（参见EM-24页）（程序“D”）。

（5）起动发动机（程序“E”）。

（6）使发动机怠速运转直至发动机冷却液温度达到75℃(167℉)（程序“F”）。

（7）以超过40 km/h的车速行驶车辆20 s就更长时间（程序“G”）。

（8）使发动机怠速运转30 s或更长时间（程序“H”）

（9）重复上述程序“G”和“H”至少3次（程序“I”）。

（10）使发动机怠速运转40 s或更长时间（程序“J”）。

6. 主动测试

可使用主动测试控制操作发现故障部位。此主动测试能够确定加热型氧传感器或其他可能的故障部位是否有故障。

通过主动测试，喷油量可转换至-12.5%（下降）或+25%（上升）。

主动测试程序有助于技师检查加热型氧传感器输出电压并将其绘制成图表。

程序具体如下：

（1）将智能检测仪连接到DLC3。

（2）将点火开关置于ON位置。

（3）发动机保持2 500 r/min的转速约90 s以暖机。

（4）选择以下菜单项：Powertrain / Engine and ECT / Active Test / Control the Injection Volume for A/F Sensor。

（5）发动机怠速运转时，执行主动测试。

标准：加热型氧传感器根据喷油量的增加和减少作出响应，喷油量与输出电压关系如表12-2所示。+25%→浓输出：高于0.5 V；-12.5%→稀输出：低于0.4 V。

注意：加热型氧传感器（S1）存在数秒钟的输出延迟，加热型氧传感器（S2）存在20 s的最大输出延迟。如果车辆燃油短缺，空燃比将变稀且记录DTC。

表12-2　喷油量与输出电压关系

情况	加热型氧传感器（S1）输出电压	加热型氧传感器（S2）输出电压	主要可疑故障部位
1	喷油量：+25% −12.5% 输出电压：高于0.5 V 低于0.4 V 正常	喷油量：+25% −12.5% 输出电压：高于0.5 V 低于0.4 V 正常	—

续表

情况	加热型氧传感器（S1）输出电压	加热型氧传感器（S2）输出电压	主要可疑故障部位
2	喷油量：+25% −12.5% 输出电压：几乎无反应 异常	喷油量：+25% −12.5% 输出电压：高于0.5 V 低于0.4 V 正常	·加热型氧传感器（S1） ·加热型氧传感器（S1）加热器 ·加热型氧传感器（S1）电路
3	喷油量：+25% −12.5% 输出电压：高于0.5 V 低于0.4 V 正常	喷油量：+25% −12.5% 输出电压：几乎无反应 异常	·加热型氧传感器（S2） ·加热型氧传感器（S2）加热器 ·加热型氧传感器（S2）电路 ·废气泄露
4	喷油量：+25% −12.5% 输出电压：几乎无反应 异常	喷油量：+25% −12.5% 输出电压：几乎无反应 异常	·燃油压力 ·排气系统废气泄露（空燃比极稀或极浓）

技师按“控制A/F传感器喷油量”程序操作可以检查加热型氧传感器（S1）和加热型氧传感器（S2）的输出电压，并将其绘成图表。

若要显示图表，选择检测仪上的以下菜单项：Powertrain / Engine and ECT / Active Test / Control the Injection Volume for A/F Senso/O2S B1 S1 and O2S B1 S2。

7. 诊断程序

与氧传感器的故障相关的故障码较多，在此不一一例举诊断程序，仅以P0130为例介绍。

1）检查其他的DTC输出（除P0130、P2195和/或P2196以外）

（a）将智能检测仪连接到DLC3。
（b）将点火开关置于ON位置。
（c）打开检测仪。
（d）选择以下菜单项：Powertrain/Engine and ECT/DTC。
（e）读取DTC。

结果	转至
输出 DTC P0130、P2195 和 / 或 P2196	A
输出 DTC P0130、P2195 或 P2196 和 / 或其他 DTC	B

提示：

如果输出与加热型氧传感器相关的任一 DTC（加热型氧传感器加热器或加热型氧传感器导纳DTC），则首先对其他DTC进行故障排除。

B → 转至DTC表（参见ES-38页）

A

2）确认车辆是否曾耗尽燃油

车辆是否曾耗尽燃油？

否 → 转至步骤4

是

3）检查DTC是否再次输出

（a）将智能检测仪连接到DLC3。
（b）将点火开关置于ON位置。
（c）打开检测仪。
（d）清除DTC（参见ES-24页）。
（e）执行确认行驶模式。
（f）选择以下菜单项：Powertrain / Engine and ECT / DTC。
（g）读取DTC。

结果	转至
输出 DTC P0130、P2195 和 / 或 P2196	A
未输出 DTC	B

B → DTC是由燃油耗尽引起

A

4）使用智能检测仪读取数值（加热型氧传感器的检测值）

（a）将智能检测仪连接到DLC3。
（b）将点火开关置于ON位置。
（c）打开检测仪。
（d）选择以下菜单项：Powertrain / Engine and ECT /Data List/ O2S B1 S1。
（e）使发动机在2 500 r/min转速下运行90 s。
（f）发动机怠速运转时，读取加热型氧传感器电压值。
正常：
加热型氧传感器电压低于0.4 V和高于0.5 V（参见下表）。

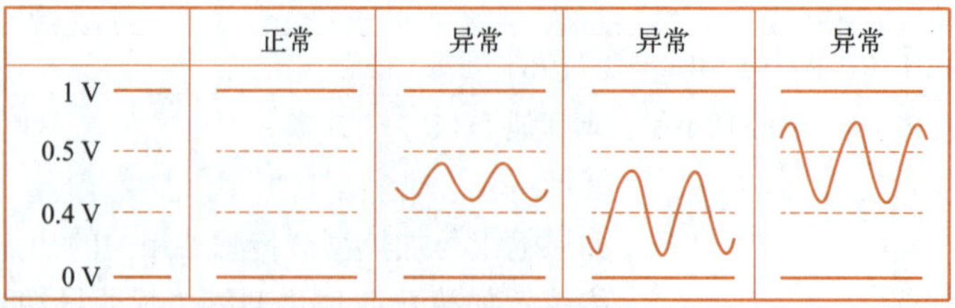

	正常	异常	异常	异常
1 V 0.5 V 0.4 V 0 V				

异常 → 转至步骤8

正常

5）更换加热型氧传感器（S1）

更换加热型氧传感器（参见ES-345页）。

下一步

6）执行确认行驶模式

执行确认行驶模式。

下一步

7）检查DTC是否再次输出（DTCP0130、P2195和/或P2196）

（a）将智能检测仪连接到DLC3。
（b）将点火开关置于ON位置。
（c）打开检测仪。
（d）选择以下菜单项：Powertrain / Engine and ECT / DTC。
（e）读取待定DTC。

结果	转至
未输出DTC	A
输出 DTCP0130、P2195和/或 P2196	B

B → 更换ECM（参见ES-326页）

A

结束

8）检查加热型氧传感器（加热器电阻）

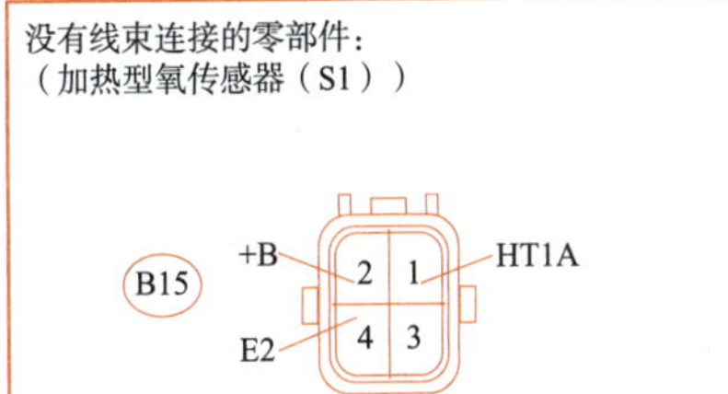

（a）断开加热型氧传感器连接器。
（b）根据下表中的值测量电阻。

检测仪连接	条件	规定状态
B15-1 (HT1A)-B15-2 (+B)	20℃ (68 ℉)	5.0 ~ 10.0 Ω
B15-1 (HT1A)-B15-4 (E2)	始终	≥ 10 kΩ

（c）重新连接加热型氧传感器连接器。

异常 → 更换加热型氧传感器（S1）

正常

9）检查加热型氧传感器（电源）

线束连接器前视图：
[至加热型氧传感器（S1）]

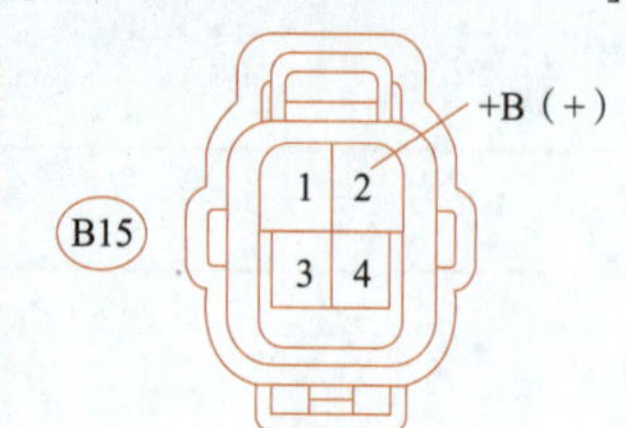

（a）断开加热型氧传感器连接器。
（b）将点火开关置于ON位置。
（c）根据下表中的值测量电压。
标准电压

检测仪连接	开关状态	规定状态
B15-2 (+B)- 车身搭铁	点火开关置于ON位置	9 ~ 14 V

（d）重新连接加热型氧传感器连接器。

异常 → 转至步骤17

正常

10）检查线束和连接器（加热型氧传感器-ECM）

线束连接器前视图：
[至加热型氧传感器（S1）]

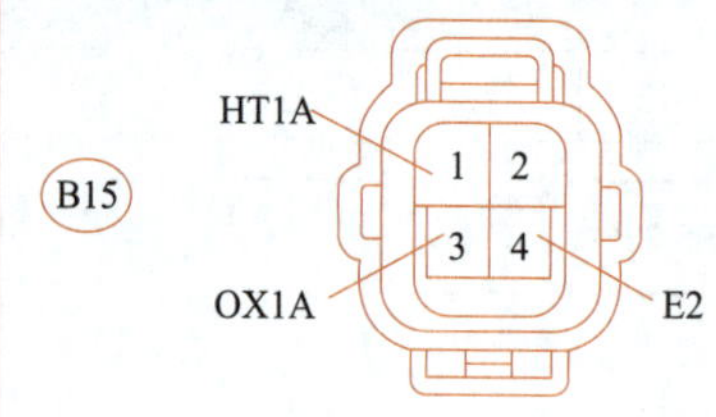

（a）断开加热型氧传感器连接器。
（b）断开ECM连接器。
（c）根据下表中的值测量电阻。
标准电阻（断路检查）

检测仪连接	条件	规定状态
B15-1(HT1A)-B31-109(HT1A)	始终	<1 Ω
B15-3(OX1A)-B31-112(OX1A)	始终	<1 Ω
B15-4(E2)-B31-90 (EX1A)	始终	<1 Ω

线束连接器前视图：（至ECM）

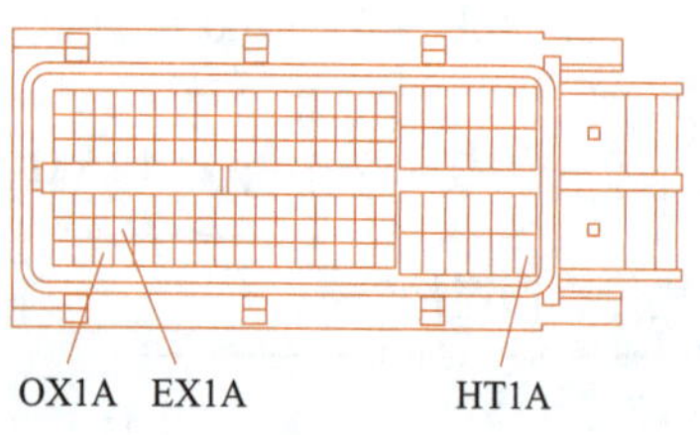

标准电阻（短路检查）

检测仪连接	条件	规定状态
B15-1(HT1A) 或 B31-109 (HT1A)- 车身搭铁	始终	≥ 10 kΩ
B15-3(0X1A) 或 B31-112 (0X1A)- 车身搭铁	始终	≥ 10 kΩ
B15-4(E2) 或 B31-90 (EX1A)- 车身搭铁	始终	≥ 10 kΩ

（d）重新连接ECM连接器。
（e）重新连接加热型氧传感器连接器。

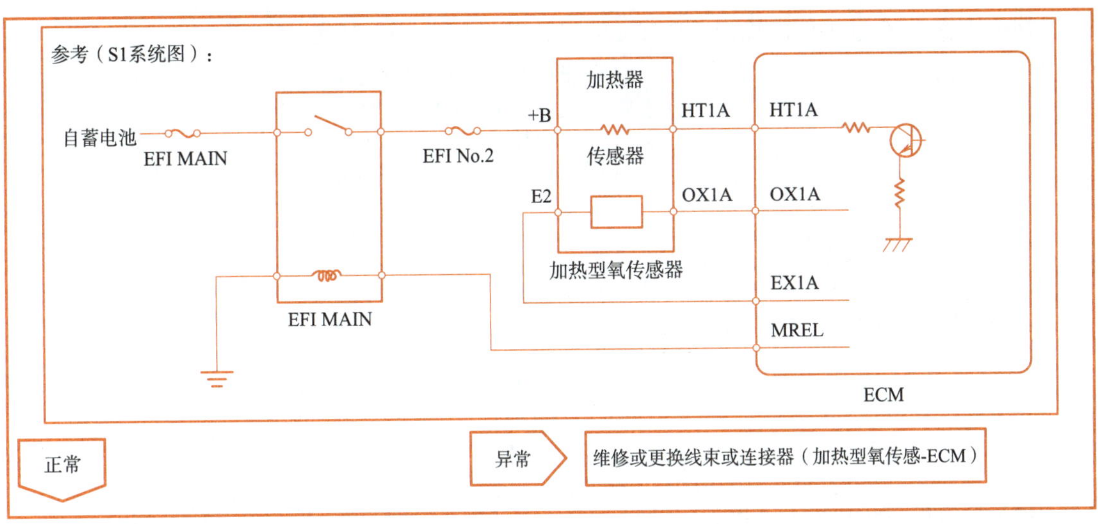

11）检查进气系统

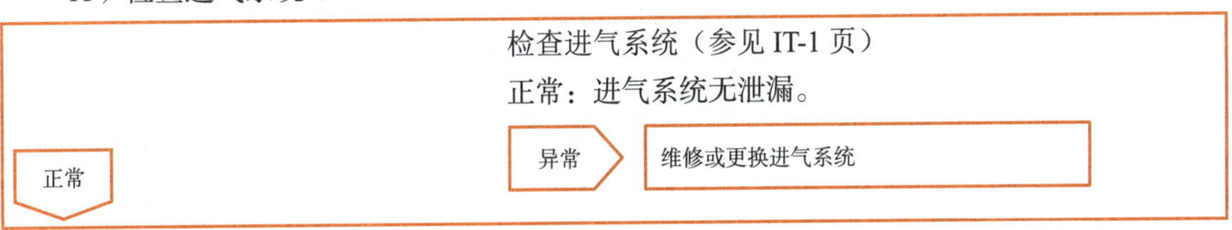

检查进气系统（参见 IT-1 页）

正常：进气系统无泄漏。

12）检查燃油压力

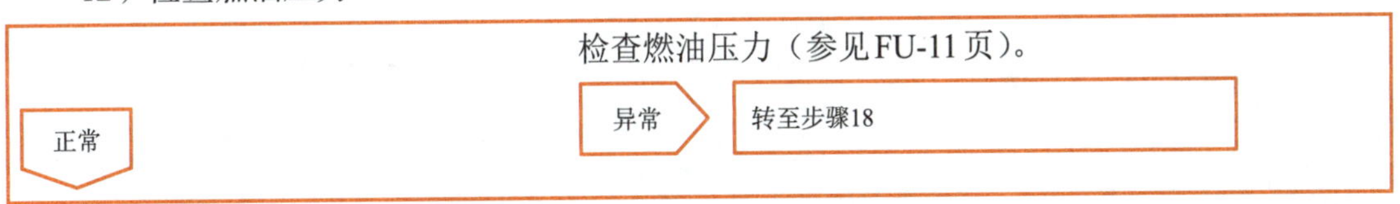

检查燃油压力（参见 FU-11 页）。

13）检查喷油器总成

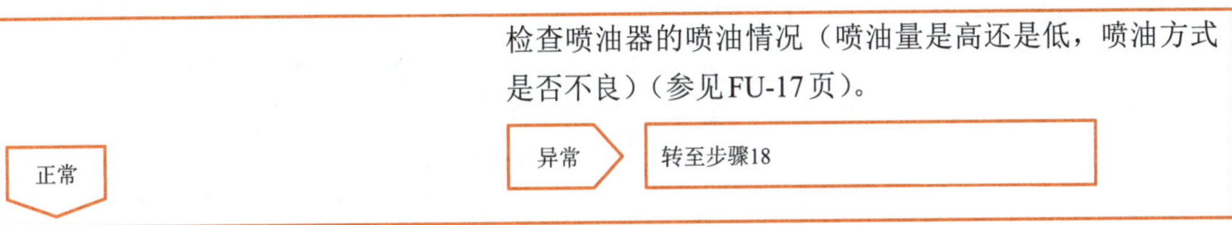

检查喷油器的喷油情况（喷油量是高还是低，喷油方式是否不良）（参见 FU-17 页）。

14）更换加热型氧传感器（S1）

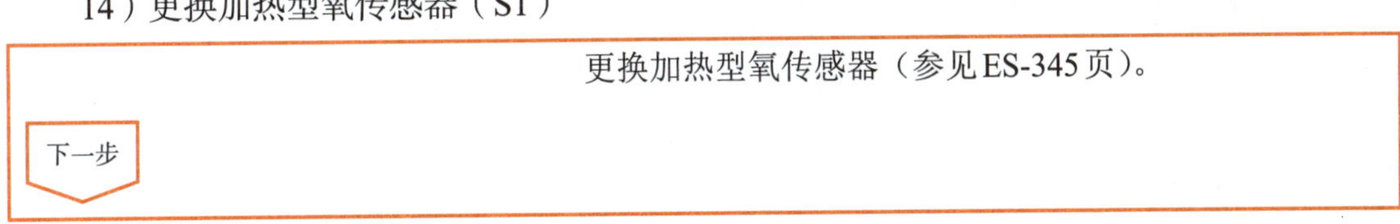

更换加热型氧传感器（参见 ES-345 页）。

15）执行确认行驶模式

16）检查DTC是否再次输出（DTC P0131、P2195和/或P2196）

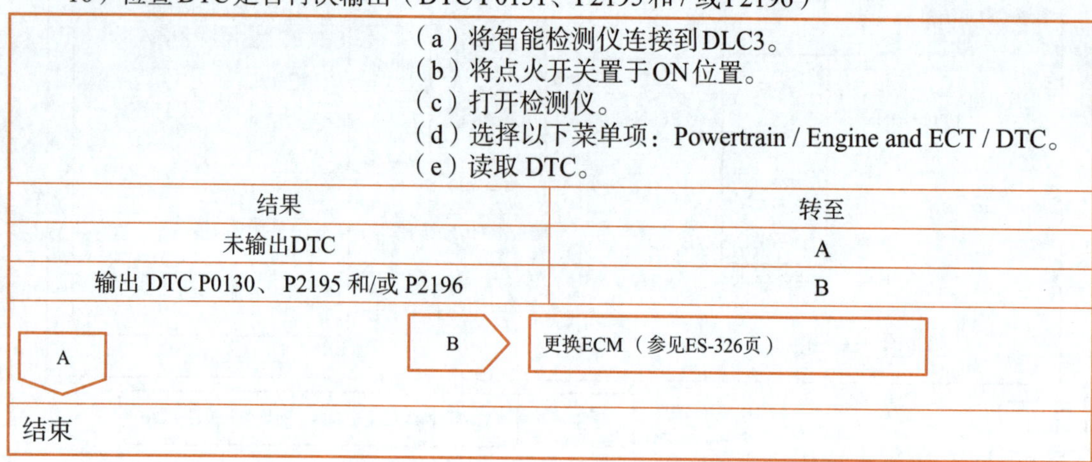

（a）将智能检测仪连接到DLC3。
（b）将点火开关置于ON位置。
（c）打开检测仪。
（d）选择以下菜单项：Powertrain / Engine and ECT / DTC。
（e）读取DTC。

结果	转至
未输出DTC	A
输出 DTC P0130、P2195 和/或 P2196	B

B → 更换ECM（参见ES-326页）

A

结束

17）检查熔丝（EFI No.2熔丝）

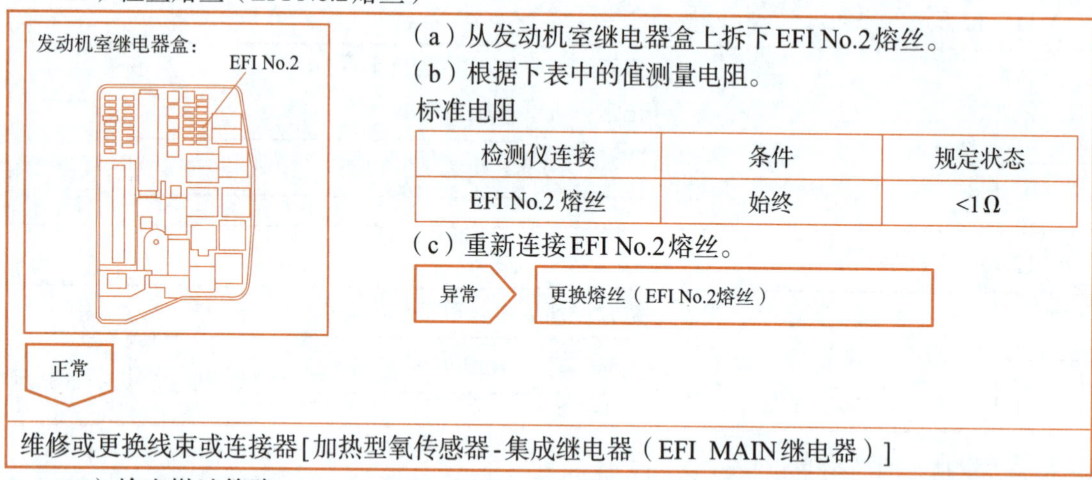

（a）从发动机室继电器盒上拆下EFI No.2熔丝。
（b）根据下表中的值测量电阻。
标准电阻

检测仪连接	条件	规定状态
EFI No.2 熔丝	始终	<1 Ω

（c）重新连接EFI No.2熔丝。

异常 → 更换熔丝（EFI No.2熔丝）

正常

维修或更换线束或连接器[加热型氧传感器-集成继电器（EFI MAIN继电器）]

18）检查燃油管路

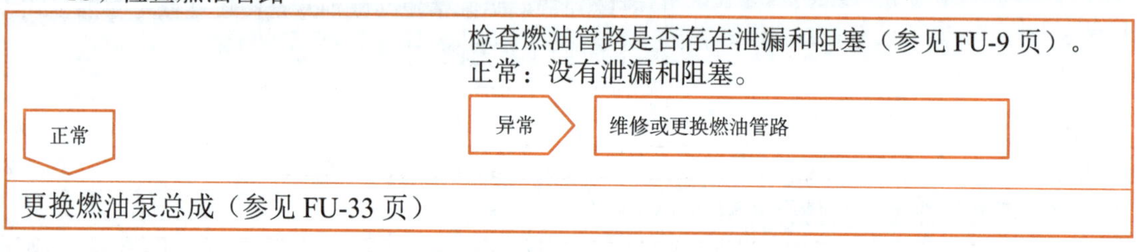

检查燃油管路是否存在泄漏和阻塞（参见FU-9页）。
正常：没有泄漏和阻塞。

异常 → 维修或更换燃油管路

正常

更换燃油泵总成（参见FU-33页）

项目实施

1. 注意事项

（1）遵守实验室规章制度，未经许可，不得擅自移动和拆卸仪器与设备。

（2）必须穿工作服、工作鞋，严格执行安全、5S管理制度。

（3）严禁未经许可，擅自操作教具、设备的电器开关、点火开关和起动开关，以防发生危险。

（4）在教师允许和监控下，才能起动发动机，需与设备周围的人员进行互动，防止意外发生。

（5）发动机运行期间，严禁拔下各传感器及执行器接口，以免损坏ECU。

（6）氧传感器要轻拿轻放，避免不必要的损坏

（7）上实验台测试电压信号时，注意操作流程和相对应的测试端口。原则上只做本次实验相关的测试，其他无关的部位不要测试，否则按原理不清或看不懂电路图扣分。

（8）在实物台架上，测试端口与ECU直接相连，不要将任何电压加在发动机实验台的测试端口上，以免损坏ECU。

2. 实施步骤

项目工单

项目名称	检测氧传感器		序号	12	日期	
班级		姓名		学号		

一、资讯

（1）氧传感器共分几种类型？ 1ZR发动机的氧传感器是什么型式？

（2）连接氧传感器电路并填写相应内容。

EFI No.2
EFI MAIN
EFI MAIN
P/I
FL MAIN
蓄电池
2 +B HT1A 1
4 E2 OX1A 3
B15
加热型氧传感器（S1）
（*）
2 +B HT1B 1
4 3
E2 OX1B
B24
加热型氧传感器（S2）
（*）
*：屏蔽
109 B31 HT1A
112 B31 OX1A
90 B31 EX1A
47 B31 HT1B
64 B31 OX1B
87 B31 EX1B
44 A50 MREL
ECM

端子	功用	条件及参数
B15-1		
B15-2		
B15-3		
B15-4		

（3）为什么设置 B15 和 B24 两个氧传感器？

二、决策和计划

人员分工		选择设备	工作计划
组号			
组长			
组员			

三、实施

1. 氧传感器信号端子电压、电阻测量（条件：无故障测试）

电压测试 /V		电阻测试 /Ω	
端子	电压（热机后）	端子	电阻（断开连接器）
B15-1		B15-1 与 B15-2	
B15-2			
B15-3			
B15-4			

2. 氧传感器信号波形测试

示波器正表笔连接元件端口编号： ________________ 针脚号： ________________ 示波器负表笔连接部位： ________________	每格电压：　　　　每格时间：

3. 故障排除（由教师设置故障，每组可设不同故障点）

（1）故障现象。

（2）故障码的检测与清除。

（3）定格数据及数据分析。

（4）故障原因分析。

（5）基本检查。

（6）主要数据流读取与分析。

（7）故障排除与检测过程记录。

（8）故障点确认。

（9）维修结论。

（10）维修结果。

四、检查

每个工作小组选派一名代表，汇报实训过程体会、掌握了哪些技能。教师确认发动机正常工作，故障已排除。

五、评估

序号	考核要点	配分	评分标准	得分
1	氧传感器的检测原理	20	一处叙述不清扣 5 分	
2	氧传感器的故障检测	30	错误一次扣 5 分	
3	故障码数据流的读取	20	错误一次扣 5 分	
4	数据流的分析	20	错误一次扣 5 分	
5	整理工具，清理现场 实习态度和纪律	10	保持实习现场秩序和卫生，保证人身及设备的安全，违规一次扣 5 分	
6	总分	100	实得总分	

1. 小组自评：成绩__________________

2. 教师点评：成绩__________________

教师签字：__________________

思 考 题

（1）简述氧传感器的作用。

（2）简述氧传感器的工作原理。

（3）简述如何判断氧传感器的好坏。

（4）简述氧传感器的测量步骤。

（5）氧传感器分几种类型？

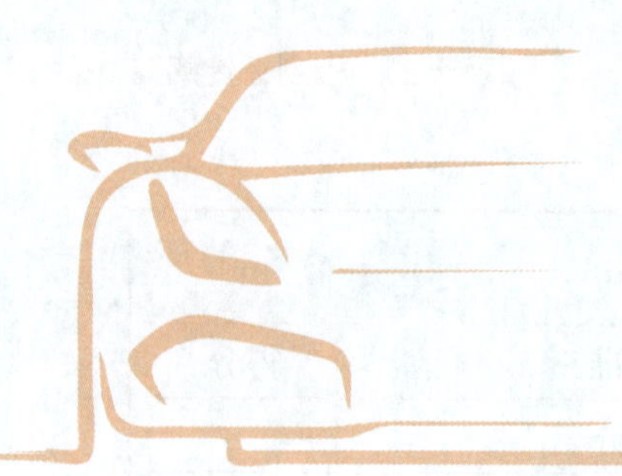

项目十三

检测车速传感器

一辆装有1ZR发动机的丰田卡罗拉轿车，车龄已达10年，行驶25万千米后出现了故障灯点亮，当车辆起步或行驶中减速停车时，出现瞬间停顿或熄火现象且发动机加速性能下降，为此司机将车辆开到服务站进行维修。作为一名维修人员，你应该如何进行车速传感器的检测维修呢？

项目目标

1. 知识目标

（1）理解车速传感器的结构与工作原理；

（2）掌握车速传感器故障对整个电控系统的影响。

2. 能力目标

（1）能够对车速传感器进行检测；

（2）知道车速传感器数据分析的方法。

3. 素质目标

（1）能够自主学习新知识，形成一定的自学能力；

（2）培养良好的沟通、表达能力和团队协作能力。

项目设备

（1）工具：数字万用表，金德KT600诊断仪，常用工具各4套。

（2）设备：1ZR发动机实验台4台，解剖发动机台架1台，其他D型电控发动机1台。

项目知识

车速传感器检测汽车的行驶速度，向电子控制器提供反映车轮转速电信号（SPD信号），在防抱死制动控制系统（ABS）和驱动防滑转控制系统（ASR）中，电子控制器根据此信号计算车轮角加速度或滑移率、滑转率，并据此参数实现车轮防抱死、防滑转控制，在发动机电子燃油喷射控制中用于巡航控制和限速断油控制，在汽车集中控制系统中，也是自动变速器的主控制信号。

车速传感器也通常安装在组合仪表内或变速器输出轴上。车速传感器主要有磁感应式、舌簧开关式、光电式、霍尔式和新型半导体式等几种类型，磁感应式车速传感器的基本组成与工作原理参见磁感应式发动机转速与曲轴位置传感器，传感器的信号触发齿轮或齿圈一般安装在轮毂内；光电式车速传感器的结构和工作原理与光电式凸轮轴、曲轴位置传感器类似，在此不再重述；霍尔式车速传感器也不再重述了。

舌簧开关式车速传感器的结构如图13-1所示。车速表软轴由安装在变速器输出轴上的齿轮驱动，车速表软轴驱动磁铁旋转，每转一圈磁铁的极性变换四次，从而使舌簧开关触点闭合或断开，ECU根据触点开闭的频率即可确定车速。

舌簧开关式车速传感器电路如图13-2所示，ECU给车速传感器提供12 V标准电压并进行监控，舌簧开关控制搭铁，当舌簧开关闭合使电路接通时，传感器便产生一个脉冲信号输送给ECU。在维修时，检查车速传感器电源电压应正常，然后转动驱动车轮，测量车速传感器输出的信号电压（信号输出端子与搭铁间），车速表软轴每转一圈应产生四个脉冲信号，信号电压约为12 V蓄电池电压。

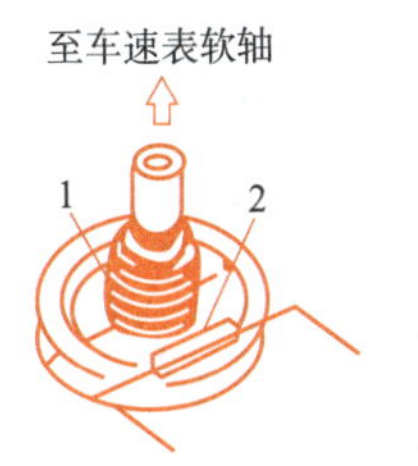

图13-1　舌簧开关式车速传感器

1—磁铁；2—舌簧开关

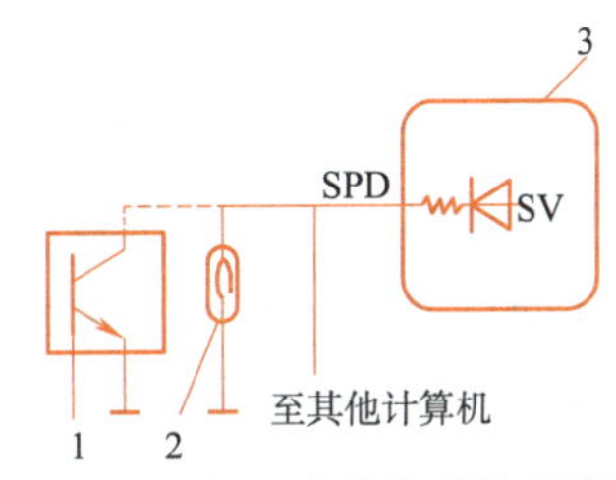

图13-2　舌簧开关式车速传感器电路

1—组合仪表计算机；2—舌簧开关；3—ECU

锐志轿车安装的是新型半导体式车轮转速传感器，其安装位置如图13-3所示。半导体式车轮转速传感器安装在后车桥轮毂上，传感器转子安装在轴承内圈上。

图13-3　锐志轿车车速传感器的安装位置

1—半导体式车轮转速传感器转子；2—半导体式车轮转速传感器

锐志轿车的车速传感器为主动式传感器，主要由两部分组成，一部分是信号发生器，由内置有磁性粒子的橡胶组成，称为磁性转子，磁性转子的南北极按圆周方向均等配置（南北极各48对），如图13-4所示；磁性传感器的另一部分为半导体元件，用以接收磁场变化，转变成电信号。

磁性转子旋转产生磁场变化，主动式半导体传感器检测到这种磁场变化，并以脉冲信号方式输出，与广泛应用的被动式传感器相比，这种传感器能检测到从0 km/h开始的车速，二者波形图如图13-5、图13-6所示，被动式传感器只有车速达到一定值（传感器门限值）时，才能检测到磁电信号。此外，由于能够检测转子的旋转方向，因此系统可以区分车辆是向前还是向后运动，当车辆向前运动时，输出正向脉冲，当车辆后退时，输出如图13-6所示倒车时的波形。

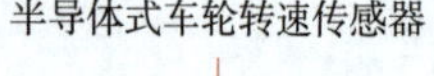

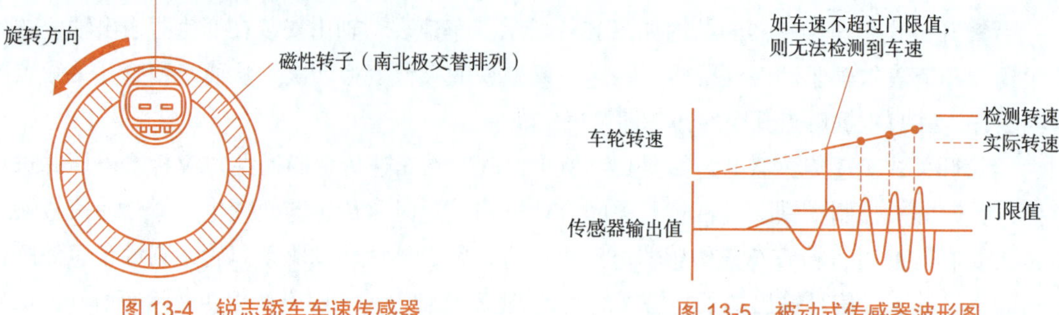

图 13-4　锐志轿车车速传感器

图 13-5　被动式传感器波形图

1. 1ZR 车速传感器描述

车速传感器检测车轮转速并向防滑控制ECU传送信号，防滑控制ECU将这些车轮转速信号转换为4脉冲信号，并通过组合仪表将其传输到发动机ECU，发动机ECU根据这些脉冲信号的频率来确定车速，其传递示意图如图13-7所示。

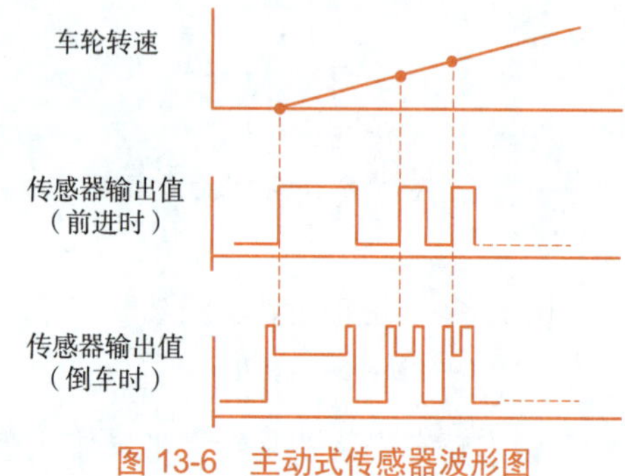

图 13-6　主动式传感器波形图

2. 故障码及其生成条件与部位

具体的故障码及其生成条件与故障部位如表13-1所示。

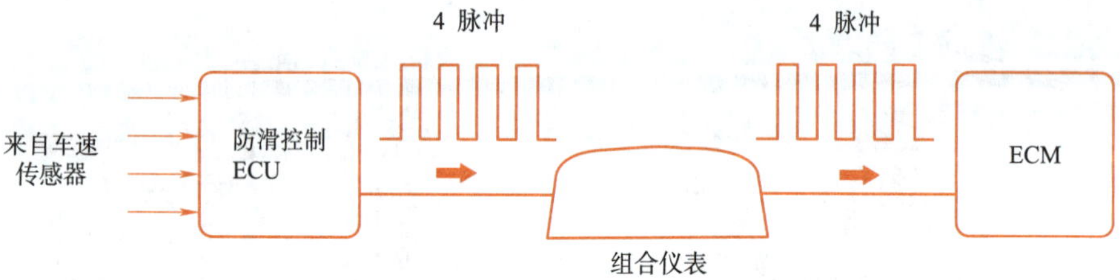

图 13-7　车速信号传递示意图

表 13-1　故障码及其生成条件与故障部位

DTC 号	DTC 检测条件	故障部位
P0500	车辆行驶时，没有车速传感器信号传送至 ECM。（双程检测逻辑）	- 转速信号电路断路或短路 - 组合仪表 - 防滑控制 ECU - 车速传感器 - 前大灯光束高度控制 ECU - 主车身 ECU - 收音机总成 - 导航接收器总成 - 挡风玻璃刮水器继电器 - 间隙警告 ECU -ECM

3. 电路图

车速传感器的电路图如图13-8所示。

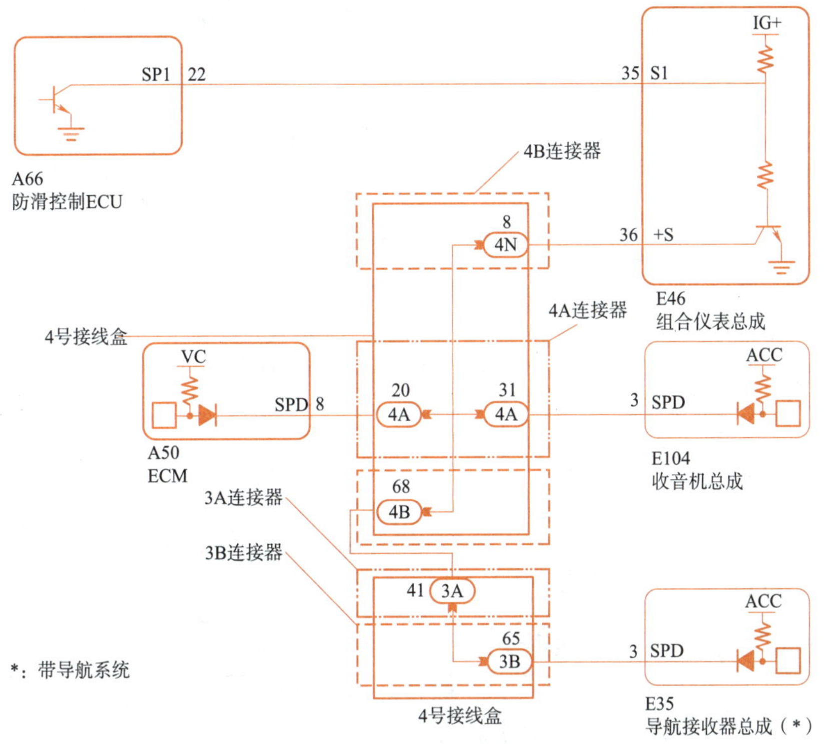

图13-8　车速传感器电路图

4. 检测程序

1）读取智能检测仪数值（车速）

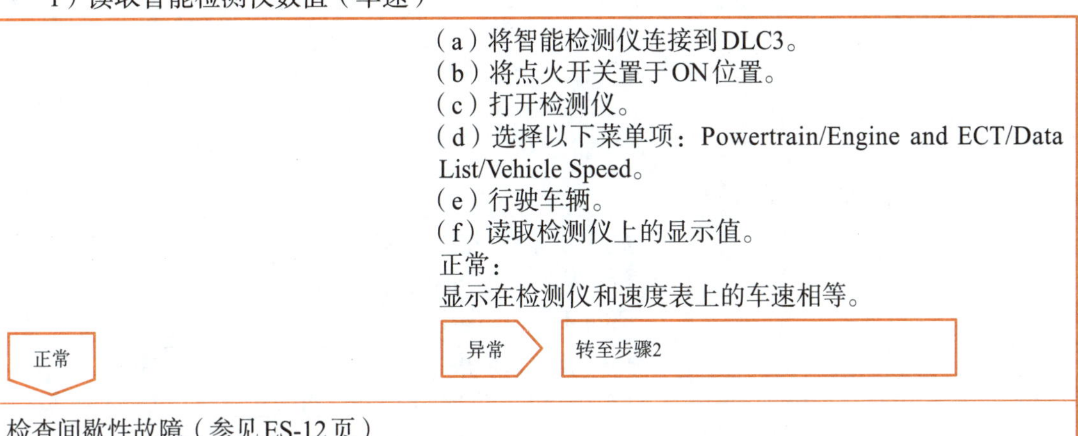

（a）将智能检测仪连接到DLC3。

（b）将点火开关置于ON位置。

（c）打开检测仪。

（d）选择以下菜单项：Powertrain/Engine and ECT/Data List/Vehicle Speed。

（e）行驶车辆。

（f）读取检测仪上的显示值。

正常：

显示在检测仪和速度表上的车速相等。

异常　转至步骤2

正常

检查间歇性故障（参见ES-12页）

2）检查组合仪表系统

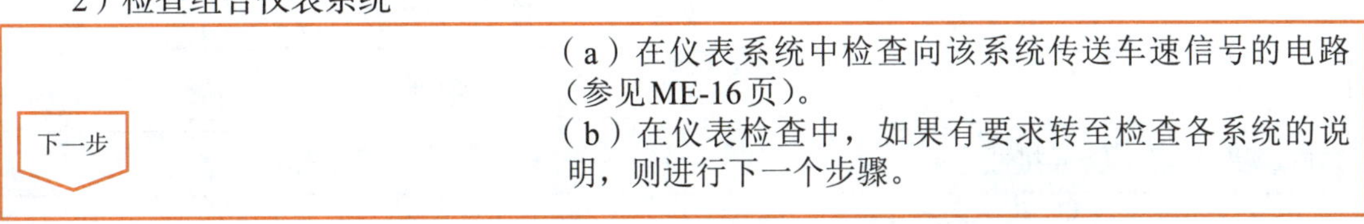

（a）在仪表系统中检查向该系统传送车速信号的电路（参见ME-16页）。

（b）在仪表检查中，如果有要求转至检查各系统的说明，则进行下一个步骤。

下一步

3）检查线束和连接器（EMC-组合仪表）

线束连接器前视图：(至组合仪表)

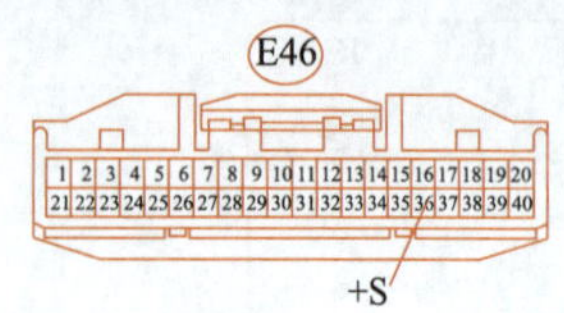

（a）断开ECM连接器。

（b）断开组合仪表连接器。

（c）根据下表中的值测量电阻。

标准电阻（断路检查）

检测仪连接	条件	规定状态
E46-36(+S)-A50-8(SD)	始终	<1 Ω

线束连接器前视图：(ECM)

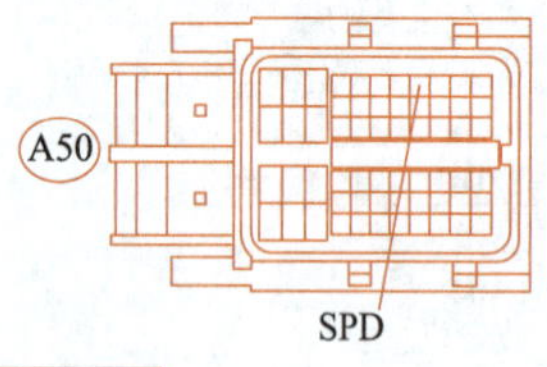

（d）重新连接ECM连接器。

（e）重新连接组合仪表连接器。

异常 → 转至步骤4

正常 ↓

更换ECM（参见ES-326页）

4）检查线束和连接器（4号接线盒）

（a）断开ECM连接器。

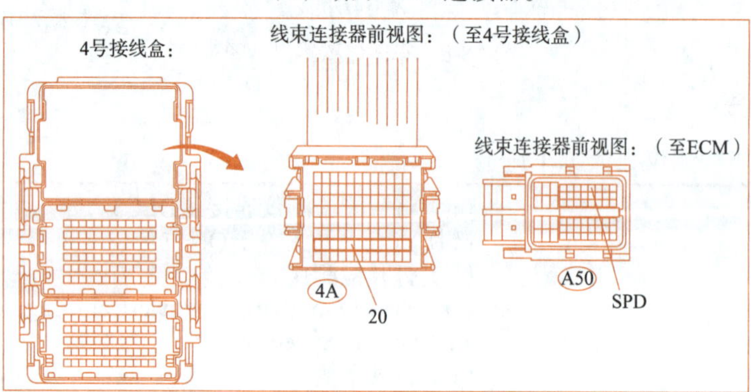

（b）断开4号接线盒连接器。

（c）根据下表中的值测量电阻。

标准电阻（断路检查）

检测仪连接	条件	规定状态
4A-20-A50-8(SPD)	始终	<1 Ω

（d）重新连接ECM连接器。

（e）重新连接4号接线盒连接器。

异常 → 维修或更换线束或连接器（ECM-4号接线盒）

正常 ↓

维修或更换线束（4号接线盒）

项目实施

1. 注意事项

（1）遵守实验室规章制度，未经许可，不得擅自移动和拆卸仪器与设备。

（2）必须穿工作服、工作鞋，严格执行安全、5S管理制度。

（3）严禁未经许可，擅自操作教具、设备的电器开关、点火开关和起动开关，以防发生危险。

（4）在教师允许和监控下，才能起动发动机，需与设备周围的人员进行互动，防止意外发生。

（5）发动机运行期间，严禁拔下各传感器及执行器接口，以免损坏ECU。

（6）车速传感器要轻拿轻放，避免不必要的损坏。

（7）上实验台测试电压信号时，注意操作流程和相对应的测试端口。原则上只做本次实验相关的测试，其他无关的部位不要测试，否则按原理不清或看不懂电路图扣分。

（8）在实物台架上，测试端口与ECU直接相连，不要将任何电压加在发动机实验台的测试端口上，以免损坏ECU。

2. 实施步骤

项目工单

项目名称	检测车速传感器		序号	13	日期	
班级		姓名		学号		

一、资讯

（1）车速传感器共分几种类型？1ZR发动机的车速传感器的信号由谁提供给发动机ECU？

（2）连接车速传感器电路并填写相应内容。

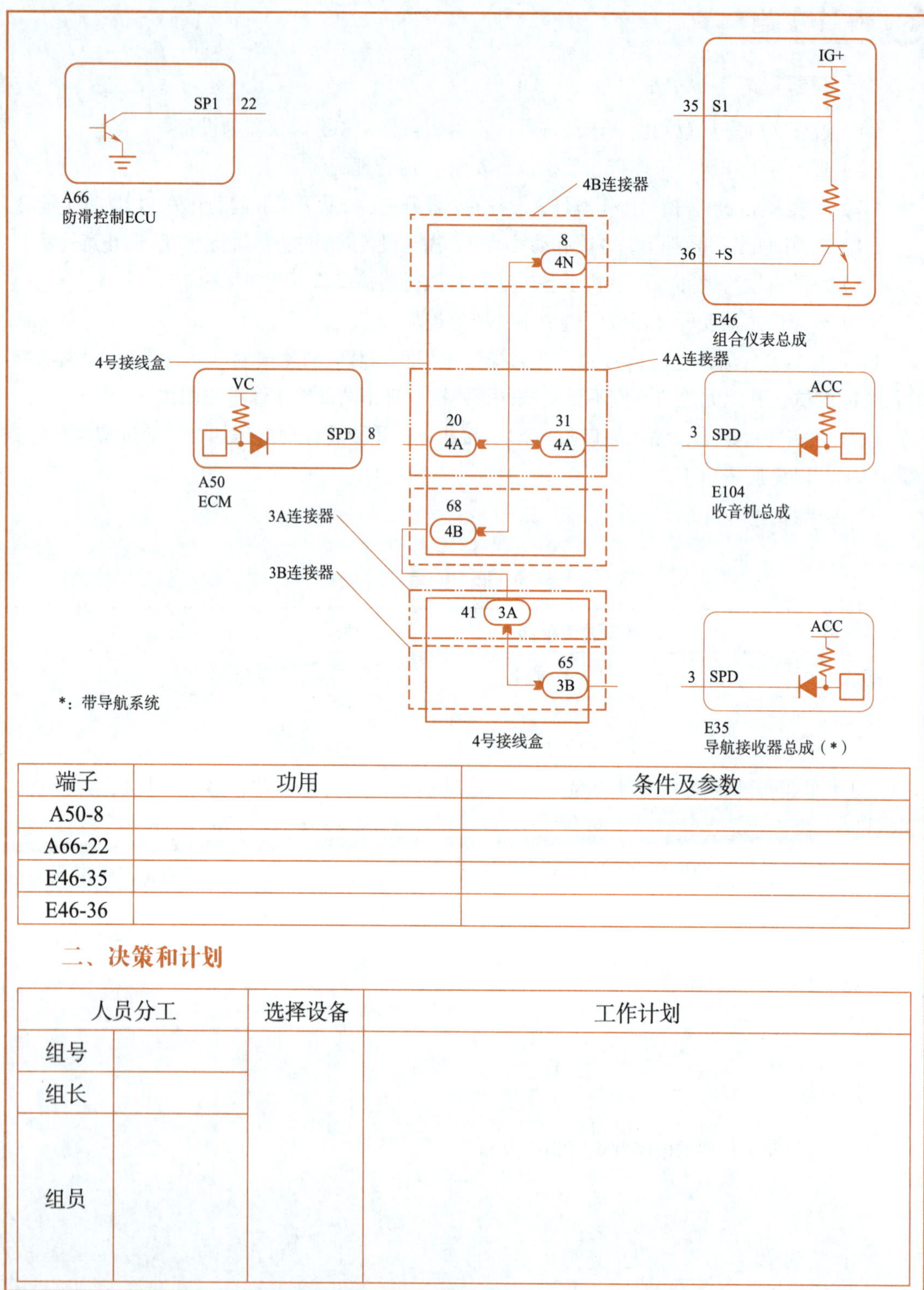

端子	功用	条件及参数
A50-8		
A66-22		
E46-35		
E46-36		

二、决策和计划

人员分工		选择设备	工作计划
组号			
组长			
组员			

三、实施

1. 车速传感器信号端子电压、电阻测量（条件：无故障测试）

端子	平均电压 /V
A50-8	

2. 车速传感器信号波形测试

示波器正表笔连接 元件端口编号： ______________ 针脚号： ______________ 示波器负表笔连接部位： ______________	每格电压：　　　每格时间：

3. 故障排除（由教师设置故障，每组可设不同故障点）

（1）故障现象。

（2）故障码的检测与清除。

（3）定格数据及数据分析。

（4）故障原因分析。

（5）基本检查。

（6）主要数据流读取与分析。

（7）故障排除与检测过程记录。

（8）故障点确认。

（9）维修结论。

（10）维修结果。

四、检查

每个工作小组选派一名代表，汇报实训过程体会、掌握了哪些技能。教师确认发动机正常工作，故障已排除。

五、评估

序号	考核要点	配分	评分标准	得分
1	车速传感器的检测原理	20	一处叙述不清扣 5 分	
2	车速传感器的故障检测	30	错误一次扣 5 分	
3	故障码与数据流的读取	20	错误一次扣 5 分	
4	数据流的分析	20	错误一次扣 5 分	
5	整理工具，清理现场	10	保持实习现场秩序和卫生，保证人身及设备的安全，违规一次扣 5 分	
	实习态度和纪律			
6	总分	100	实得总分	

1. 小组自评：成绩________________

2. 教师点评：成绩________________

教师签字：________________

思考题

（1）车速传感器有几种常见形式？

（2）舌簧开关式车速传感器如何检测？

（3）霍尔式传感器的检测方法是什么？

（4）半导体式车速传感器有什么优点？

项目十四

检测点火系统

一辆装有1ZR发动机的丰田卡罗拉轿车，车龄已达10年，行驶25万千米后出现了故障灯点亮，无法行驶的现象。需要对点火系统进行检查、维护或维修，为此司机将车辆开到服务站进行维修。作为一名维修人员，你应该如何进行点火系统的检测维修呢？

项目目标

1. 知识目标

（1）理解点火系统的结构与工作原理；

（2）掌握单组或两组点火系统故障，对整个电控系统的影响。

2. 能力目标

（1）能够对点火系统进行检测；

（2）知道点火系统数据分析的方法

3. 素质目标

（1）培养良好的沟通、表达能力和团队协作能力；

（2）培养积极乐观、努力进取的生活态度。

项目设备

（1）工具：数字万用表，金德KT600诊断仪，常用工具各4套。

（2）设备：1ZR发动机实验台4台，解剖发动机台架1台，其他D型电控发动机1台。

项目知识

1. 点火系统的类型

1）汽油发动机点火系统的类型

汽油发动机点火系统主要有：传统点火系统和微机控制的点火系统两大类型。传统点火系统又可分为磁电机点火系统和蓄电池点火系统。

（1）磁电机点火系统：磁电机点火系统的电能是由磁电机本身提供的，其点火线圈、断电器、配电器组成合一个整体，结构较复杂，且低速时的点火性能较差，一般只用于无蓄电池的机动车上，如小排量摩托车等。

（2）蓄电池点火系统：又称有触点式点火系统，由于其结构简单、工作可靠，半个多世纪以来曾在汽车上得到广泛的应用。但随着人们对汽油发动机技术指标要求的不断提高，在提高动力性和安全性、降低油耗和减少排放污染等方面，它已不能满足高速发动机的点火要求，所以逐渐被微机控制点火系统取代。蓄电池点火系统的主要缺点如下。

① 高速易断火，不适合高速发动机。由于蓄电池点火系统中，点火线圈产生的次级电压随着发动机的转速升高而下降，所以容易导致发动机高速断火。

② 断电器触点易烧蚀，工作可靠性差。当断电器触点断开时，初级绕组将产生300 V左右的感应电动势，触点间易产生火花，烧蚀触点。

③ 点火能量低，点火可靠性差。在蓄电池点火系统中，为了减少触点烧蚀故障的发生，不得不限制点火线圈初级电路的电流（一般为3～5 A），从而使点火能量的提高受到限制。

（3）微机控制的点火系统 ：微机控制的点火系统即电控点火系统。近年来，由于微电子技术的迅速发展，随着电控点火系统的不断完善，电控点火系统已在各国汽车上得到广泛应用。电控点火系统主要的优点如下。

① 在各种工况及环境条件下，均可自动获得最佳的点火提前角，从而使发动机的动力性、经济性、排放性及工作稳定性等方面均处于最佳。

② 在整个工作过程中，均可对点火线圈初级电路的通电时间和电流进行控制，从而使点火线圈中存储的点火能量保持恒定，不仅提高了点火的可靠性，而且可有效地减少电能消耗，防止点火线圈烧损。

③ 采用爆震控制功能后，可使点火提前角控制在爆震的临界状态，以此获得最佳的燃烧过程，有利于发动机各种性能的提高。

2）电控点火系统的类型

电控点火系统可分为两大类：有分电器式和无分电器式。两者的主要组成和控制原理基本相同。

有分电器电控点火系统，因为机械装置本身的局限性，无法保证在各种状况下点火提前角均处于最佳。此外，由于分电器中的运动部件的磨损，又会导致驱动部件松旷，影响点火提前角的稳定性和均匀性。

无分电器电控点火系统是一种全电子化的点火系统。它的突出优点是：由于无机械传动，减少了分火头与旁电极这一中间跳火间隙的能量损耗及由此产生的射频干扰，无机构磨损、不需调整、工作可靠。此外，由于无分电器，也使发动机各部件的布置更容易、更合理。

2. 电控电火系统的基本组成与工作原理

1）基本组成

电控点火系统一般由电源、传感器、ECU、点火器、点火线圈、分电器（有分电器电控点火系统)、火花塞等组成，如图14-1所示。

(1)电源一般由蓄电池和发电机共同组成，主要是给点火系统提供所需的电能。

(2)传感器主要用于检测发动机各种运行参数的变化，为ECU提供点火控制所需的信号。主要传感器有凸轮轴位置传感器、曲轴位置传感器、爆震传感器、进气管绝对压力传感器(或空气温度计)、节气门位置传感器和冷却液温度传感器等。

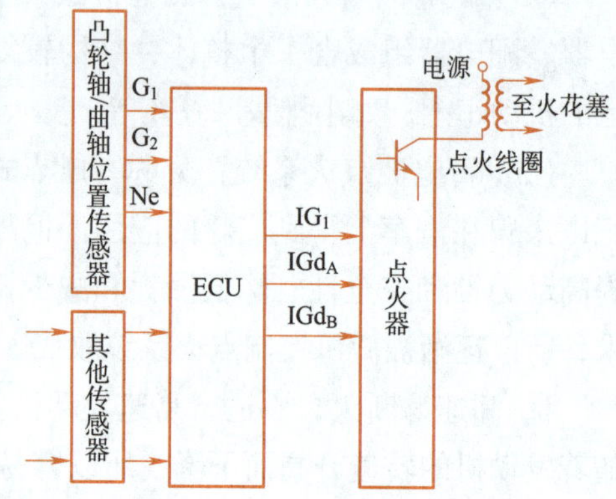

图 14-1　电控点火系统的基本组成

(3)ECU是电控点火系统的中枢。在发动机工作时，它不断地接收各传感器的信息，按内存的程序计算出最佳点火提前角，并向点火器发出指令。

(4)点火器是电控点火系统的执行元件，它可将电子控制系统输出的点火信号进行功率放大后，驱动点火线圈工作。

(5)点火线圈可将火花塞跳火所需的能量存储在线圈的磁场中，并将电源提供的低压电转变为足以在电极间产生击穿点火的15 ~ 20 kV高压电。在有分电器电控点火系统中，只有一个点火线圈，而无分电器点火系统中则有多个点火线圈。

(6)在有分电器电控点火系统中，分电器根据发动机的点火顺序，将点火线圈产生的高压电依次输送给各缸火花塞。

(7)火花塞主要是利用点火线圈产生的高压电产生电火花，点燃汽缸内的混合气。

2)工作原理

发动机工作时，ECU根据接收到的各传感器信号，按存储器中存储的有关程序和相关数据，确定出该工况下最佳点火提前角和点火线圈初级电路闭合角(通电时间)，并以此向点火器发出指令。点火器则根据ECU的指令，控制点火线圈初级电路的导通和截止。当电路导通时，有电流从点火线圈中的初级电路通过，点火线圈将点火能量以磁场的形式储存起来。当初级电路中的电流被切断时，在其次级线圈中将产生很高的感应电动势(15 ~ 20 kV)，经分电器或直接送至工作汽缸的火花塞。点火能量经火花塞瞬间释放，产生的电火花点燃汽缸内的混合气，使发动机完成做功过程。

此外，在具有爆震控制功能的电控点火系统中，ECU还根据爆震传感器的输入信号来判断发动机有无爆震及爆震的强度，并对点火提前角进行闭环控制。

在电控点火和电控燃油喷射系统中，点火正时和喷油正时的控制精度要求能检测出1°的曲轴转角，而目前汽车上装用的汽油发动机最高转速高达6 000 r/min以上。发动机正常工作时，1° 曲轴转角所需的时间相当短，要进行这样精确的计时控制，电控系统除必须具有能够准确检测活塞上止点位置的凸轮轴位置传感器、检测曲轴转角的曲轴位置传感器外，还必须有能进行高速运算的微机系统。在电控点火系统中，用凸轮轴位置传感器产生G信号和曲轴位置传感器产生的Ne信号作为主控制信号。以G信号为基准，按每1° 曲轴转角分频，用既定的曲轴角度产生点火控制信号（IGt信号）。

（1）G信号。G信号指活塞运行到上止点位置的判别信号，它是根据凸轮轴位置传感器产生的信号经过整形和转换而获得的脉冲信号。G信号的周期对应的曲轴转角等于发动机各缸的做功间隔角（四缸发动机为180°，六缸发动机为120°）。G信号在电控点火系统中主要用来确定点火控制基准和判别汽缸。G信号发生时，一般不是活塞运行到上止点的时刻，而是相对各缸活塞的上止点位置有固定的曲轴转角值，一般为上止点前70°。

发动机工作时，ECU根据G信号可准确地计算出曲轴每转1°所用时间，即G信号产生的间隔时间与间隔角度之比。根据其他传感器输入信号，ECU按其内存的控制模型确定点火提前角和点火线图通电时间。ECU根据计算出的曲轴每转1°所用时间，确定G信号后点火线圈初级电路通电与断电时刻，最后向点火器输出IGt信号。ECU如果收不到G信号，因无法确定点火基准和判别汽缸，则无法对点火提前角进行控制。

以日产公司ECCS系统为例，六缸发动机在某工况下，ECU根据各传感器信号，确定的最佳点火提前角为上止点前40°，点火提前角控制原理如图14-2所示。根据凸轮轴位置传感器产生的间隔120°的G信号和1°信号，ECU设定一个比G信号滞后4°的基准信号，由于G信号设定在各缸活塞压缩行程上止点前70°处，所以实际的点火时刻基准为上止点前66°。ECU从接收到间隔120°的G信号开始，即确认某缸活塞位于压缩行程上止点前70°，由于点火基准信号滞后G信号4°，所以ECU从上止点前66°开始，计数26个1°信号，此时ECU向点火器发出指令信号，使点火线圈内的初级电路断电，即可保证火花塞在上止点前40°点火。

在有些发动机的电控系统中，曲轴每转两圈，凸轮轴位置传感器产生两个G（G1和G2）信号，G1信号和G2信号相隔360°曲轴转角。如日本丰田皇冠轿车装用的无分电器电控点火系统中，G1信号用来判别第六缸上止点位置，G2信号用来判别第一缸上止点位置。位于压缩行程上止点的活塞顺序：1号活塞→5号活塞→3号活塞→6号活塞→2号活塞→4号活塞。

（2）Ne信号。Ne信号指发动机曲轴转角信号，它是根据曲轴位置传感器产生的信号经过整形和转换而获得的脉冲信号。

在电控点火系统中，Ne信号主要用来计量点火提前角和通电时间。如果采用转子有24个齿的电磁感应式曲轴位置传感器时，曲轴每转720°只能向ECU输送24个Ne信号，其信号周期为30°曲轴转角（15°分电器轴转角），在较精密的电控点火系统中，以此来控制点火提前角和通电时间，是不能满足要求的。一般都经过ECU进行整形和转换，形成周期为1°的Ne信号。

（3）IGt信号。IGt信号是ECU向点火器中功率晶体管发出的通断控制信号。

在有分电器电控点火系统中，由于是由分火头的指向决定某个汽缸点火，只要安装时正确连接各缸高压线，就不会出现点火错乱问题。但是，在无分电器电控点火系统中，仅有G信号不能决定具体给哪个汽缸点火，所以ECU向点火器输出的指令信号中，必须增加判别汽缸的IGd信号，以便与G信号共同决定需点火的气缸。

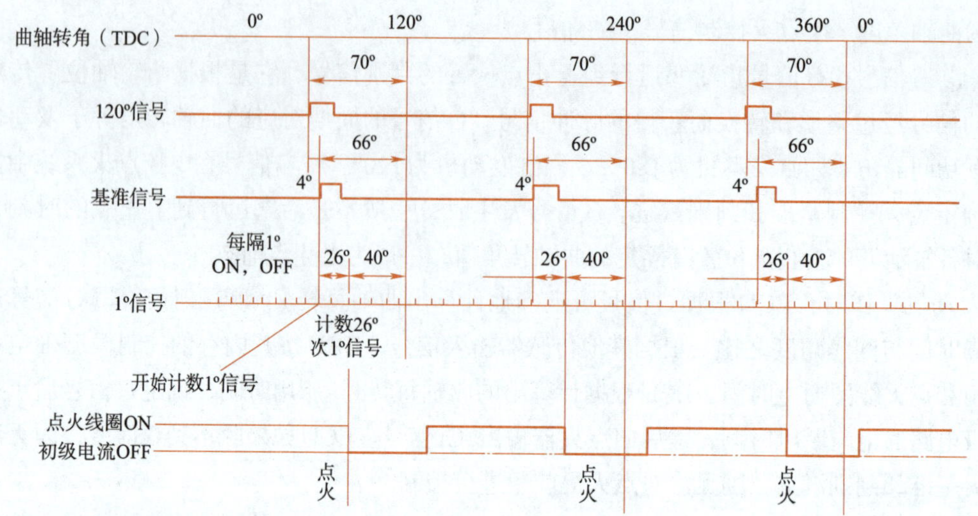

图 14-2　点火提前角控制原理

IGd信号存储在ECU内的存储器中，实际就是点火顺序信息。ECU根据G信号和Ne信号选择IGd信号状态，以确定点火顺序。在采用同时点火方式（活塞同时到达上止点的两个缸同时点火）的无分电器电控点火系统中，又把IGd信号分为IGd_A信号和IGd_B信号。

以丰田皇冠轿车装用无分电器电控点火系统为例，ECU输出的点火控制信号如图14-3所示，IGd_A和IGd_B信号状态如表14-1所示。

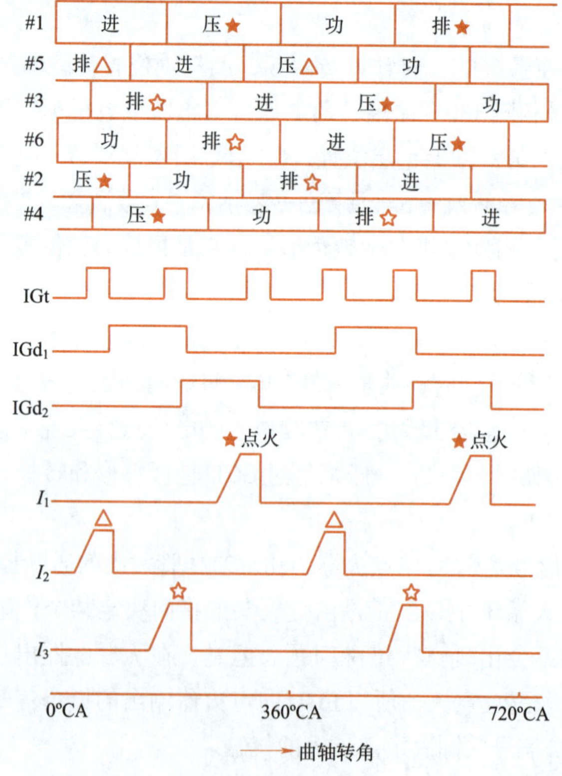

图 14-3　ECU 输出的点火控制信号

表 14-1　IGd_A 和 IGd_B 信号状态

控制结果	信号	
	IGd_A	IGd_B
1、6 缸点火	0	1
2、5 缸点火	0	0
3、4 缸点火	1	0

（4）IGf信号。IGf信号是指完成点火后，点火器向ECU输送的点火确认信号。

由于电控燃油喷射系统中，喷油器的驱动信号也来自曲轴位置传感器，若点火系统出故障使火花塞不能点火时，曲轴位置传感器工作正常，喷油器仍会照常喷油。

为了防止因喷油过多，导致燃油的浪费、发动机再起动困难或行车时三元催化反应器过热等现象的发生，特设定当完成点火过程后，点火器应及时向ECU返回点火确认信号（IGf信号）。

发动机工作时，ECU向点火器发出IGt信号后，若有3～5次均收不到返回的IGf信号，ECU便以此判定点火系统有故障，且强行使电控燃油喷射系统停止喷油，致使发动机熄火。

3. 有分电器电控点火系统

有分电器电控点火系统的主要特点是：只有1个点火线圈，ECU根据各传感器信号确定某缸点火时，向点火器发出指令信号（IGt信号）。点火器则根据ECU的指令控制点火线圈内初级电路通电或断电。当点火线圈中的初级电路断电时，次级线圈产生的高压电经分电器输送给点火缸的火花塞，以实现点火。分电器的作用就是按照发动机的点火顺序，将点火线圈产生的高压电依次输送给各缸火花塞，有分电器电控点火系统的组成如图14-4所示。

主要传感器在该系统中的功能如下。

（1）凸轮轴／曲轴位置传感器。检测凸轮轴和曲轴的位置，并向 ECU输送G信号和Ne信号，以便控制点火正时。同时，ECU还根据曲轴位置传感器的信号（Ne信号）确定发动机的转速，以便确定基本点火提前角。

（2）空气流量计（或进气管绝对压力传感器）。检测并向ECU输送进气量信号，进气量信号和发动机转速信号是ECU确定基本点火提前角的主要依据。

（3）冷却液温度传感器。检测并向ECU输送发动机冷却液温度信号，用于修正点火提前角。

（4）节气门位置传感器。检测并向ECU输送节气门开度信号，以便ECU根据发动机负荷，对点火提前角进行修正。

（5）起动开关。检测发动机的工作状态，向ECU输送发动机正在起动的信号，是发动机起动时对点火提前角进行控制的主信号。

（6）空调开关。检测空调系统工作状态，向ECU输送空调正在工作的信号，用于发动机怠速工况下，对点火提前角进行修正。

（7）车速传感器。检测并向ECU输送车速信号，用于对点火提前角进行修正。

4. 无分电器电控点火系统

无分电器电控点火系统又称直接点火系统或全电子化点火系统。其主要特点是：用电子控制装置取代了分电器，利用电子分火控制技术将点火线圈产生的高压电直接送给火花塞进行点火，点火线圈的数量比有分电器电控点火系统多。

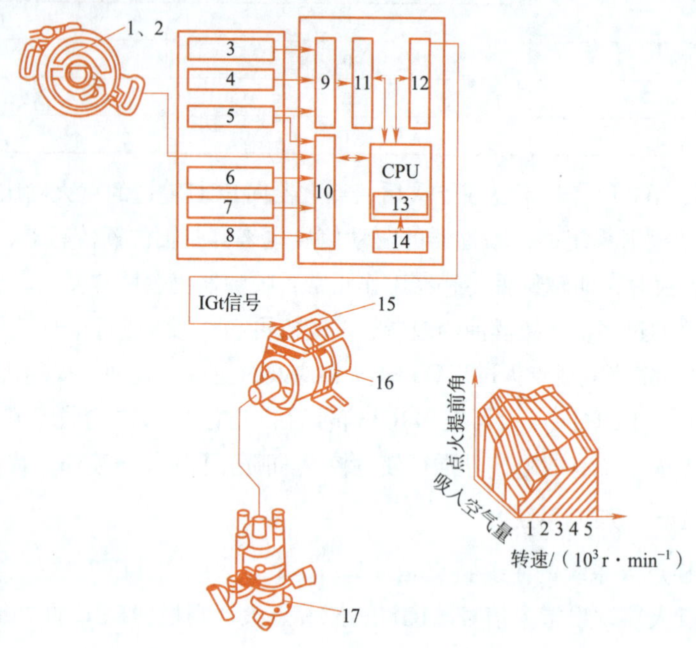

图 14-4　有分电器电控点火系统的组成

1、2—凸轮轴 / 曲轴位置传感器；3—空气流量计或过气管绝对压力传感器；4—冷却液温度传感器；5—节气门位置传感器；6—起动开关；7—空调开关；8—车速传感器；9、10—输入回路；11—A / D转换器；12—输出回路；13—存储器；14—恒定电压电源；15—点火器；16—点火线圈；17—分电器

无分电器电控点火系统的组成如图14-5所示，无分电器电控点火系统与有分电器电控点火系统的工作原理和各元件功能基本相同，不同的是无分电器电控点火系统具有电子配电功能，即在发动机工作时，ECU除向点火器输出IGt信号外，还必须输送ECU内存储的判缸信号IGd，以便控制多个点火线圈的工作顺序，按做功顺序完成各缸点火的控制。

根据点火线圈的数量和高压电分配方式的不同，无分电器电控点火系统又可分为独立点火方式、同时点火方式和二极管配电点火方式三种类型。

1）独立点火方式

无分电器独立点火方式电控点火系统如图14-6所示。其特点是每缸一个点火线圈，即点火线圈的数量与汽缸数相等。

由于每缸都有各自独立的点火线圈，所以即使发动机的转速很高，点火线圈也有较长的通电时间（大的闭合角），可提供足够高的点火能量。与有分电器电控点火系统相比，在发动机转速和点火能量相同的情况下，单位时间内通过点火线圈初级电路的电流要小得多，点火线圈不易发热，且点火线圈的体积又可以非常小巧，一般直接将点火线圈压装在火花塞上。

无分电器独立点火方式的电控点火系统，由于取消了分电器和高压线，分火性能较好，但其结构和控制电路复杂。

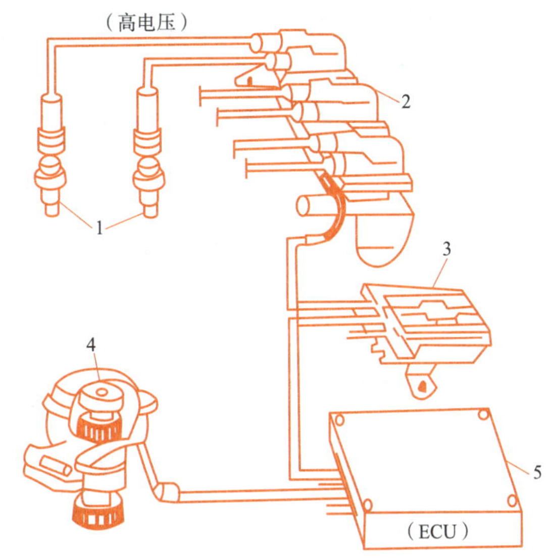

图 14-5　无分电器电控点火系统的组成

1—火花塞；2—点火线圈；3—点火器；4—传感器；5—ECU

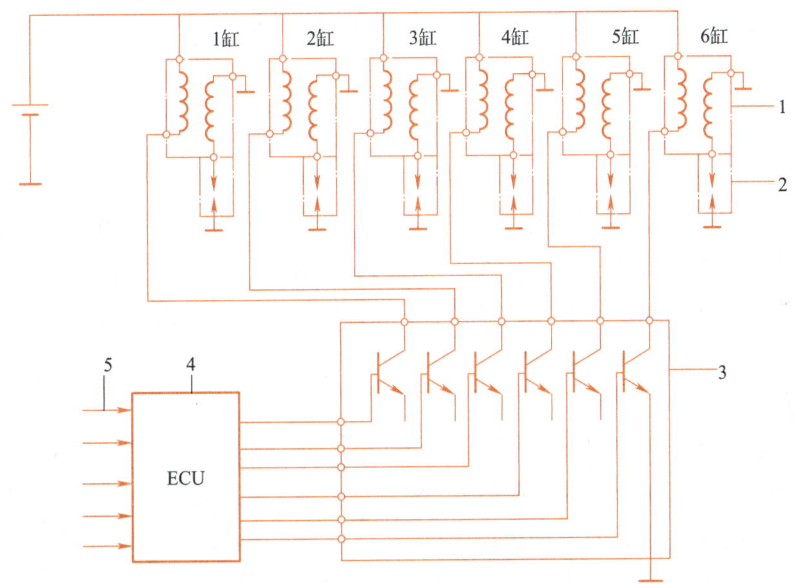

图 14-6　无分电器独立点火方式电控点火系统

1—点火线圈；2—火花塞；3—点火器；4—ECU；5—各种传感器

2）同时点火方式

无分电器同时点火方式电控点火系统如图 14-7 所示。其特点是两个活塞同时到达上止点位置的汽缸（一个为压缩行程的上止点，另一个为排气行程的上止点）共用一个点火线圈，即点火线圈的数量等于汽缸数的一半。

以六缸发动机为例，1、6 缸，2、5 缸及 3、4 缸的活塞分别同时到达上止点，称为同步缸，两同步缸共用一个点火线圈，两个缸的火花塞与共用的点火线圈中的次级线圈串联。当点火线圈初级电路断电时，一个汽缸接近压缩行程的上止点，火花塞跳火可点燃该缸的混合气，称为有效点火；而另一汽缸接近排气行程的上止点，火花塞跳火不起作用，称为无效点火。由于处于排气行程汽缸内的压力很低，加之废气中导电离子较多，其火花塞很容易被高压电击穿，消耗的能量就非常少，所以不会对压缩行程汽缸点火产生影响。

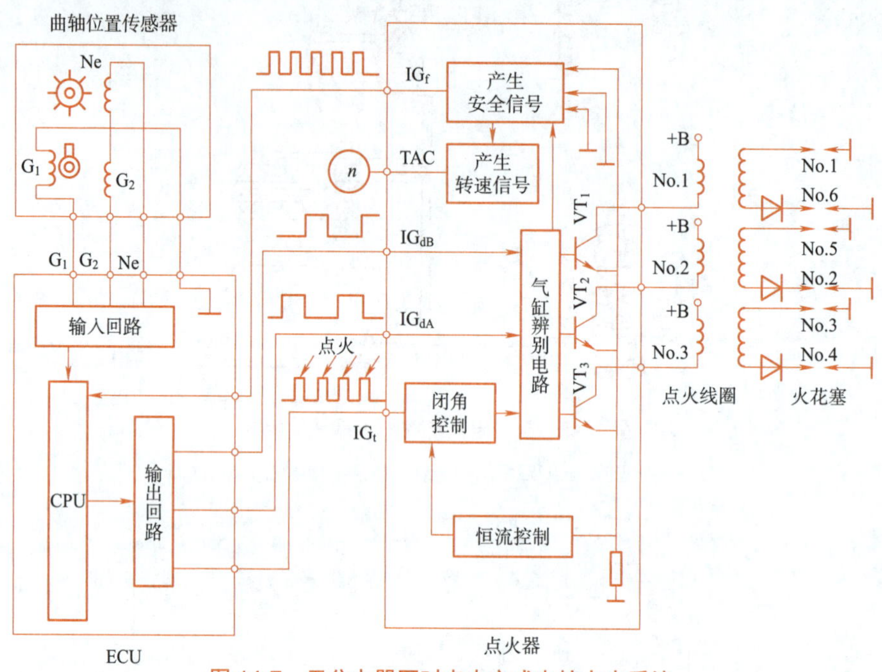

图 14-7　无分电器同时点火方式电控点火系统

与独立点火方式相比，采用同时点火方式的电控点火系统的结构和控制电路较简单，所以应用也比较多。但由于保留了点火线圈与火花塞之间的高压线，能量损失略大。此外，串联在高压回路的二极管，可用来防止点火线圈初级电路导通的瞬间所产生的二次电压（1 000 ~ 2 000 V）加在火花塞上后发生的误点火。

3）二极管配电点火方式

二极管配电点火方式如图14-8所示，其特点是：四个汽缸共用一个点火线圈，点火线圈为内装双初级绕组、双输出次级绕组的特制点火线圈，利用四个二极管的单向导电性交替完成对1、4缸和2、3缸的配电过程。

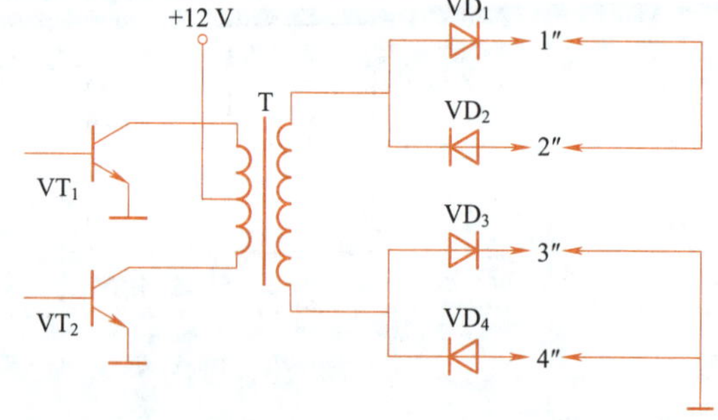

图 14-8　二极管配电点火方式

二极管配电点火方式的特性与同时点火方式相同，但对点火线圈要求较高，而且发动机的汽缸数必须是数字4的整倍数，所以在应用上受到一定的限制。

5. 1ZR 发动机点火故障的检修

1ZR发动机采用DIS(单缸点火系统)直接点火，每个气缸上由一个点火线圈点火，火花塞连接在各个次级绕组的末端，次级绕组中产生的高电压直接作用到各个火花塞上，火花塞产生的火花通过中央电极到达搭铁电极。

ECM根据曲轴、凸轮轴位置及其他信号，确定点火正时并向每个气缸发送IGt信号，ECM根据IGt信号接通或关闭点火器内的功率晶体管的电源，功率晶体管进而接通或断开流向初级线圈的电流，产生高压电火花，点燃气缸内部可燃混合气。一旦ECM切断初级线圈电流，点火器会将IGf信号分送回ECM，用于各气缸点火确认。

1）故障码及生成条件

具体的故障码及其生成条件与故障部位如表14-2所示。

表14-2　故障码及其生成条件与故障部位

DTC号	DTC检测条件	故障部位
P0351 P0352 P0353 P0354	发动机运转时，无IGf信号发送至ECM（单程检测逻辑）	-点火系统 -点火线圈与ECM之间的IGf1或IGt（1至4）电路断路或短路 -1号至4号点火线圈 -ECM

2）电路图

点火系统的电路图如图14-9所示。

3）诊断程序

诊断程序提示如下：

这些DTC表示与初级电路有关的故障。

如果设置了DTC P0351，检查1号点火线圈电路。

如果设置了DTC P0352，检查2号点火线圈电路。

如果设置了DTC P0353，检查3号点火线圈电路。

如果设置了DTC P0354，检查4号点火线圈电路。

使用智能检测仪读取定格数据。存储DTC时，ECM将车辆和驾驶条件信息记录为定格数据。进行故障排除时，定格数据有助于确定故障出现时车辆是运行还是停止、发动机是暖机还是冷机、空燃比是稀还是浓，以及其他数据。

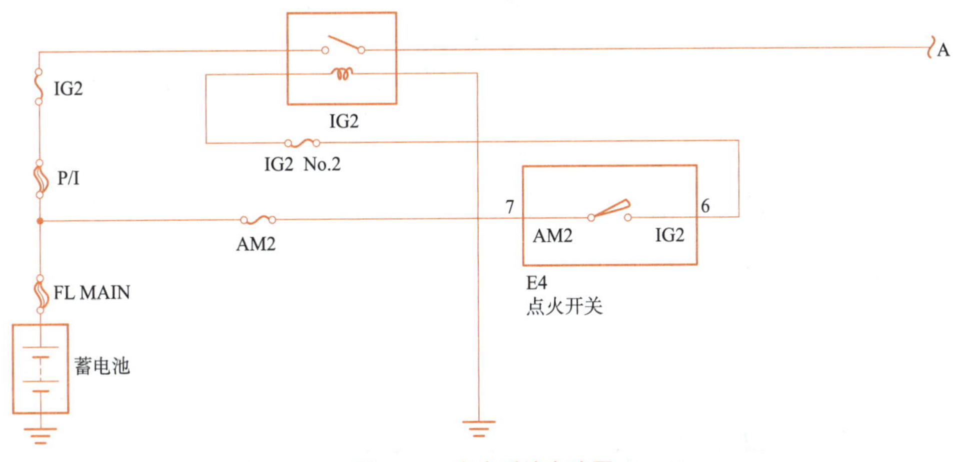

图14-9　点火系统电路图

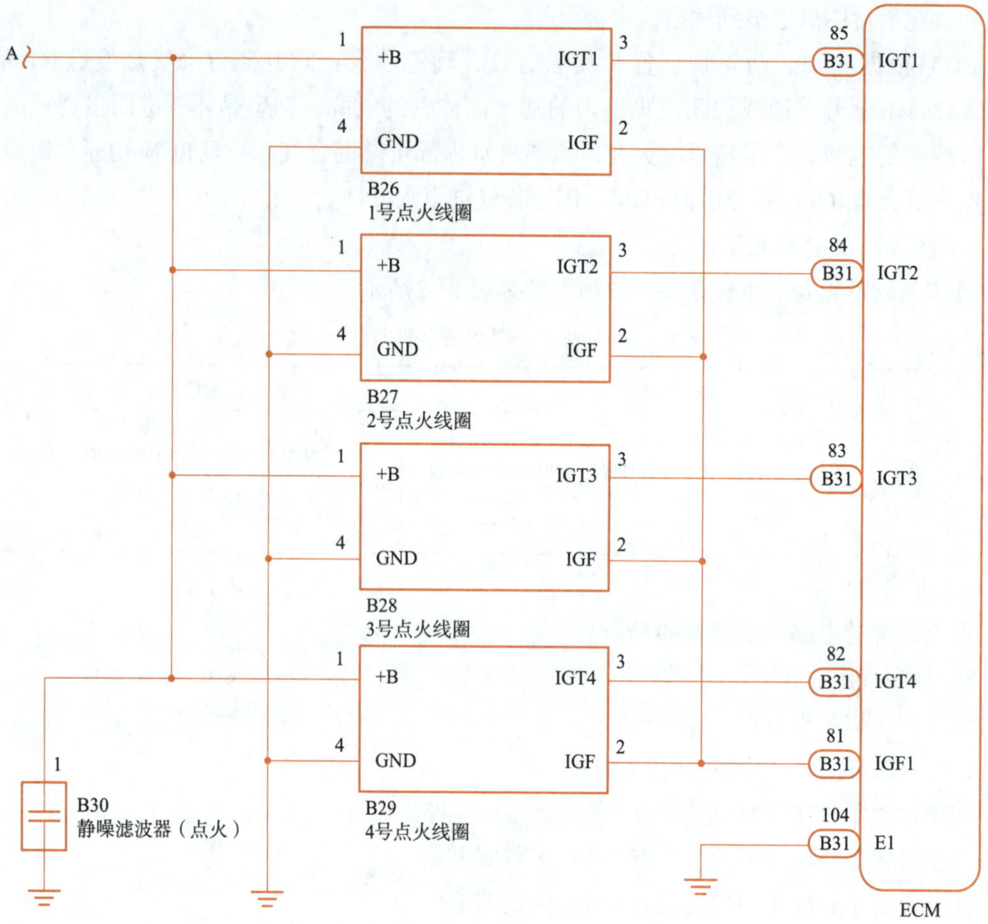

图 14-9　点火系统电路图（续）

（1）检查DTC输出。

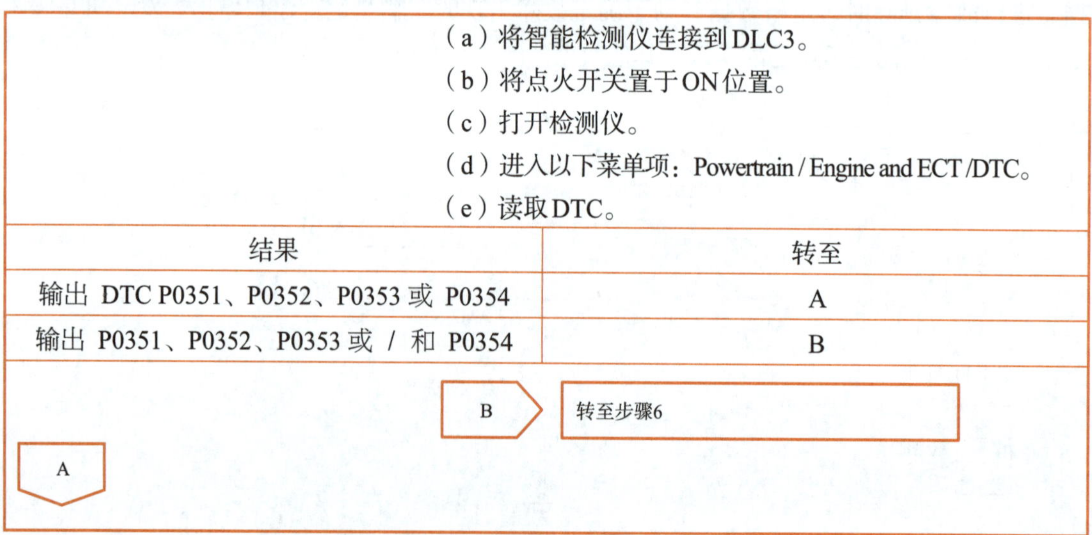

（a）将智能检测仪连接到DLC3。

（b）将点火开关置于ON位置。

（c）打开检测仪。

（d）进入以下菜单项：Powertrain / Engine and ECT /DTC。

（e）读取DTC。

结果	转至
输出 DTC P0351、P0352、P0353 或 P0354	A
输出 P0351、P0352、P0353 或 / 和 P0354	B

B　转至步骤6

A

（2）检查DTC是否再次输出（DTC P0351、P0352、P0353或P0354）。

（a）将智能检测仪连接到DLC3。
（b）将点火开关置于ON位置。
（c）打开检测仪。
（d）清除DTC（参见ES-24页）。
（e）变换带点火器的点火线圈排列形式（1号至4号气缸）。
注意：不要变换连接器的排列形式。
（f）执行模拟测试。
（g）检查检测仪显示的DTC。

结果	转至
输出相同 DTC	A
输出不同的点火线圈 DTC	B

A

B　更换点火线圈总成

（3）检查点火线圈总成（电源）。

线束连接器前视图：（至点火线圈总成）

+B（+）　GND（－）

（a）断开点火线圈总成连接器。
（b）将点火开关置于ON位置。
（c）根据下表中的值测量电压。
标准电压

检测仪连接	开关状态	规定状态
B26-1 (+B) - B26-4 (GND)	点火开关置于 ON 位置	9 ~ 14 V
B27-1 (+B) - B27-4 (GND)	点火开关置于 ON 位置	9 ~ 14 V
B28-1 (+B) - B28-4 (GND)	点火开关置于 ON 位置	9 ~ 14 V
B29-1 (+B) - B29-4 (GND)	点火开关置于 ON 位置	9 ~ 14 V

（d）重新连接点火线圈总成连接器。

正常

异常　转至步骤6

（4）检查线束和连接器（点火线圈总成-ECM）。

线束连接器前视图：（至点火线圈总成）

B26　B27　B28　B29　1　2　3　4

IGF

线束连接器前视图：（至ECM）

B31　IGF1

（a）断开点火线圈总成连接器。
（b）断开ECM连接器。
（c）根据下表中的值测量电阻。
标准电阻（断路检查）

检测仪连接	条件	规定状态
B26-2 (IGF)-B31-81 (IGF1)	始终	<1 Ω
B27-2 (IGF)-B31-81 (IGF1)	始终	<1 Ω
B28-2 (IGF)-B31-81 (IGF1)	始终	<1 Ω
B29-2 (IGF)-B31-81 (IGF1)	始终	<1 Ω

标准电阻（短路检查）

检测仪连接	条件	规定状态
B26-2(IGF) 或 B31-81 (IGF1)- 车身搭铁	始终	≥ 10 kΩ
B27-2(IGF) 或 B31-81 (IGF1)- 车身搭铁	始终	≥ 10 kΩ
B28-2(IGF) 或 B31-81(IGF1)- 车身搭铁	始终	≥ 10 kΩ
B29-2(IGF) 或 B31-81(IGF1)- 车身搭铁	始终	≥ 10 kΩ

（d）重新连接ECM连接器。
（e）重新连接点火线圈总成连接器。

正常

异常　维修或更换线束或连接器（点火线圈总成-ECM）

（5）检查线束和连接器（点火线圈总成-ECM）。

线束连接器前视图：（至点火线圈总成）

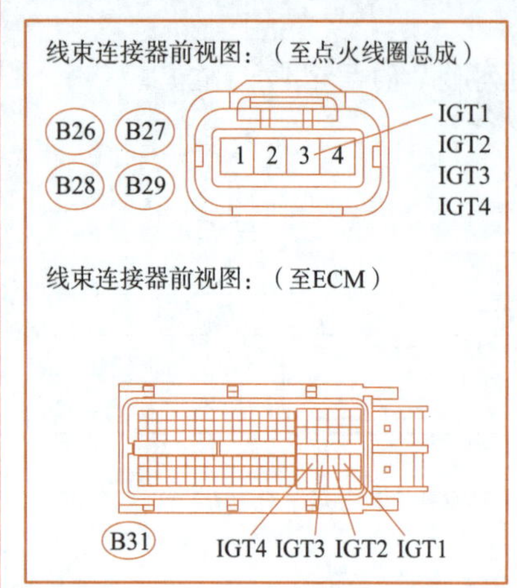

（a）断开点火线圈总成连接器。
（b）断开ECM连接器。
（c）根据下表中的值测量电阻。
标准电阻（断路检查）

检测仪连接	条件	规定状态
B26-3(IGT1)-B31-85 (IGT1)	始终	<1 Ω
B27-3(IGT2)-B31-84 (IGT2)	始终	<1 Ω
B28-3(IGT3)-B31-83 (IGT3)	始终	<1 Ω
B29-3(IGT4)-B31-82 (IGT4)	始终	<1 Ω

标准电阻（短路检查）

检测仪连接	条件	规定状态
B26-3(IGT1) 或 B31-85 (IGT1)-车身搭铁	始终	≥ 10 kΩ
B27-3(IGT2) 或 B31-84 (IGT2)- 车身搭铁	始终	≥ 10 kΩ
B28-3(IGT3) 或 B31-83 (IGT3)- 车身搭铁	始终	≥ 10 kΩ
B29-3(IGT4) 或 B31-82 (IGT4)-车身搭铁	始终	≥ 10 kΩ

（d）重新连接ECM连接器。
（e）重新连接点火线圈总成连接器。

异常 → 维修或更换线束或连接器（点火线圈总成-ECM）

正常 ↓

更换ECM（参见ES-326页）

（6）检查线束和连接器（点火线圈总成-车身搭铁）。

线束连接器前视图：（至点火线圈总成）

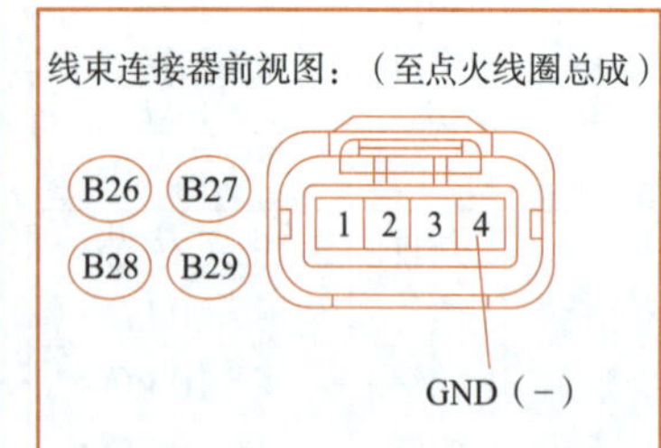

（a）断开点火线圈总成连接器。
（b）根据下表中的值测量电阻。
标准电阻（断路检查）

检测仪连接	条件	规定状态
B26-4(GND)- 车身搭铁	始终	<1Ω
B27-4(GND)- 车身搭铁	始终	<1Ω
B28-4(GND)- 车身搭铁	始终	<1Ω
B29-4(GND)- 车身搭铁	始终	<1Ω

（c）重新连接点火线圈总成连接器。

异常 → 维修或更换线束或连接器（点火线圈总成-车身搭铁）

正常 ↓

（7）检查线束和连接器[点火线圈总成-集成继电器（IG2继电器）]。

线束连接器前视图：（至点火线圈总成）

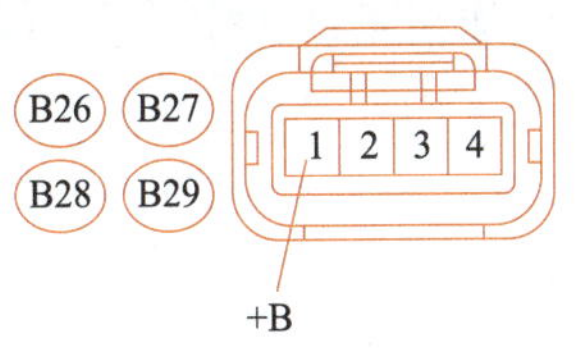

发动机室继电器盒：

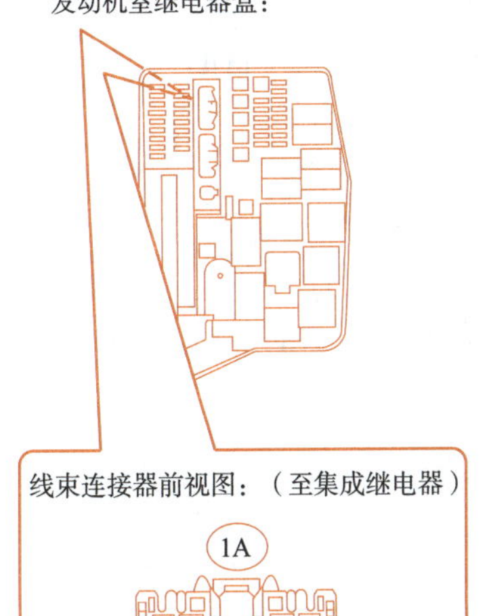

线束连接器前视图：（至集成继电器）

1A

1 2 3 4 5 6 7 8

（a）断开点火线圈总成连接器。

（b）从发动机室继电器盒上拆下集成继电器。

（c）断开集成继电器连接器。

（d）根据下表中的值测量电阻。

标准电阻（断路检查）

检测仪连接	条件	规定状态
B26-1(+B)-1A-4	始终	<1 Ω
B27-1(+B)-1A-4	始终	<1 Ω
B28-1(B)-1A-4	始终	<1 Ω
B29-1(+B)-1A-4	始终	<1 Ω

标准电阻（短路检查）

检测仪连接	条件	规定状态
B26-1(+B) 或 1A-4- 车身搭铁	始终	≥ 10 kΩ
B27-1(+B) 或 1A-4- 车身搭铁	始终	≥ 10 kΩ
B28-1(+B) 或 1A-4- 车身搭铁	始终	≥ 10 kΩ
B29-1(+B) 或 1A-4- 车身搭铁	始终	≥ 10 kΩ

（e）重新连接集成继电器连接器。

（f）将集成继电器重新安装至发动机室继电器盒。

（g）重新连接点火线圈总成连接器。

正常

异常　维修或更换线束或连接器[点火线圈总成-集成继电器（IG2继电器）]

检查ECM电源电路（参见ES-265页）

项目实施

1. 注意事项

（1）遵守实验室规章制度，未经许可，不得擅自移动和拆卸仪器与设备。

（2）必须穿工作服、工作鞋，严格执行安全、5S管理制度。

（3）严禁未经许可，擅自操作教具、设备的电器开关、点火开关和起动开关，以防发生危险。

（4）在教师允许和监控下，才能起动发动机，需与设备周围的人员进行互动，防止意外发生。

（5）发动机运行期间，严禁拔下各传感器及执行器接口，以免损坏ECU。

（6）上实验台测试电压信号时，注意操作流程和相对应的测试端口。原则上只做本次实验相关的测试，其他无关的部位不要测试，否则按原理不清或看不懂电路图扣分。

（7）在实物台架上，测试端口与ECU直接相连，不要将任何电压加在发动机实验台的测试端口上，以免损坏ECU。

2. 实施步骤

项目工单

项目名称	检测点火系统		序号	14	日期	
班级		姓名		学号		

一、资讯

（1）汽油发动机点火系统的类型按无分电器型又可分为几种型式？ 1ZR发动机的点火为什么型式？

（2）点火系统的作用？ IGT与IGF信号有什么不同？

（3）连接点火系统电路并填写相应内容。

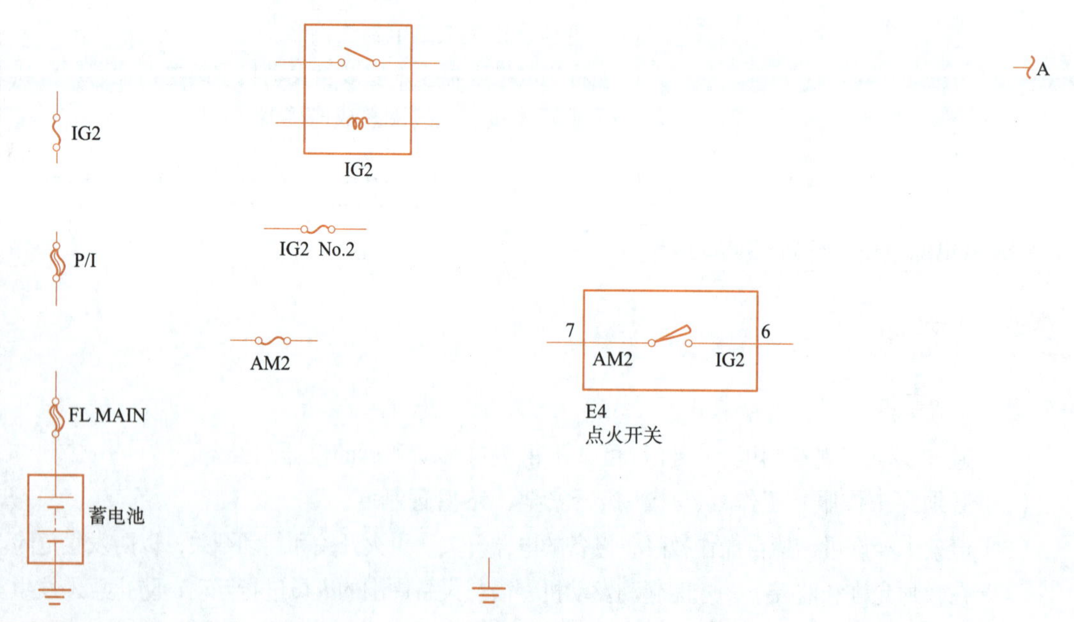

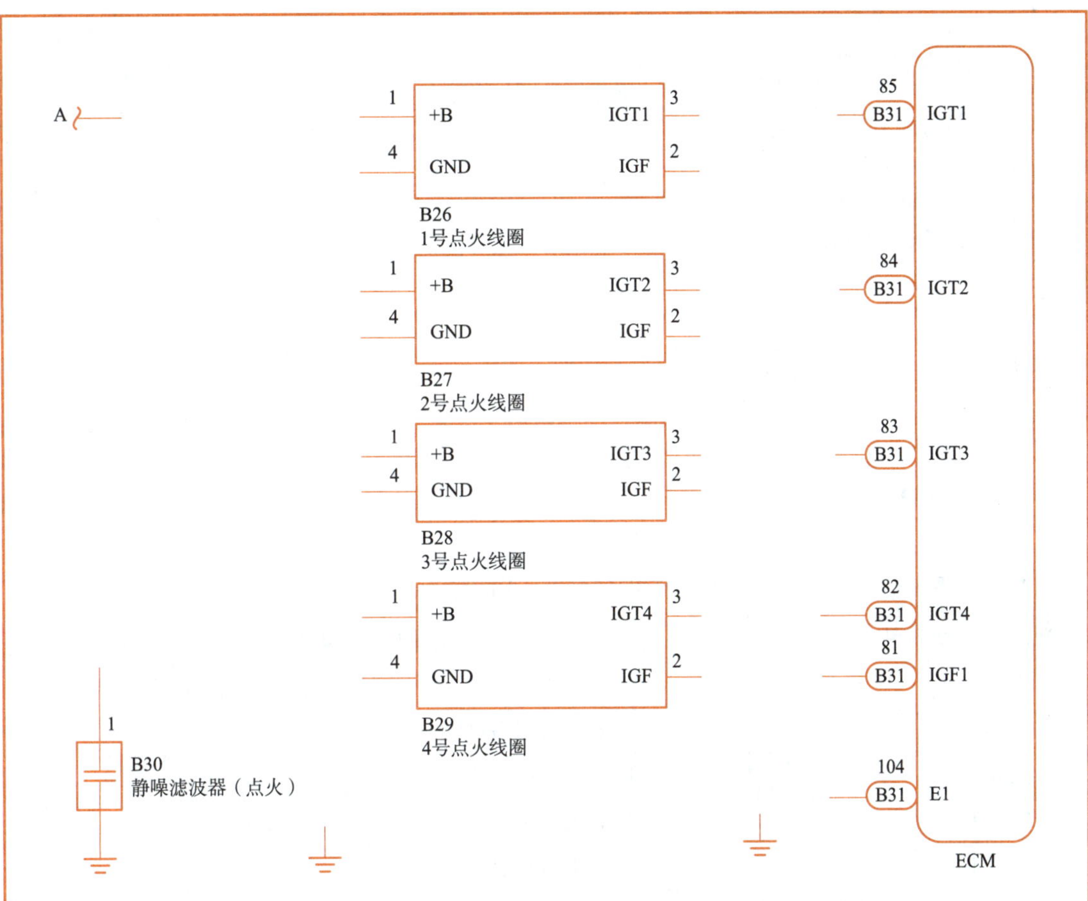

端子	功用	条件及参数
B26-1		
B26-2		
B26-3		
B26-4		
E4-6		
E4-7		
B31-81		
B31-82		
B31-83		
B31-84		
B31-85		

二、决策和计划

人员分工		选择设备	工作计划
组号			
组长			
组员			

三、实施

1. 点火系统信号端子电压、电阻测量（条件：无故障测试）

电压测量		电阻测量（线束侧）	
端子	电压 /V	端子	电阻 /Ω
B26-1		B26-1 与车身搭铁	
B26-2		B27-2 与车身搭铁	
B26-3		B28-3 与车身搭铁	
B26-4		B29-4 与车身搭铁	

2. 点火系统信号波形测试

示波器正表笔连接元件端口编号： ________________ 针脚号： ________________ 示波器负表笔连接部位： ________________	每格电压：　　　每格时间：

3．故障排除（由教师设置故障，每组可设不同故障点）

（1）故障现象。

（2）故障码的检测与清除。

（3）定格数据及数据分析。

（4）故障原因分析。

（5）基本检查。

（6）主要数据流读取与分析。

（7）故障排除与检测过程记录。

（8）故障点确认。

（9）维修结论。

（10）维修结果。

四、检查

每个工作小组选派一名代表，汇报实训过程体会、掌握了哪些技能。教师确认发动机正常工作，故障已排除。

五、评估

序号	考核要点	配分	评分标准	得分
1	点火系统的检测原理	20	一处叙述不清扣 5 分	
2	点火系统的故障检测	30	错误一次扣 5 分	
3	故障码与数据流的读取	20	错误一次扣 5 分	
4	数据流的分析	20	错误一次扣 5 分	
5	整理工具，清理现场 实习态度和纪律	10	保持实习现场秩序和卫生，保证人身及设备的安全，违规一次扣 5 分	
6	总分	100	实得分数	

1. 小组自评：成绩________________

2. 教师点评：成绩________________

教师签字：________________

思 考 题

（1）根据点火线圈的数量和高压电分配方式的不同，无分电器电控点火系统又可分几种形式？

（2）电控点火系统的基本组成是什么？

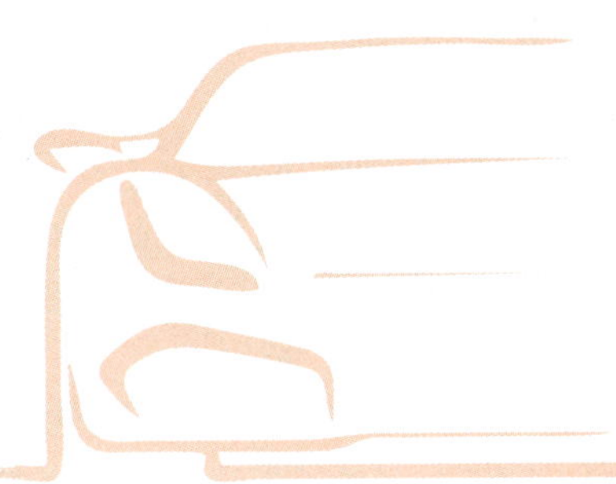

项目十五

检测喷油器

一辆装有1ZR发动机的丰田卡罗拉轿车，车龄已达8年，行驶15万千米后出现了怠速不稳、动力不足等现象，需要对喷油器进行检查、维护或维修，为此司机将车辆开到服务站进行维修。作为一名维修人员，你应该如何进行喷油器的检测维修呢？

项目目标

1. 知识目标

（1）理解进喷油器的结构与工作原理；

（2）掌握喷油器故障对整个电控系统的影响。

2. 能力目标

（1）能够对喷油器进行检测；

（2）知道喷油器数据分析的方法。

3. 素质目标

（1）能够自主学习新知识，形成一定的自学能力；

（2）培养良好的心理素质和克服困难的能力。

项目设备

（1）工具：数字万用表，金德KT600诊断仪，常用工具各4套。

（2）设备：1ZR发动机实验台4台，解剖发动机台架1台，其他D型电控发动机1台。

项目知识

电控燃油喷射系统的执行元件是喷油器。喷油器的功用是根据ECU的指令，控制燃油喷射量。电控燃油喷射系统全部采用电磁式喷油器，单点喷射系统的喷油器安装在节气门体空气入口处，多点喷射系统的喷油器安装在各缸进气歧管或汽缸盖上的各缸进气道处。

1. 喷油器的构造与工作原理

按喷油口的结构不同，喷油器可分为轴针式和孔式两种，如图15-1所示。喷油器主要由滤网、线束连接器、电磁线圈、回位弹簧、衔铁和针阀等组成，针阀与衔铁制成一体。轴针式喷油器的针阀下部有轴针伸入喷口。

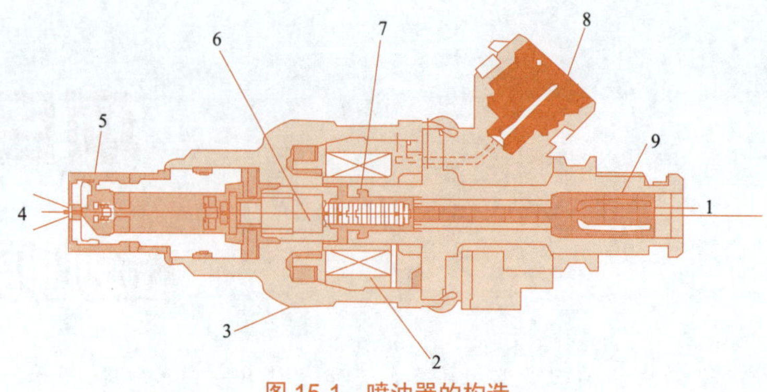

图 15-1 喷油器的构造

喷油器不喷油时，回位弹簧通过衔铁使针阀紧压在阀座上，防止滴油。当电磁线圈通电时，产生电磁吸力，将衔铁吸起并带动针阀离开阀座，同时回位弹簧被压缩，燃油经过针阀并由轴针与喷口的环隙或喷孔中喷出。当电磁线圈断电时，电磁吸力消失，回位弹簧迅速使针阀关闭，喷油器停止喷油。在喷油器的结构和喷油压力一定时，喷油器的喷油量取决于针阀的开启时间，即电磁线圈的通电时间。回位弹簧弹力对针阀密封性和喷油器断油的干脆程度会产生影响。

单点燃油喷射系统的喷油器一般都采用下部进油式，即进油口设在喷油器侧面，而不是在顶部，主要原因是可降低喷油器的高度，以便在节气门体内的安装。此外，各车型装用的喷油器，按其线圈的电阻值可分为高阻（电阻为 13 ~ 16Ω）和低阻（电阻为 2 ~ 3Ω）两种类型。

2. 喷油器的驱动方式

喷油器的驱动方式可分为电流驱动和电压驱动两种方式，如图15-2所示。电流驱动方式只适用于低阻喷油器，电压驱动方式对高阻和低阻喷油器均可使用。

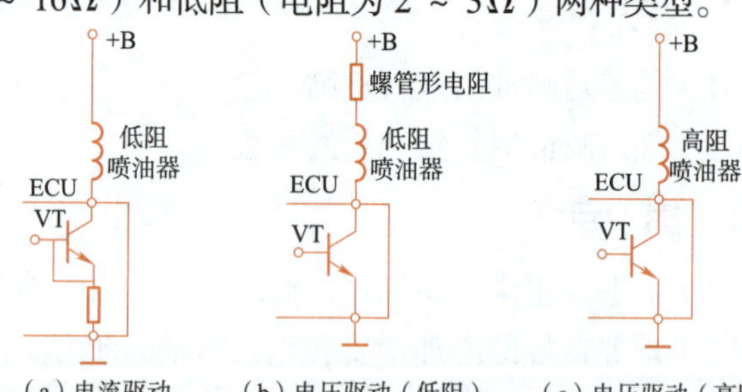

图 15-2 喷油器驱动方式

（1）电流驱动方式。在采用电流驱动方式的喷油器控制电路中，不需附加电阻，低阻喷油器直接与蓄电池连接，通过ECU中的晶体三极管对流过喷油器线圈的电流进控制。

在喷油器电流驱动回路中，由于无附加电阻，回路的阻抗小，ECU向喷油器发出指令时，流过喷油器线圈的电流增加迅速，电磁线圈产生磁力使针阀开启快，喷油器喷油迟滞时间缩短，响应性更好。喷油器针阀的开启时刻总是比ECU向喷油器发出指令的时刻晚，此时间即称为喷油器喷油迟滞时间（或无效喷油时间）。此外，采用电流驱动方式，保持针阀开启使喷油器喷油时的电流较小，喷油器线圈不易发热，也可减少功率损耗。

（2）电压驱动方式。低阻喷油器采用电压驱动方式时，必须加入附加电阻。因为低阻喷油器线圈的匝数较少，加入附加电阻，可减小工作时流过线圈的电流，以防止线圈发热而损坏。附加电阻与喷油器的连接方式有三种，如图15-3所示。

电压驱动方式中的喷油器驱动电路较简单，但因其回路中的阻抗大，喷油器的喷油滞后时间长。其中，电压驱动高阻喷油器的喷油滞后时间最长，电压驱动低阻喷油器次之，电流驱动的喷油器最短。

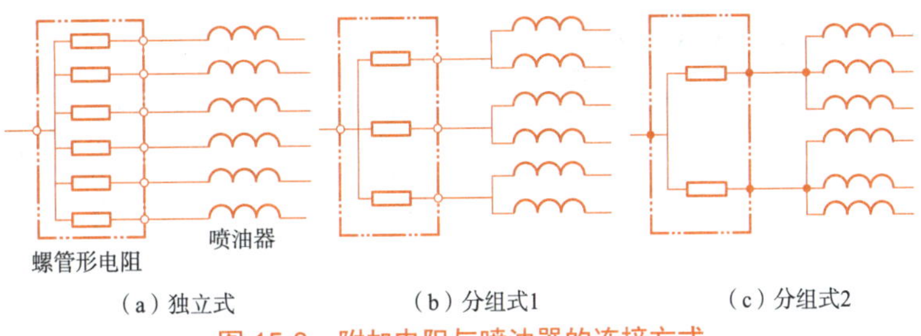

图 15-3　附加电阻与喷油器的连接方式

3. 1ZR 喷油器电路图

喷油器的电路图如图 15-4 所示。

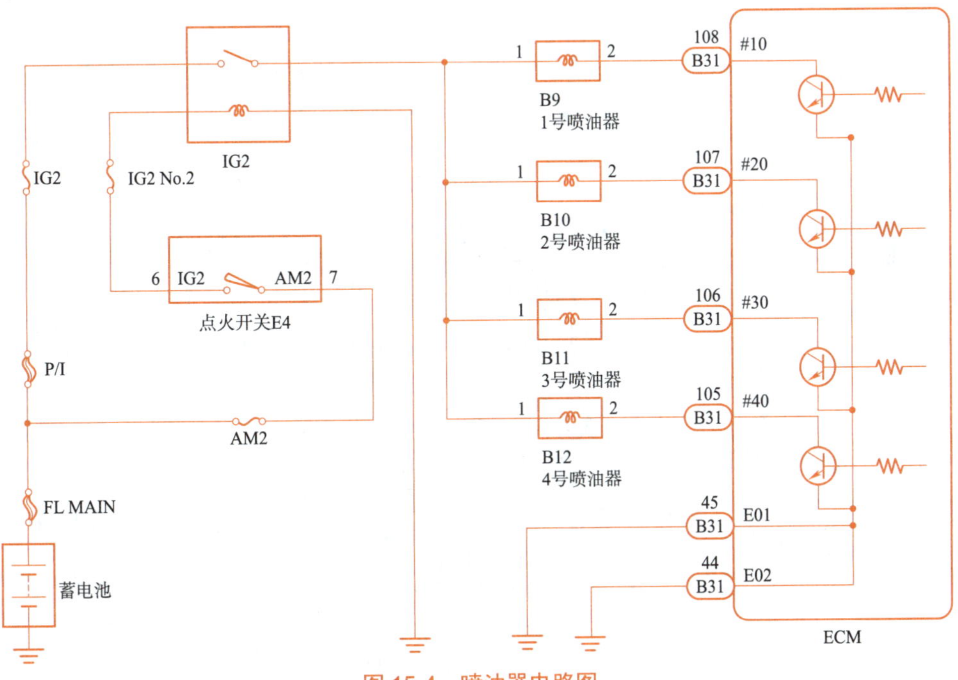

图 15-4　喷油器电路图

4. 检测程序

1）检查喷油器总成（电源）

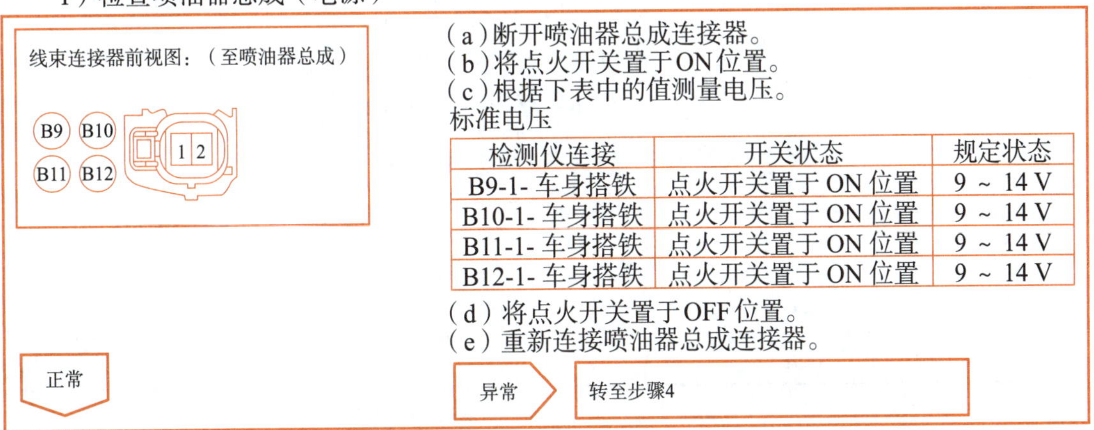

（a）断开喷油器总成连接器。
（b）将点火开关置于ON位置。
（c）根据下表中的值测量电压。

标准电压

检测仪连接	开关状态	规定状态
B9-1- 车身搭铁	点火开关置于 ON 位置	9 ～ 14 V
B10-1- 车身搭铁	点火开关置于 ON 位置	9 ～ 14 V
B11-1- 车身搭铁	点火开关置于 ON 位置	9 ～ 14 V
B12-1- 车身搭铁	点火开关置于 ON 位置	9 ～ 14 V

（d）将点火开关置于OFF位置。
（e）重新连接喷油器总成连接器。

正常

异常　转至步骤4

2）检查喷油器总成（电源）

检查喷油器总成（参见 FU-17 页）

异常 → 更换喷油器总成（参见FU-14页）

正常

3）检查线束和连接器（喷油器总成-ECM）

线束连接器前视图：（至喷油器总成）

（a）断开喷油器总成连接器。

（b）断开ECM连接器。

（c）根据下表中的值测量电阻。

标准电阻（断路检查）

检测仪连接	条件	规定状态
B9-2-B31-108 (#10)	始终	<1 Ω
B10-2-B31-107 (#20)	始终	<1 Ω
B11-2-B31-106 (#30)	始终	<1 Ω
B12-2-B31-105 (#40)	始终	<1 Ω

线束连接器前视图：（至ECM）

标准电阻（短路检查）

检测仪连接	条件	规定状态
B9-2 或 B31-108 (#10)- 车身搭铁	始终	≥ 10 kΩ
B10-2 或 B31-107 (#20)- 车身搭铁	始终	≥ 10 kΩ
B11-2 或 B31-106 (#30)- 车身搭铁	始终	≥ 10 kΩ
B12-2 或 B31-105 (#40)- 车身搭铁	始终	≥ 10 kΩ

（d）重新连接喷油器总成连接器。

（e）重新连接ECM连接器。

异常 → 维修或更换线束或连接器（喷油器总成-ECM）

正常

更换ECM（参见ES-326页）

4）检查线束和连接器[集成继电器（IG2继电器）-喷油器总成]

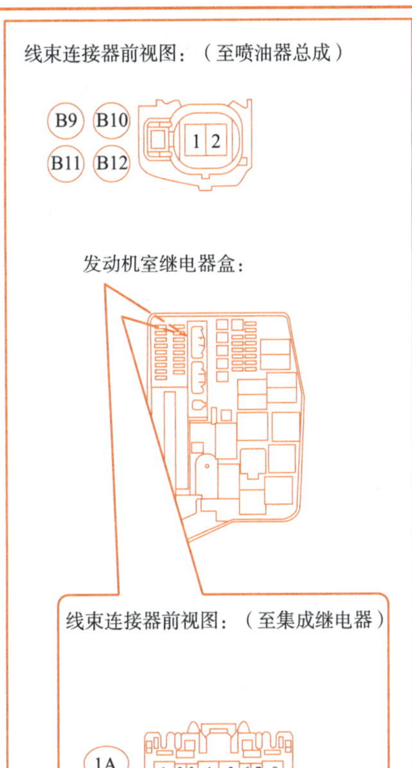

（a）断开喷油器总成连接器。
（b）从发动机室继电器盒上拆下集成继电器。
（c）断开集成继电器连接器。
（d）根据下表中的值测量电阻。

标准电阻（断路检查）

检测仪连接	条件	规定状态
B9-1-1A-4	始终	>1 Ω
B10-1-1A-4	始终	>1 Ω
B11-1-1A-4	始终	>1 Ω
B12-1-1A-4	始终	>1 Ω

标准电阻（短路检查）

检测仪连接	条件	规定状态
B9-1 或 1A-4- 车身搭铁	始终	≥ 10 kΩ
B10-1 或 1A-4- 车身搭铁	始终	≥ 10 kΩ
B11-1 或 1A-4- 车身搭铁	始终	≥ 10 kΩ
B12-1 或 1A-4- 车身搭铁	始终	≥ 10 kΩ

（e）重新连接喷油器总成连接器。
（f）重新连接集成继电器连接器。
（g）重新安装集成继电器。

异常 → 维修或更换线束或连接器[集成继电器（IG2继电器）-喷油器总成]

正常

检查ECM电源电路（参见ES-265页）

5．喷油器的测试

1）检测喷油器的电阻

如右图所示，使用万用表测量喷油器的电阻。

端子	条件	规定状态
1-2	20℃	11.6 ~ 12.4 Ω

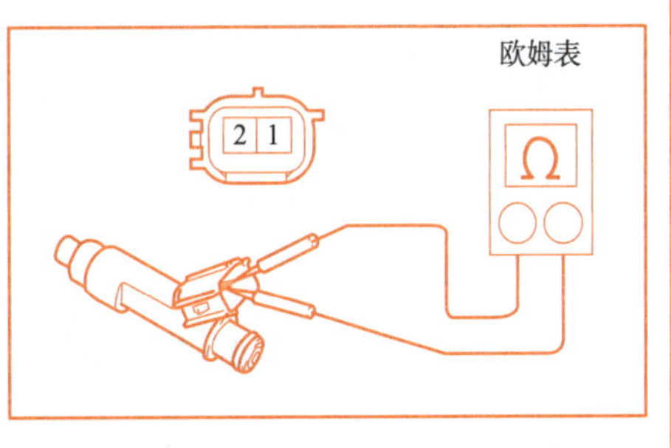

2）检测喷油器的工作情况

如右图所示，将喷油器连接至专用工具或是喷油器检测仪，启动燃油泵，用SST连接至蓄电池15 s，用量筒测量喷油量。对各喷油器测量2～3次。

仪器连接	条件	规定状态
蓄电池	15 s(2～3次)	60～73 cm^3/每次测试

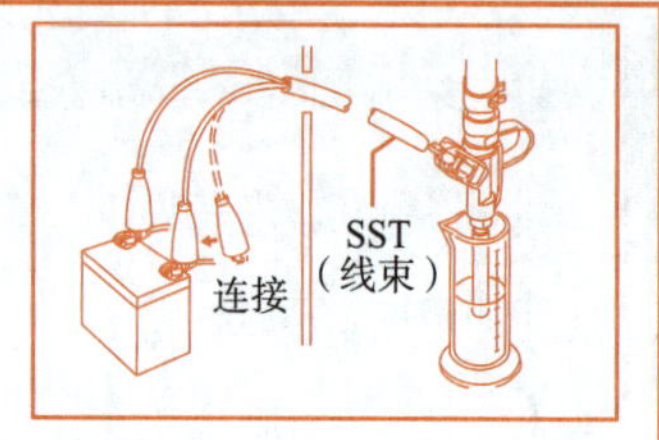

3）检测是否泄漏

在正常油压下，检测喷油器的泄漏。

最大泄漏允许值	每12 min泄漏1滴或更少

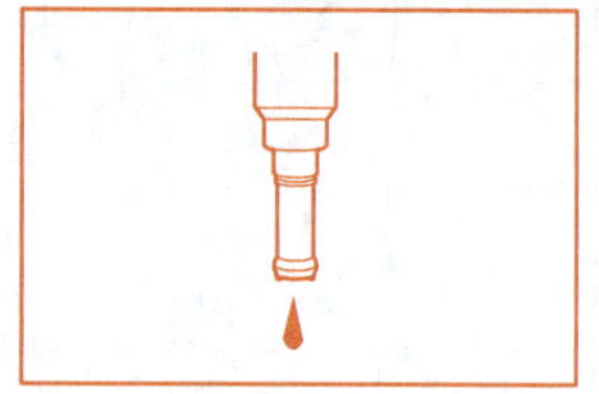

项目实施

1. 注意事项

（1）遵守实验室规章制度，未经许可，不得擅自移动和拆卸仪器与设备。

（2）必须穿工作服、工作鞋，严格执行安全、5S管理制度。

（3）严禁未经许可，擅自操作教具、设备的电器开关、点火开关和起动开关，以防发生危险。

（4）在教师允许和监控下，才能起动发动机，需与设备周围的人员进行互动，防止意外发生。

（5）发动机运行期间，严禁拔下各传感器及执行器接口，以免损坏ECU。

（6）安装喷油器时，一定要用新的垫片和O形圈，用过的垫片和O形圈绝不能使用。

（7）装O形圈的时候要小心操作，不能有损伤，同时要给O形圈抹一点润滑脂或者燃油，绝不能有机油、齿轮油或刹车油代替。

（8）将喷油器装到燃油导轨上后，喷油器应能够平稳转动。

（9）喷油器装完以后要用扭力扳手按规定扭矩拧紧燃油导轨的连接螺栓。

2. 实施步骤

项目工单

项目名称	检测喷油器		序号	15	日期	
班级		姓名		学号		

一、资讯

（1）喷油器的驱动型式有几种？

（2）高阻喷油器和低阻喷油器的阻值各是多少？

（3）连接喷油器电路并填写相应内容。

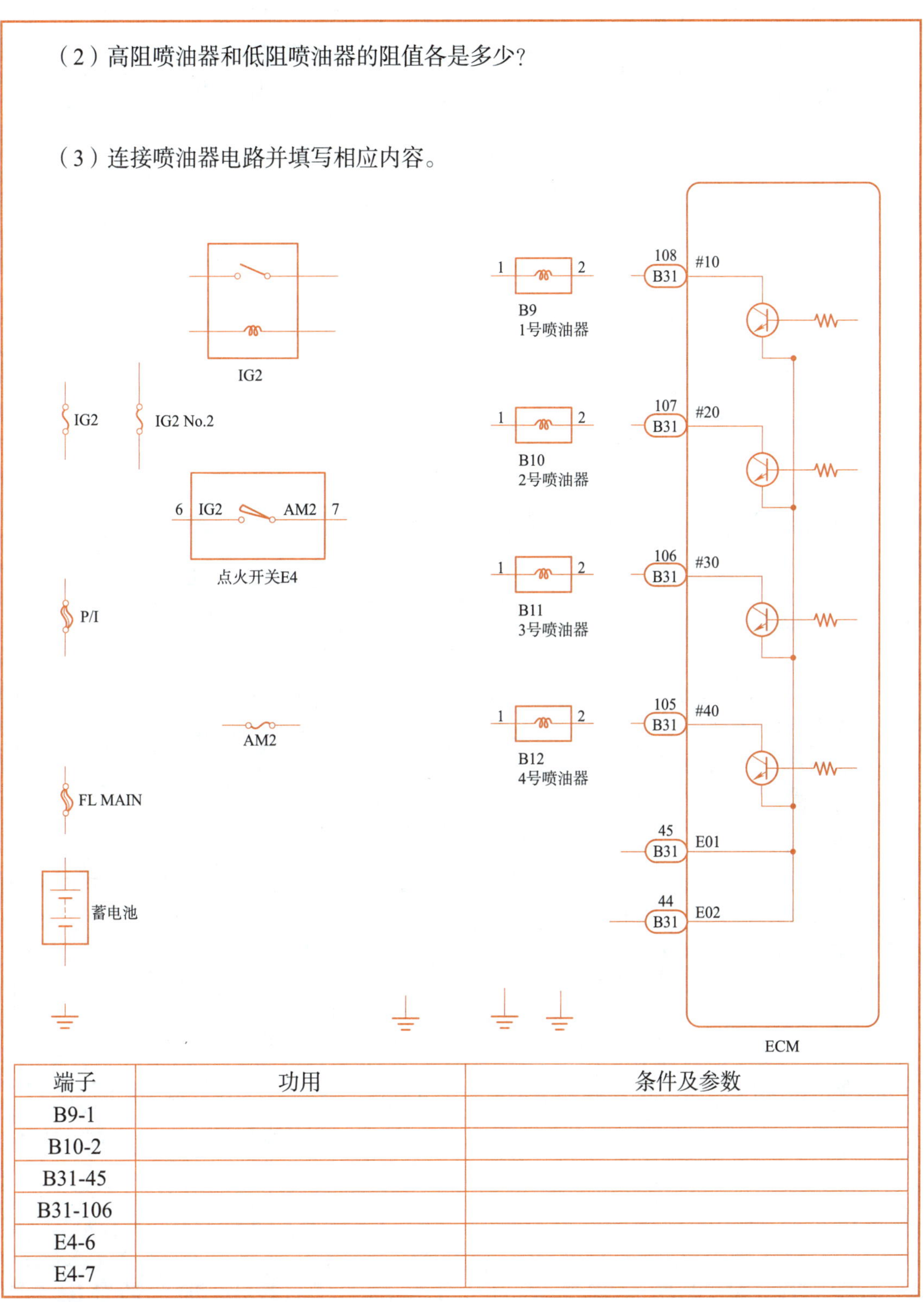

端子	功用	条件及参数
B9-1		
B10-2		
B31-45		
B31-106		
E4-6		
E4-7		

二、决策和计划

人员分工		选择设备	工作计划
组号			
组长			
组员			

三、实施

1. 喷油器信号端子电压、电阻测量（条件：无故障测试）

电压测量		电阻测量（线束侧）	
端子	电压 /V	端子	电阻 /Ω
B9-1 与车身搭铁		B9-1 与 B9-2	
B9-2 与车身搭铁			

2. 喷油器信号波形测试

示波器正表笔连接元件端口编号： ________________ 针脚号： ________________ 示波器负表笔连接部位： ________________	每格电压：　　　　每格时间：

3. 故障排除（由教师设置故障，每组可设不同故障点）

（1）故障现象。

（2）故障码的检测与清除。

（3）定格数据及数据分析。

（4）故障原因分析。

（5）基本检查。

（6）主要数据流读取与分析。

（7）故障排除与检测过程记录。

（8）故障点确认。

（9）维修结论。

（10）维修结果。

四、检查

每个工作小组选派一名代表，汇报实训过程体会、掌握了哪些技能。教师确认发动机正常工作，故障已排除。

五、评估

序号	考核要点	配分	评分标准	得分
1	喷油器的检测原理	20	一处叙述不清扣 5 分	
2	喷油器的故障检测	30	错误一次扣 5 分	
3	故障码与数据流的读取	20	错误一次扣 5 分	
4	数据流的分析	20	错误一次扣 5 分	
5	整理工具，清理现场	10	保持实习现场秩序和卫生，保证人身及设备的安全，违规一次扣 5 分	
	实习态度和纪律			
6	总分	100	实得总分	

1. 小组自评：成绩____________________

2. 教师点评：成绩____________________

教师签字：____________________

思考题

（1）发动机启动困难、怠速不稳或加速不良、动力性能不良等现象与喷油器有关吗？为什么？

（2）如何检测喷油器？

项目十六

检测怠速控制执行器

一辆装有1ZR发动机的丰田卡罗拉轿车，在行驶过程中司机发现该车怠速不稳，且发动机故障指示灯点亮报警，为此司机将车辆开到服务站进行维修。作为一名维修人员，你应该如何对车辆开展维修呢？

项目目标

1. 知识目标

（1）理解怠速控制执行器的结构与工作原理；

（2）掌握怠速控制执行器故障对整个电控系统的影响。

2. 能力目标

（1）能够对怠速控制执行器进行检测；

（2）知道怠速控制执行器数据分析的方法。

3. 素质目标

（1）培养良好的社会责任感及职业道德；

（2）培养良好的专业素质及职业能力。

项目设备

（1）工具：数字万用表，金德KT600诊断仪，常用工具各4套。

（2）设备：1ZR发动机实验台4台，解剖发动机台架1台，其他D型电控发动机1台。

项目知识

1. 怠速控制系统的功能与组成

所谓怠速，通常是指发动机在无负荷（对外无功率输出）的情况下的稳定运转状态。怠速控制的功能是用高怠速实现发动机起动后的快速暖机过程和自动维持发动机怠速在目标转速下稳定运转。

一般汽车的标准怠速值会标在一个铭牌上。如果怠速转速过高，会增加发动机的燃油消耗量；但怠速转速过低，又会增加有害物的排放。另外怠速还应根据冷车运转与电器负荷、空调装置、自动变速器、动力转向的接入等情况而变化。现在大多数电控发动机上，都已设有不同型式的怠速转速控制装置，控制发动机以最佳的怠速转速运转。

图16-1为怠速控制系统的组成示意图。表16-1为怠速控制系统各组成元件的功能。

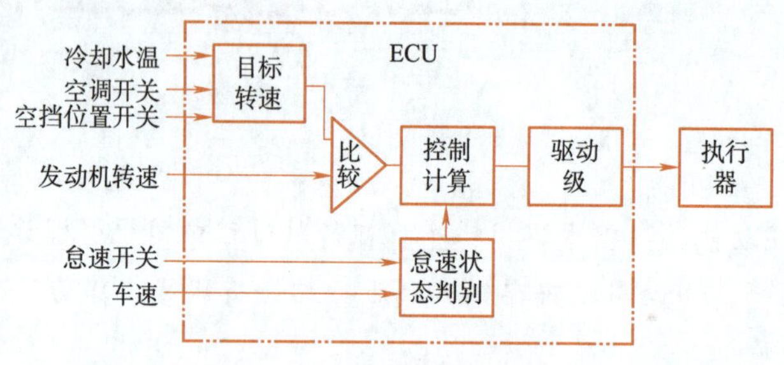

图 16-1　怠速控制系统的组成

表 16-1　怠速控制系统各组成元件的功能

	组　件	功　能
传感器或开关	曲轴位置传感器（CKP）	检测发动机转速的大小
	节气门位置传感器（TPS）	检测发动机是否处于怠速运转状态
	冷却液温度传感器（ECT）	检测发动机冷却液温度的高低
	起动开关信号（STA）	检测发动机是否处于起动工况
	空调开关信号（A/C）	检测空调压缩机是否处于工作状态
	空挡起动开关信号（P/N）	检测变速器是否有载荷加在发动机上
	液力变矩器负荷信号	检测液力变矩器的负荷变化特点
	动力转向开关信号（PS）	检测动力转向系统是否起作用
	发动机负荷信号	检测发电机负荷的变化
	车速传感器（VSS）	检测车速
执行器	怠速空气控制阀（IACV）	控制怠速时进气量的大小
发动机控制模块（ECU）		根据从各个传感器输入的信号，把发送机的实际转速与根据各个传感器输入的信号所决定的目标转速进行对比，根据比较得出的差值，确定相当于目标转速的控制量，去驱动怠速空气控制机构，即怠速空气控制阀，使发动机怠速转速保持在目标转速附近

怠速控制的具体内容主要包括：起动后控制，暖机过程控制，负荷变化时的控制，减速

的控制等。

这些内容是由发动机ECU控制怠速空气控制阀来实现的。怠速转速控制的实质是对怠速时进气量的控制，而怠速时喷油量的控制，一般仍是按与进气量相匹配的原则进行增减，以达到适宜的空燃比。

怠速进气量的控制对策、方式随车型而有所不同。对电控燃油喷射发动机来讲，目前可分为以下两种基本类型。

（1）旁通控制式：控制节气门旁通空气流量。这种方式用得较普遍，如附加空气滑阀式、步进电动机式、旋转滑阀式和占空比控制式怠速空气控制阀都属于这一类。

（2）节气门直动式：直接控制节气门关闭位置。如图16-2所示，这两种类型都是通过调节空气通路截面的方法，来控制空气流量。

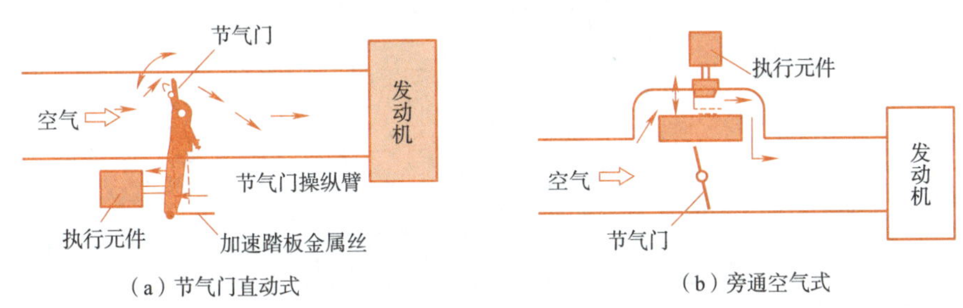

图16-2　怠速的两种控制方式

2. 节气门直动式怠速控制系统

节气门直动式怠速控制系统取消了旁通通道，而是通过控制节气门的开启角度，调节空气通路的截面来控制充气量，实现对怠速的控制，如图16-3所示。

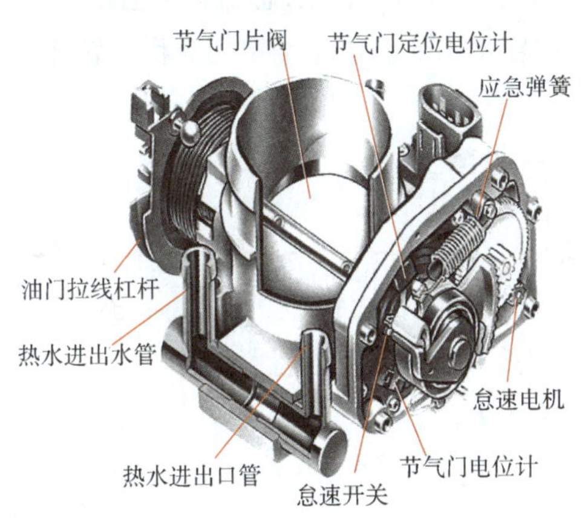

图16-3　节气门直动式怠速控制系统的结构

3. 步进电动机式怠速控制系统

1）步进电动机式怠速空气控制阀的工作原理

目前，相当一部分汽车都采用步进电动机来控制发动机的怠速转速，如奥迪200、通用、赛欧、奇瑞、切诺基及雷克萨斯LS400等。图16-4为步进电动机怠速空气控制阀的结构，步进电动机式怠速空气控制阀安装在发动机进气总管内，发动机ECU根据各种传感器的信号在怠速空气控制阀接头各端子上加电压（端子见图16-9），从而使电动机转子顺转或反转，使阀芯作轴向移动，改变阀芯与阀座之间的间隙，就可调节流过旁通空气道的空气量。间隙小，进气量少，怠速低；间隙大，进气量多，怠速高。

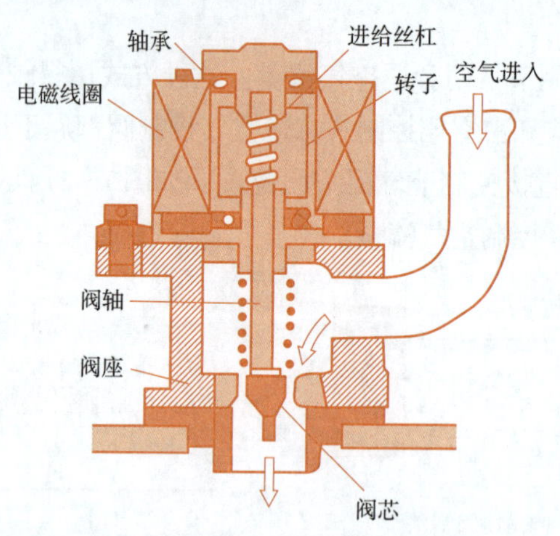

图16-4　步进电动机式怠速空气控制阀的结构

发动机ECU对发动机怠速进行控制时，一般工作原理如图16-5所示。首先，发动机ECU根据节气门位置传感器（TPS)的信号和车速信号，来判断发动机是否处于怠速运行状态，然后根据发动机冷却液温度传感器（ECT）、空调开关（A/C）、动力转向开关（PS）以及空挡起动开关等信号，按照存储器内存储的参考数据，确定相应的目标转速。一般情况下，怠速控制常采用发动机转速信号作为反馈信号，实现怠速转速的闭环控制，即发动机的实际转速与目标转速进行比较，根据比较得出的差值，确定相应目标转速控制量，去驱动步进电动机，使实际转速趋近于目标转速。

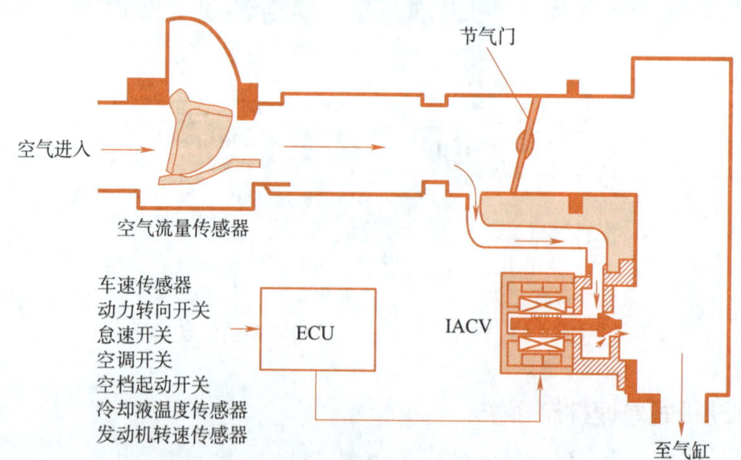

图16-5　步进电动机式怠速控制系统的工作原理

步进电动机的控制电路如图16-6所示。发动机ECU依一定顺序，使功率管VT_1-VT_2-VT_3-VT_4适时导通，分别给步进电动机定子线圈供电，驱动步进电动机转子旋转，使前端的阀门移动，改变阀门与阀座之间的距离，调节旁通空气道的空气流量，使发动机怠速转速达到所要求的目标转速。

2）步进电动机式怠速控制系统的控制

（1）怠速空气控制阀起动初始位置控制。为了改善发动机的起动性能，在每次关闭发动机点火开关后，发动机ECU都要控制M-REL端子，继续给EFI主继电器供电，使其保持接通，以便步进电动机完全打开（如125步），进入起动初始位置，为下次起动作好准备。

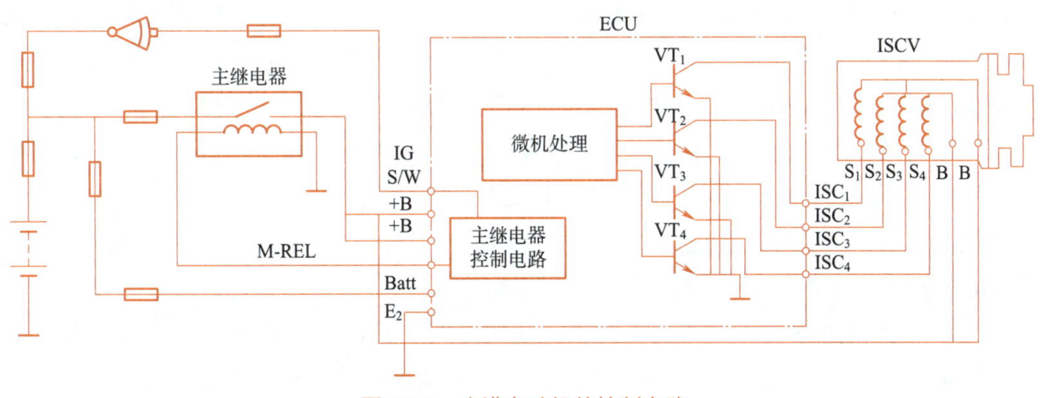

图16-6　步进电动机的控制电路

（2）怠速空气控制阀的起动控制。发动机起动时，由于怠速空气控制阀预先设定在全开位置，使起动期间经过怠速空气控制阀的旁通空气量达到最大，发动机更容易起动。

在发动机起动后，当发动机转速达到预定值（此值由冷却液温度确定）后，发动机ECU便控制步进电动机，将怠速空气控制阀关小到由冷却液温度所确定的位置。如起动时冷却液温度为20℃，当发动机转速达到500 r/min时，发动机ECU将控制怠速空气控制阀从全开位置（如125步）的*A*点到达*B*点位置，如图16-7所示。

（3）怠速空气控制阀的暖机控制。如图16-8所示，在发动机暖机过程中，随着发动机冷却液温度的上升，怠速空气控制阀的开度逐渐变小。当冷却液温度达到70℃时，暖机控制结束。

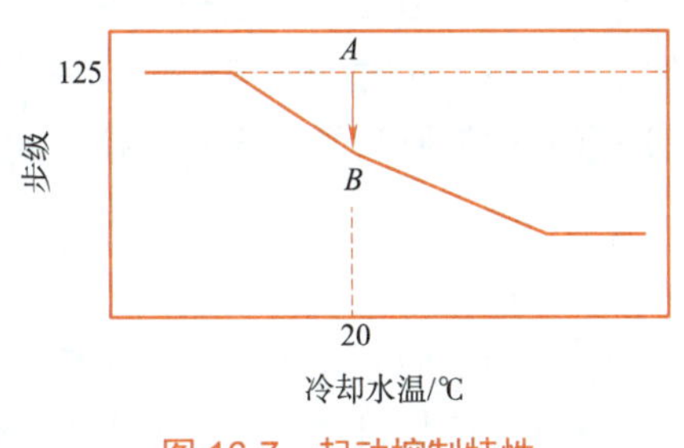

图16-7　起动控制特性

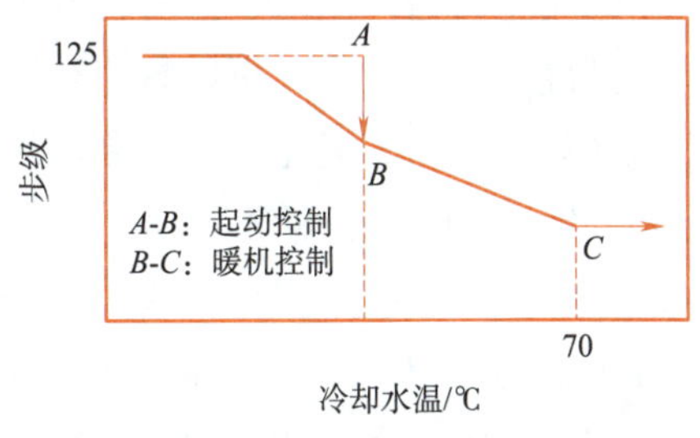

图16-8　暖机控制特性

（4）怠速空气控制阀的反馈控制。发动机ECU内有一个预编程的目标怠速值，它根据空调开关、空挡起动开关等信号而变化。怠速控制的过程就是将目标转速和实际转速进行比较并使实际怠速转速逼近于目标转速的过程。在发动机怠速运转时，如果发动机的实际转速与发动机ECU存储器存储的目标转速相差超过一定值（如20 r/min），发动机ECU将通过步进电动机控制怠速空气控制阀，增减旁通空气量，使发动机的实际转速与目标转速尽可能相同。

（5）发动机负荷变化的预控制。发动机在怠速运转时，如果起动空调系统、转动方向盘或挂挡，都将使发动机的负荷立刻发生变化。为了避免发动机怠速转速因为负荷的变化而产生波动甚至造成熄火，在发动机转速出现变化前，发动机ECU增加怠速空气控制阀的开度，增大进气量，提高发动机的怠速转速，保持发动机怠速运转的稳定性；而当这些载荷去除以后，发动机ECU又会减小怠速空气控制阀的开度，使发动机恢复加载前的转速。

（6）电气负载增多时的怠速控制。在怠速运转时，如使用的电气负载增大（比如打开大灯），蓄电池电压就会降低。为了保证发动机ECU的+B端子和点火开关（IGSW）端子具有正常的供电电压，需要控制步进电动机，相应地增加旁通道空气量，提高发动机怠速转速，提高发电机的输出功率，以维持蓄电池电压的稳定性。

（7）学习控制过程。由于发动机在整个使用期间，其性能会发生变化，所以虽然步进电动机怠速空气控制阀门的位置未变，但怠速转速和初设的数值也有可能不同。此时发动机ECU可在反馈控制的基础上进行学习控制，使发动机转速达到目标值。与此同时，发动机ECU将步进电动机转过的步数即怠速自适应值存储在存储器中，以便在下一个怠速控制中使用。

由于这种学习控制在发动机ECU中形成自适应值的影响，在进行完清洗或更换怠速空气控制阀、更换发动机ECU或更换发动机等操作后，发动机的怠速转速可能会不稳定或不正常。比如皇冠3.0在刚清洗完怠速空气控制阀后，怠速可能会达到1 000 r/min以上（而其正常怠速转速应为750 r/min左右），就是因为怠速空气控制阀脏时，积炭使进气孔部分堵塞，而为了保持发动机以正常的怠速转速运转，就必须增加进气量，所以发动机ECU控制怠速空气控制阀打开比较大的开度，时间一长就会在发动机ECU内部形成自适应值，将此时怠速运转时怠速阀的开度存入发动机ECU，作为怠速运转时的标准开度。而当清洗完怠速阀后，积炭消除，进气孔已经完全畅通，但此时发动机ECU仍然以清洗前的自适应值控制怠速阀开度，也就是怠速阀的开度还是比较大，所以怠速转速就比正常的怠速值高。此时，应按照维修手册的步骤进行重新设定。而为避免这种现象发生，应定期清洗怠速空气控制阀，而不是控制阀太脏甚至已经发生堵塞时再去清洗它。

3）步进电动机式怠速控制系统的测试

（1）怠速控制工作情况的检查。起动发动机，在关闭发动机的同时，倾听怠速空气控制阀是否有“咔哒”声，如果听到“咔哒”声，说明怠速空气控制系统工作；如果没有听到“咔哒”声，须进行怠速空气控制系统测试。

（2）怠速空气控制阀电阻的检查。测量怠速空气控制阀接头B1和S1端子、B1和S3端子、B2和S2端子、B2和S4端子之间的电阻应该为10～30 Ω，端子位置如图16-9所示。如果电阻不符合规范，更换怠速空气控制阀。

S1	B1	S2
S3	B2	S4

图16-9　怠速空气控制阀端子位置

（3）检测怠速空气控制阀的运行。

① 从节气门体上拆下怠速空气控制阀。如图16-10所示，把蓄电池正极接线柱连接到怠速空气控制阀B1和B2端子上。

② 按顺序把负极依次接到端子S1、S2、S3和S4，怠速空气控制阀应该向关闭的方向运动（见图16-10a）；

③ 按顺序把负极依次接到端子S4、S3、S2和S1，怠速空气控制阀应该向打开的方向运动（见图16-10b）。

如果怠速空气控制阀不按规范打开和关闭，更换怠速空气控制阀。

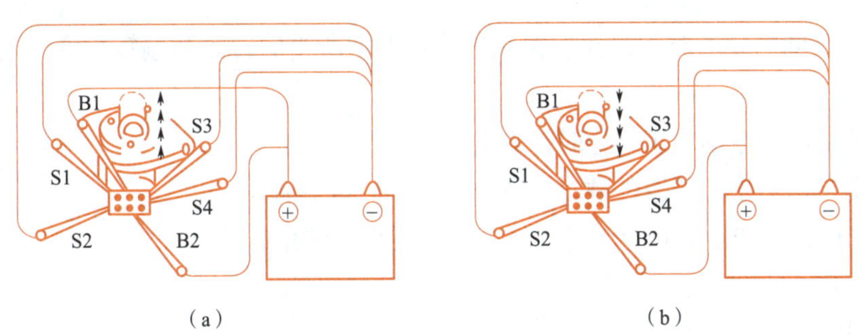

图16-10　检测怠速空气控制阀

4. 旋转滑阀式怠速控制系统

1）旋转滑阀式怠速空气控制阀的工作原理

旋转滑阀式怠速空气控制阀的结构如图16-11所示。图16-12为广州本田奥德赛的旋转滑阀式怠速空气控制阀。

旋转滑阀式怠速空气控制阀主要由永久磁铁、空气旁通道、旋转滑阀和复位弹簧等组成。其中旋转滑阀固装在电枢轴上，与电枢轴一起转动，用以控制通过旁通空气道的空气量；永久磁铁固装在外壳上，形成永磁磁场；复位弹簧的作用是在发动机熄火后使怠速阀旁通道完全打开；电枢铁心上绕有两组绕向相反的电磁线圈L_1和L_2，如图16-13所示，当给线圈通电时，就会产生磁场从而使电枢轴带动旋转滑阀转动，控制通过旁通空气道的空气。电磁线圈L_1和L_2由发动机ECU通过晶体管V_1和V_2控制，V_1和V_2由同一信号进行反向控制，即V_2导通时，V_1截止；V_2截止时，V_1导通。

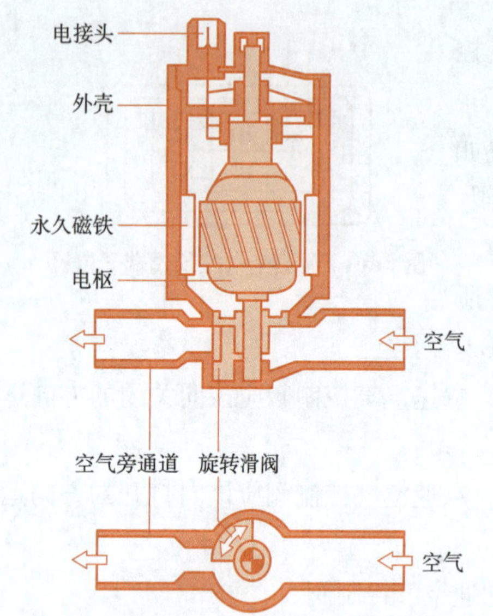

图 16-11　旋转滑阀式怠速空气控制阀的结构

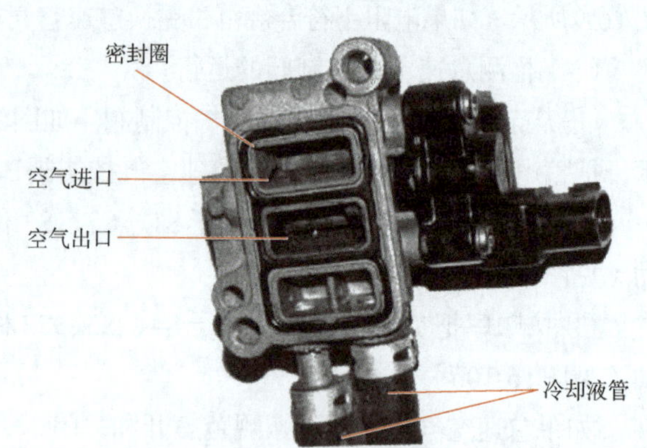

图 16-12　广州本田奥德赛的旋转滑阀式怠速空气控制阀

由这两组线圈的导通时间的比例关系来决定电枢所受的转矩和偏转角度。电枢受到的转矩有三个：

T_1——线圈L_1产生的转矩，逆时针方向，大小与电流有关；

T_2——线圈L_2产生的转矩，顺时针方向，大小与电流有关；

T_3——复位弹簧产生的转矩，逆时针方向，大小与转角有关。

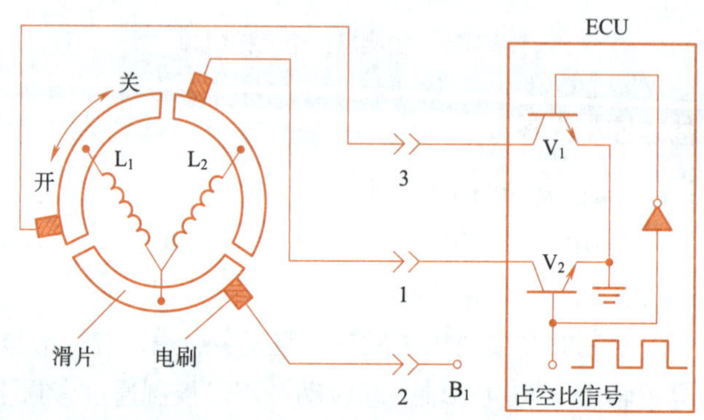

图 16-13　旋转滑阀式怠速空气控制阀的电路连接图

工作时，发动机ECU根据发动机冷却液温度传感器（ECT）和节气门位置传感器（TPS）等输入的信号，确定发动机所处怠速工况的混合气浓度，并输出占空比信号控制L1或L_2的通电时间。占空比是指发动机ECU控制信号在一个周期内通电时间与通电周期之比，如图16-14所示。若不计复位弹簧的扭矩，则：

当占空比为50%时，L_1和L_2平均通电时间相等，$T_1=T_2$，电枢停止转动；

当占空比大于50%时，线圈L_2的平均通电时间长，$T_2>T_1$，电枢带动旋转滑阀顺时针偏转，空气旁通道截面减小，怠速降低；

当占空比小于50%时，线圈L_1的平均通电时间长，$T_1>T_2$，电枢带动旋转滑阀逆时针偏转，空气旁通道截面减小，怠速降低。

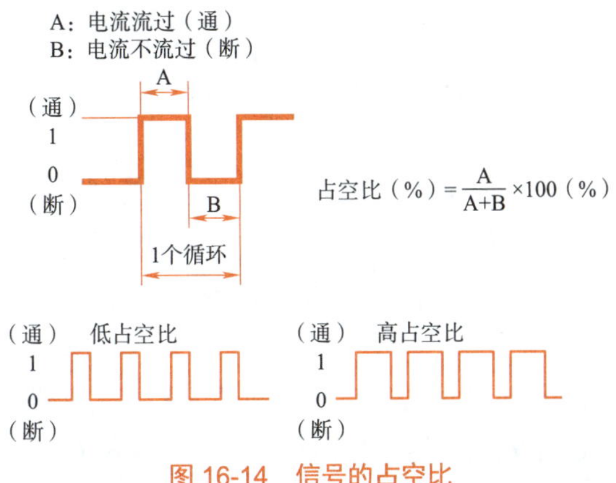

图 16-14　信号的占空比

旋转滑阀根据控制脉冲信号的占空比偏转，占空比的范围约为18%（旋转滑阀关闭）至82%（旋转滑阀打开）之间。滑阀的偏转角度限定在90° 内。

2）旋转滑阀式怠速控制阀的控制

旋转滑阀式怠速空气控制阀的控制电路如图16-15所示。

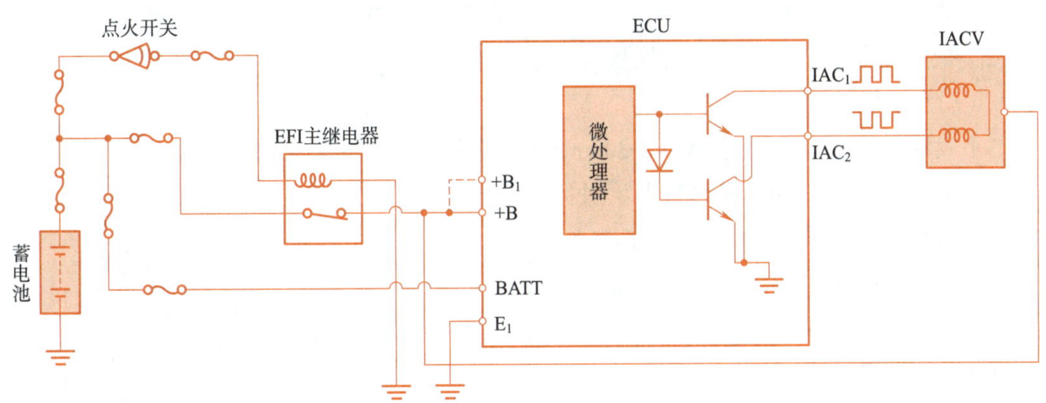

图 16-15　旋转滑阀式怠速空气控制阀的控制电路

（1）起动控制。

发动机起动前，怠速空气控制阀在复位弹簧的作用下使其开度保持最大。在发动机起动过程中，发动机ECU会根据发动机的运行状况（来自节气门位置传感器和发动机冷却液温度传感器的信号），从存储器中取出预存的数据，控制怠速空气控制阀的开度。

（2）暖机控制。

在发动机起动后，发动机ECU根据发动机冷却液温度，控制怠速空气控制阀的开度，即随着发动机冷却液温度的升高，怠速空气控制阀的开度越来越小，发动机的怠速转速越来越低，直至标准转速。

（3）反馈控制。

反馈控制过程与步进电动机怠速控制系统很相似。发动机起动后，当满足反馈控制条件（怠速触点闭合，车速低于2 km/h，空调开关断开）时，发动机ECU将根据发动机实际转速与存储器中预先设定的目标转速进行比较，如果发动机的实际转速低于目标转速，发动机ECU控制怠速空气控制阀将阀门开大，使其转速升高并逼近目标转速；反之，将阀门关小，使其转速下降。

（4）发动机负荷变化时的预控制。

在发动机转速出现变化前，发动机ECU增加怠速空气控制阀的开度，增大进气量，提高发动机的怠速转速，保持发动机怠速运转的稳定性；而当这些载荷去除以后，发动机ECU便会减小怠速空气控制阀的开度，使发动机恢复加载前的转速。

（5）学习控制。

发动机ECU能够记忆发动机转速与占空比之间的关系并定期进行更新。发动机使用期间的磨损和其他变化会改变这种关系，尽管控制的占空比仍保持在某一值，然而发动机的怠速转速和使用初期数值已不一样。此时发动机ECU可在反馈控制的基础上，进行学习控制，将怠速转速调整到目标值。当目标怠速达到后，发动机ECU将其占空比存入备用的存储器中，在以后的怠速控制中作为这一工况下控制占空比的基准值。

3）系统的测试

下面以丰田佳美5S-FE发动机为例讲述旋转滑阀式怠速控制系统的测试。

（1）暖机到正常的工作温度，确认怠速转速在700～800 r/min。

（2）把变速器／变速驱动桥的换挡杆置于空挡位置，熄车后用短接线连接TE_1端子与E_1端子。起动发动机并注意发动机转速。

（3）发动机转速应增加到900～1 300 r/min，并保持5 s，然后再降到怠速转速。

（4）如果发动机转速不符合规范，关闭点火开关后检查怠速空气控制阀+B和RSC端子及+B和RSO端子间的电阻值，如图16-16所示。

当控制阀温度在-10～50℃时，阻值为17.0～24.5Ω；

当控制阀温度在50～100℃时，阻值为21.5～28.5Ω。否则，需更换怠速空气控制阀。

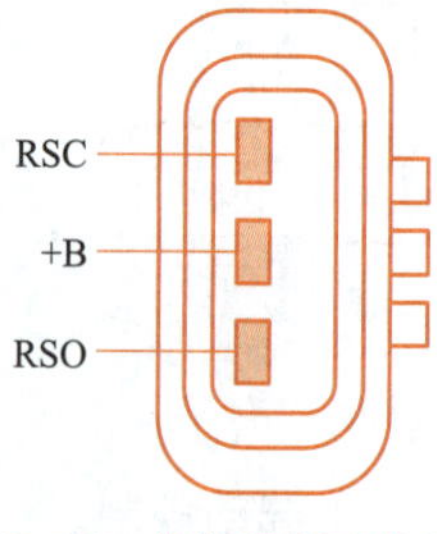

图16-16　旋转滑阀式怠速空气控制阀端子图

（5）测试怠速空气控制阀的运行。从节气门体上拆下怠速空气控制阀，进行如下操作，并观察怠速空气控制阀的开启和关闭。如图16-17所示，向+B端子和RSC端子之间提供电压，怠速空气控制阀应关闭（见图16-17a）；向+B端子和RSO端子之间提供电压，怠速空气控制阀应打开（见图16-17b）。如果怠速空气控制阀运行有问题，则需更换怠速空气控制阀。

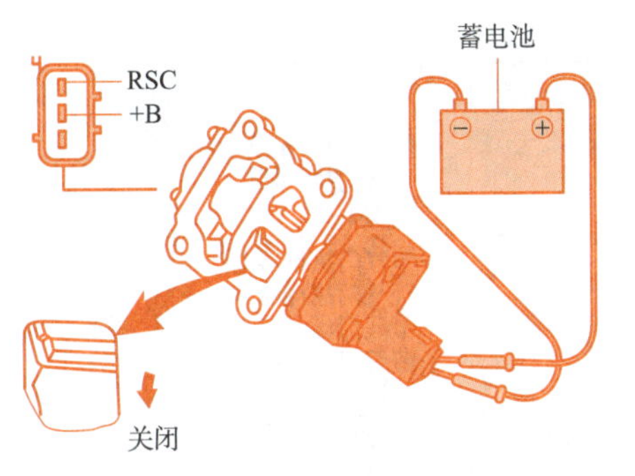

（a）向+B端子和RSC端子供电，怠速阀关闭

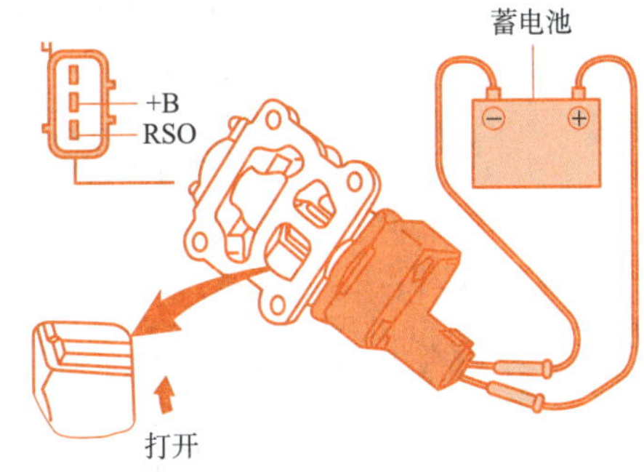

（b）向+B端子和RSO端子供电，怠速阀打开

图 16-17　旋转滑阀式怠速空气控制阀的测试

5. 占空比怠速空气控制阀

占空比怠速控制阀安装在进气歧管上，利用来自发动机ECU的占空比信号控制经过节气门旁通道的进气量。当发动机怠速运行时，发动机ECU根据各种传感器的信号，向电磁线圈通以占空比可调的脉冲信号。控制信号的占空比决定了线圈中平均电流的大小，而平均电流的大小又决定了电磁阀的开度和发动机怠速的高低。占空比越大，线圈中的平均电流越大，线圈吸力越强，阀门升程高，开度大，旁通空气量大，怠速高；反之，怠速低。占空比怠速空气控制阀的控制电路如图16-18所示，控制过程同步进电动机式和旋转滑阀式怠速控制系统基本一致，只是怠速阀的动作都是由发动机ECU的占空比信号控制。这种怠速空气控制阀在日产车和福特车上都被用到。

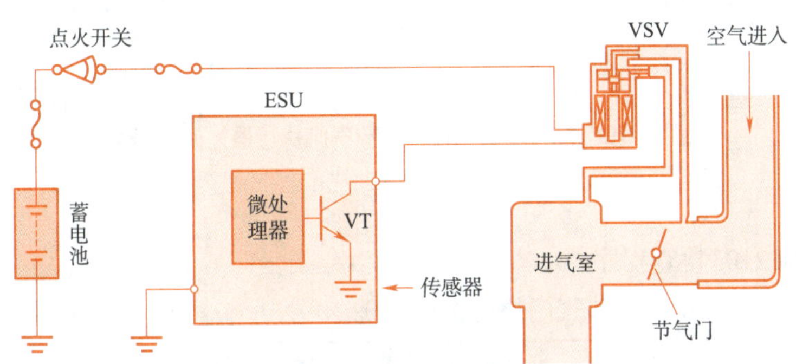

图 16-18　占空比怠速空气控制阀的控制电路

6. 1ZR 怠速执行器

1ZR怠速执行器为节气门直动式，利用电动机驱动齿轮带动节气门的打开和关闭，当节气门执行器出现故障时，系统进入失效保护模式，此时ECU切断通往执行器的电流，节气门被回位弹簧拉开至6°　。

7. 故障码及生成条件

具体的故障码及其生成条件与故障部位如表16-2所示。

表 16-2　故障码及其生成条件与故障部位

DTC号	DTC检测条件	故障部位
P2102	条件（a）和（b）持续2.0 s(单程检测逻辑)： （a）节气门执行器占空比为80%或更高 （b）节气门执行器电流为0.5 A或更小	-节气门执行器电路断路 -节气门执行器 - ECM
P2103	满足下列条件之一(单程检测逻辑)： -节气门执行器电流为10 A或者更大并持续0.1 s -节气门执行器电流为7 A或者更大并持续0.6 s	-节气门执行器电路短路 -节气门执行器 -节气门 -节气门体总成 - ECM
P2111	ECM发送信号时节气门执行器不关闭（单程检测逻辑）	-节气门执行器 -节气门体总成 -节气门
P2112	ECM发送信号时节气门执行器不打开（单程检测逻辑）	
P0505	怠速转速持续严重偏离目标转速（双程检测逻辑）	-节气门电控系统 -进气系统 -PCV软管连接 -ECM

8. 电路图

怠速控制执行器的电路图如图16-19所示。

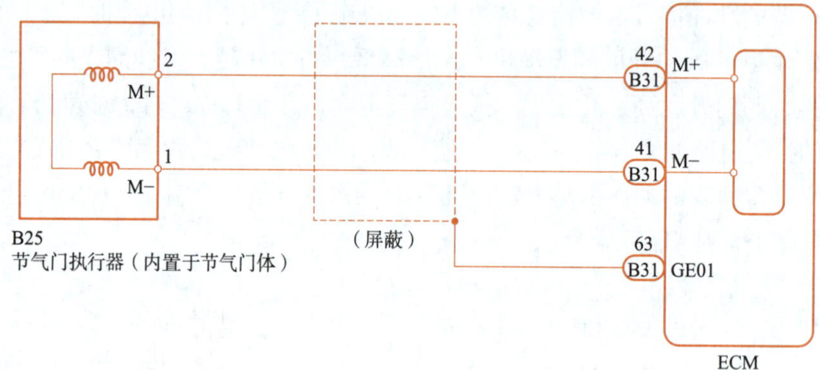

图 16-19　怠速控制执行器（节气门执行器）的电路图

9. 检查程序

1）P2102、P2103检查程序

（1）检查节气门体总成（节气门执行器电阻）。

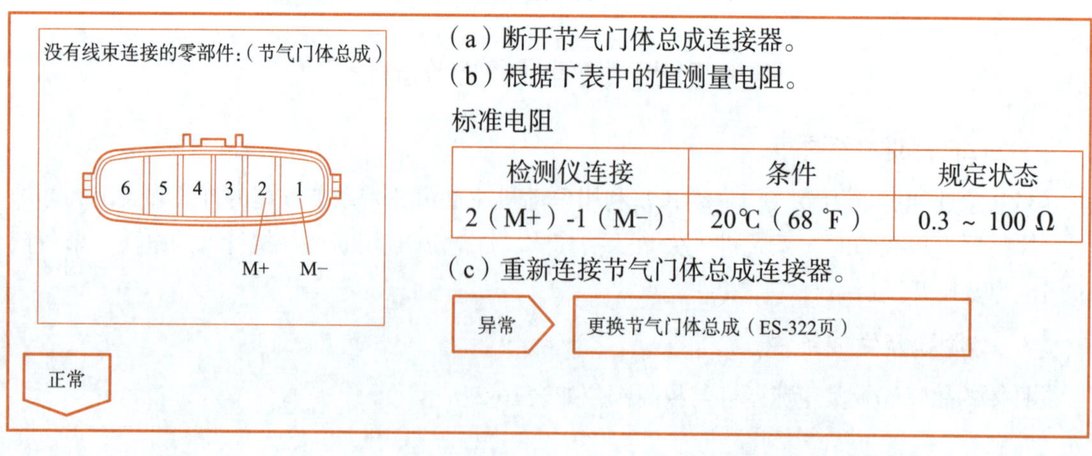

（a）断开节气门体总成连接器。

（b）根据下表中的值测量电阻。

标准电阻

检测仪连接	条件	规定状态
2（M+）-1（M−）	20℃（68 ℉）	0.3 ~ 100 Ω

（c）重新连接节气门体总成连接器。

异常　更换节气门体总成（ES-322页）

（2）检查线束和连接器（节气门执行器-ECM）。

线束连接器前视图：（至节气门体总成）

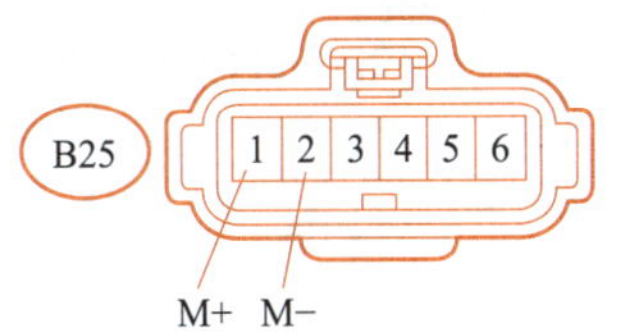

（a）断开节气门体总成连接器。
（b）断开ECM连接器。
（c）根据下表中的值测量电阻。

标准电阻（断路检查）

检测仪连接	条件	规定状态
B25-2(M+)-B31-42(M+)	始终	<1 Ω
B25-1(M−)-B31-41(M−)	始终	<1 Ω

线束连接器前视图：（至ECM）

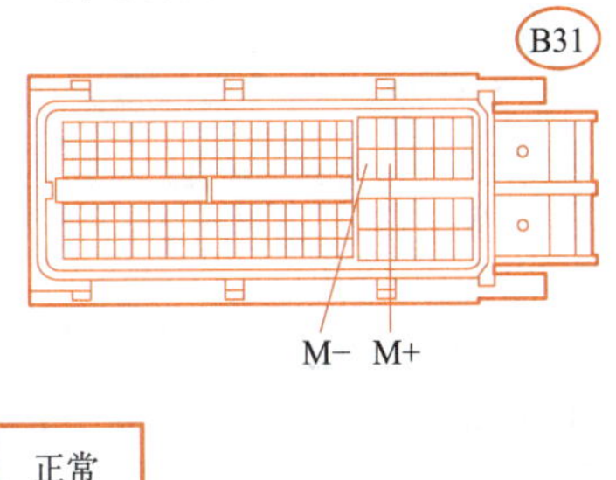

标准电阻（短路检查）

检测仪连接	条件	规定状态
B25-2(M+)或B31-42(M+)-车身搭铁	始终	≥ 10 kΩ
B25-1(M−)或B31-41(M−)-车身搭铁	始终	≥ 10 kΩ

（d）重新连接节气门体总成连接器。
（e）重新连接ECM连接器。

正常

异常 → 维修或更换线束或连接器（节气门执行器-ECM）

（3）更换节气门体总成。

更换节气门体总成（参见ES-322页）。

下一步

（4）检查DTC是否再次输出（节气门执行器DTC）。

（a）将智能检测仪连接到DLC3。
（b）将点火开关置于ON位置并开启检测仪。
（c）清除DTC（参见ES-24页）。
（d）起动发动机。
（e）行驶车辆几分钟。
（f）选择以下菜单项：Powertrain / Engine and ECT / DTC。
（g）读取DTC。

结果	转至
输出DTC P2102或P2103	A
未输出DTC	B

B → 系统正常

A

更换ECM（参见ES-326页）

2）P2111、P2112检查程序

（1）检查其他DTC输出（除DTC P2111或P2112以外）。

（a）将智能检测仪连接到DLC3。
（b）将点火开关置于ON位置并开启检测仪。
（c）选择以下菜单项：Powertrain / Engine and ECT / DTC。
（d）读取DTC。

结果	转至
输出DTC P2111或P2112	A
输出DTC P2111或P2112以及其他DTC	B

提示：如果除P2111或P2112外还输出了其他DTC，应首先对其他DTC进行故障排除。

A

B 转至DTC表（参见ES-38页）

（2）检查节气门体总成（目视检查节气门）。

检查节气门体与壳体之间是否有杂物。必要时，清洁节气门体总成。检查并确认节气门移动平稳。
正常：节气门未被异物弄脏，并且可以平稳转动。

正常

异常 更换节气门体总成（ES-322页）

（3）检查DTC是否再次输出（DTC P2111或P2112）。

（a）将智能检测仪连接到DLC3。
（b）将点火开关置于ON位置并开启检测仪。
（c）清除DTC（参见ES-24页）。
（d）起动发动机，并快速地完全踩下、松开油门踏板（以全开、全关节气门）。
（e）执行确认行驶模式。
（f）选择以下菜单项：Powertrain / Engine and ECT / DTC。
（g）读取DTC。

结果	转至
未输出DTC	A
输出DTC P2111或P2112	B

A

B 更换ECM（参见ES-326页）

检查间歇式故障（参见ES-12页）

3）P0505检查程序

（1）检查是否有其他DTC输出（DTC P0505以外）。

（a）将智能检测仪连接到DLC3。
（b）将点火开关置于ON位置并开启检测仪。
（c）选择以下菜单项：Powertrain / Engine and ECT / DTC。
（d）读取DTC。

结果	转至
输出DTC P0505	A
输出DTC P0505和其他DTC	B

A

B 转至DTC表（参见ES-38页）

（2）检查PCV软管连接。

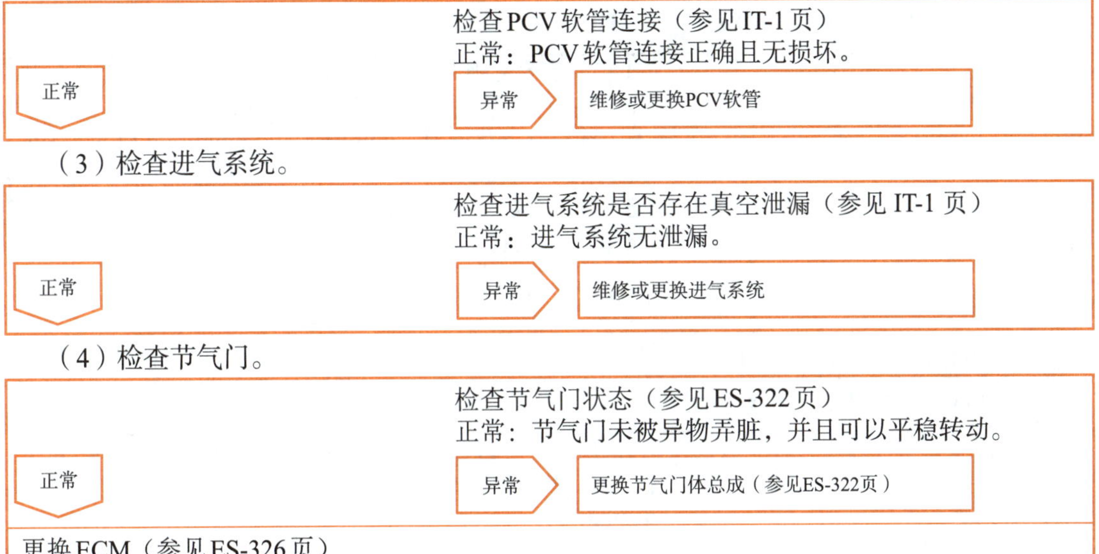

（3）检查进气系统。

（4）检查节气门。

10. P2118 节气门执行器控制电机电流范围故障码

节气门电控系统有一个专用的电源电路。电压(+BM)被监视且电压过低（低于4V）时，ECM断定节气门电控系统有故障，并切断流向节气门执行器的电流。

电压不稳定时，节气门电控系统本身也变得不稳定。因此，当电压过低时，流向节气门执行器的电流被切断。如果维修后系统恢复正常，将点火开关置于OFF位置。然后ECM允许电流流向节气门执行器，执行器从而可以重新启动。

1）故障码及条件

具体的故障码及其生成条件与故障部位如表16-3所示。

表16-3　故障码及其生成条件与故障部位

DTC 号	DTC 检测条件	故障部位
P2118	节气门电控系统电源 (+BM) 电路断路 (单程检测逻辑)	- 节气门电控系统电源电路断路 - 蓄电池 - 蓄电池端子 - ETCS 熔丝 - ECM

2）节气门供电电路图

节气门供电电路图如图16-20所示。

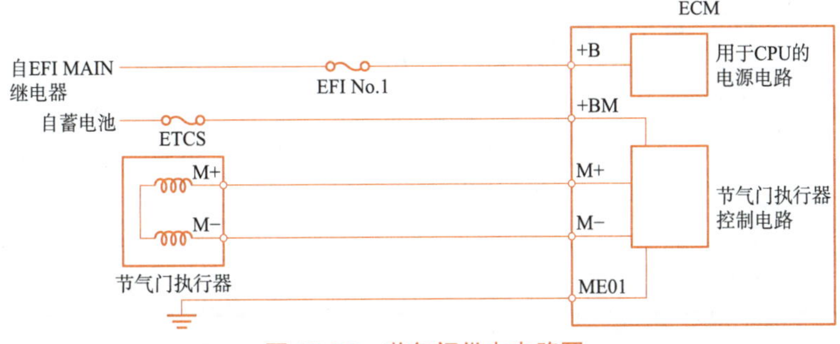

图16-20　节气门供电电路图

3）检查程序

（1）使用智能检测仪读取数值（+BM电压）。

（a）将智能检测仪连接到DLC3。

（b）将点火开关置于ON位置并开启检测仪。

（c）选择以下菜单项：Powertrain / Engine and ECT / Data List / +BM voltage。

（d）读取检测仪上的显示值。

标准电压：11 ~ 14 V。

异常 → 转至步骤2

正常 ↓

检查间歇性故障（参见ES-12页）

（2）检查熔丝（ETCS熔丝）。

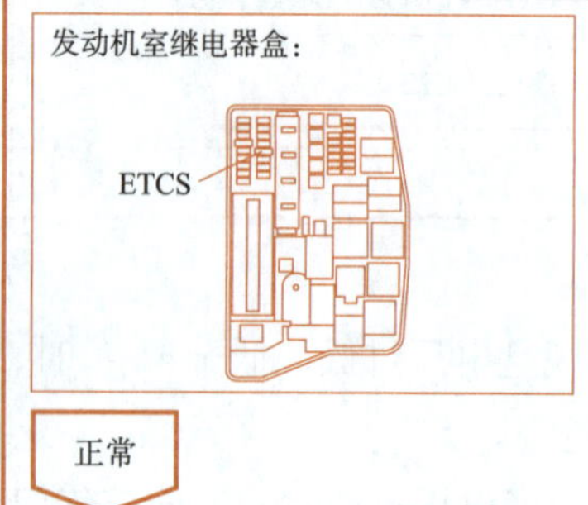

（a）从发动机室继电器盒中拆下ETCS熔丝。

（b）根据下表中的值测量电阻。

标准电阻

检测仪连接	条件	规定状态
ETCS 熔丝	始终	<1 Ω

（c）重新安装ETCS熔丝。

异常 → 更换熔丝（ETCS熔丝）

正常 ↓

（3）检查线束和连接器（ECM-蓄电池）。

线束连接器前视图：（至ECM）

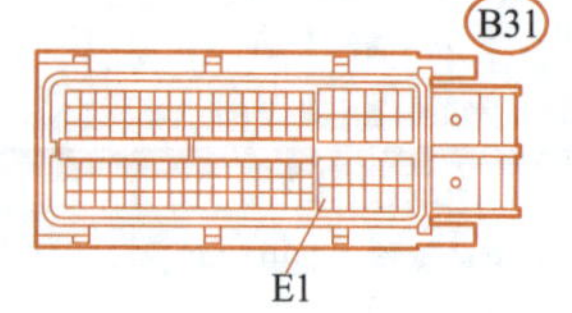

（a）断开ECM连接器。

（b）根据下表中的值测量电阻。

标准电压

检测仪连接	条件	规定状态
A50-3(+BM)-B31-104 (E1)	始终	9 ~ 14 V

（c）重新连接ECM连接器。

异常 → 维修或更换线束或连接器（ECM-蓄电）

线束连接器前视图：（至ECM）

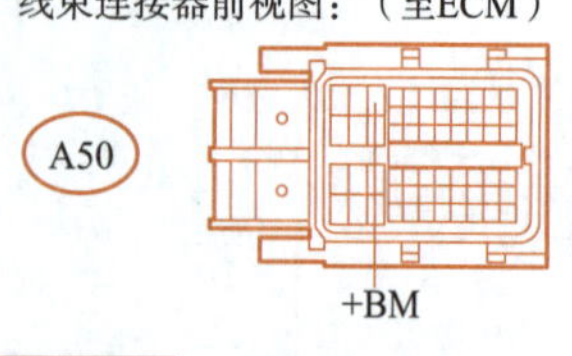

正常 ↓

更换ECM（参见ES-326页）

项目实施

1. 注意事项

（1）遵守实验室规章制度，未经许可，不得擅自移动和拆卸仪器与设备。

（2）必须穿工作服、工作鞋，严格执行安全、5S管理制度。

（3）严禁未经许可，擅自操作教具、设备的电器开关、点火开关和起动开关，以防发生危险。

（4）在教师允许和监控下，才能起动发动机，需与设备周围的人员进行互动，防止意外发生。

（5）发动机运行期间，严禁拔下各传感器及执行器接口，以免损坏ECU。

2. 实施步骤

项目工单

项目名称	检测怠速控制执行器		序号	16	日期	
班级		姓名		学号		

一、资讯

（1）怠速控制执行器共分几种类型？ 1ZR发动机的怠速控制执行器为什么型式？5A发动机怠速控制执行器为什么型式？

（2）连接怠速控制执行器电路并填写相应内容。

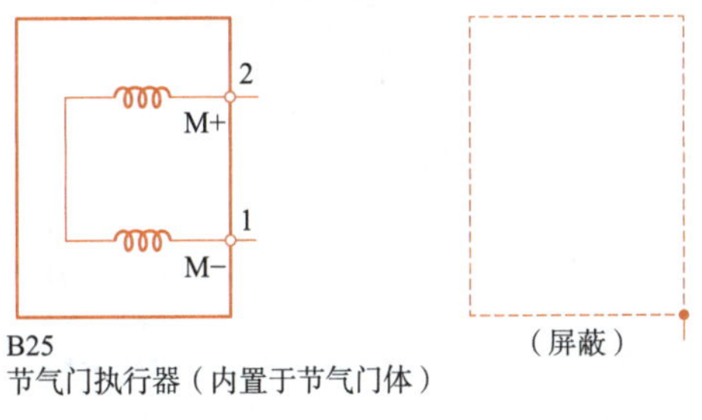

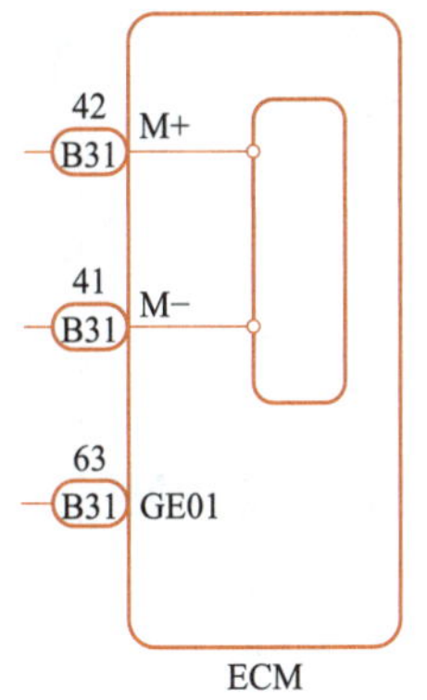

端子	功用	条件及参数
B25-1		
B25-2		

二、决策和计划

人员分工		选择设备	工作计划
组号			
组长			
组员			

三、实施

1. 怠速控制执行器信号端子电压、电阻测量（条件：无故障测试）

端子	静态电阻 /Ω	怠速时平均电压 /V
B25-1 至 B25-2		

2. 怠速控制执行器信号波形测试

示波器正表笔连接元件端口编号：________ 针脚号：________ 示波器负表笔连接部位：________	每格电压：　　　每格时间：

3．故障排除（由教师设置故障，每组可设不同故障点）

（1）故障现象。

（2）故障码的检测与清除。

（3）定格数据及数据分析。

（4）故障原因分析。

（5）基本检查。

（6）主要数据流读取与分析。

（7）故障排除与检测过程记录。

（8）故障点确认。

（9）维修结论。

（10）维修结果。

四、检查

每个工作小组选派一名代表，汇报实训过程体会、掌握了哪些技能。教师确认发动机正常工作，故障已排除。

五、评估

序号	考核要点	配分	评分标准	得分
1	怠速控制执行器的检测原理	20	一处叙述不清扣 5 分	
2	怠速控制执行器的故障检测	30	错误一次扣 5 分	
3	故障码与数据流的读取	20	错误一次扣 5 分	
4	数据流的分析	20	错误一次扣 5 分	
5	整理工具，清理现场 实习态度和纪律	10	保持实习现场秩序和卫生，保证人身及设备的安全，违规一次扣 5 分	
6	总分	100	实得总分	

1. 小组自评：成绩________________

2. 教师点评：成绩________________

教师签字：________________

思考题

（1）怠速控制的基本类型是什么？

（2）怠速空气控制阀共有几种类型？

（3）简述节气门直动式怠速空气控制阀的检测方法。

（4）简述步进电动机的检测方法。

项目十七

检测炭罐电磁阀

一辆装有1ZR发动机的丰田卡罗拉轿车，车龄已达10年，行驶25万千米后出现了怠速不稳、油耗增加且车里汽油味道较大的情况，为此司机将车辆开到服务站进行维修。作为一名维修人员，你应该如何对车辆开展维修呢？

项目目标

1. 知识目标

（1）理解炭罐电磁阀的结构与工作原理；

（2）能够炭罐电磁阀故障对整个电控系统的影响。

2. 能力目标

（1）能够对炭罐电磁阀进行检测；

（2）知道炭罐电磁阀数据分析的方法。

3. 素质目标

（1）能够自主学习新知识，形成一定的自学能力；

（2）培养良好的社会责任感及职业道德。

项目设备

（1）工具：数字万用表，金德KT600诊断仪，常用工具各4套。

（2）设备：1ZR发动机实验台4台，解剖发动机台架1台，其他D型电控发动机1台。

项目知识

1. 燃油蒸发控制系统

汽车产生的排放物中大约有20%来自燃油蒸发。燃油蒸发控制（Evaporative Emission Control，EVAP）系统能够存储燃油系统产生的燃油蒸气（HC），阻止燃油蒸气泄漏到大气中，减少环境污染；同时将收集的燃油蒸气适时地送入进气歧管，与正常混合气混合后进入发动机燃烧，使汽油得到充分利用。

1）EVAP系统的基本组成和工作

EVAP系统的组成和构造，随汽车制造厂和生产年代的不同而不同。早期的EVAP系统多是利用真空进行控制，而现在基本上都采用发动机ECU进行控制。目前常见到的比较简单的EVAP系统如图17-1所示。它主要由油箱、活性炭罐（有的叫吸附罐）、炭罐控制电磁阀和发动机ECU等组成，能够提供比较精确的蒸发流量的控制。

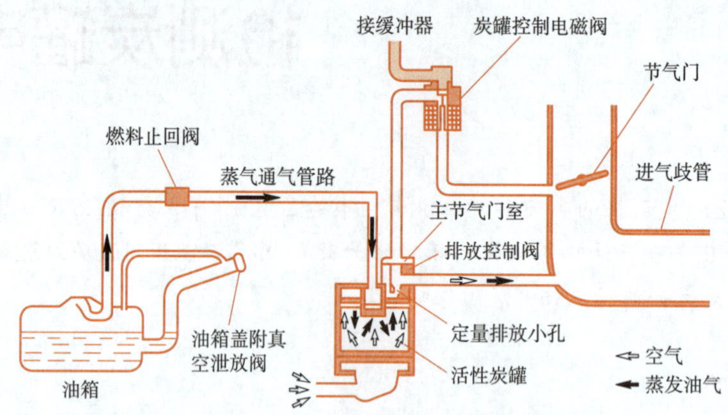

图 17-1　燃油蒸发排放控制系统

活性炭罐是燃油蒸发系统中贮存蒸气的部件，如图17-2所示。活性炭罐的下部与大气相通，上部有接头与油箱和进气歧管相连，用于收集和清除燃油蒸气。中间是活性炭颗粒，它具有极强的吸附燃油分子的作用。燃油箱内的燃油蒸气，经油箱管道进入活性炭罐后，蒸气中的燃油分子被吸附在活性炭颗粒表面。活性炭罐有一个出口，经软管与发动机进气歧管相通。软管的中部设一个活性炭罐电磁阀（常闭），以控制管路的通断。当发动机运转时，如果发动机ECU控制活性炭罐电磁阀开启，则在进气歧管真空吸力的作用下，空气从活性炭罐底部进入，经过活性炭至上方出口，再经软管进入发动机进气管，吸附在活性炭表面的燃油分子又重新脱附，随新鲜空气一起被吸入发动机汽缸燃烧。这一过程一方面使燃油得到充分利用；另一方面也使活性炭罐内的活性炭保持良好的吸附燃油分子的能力，而不会因使用太久而失效。当活性炭罐电磁阀关闭时，燃油蒸气贮存在活性炭罐中。

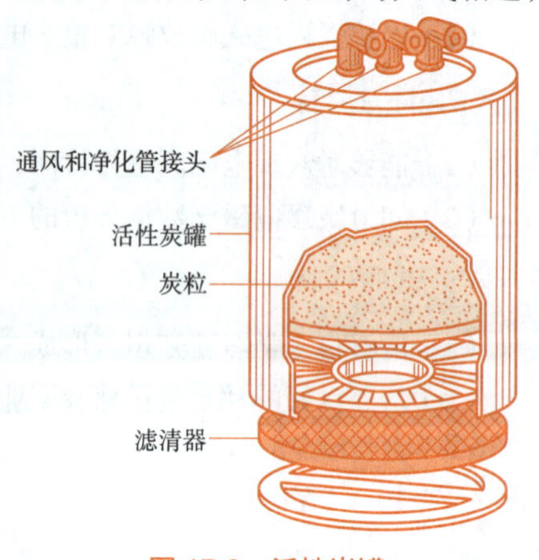

图 17-2　活性炭罐

2）EVAP系统的控制

为了防止破坏发动机正常工作时的混合气成分，影响发动机正常工作，必须对燃油蒸气进入发动机进气歧管的时机和进入量进行控制。

目前，尽管各汽车生产厂家都采用发动机ECU控制炭罐控制电磁阀的通断来控制其开启和关闭，线圈通电时，电磁阀开启；线圈断电时，电磁阀关闭，但它们在控制电磁阀开闭的时机和方法上并不完全一样。

一般说来，发动机ECU使炭罐控制电磁阀通电通常考虑以下条件：

（1）发动机起动已超过规定的时间；

（2）冷却液温度已高于规定值；

（3）怠速触点开关处于断开状态；

（4）发动机转速高于规定值。

当满足以上条件时，发动机ECU使电磁阀线圈电路接地通电，电磁阀的阀门开启，贮存在活性炭罐内的燃油蒸气经软管被吸入发动机燃烧。此时由于发动机的进气量较大，少量的燃油蒸气进入发动机不会影响混合气的浓度。如果不完全满足上述条件，ECU不会激活炭罐电磁阀，燃油蒸气被储存在炭罐中。

较先进的EVAP系统，一般都能根据发动机负荷等情况，适时控制电磁阀的通电占空比，以达到控制电磁阀开启程度的目的。

3）EVAP系统检修

（1）EVAP的一般诊断。

注意：在EVAP系统元件附近不要抽烟，也不要让其他火源接近。如果在汽车内或汽车附近有汽油气味，应立即检查EVAP系统的软管是否有裂纹或断开，并检查燃油系统是否有泄漏。若有燃油泄漏或燃油蒸发泄漏，应立即维修处理。

EVAP系统的诊断随汽车制造商和车型年度的不同而不同。应依照汽车制造商维修手册中的维修与诊断步骤进行。在发动机怠速时或在很低速度下工作时，如果EVAP系统将蒸气注入进气歧管，发动机将出现工作不稳定。

EVAP系统的一般诊断方法如下。

① 检查EVAP系统中所有软管是否泄漏、堵塞和连接松动。检查EVAP系统中的电路连接是否松动、接线端是否腐蚀、绝缘部分是否磨损。如果炭罐控制电磁阀和相关电路内发生故障，常常在发动机ECU存储器内设置故障码。

② 可使用扫描检测仪诊断EVAP系统。在正确的故障诊断仪模式下，该故障诊断仪指示炭罐控制电磁阀是接通还是断开。将故障诊断仪连接到DLC上，再起动发动机。当发动机怠速时，炭罐控制电磁阀应该断开。

③ 继续着车直到满足电磁阀接通的条件。如果在此条件下电磁阀没有接通，应检查该电磁阀的供电导线、电磁阀以及从该电磁阀至ECU的导线。

（2）EVAP系统元件的诊断。

EVAP系统元件的诊断方法如下。

① 将发动机预热至正常工作温度，然后使发动机怠速运转。

② 脱开活性炭罐上的真空软管，用手触摸软管开口端感觉有没有真空吸力。怠速时电磁阀不通电，软管内应无真空吸力；若此时有吸力，则检查电磁阀线束插头内的电源电压，若有电压，则检查ECU；若无电压，则检查电磁阀是否泄漏。

③ 踩下加速踏板，使发动机转速升高到2 000 r/min以上，检查软管内有无真空吸力，若有吸力则为正常，若没有吸力，则检查电磁阀线束插头内电源电压，若电压正常，说明电磁阀有故障；若电压不正常或没有电压，则进一步检查线路和ECU。

④ 检查活性炭罐电磁阀。

检查电磁阀电磁线圈的电阻值。拔下电磁阀线束连接器，用万用表 Ω 挡测量电磁阀电磁线圈的电阻值。电阻值应符合规定，否则应更换电磁阀。

脱开电磁阀插头，向活性炭罐进气孔吹气时应不导通，将蓄电池电压加在电磁阀的两端子上，再向活性炭罐进气孔吹气应能通气。否则说明电磁阀有故障，应更换。

（3）检查活性炭罐（以LS400为例）。

① 检查活性炭罐表面应无损坏或裂开。

② 如图17-3（a）所示，用低压空气吹入油箱接管，空气应无阻地从其他管子流出。用低压空气吹入排污接管，空气应不能从其他接管流出。如有问题，更换活性炭罐。

（4）清洗活性炭罐中的滤清器。

如图17-3（b）所示，堵塞排污管，用294 kPa的压缩空气吹入油箱接管，可清洗活性炭罐滤清器。

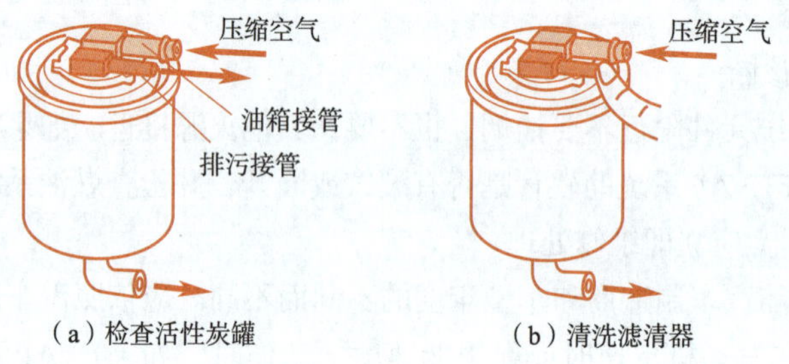

图 17-3　活性炭罐的检查与清洗

2. 1ZR 炭罐电磁阀的检修

1）故障码及生成条件

具体的故障码及其生成条件与故障部位如表17-1所示。

表 17-1　故障码及其生成条件与故障部位

DTC号	DTC检测条件	故障部位
P0443	ECM输出电路的端子电压与自ECM至清污VSV的驱动信号不一致。（单程检测逻辑）	- 清污VSV电路断路或短路 - 清污VSV - ECM

2）电路图

炭罐电磁阀的电路图如图17-4所示。

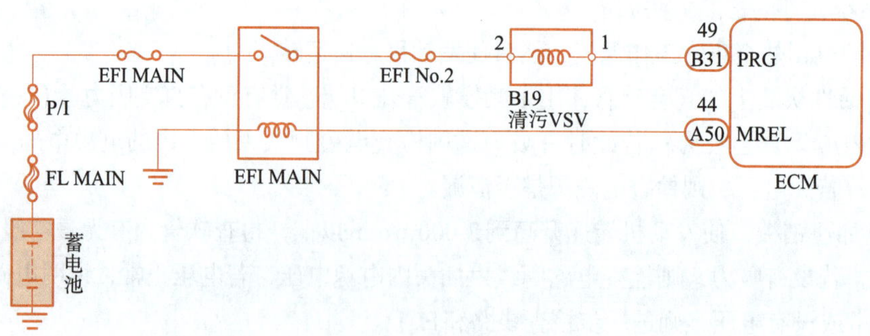

图 17-4　炭罐电磁阀电路图

3）检查程序

（1）使用智能检测仪执行主动测试（激活清污VSV控制）。

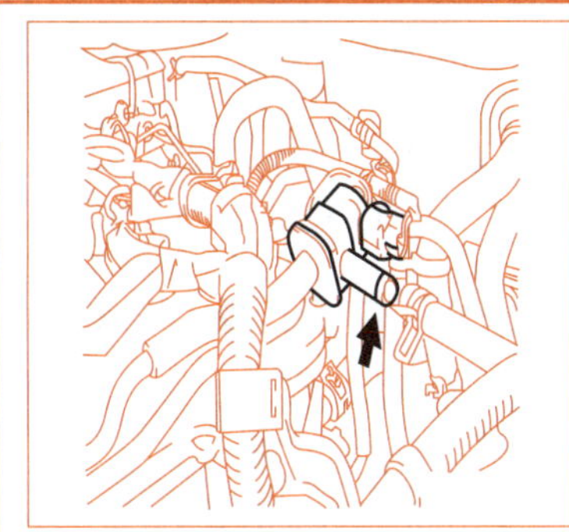

（a）将智能检测仪连接到DLC3。
（b）从炭罐上断开清污VSV的真空软管。
（c）起动发动机。
（d）打开检测仪。
（e）选择以下菜单项：Powertrain / Engine and ECT / Active Test / Activate the VSV for Evap Control。
（f）使用智能检测仪操作清污VSV时，检查断开的软管是否对手指有吸力。

正常：

检测仪操作	规定状态
VSV 打开	断开的软管对手指有吸力
VSV 关闭	断开的软管对手指无吸力

（g）将清污VSV的真空软管重新连接至炭罐。

正常

异常　转至步骤2

检查间歇性故障（参见ES-12页）

（2）检查清污 VSV。

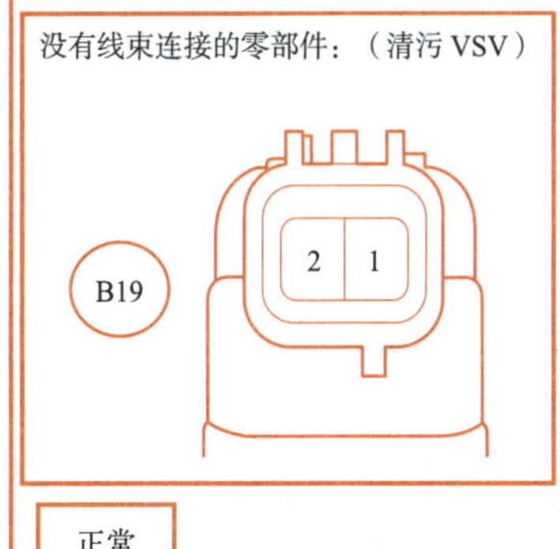

（a）断开清污VSV连接器。
（b）根据下表中的值测量电阻。

标准电压

检测仪连接	条件	规定状态
B19-1 -B19-2	20℃ (68 ℉)	23 ～ 26 Ω

（c）重新连接清污VSV连接器。

异常　更换清污VSV（参见EC-11页）

正常

（3）检查清污VSV（电源电压）。

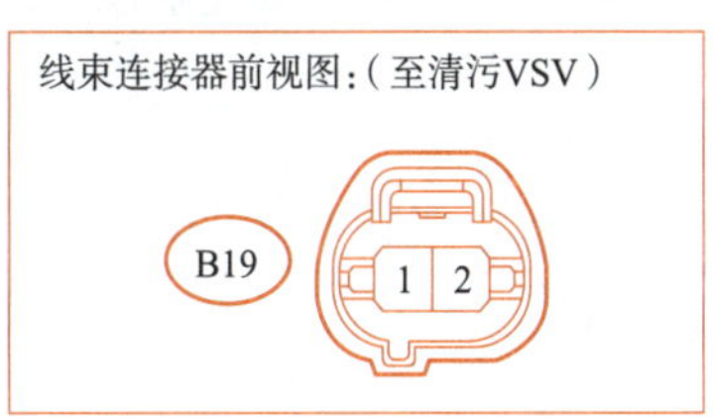

（a）断开清污VSV连接器。
（b）将点火开关置于ON位置。
（c）根据下表中的值测量电压。

标准电压

检测仪连接	开关状态	规定状态
B19-2- 车身搭铁	点火开关置于 ON 位置	9 ～ 14 V

（d）重新连接清污VSV连接器。

异常　转至步骤5

正常

（4）检查线束和连接器（清污 VSV-ECM）。

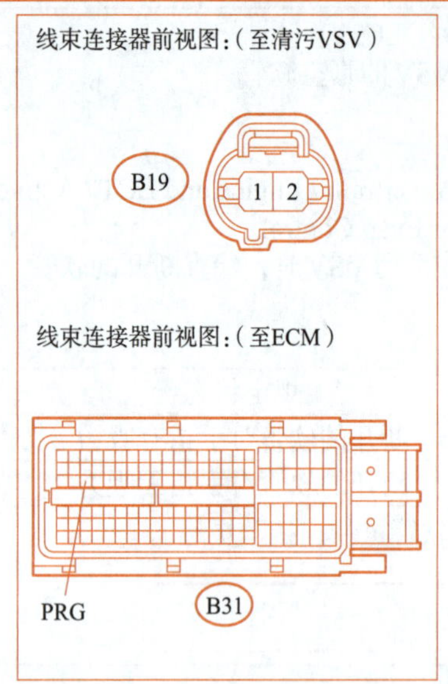

（a）断开清污VSV连接器。

（b）断开ECM连接器。

（c）根据下表中的值测量电阻。

标准电阻（断路检查）

检测仪连接	条件	规定状态
B19-2-B31-49（PRG）	始终	<1 Ω

标准电阻（短路检查）

检测仪连接	条件	规定状态
B19-2 或 B31-49（PRG）- 车身搭铁	始终	≥ 10 kΩ

（d）重新连接清污VSV连接器。

（e）重新连接ECM连接器。

异常 → 维修或更换线束或连接器（清污 VSV-ECM）

正常 ↓

更换ECM（参见ES-326页）

（5）检查熔丝（EFI No.2 熔丝）。

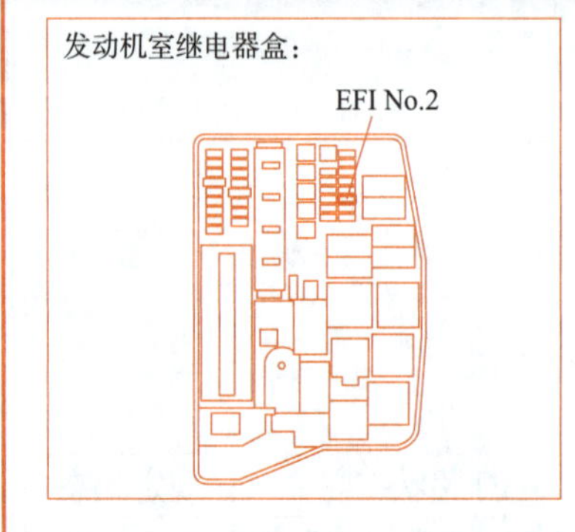

（a）从发动机室继电器盒上拆下EFI No.2熔丝。

（b）根据下表中的值测量电阻。

标准电阻

检测仪连接	条件	规定状态
EFI No.2 熔丝	始终	<1 Ω

（c）重新安装EFI No.2熔丝。

异常 → 更换熔丝（EFI No.2熔丝）

正常 ↓

维修或更换线束或连接器[清污VSV-集成继电器（EFI主继电器）]

项目实施

1. 注意事项

（1）遵守实验室规章制度，未经许可，不得擅自移动和拆卸仪器与设备。
（2）必须穿工作服、工作鞋，严格执行安全、5S管理制度。
（3）严禁未经许可，擅自操作教具、设备的电器开关、点火开关和起动开关，以防发生危险。
（4）在教师允许和监控下，才能起动发动机，需与设备周围的人员进行互动，防止意外发生。
（5）发动机运行期间，严禁拔下各传感器及执行器接口，以免损坏ECU。
（6）在EVAP系统元件附近不要抽烟，也不要让其他火源接近。
（7）如果在汽车内或汽车附近有汽油味，应立即检查EVAP是否有漏油处。

2. 实施步骤

项目工单

项目名称	检测炭罐电磁阀		序号	17	日期	
班级		姓名		学号		

一、资讯

（1）炭罐电磁阀的作用是什么？

（2）连接炭罐电磁阀电路并填写相应内容。

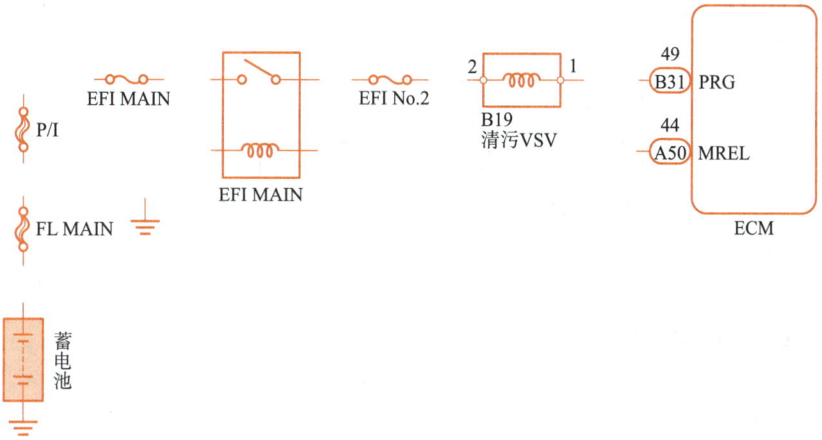

端子	功用	条件及参数
B19-1		
B19-2		

二、决策和计划

<table>
<tr><td colspan="2">人员分工</td><td>选择设备</td><td>工作计划</td></tr>
<tr><td>组号</td><td></td><td rowspan="3"></td><td rowspan="3"></td></tr>
<tr><td>组长</td><td></td></tr>
<tr><td>组员</td><td></td></tr>
</table>

三、实施

1. 炭罐电磁阀信号端子电压、电阻测量（条件：无故障测试）

端子	静态电阻 /Ω	怠速时电压 /V	2 000 r/min 时电压 /V
B19-1 至 B19-2			

2. 炭罐电磁阀信号波形测试（B19-1）

示波器正表笔连接元件端口编号：______ 针脚号：______ 示波器负表笔连接部位：______	每格电压：　　每格时间：

3. 故障排除（由教师设置故障，每组可设不同故障点）

（1）故障现象。

（2）故障码的检测与清除。

（3）定格数据及数据分析。

（4）故障原因分析。

（5）基本检查。

（6）主要数据流读取与分析。

（7）故障排除与检测过程记录。

（8）故障点确认。

（9）维修结论。

（10）维修结果。

四、检查

每个工作小组选派一名代表，汇报实训过程体会、掌握了哪些技能。教师确认发动机正常工作，故障已排除。

五、评估

序号	考核要点	配分	评分标准	得分
1	炭罐电磁阀的检测原理	20	一处叙述不清扣5分	
2	炭罐电磁阀的故障检测	30	错误一次扣5分	
3	故障码与数据流的读取	20	错误一次扣5分	
4	数据流的分析	20	错误一次扣5分	
5	整理工具，清理现场 实习态度和纪律	10	保持实习现场秩序和卫生，保证人身及设备的安全，违规一次扣5分	
6	总分	100	实得总分	

1. 小组自评：成绩____________________

2. 教师点评：成绩____________________

教师签字：____________________

思考题

（1）汽车增加EVAP系统的目的是什么？

（2）EVAP系统都包括几部分？

（3）简述炭罐电磁阀的检测方法。

（4）简述炭罐电磁阀及其控制系统出现问题后，对发动机正常运转有没有影响？

项目十八

检测三元催化器

一辆装有1ZR发动机的丰田卡罗拉轿车，车龄已达10年，行驶20万千米后出现了怠速不稳、动力不足加速无力且排污超标的现象，现需要对三元催化器进行检查、维护或维修，为此司机将车辆开到服务站进行维修。作为一名维修人员，你应该如何进行三元催化器的检测维修呢？

项目目标

1. 知识目标

（1）理解三元催化器的结构与工作原理；

（2）掌握三元催化器故障对整个电控系统的影响。

2. 能力目标

（1）能够对三元催化器进行检测；

（2）知道三元催化器数据分析的方法。

3. 素质目标

（1）能够自主学习新知识，形成一定的自学能力；

（2）培养良好的专业素质及职业能力。

项目设备

（1）工具：数字万用表，金德KT600诊断仪，常用工具各4套。

（2）设备：1ZR发动机实验台4台，解剖发动机台架1台，其他D型电控发动机1台。

项目知识

1. 三元催化器的工作原理

发动机的废气中含有大量的CO、HC和NO_x等有害气体，其生成机理比较复杂，影响因素也比较多，主要有空燃比，点火提前角，发动机的负荷、转速、温度以及内部结构等。

图18-1为空燃比对CO、HC和NO_x的影响曲线。由图中可以发现在理论空燃比附近，废

气中的CO、HC和NO_x含量都比较少，这一特点非常重要，成为研制三元催化器的依据。

点火提前角对CO生成物影响不大，但对HC和NO_x的影响极大，如图18-2、图18-3所示。点火提前角越大，HC和NO_x的生成物越多，因此过大的点火提前角是不可取的，而过小的点火提前角又会降低发动机的动力性和经济性，因此采用正确的点火提前角极为重要。

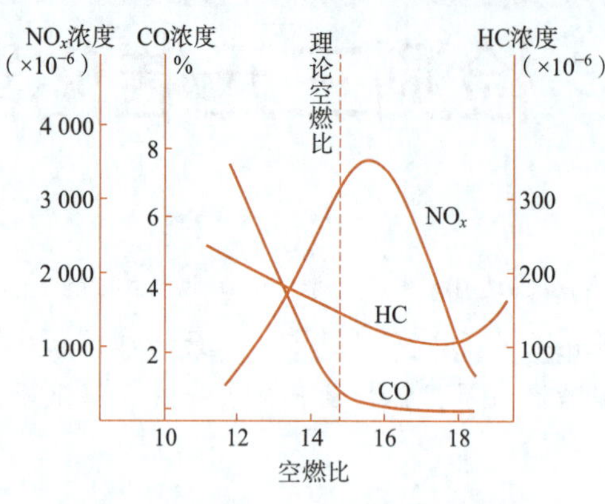

图18-1　空燃比对废气的影响曲线

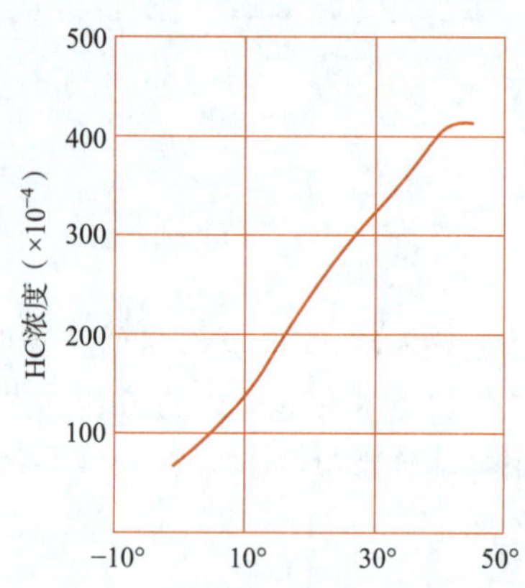

图18-2　点火提前角对HC的影响

铂、铑、钯以及一些稀土金属对CO，HC和NO_x都有一种催化净化功能。在400～800℃的高温中NO_x会发生还原反应，生成氮和氧，而O_2与CO和HC又产生氧化反应，分别生成CO_2和H_2O等无毒或低毒性物质。

由实验得出，三元催化器唯有在理论空燃比的小范围内才同时具有氧化和还原反应，使CO、HC、NO_x达到最佳的净化效果，如图18-4所示。

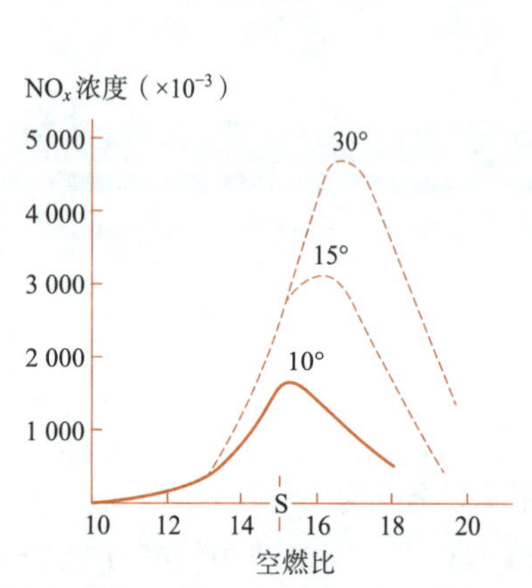

图18-3　点火提前角对NO_x的影响

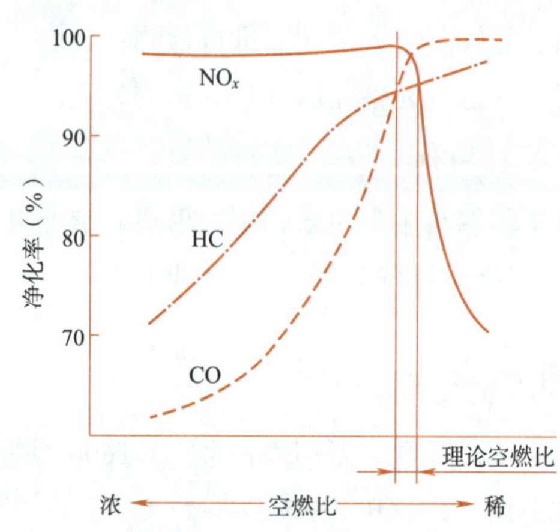

图18-4　不同空燃比下的净化效果

为了有效地控制燃油喷射系统处于理论空燃比工况下工作，人们利用氧传感器的电荷导电性来实现理论空燃比的检测，并将检测结果反馈给ECU，使ECU能迅速修正喷油量确保发动机处于理论空燃比工况下工作，这一反馈控制称为燃油喷射系统的闭环控制。

三元催化器中主要起作用的是三元催化剂，它是铂（或钯）和铑的混合物，它促使有害气体HC、CO和NO_x发生反应，生成无害的CO_2、N_2和H_2O。但是只有当混合气的空燃比保持稳定时，三元催化器的转换效率才能得到精确控制。图18-5为三元催化器的转换效率与混合气空燃比的关系曲线。从图中可看出，只有当发动机在标准的理论空燃比14.7∶1下运转时，三元催化器的转换效率才最佳，为此必须对可燃混合气的空燃比进行精确的控制，把空燃比尽量保持在理论空燃比14.7∶1附近很窄的范围内。

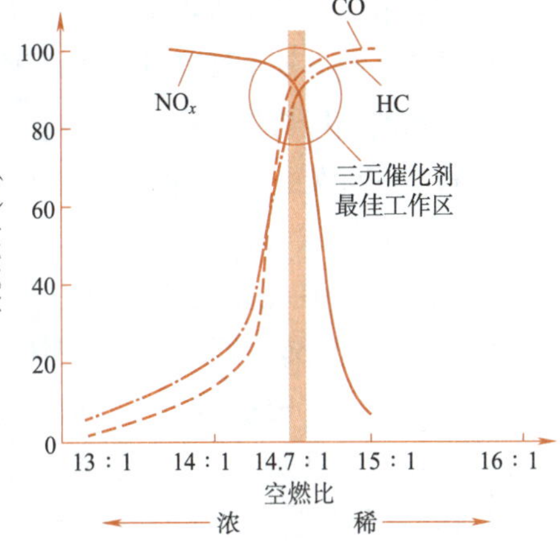

图18-5 三元催化器转换效率与空燃比的关系曲线

2. 三元催化器的检查与测试

1）使用与维修相关基础知识

三元催化器不需要定期维护，但装有三元催化器的车辆要长久地保持良好的排放就必须做到正确的使用。一般使用或维修中要注意以下几个方面。

（1）因为铅能使催化剂中毒、活性下降、三元催化效率降低，所以装有三元催化器的汽车严禁使用含铅汽油。

（2）不要在易燃路面上行驶或停车。因为三元催化器表面温度很高，如有干草、酒精或其他有机溶剂等易燃物附在三元催化器上时，有可能燃烧使其过热。

（3）在崎岖不平的道路上行驶时一定要多加注意。因为三元催化器装在汽车底部，路况不好时很容易造成拖底，损坏三元催化器。

（4）对发动机着车困难的故障一定要及时维修。因为发动机起动时，喷油器可能一直在喷油，但如果燃油没有燃烧，就会积聚在三元催化器中。当发动机运行温度上升时，这些燃油的燃烧会使三元催化器温度过高而损坏。

（5）在维修中尽量不要用拔下高压线的方法试火或断缸试验，因为这种情况下火花塞不点火，而喷油器还在喷油，没有燃烧的燃油会积聚在三元催化器中燃烧，造成三元催化器温度过高而损坏。

2）三元催化器的外观检查

三元催化器一旦出现碰伤、破裂、失效或堵塞时，就会造成发动机动力性下降、燃油消耗量增大尤其是排放性能恶化等现象。当怀疑三元催化器有问题时，首先要进行外观检查，即将汽车升起后观察三元催化器是否有隆起、变形、泄漏、裂纹，各连接件是否牢固。拍打并晃动三元催化器，催化器内是否有物体移动的声音，排气管是否有颗粒状物质排出，若有，则说明催化器内部载体破碎，需要更换催化器。此外还要检查催化器表面是否有凹陷，若有则说明三元催化器的载体可能受到损伤。检查三元催化器外壳上是否有严重的褪色斑点或略有青色或紫色的痕迹，在隔热罩上是否有明显的暗灰斑点，如有则说明三元催化器曾处于过热状态，应做进一步检查。

注意：在三元催化器内的氧化反应过程中会释放大量的热，使它的温度很高，所以在三元催化器和其他排气系统部件及其周围作业时应特别注意，防止烫伤。

3）三元催化器的测试

若检查三元催化器的外观没有问题，则可用以下三种方法对三元催化器进行测试。

（1）温度测试法。

催化转换器在正常的工作状态下，由于氧化反应产生了大量的热量，因此可以通过温差对比来检测催化转换器性能的好坏。用高温测试仪测试三元催化转换器进气口和出气口的温度，正常情况下转换器出气口应该至少比进气口温度高30～100℃，否则表明该转换器工作不良，应进行更换或修理。转换器工作不良时，应检查空气泵系统，以确保在发动机处于正常工作温度时能保持向转换器泵入空气。如果没有出现空气流，也会使催化转换器工作无效。

（2）氧传感器信号测试法。

有些车辆在三元催化转换器前后各安装了一个加热型氧传感器，发动机ECU就是利用这两个氧传感器的信号来监测三元催化转换器的工作性能。因此，我们可以用这两个氧传感器的性能来判断三元催化转换器的工作性能。确认氧传感器没有故障的前提下，可以用双通道示波器获取两个氧传感器的信号波形。在发动机正常的工作温度条件下，如果两个氧传感器的信号波形变化基本同步，则说明三元催化转换器已经失效，必须进行更换。

（3）尾气分析测试法。

三元催化转换器的工作正常与否可以用废气分析仪来测试。当发动机怠速运转、变速器在空挡时，把分析仪的探测头插入排气尾管进行快速检测。观察读数，如果读数在发动机说明书的范围内，说明催化剂仍在工作，如一个或两个（HC和CO）读数超过规定，说明催化剂可能已经失效。

某些汽车在三元催化转换器前的排气系统中，有一个可插入废气分析仪测头的连接装置。这样可以通过测量三元催化转换器前、后废气中的有害气体量，来判断催化转换器的有效性。如在三元催化转换器前、后测得的读数相同。说明催化转换器已不起作用，应查出其失效的原因，然后再进行维修或更换。

注意：排放检测前要先预热。由于三元催化转换器只有达到正常温度后才能发挥催化作用，因此在对车辆作排放检测前，一定要对发动机进行充分的预热（水温达到90℃）。

3. 1ZR 三元催化器故障的检测

ECM利用分别安装在三元催化转换器前、后的加热型氧传感器来监测其效率。前加热型氧传感器（S1）向ECM传送三元催化转换器处理之前的空燃比信息，后加热型氧传感器（S2）则向ECM传送三元催化转换器处理之后的空燃比信息。ECM比较这两种信号以估算三元催化转换器的效率以及其储氧能力。正常工作期间，三元催化转换器根据需要储存和释放氧气，其储氧能力会降低三元催化转换器废气处理之后的变化。

如果三元催化转换器工作正常，传感器S2的波形在浓和稀之间波动。

随着三元催化转换器效率下降，其储氧能力降低且传感器输出变化会变大。

三元催化转换器监视器工作时，ECM测量传感器S1和传感器S2的信号长度，然后计算信号长度之比（三元催化转换器失效程度）。如果三元催化转换器失效程度超过阈值，则ECM将其视为TWC故障。ECM使MIL亮起并设置一个DTC。

氧传感器信号三元催化正常与不正常，氧传感器信号示意图如图18-6所示。

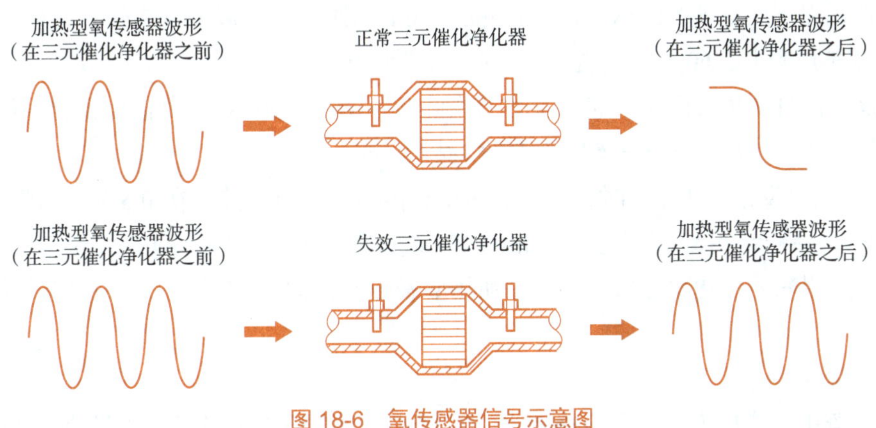

图18-6　氧传感器信号示意图

1）故障码及生成条件

具体的故障码及其生成条件与故障部位如表18-1所示。

表18-1　故障码及其生成条件与故障部位

DTC号	DTC检测条件	故障部位
P0420	在主动空燃比控制（双程检测逻辑）下，氧存储容量值小于标准值	前排气管（带三元催化净化器） 排气系统废气泄漏 加热型氧传感器（S1） 加热型氧传感器（S2）

2）确认行驶模式

执行此确认模式将激活催化剂监视，这有助于验证维修是否完成。该确认行驶模式用于以下诊断故障排除程序，如图18-7所示。

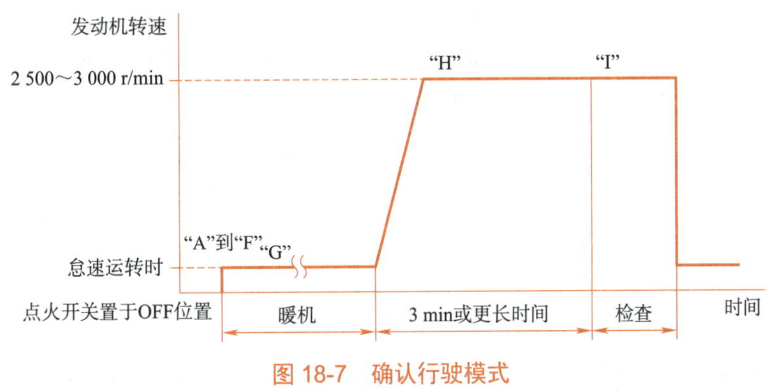

图18-7　确认行驶模式

（1）将智能检测仪连接到DLC3（程序A）。

（2）将点火开关置于ON位置（程序B）。

（3）打开检测仪（程序C）。

（4）清除DTC（若设置）（参见ES-24页）（程序D）。

（5）进入检测模式（参见ES-28页）（程序E）。

（6）选择以下菜单项：Powertrain / Engine and ECT/Utility / Monitor Status。

（7）检查并确认Catalyst状态为Incomplete（程序F）。

（8）所有附件开关关闭时，起动发动机并暖机，直到发动机冷却液温度稳定（程序G）。

（9）以2 500 ~ 3 000 r/min的转速运转发动机3min（程序H）。

（10）将信息反馈至ECM时，确定加热型氧传感器（S1）波形在0.5 V左右浮动。然后检查加热型氧传感器（S2）的波形是否相同（反馈过程中0.5 V）（程序I）。

提示：如果三元催化净化器有故障，加热型氧传感器S2的波形几乎与加热型氧传感器S1的相同。

3）检查程序

提示：使用智能检测仪读取定格数据。存储DTC时，ECM将车辆和驾驶条件信息记录为定格数据。进行故障排除时，定格数据有助于确定故障出现时车辆是运行还是停止、发动机是暖机还是冷机、空燃比是稀还是浓，以及其他数据。

（1）检查爆震传感器。

（a）将智能检测仪连接到DLC3。

（b）将点火开关置于ON位置。

（c）打开检测仪。

（d）选择以下菜单项：Powertrain / Engine and ECT / DTC。

（e）读取DTC。

结果	转至
输出 DTC P0420	A
输出DTC P0420和其他DTC	B

提示：

如果输出P0420以外的其他DTC，应先对其他DTC进行故障排除。

B → 转至DTC表（参见ES-38页）

A

（2）使用智能检测仪进行主动测试（空燃比控制）。

（a）将智能检测仪连接到DLC3。
（b）起动发动机，并打开检测仪。
（c）使发动机以2 500 r/min的转速运转约90 s以使其暖机。
（d）在检测仪上选择以下菜单项：Powertrain / Engine and ECT / Active Test / Control the Injection Volume for A/F Sensor。
（e）在发动机怠速状态下，执行“控制A/F传感器喷油量”操作（按下RIGHT或LEFT按钮以改变燃油喷射量）。
（f）选择以下菜单项：Powertrain / Engine and ECT / DTC。
（g）监视检测仪上显示的加热型氧传感器（S1）和加热型氧传感器（S2）（O2S B1 S1和O2S B1 S2）的输出电压。

结果：
加热型氧传感器根据燃油喷射量的增加和减少作出响应。
+25%为浓输出：高于0.5 V；-12.5%为稀输出：低于0.4 V。
注意：加热型氧传感器（S1）存在数秒钟的输出延迟，加热型氧传感器（S2）存在约20 s的最大输出延迟。

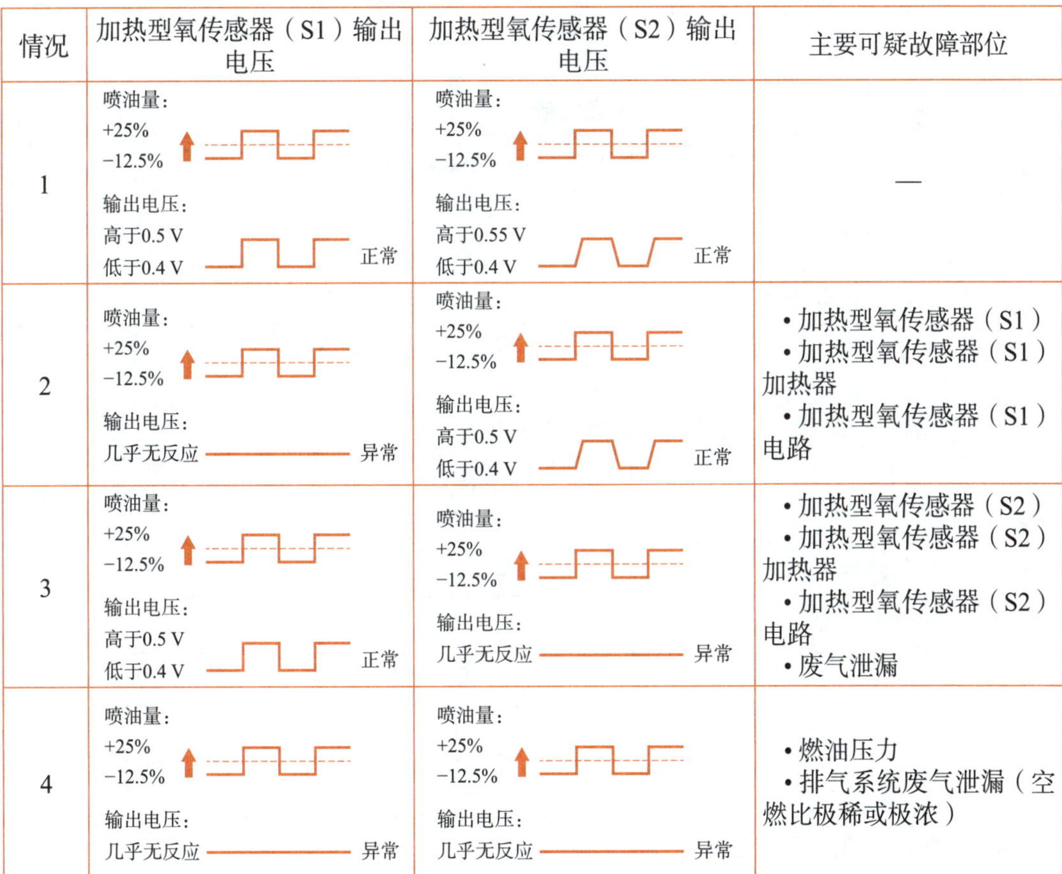

情况	加热型氧传感器（S1）输出电压	加热型氧传感器（S2）输出电压	主要可疑故障部位
1	喷油量： +25% -12.5% 输出电压： 高于0.5 V 低于0.4 V　正常	喷油量： +25% -12.5% 输出电压： 高于0.55 V 低于0.4 V　正常	—
2	喷油量： +25% -12.5% 输出电压： 几乎无反应　异常	喷油量： +25% -12.5% 输出电压： 高于0.5 V 低于0.4 V　正常	• 加热型氧传感器（S1） • 加热型氧传感器（S1）加热器 • 加热型氧传感器（S1）电路
3	喷油量： +25% -12.5% 输出电压： 高于0.5 V 低于0.4 V　正常	喷油量： +25% -12.5% 输出电压： 几乎无反应　异常	• 加热型氧传感器（S2） • 加热型氧传感器（S2）加热器 • 加热型氧传感器（S2）电路 • 废气泄漏
4	喷油量： +25% -12.5% 输出电压： 几乎无反应　异常	喷油量： +25% -12.5% 输出电压： 几乎无反应　异常	• 燃油压力 • 排气系统废气泄漏（空燃比极稀或极浓）

技师按“控制A/F传感器喷油量”程序操作可以检查加热型氧传感器（S1）和加热型氧传感器(S2)的输出电压，并将其绘成图表。若要显示图表，选择检测仪上的以下菜单项：Powertrain / Engine and ECT/ Active Test/ Control the Injection Volume for A/F Sensor / Enter / 02S B1 S1 and 02S B1 S2。

结果	转至
情况 1	A
情况 2	B
情况 3	C
情况 4	D

B → 更换加热型氧传感器（S1）（参见ES-345页）

C → 转至步骤4

D → 转至步骤5

A

（3）检查是否废气泄漏。

检查废气是否泄漏（参见 EX-1 页）

正常：

无废气泄漏

异常 → 维修或更换废气泄漏点

正常

更换三元催化净化器

（4）检查废气是否泄漏。

检查废气是否泄漏（参见 EX-1 页）

正常：

无废气泄漏

异常 → 维修或更换废气泄漏点

正常

更换加热型氧传感器（S2）(参见 ES-348 页)

（5）检查燃油压力。

检查燃油压力（参见 FU-11 页）

异常 → 转至步骤8

正常

（6）检查喷油器总成（喷油量）。

检查喷油量（参见 FU-17 页）

异常 → 更换喷油器总成（参见FU-14页）

正常

（7）检查废气是否泄漏。

检查废气是否泄漏（参见 EX-1 页）
正常：
无废气泄漏。

正常

异常 → 维修或更换废气泄漏点

更换三元催化净化器

（8）检查燃油管路。

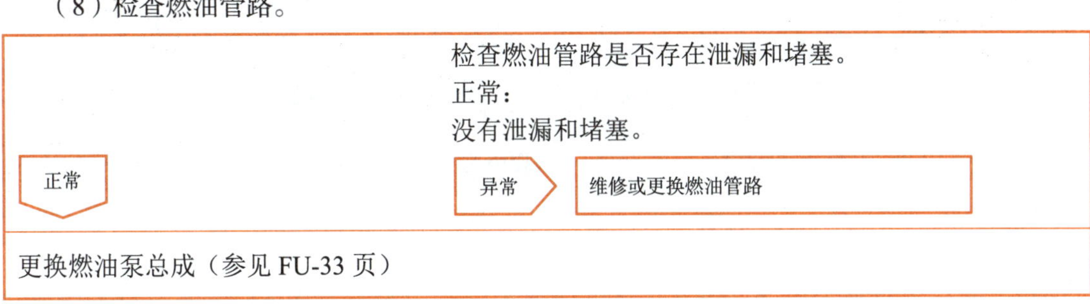

项目实施

1. 注意事项

（1）遵守实验室规章制度，未经许可，不得擅自移动和拆卸仪器与设备。

（2）必须穿工作服、工作鞋，严格执行安全、5S 管理制度。

（3）严禁未经许可，擅自操作教具、设备的电器开关、点火开关和起动开关，以防发生危险。

（4）在教师允许和监控下，才能起动发动机，需与设备周围的人员进行互动，防止意外发生。

（5）发动机运行期间，严禁拔下各传感器及执行器接口，以免损坏ECU。

2. 实施步骤

项目工单

项目名称	检测三元催化器		序号	18	日期	
班级		姓名		学号		

一、资讯

（1）三元催化器的作用是什么？

（2）三元催化器用常规检测方法有几种方法可以检测它的好坏，分别是什么方法？

（3）确认行驶模式可以激活催化器的监视，根据下图填写下表。

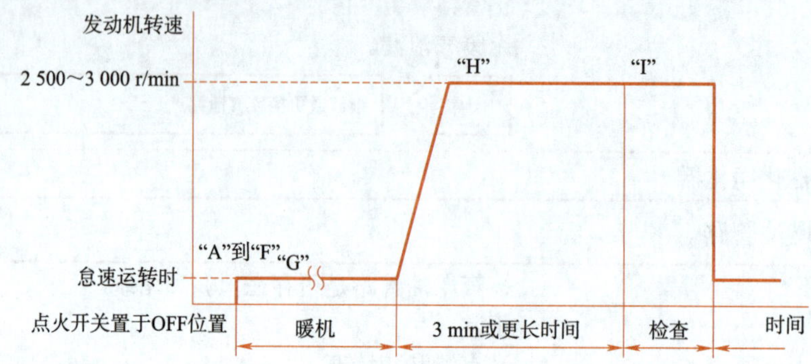

序号	步骤内容
1	
2	
3	
4	
5	
6	
7	
8	
9	
10	

二、决策和计划

人员分工		选择设备	工作计划
组号			
组长			
组员			

三、实施

（1）确认行驶模式，执行情况。

（2）三元催化器前、后氧传感器信号端子波形测试。

示波器正表笔连接 元件端口编号： ________________ 针脚号： ________________ 示波器负表笔连接部位： ________________	每格电压：　　　每格时间：

（3）根据所测波形，分析三元催化器的工作情况，分别执行几种结果的检查步骤，并记录。

四、检查

每个工作小组选派一名代表，汇报实训过程体会、掌握了哪些技能。教师确认发动机正常工作，故障已排除。

五、评估

序号	考核要点	配分	评分标准	得分
1	三元催化器的检测原理	40	一处叙述不清扣5分	
2	三元催化器的故障检测	50	错误一次扣5分	
3	整理工具，清理现场	10	保持实习现场秩序和卫生，保证人身及设备的安全，违规一次扣5分	
	实习态度和纪律			
4	总分	100	实得总分	

1. 小组自评：成绩____________________

2. 教师点评：成绩____________________

教师签字：____________________

思考题

（1）简述三元催化器的检测方法。

（2）三元催化器及其控制系统出现问题后，对发动机正常运转有没有影响？

项目十九

检测燃油系统压力

一辆装有1ZR发动机的丰田卡罗拉轿车，行驶25万千米后，司机发现该车发动机工作时，转速忽高忽低，为此司机将车辆开到服务站进行维修，需要检测燃油系统压力。作为一名维修人员，你应该如何进行燃油系统压力的检测呢？

项目目标

1. 知识目标

（1）理解电控燃油喷射系统的组成；

（2）掌握燃油供给系统组成的主要元件。

2. 能力目标

（1）能够对燃油系统释放压力；

（2）会通过测量燃油系统压力判断燃油系统的故障。

3. 素质目标

（1）能够自主学习新知识，形成一定的自学能力；

（2）培养良好的心理素质和克服困难的能力。

项目设备

（1）工具：数字万用表，金德KT600诊断仪，常用工具各4套。

（2）设备：1ZR发动机实验台4台，解剖发动机台架1台，其他D型电控发动机1台。

项目知识

电控燃油喷射系统形式多样，但其组成相同，都是由三个子系统组成：空气供给系统、燃油供给系统和控制系统，如图19-1所示。

1. 空气供给系统

空气供给系统的功用是为发动机提供清洁的空气并控制发动机正常工作时的进气量。系统工作原理图如图19-2所示。发动机工作时，空气经空气滤清器过滤后，通过空气流量计（L型）、节气门体进入进气总管，再通过进气歧管分配给各缸。节气门体中设有节气门，用以控制进入发动机的空气量，从而控制发动机的输出功率（负荷）。在节气门体的外部或内部设有与主进气道并联的旁通怠速进气通道，并由怠速控制阀控制怠速时的进气量。

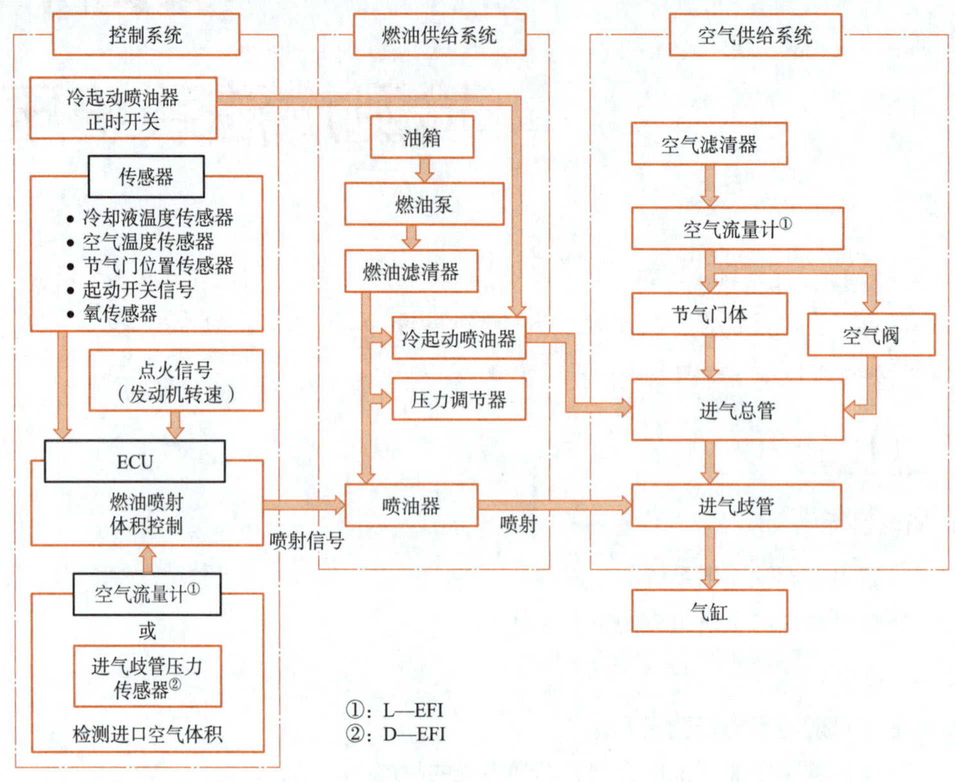

图 19-1　汽油发动机电控燃油喷射系统的组成

在L型电控燃油喷射系统中，如图19-2（a）所示，流经怠速控制阀的空气首先经过空气流量计测量。而在D型喷射系统中，如图19-2（b）所示，绝对压力传感器测量的是进气管内的绝对压力，流经怠速控制阀的空气也在检测范围内。怠速控制阀由ECU直接控制。

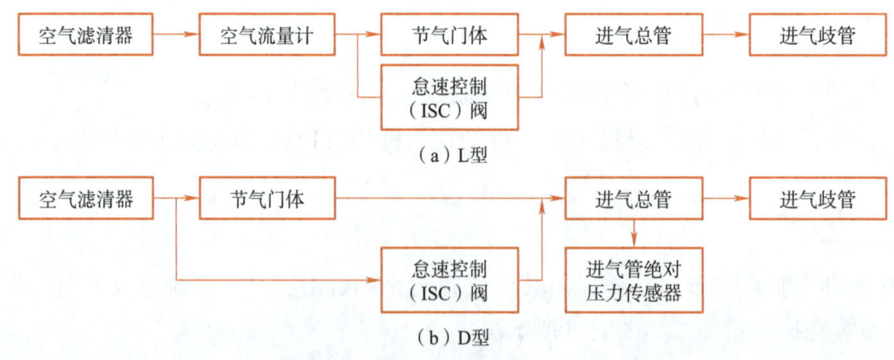

图 19-2　空气供给系统原理图

2. 燃油供给系统

燃油供给系统的功用是供给喷油器一定压力的燃油，喷油器则根据电脑指令喷油。燃油供给系统原理图如图 19-3 所示，图 19-3（a）为带回油管路（双油管），图 19-3（b）为不带回油管路（单油管），不带回油管路时，燃油压力调节器在油箱内直接将多余燃油流回油箱。

以图 19-3（a）为例，电动燃油泵将汽油自油箱内吸出，经滤清器过滤后，由压力调节器调压，通过油管输送给喷油器，喷油器根据电脑指令向进气管喷油。燃油泵供给的多余汽油经回油管流回油箱。燃油泵一般装在油箱内。喷油器由电脑控制，有些发动机上还装有冷起动喷油器。冷起动喷油器安装在进气总管上，仅在发动机低温起动时喷油，以改善发动机的低温起动性能。

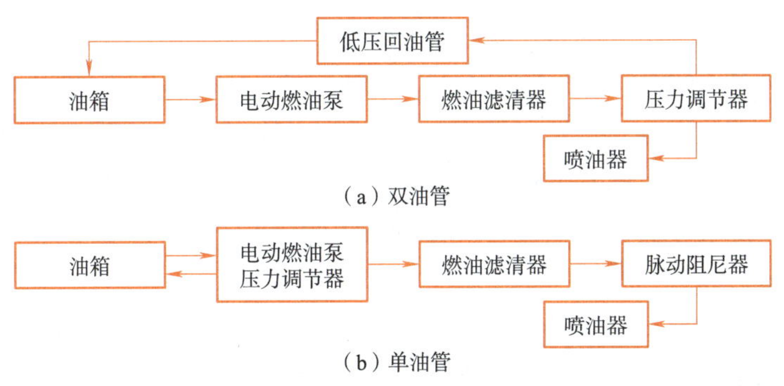

图 19-3　燃油供给系统原理图

3. 控制系统

在电控燃油喷射系统中，喷油量控制是最基本的也是最重要的控制内容，其控制系统原理如图 19-4 所示。ECU 根据空气流量信号和发动机转速信号确定基本的喷油时间（喷油量），再根据其他传感器（如冷却液温度传感器、节气门位置传感器等）对喷油时间进行修正，并按最后确定的总喷油时间向喷油器发出指令，使喷油器喷油（通电）或断油（断电）。

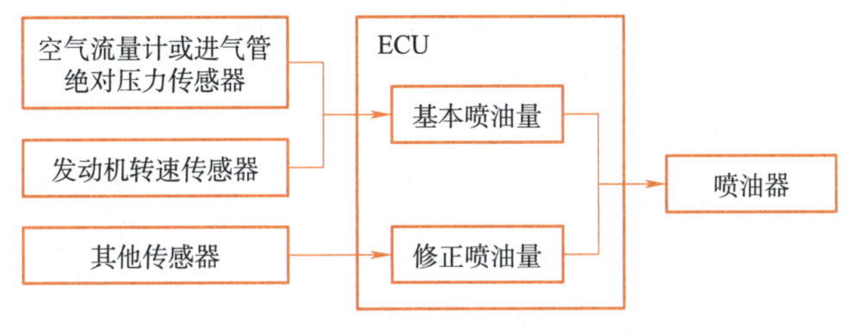

图 19-4　控制系统原理图

4. 燃油供给系统主要元件

各种发动机的燃油供给系统基本相同，都是由电动燃油泵、燃油滤清器、脉动阻尼器、燃油压力调节器及油管等组成，电动燃油泵介绍详见项目二十，下面介绍其他各主要元件。

1）燃油滤清器

燃油滤清器安装在燃油泵之后的高压油路中，其功用是滤除燃油中的杂质和水分，防止燃油系统堵塞，减小机械磨损，以保证发动机正常工作。在电控燃油喷射式发动机的燃油供给系统中，一般采用的都是纸质滤芯、一次性的燃油滤清器。燃油滤清器如图 19-5 所示，燃油从入口进入滤清器，经过壳体内的滤芯过滤后，清洁的燃油从出口流出。

一般汽车每行驶20 000～40 000 km或1～2年，应更换燃油滤清器。更换燃油滤清器时，应首先释放燃油系统压力，并注意燃油滤清器壳体上的箭头标记为燃油流动方向。

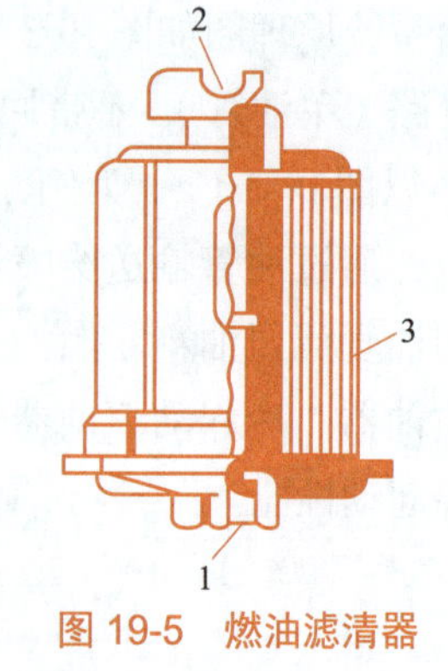

图 19-5　燃油滤清器

1—入口；2—出口；3—滤芯

2）脉动阻尼器

部分电控燃油喷射式发动机的燃油供给系统中，在输油管的一端装有脉动阻尼器，其功用是衰减喷油器喷油时引起的燃油压力脉动，使燃油系统压力保持稳定。脉动阻尼器如图19-6所示，主要由膜片和膜片弹簧等组成。发动机工作时，燃油经过脉动阻尼器膜片下方进入输油管，当燃油压力产生脉动时，膜片弹簧被压缩或拉伸，膜片下方的容积略有增大或减小，从而可起到稳定燃油系统压力的作用。同时膜片弹簧的变形可吸收脉动能量，迅速衰减燃油压力的脉动。脉动阻尼器一般不会发生故障。需进行拆卸时，注意应首先释放燃油系统压力。

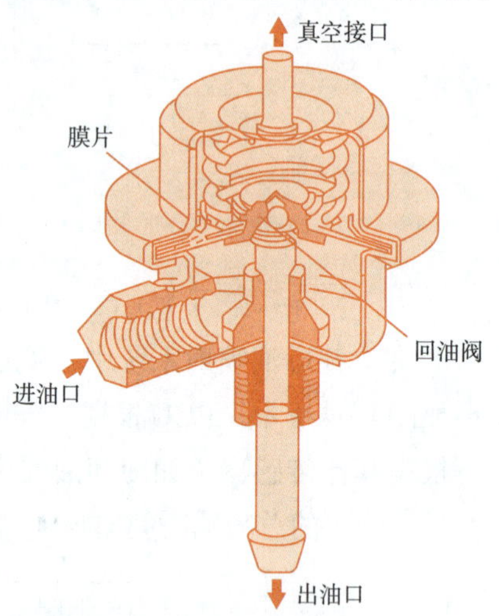

图 19-6　脉动阻尼器

3）燃油压力调节器

喷油器的喷油量取决于喷油器的喷孔截面、喷油时间和喷油压差。在EFI系统中，ECU通过控制喷油器的喷油时间来实现对喷油量的控制。因此，要保证燃油喷射量的精确控制，在喷油器的结构尺寸一定时，必须保持恒定的喷油压差。喷油器将燃油喷入进气管内，喷油压差就是指输油管内燃油压力与进气管内气体压力的差值。而进气管内的气体压力是随发动机转速和负荷的变化而变化的，要保持恒定的喷油压差，必须根据进气管内压力的变化来调节燃油压力。燃油压力调节器的功用就是调节燃油压力，使喷油压差保持恒定。

燃油压力调节器通常安装在输油管的一端，如图19-7所示，主要由膜片、回油阀等组成。膜片将调节器壳体内部分成两个室，即弹簧室和燃油室；膜片上方的弹簧室通过软管与进气管相通，膜片与回油阀相连，回油阀控制回油量。

发动机工作时，燃油压力调节器膜片上方承受的压力为弹簧的弹力和进气管内气体的压力之和，膜片下方承受的压力为燃油压力，当膜片上、下承受的压力相等时，膜片处于平衡位置不动。当进气管内气体压力下降（真空度增大）时，膜片向上移动，回油阀开度增大，回油量增多，使输油管内燃油压力也下降；反之，当进气管内的气体压力升高时，则膜片带动回油阀向下移动，回油阀开度减小，回油量减少，使输油管内燃油压力也升高。由此可见，在发动机工作时，燃油压力调节器通过控制回油量来调节输油管内燃油压力，从而保持喷油压差恒定不变。

发动机工作时，由于燃油泵的供油量远大于发动机消耗的油量，所以回油阀始终保持开启，使多余燃油经过回油管流回油箱。发动机停止工作（燃油泵停转）时，随输油管内燃油压力下降，回油阀在弹簧作用下逐渐关闭，以保持燃油系统内有一定的残余压力。

压力调节器不能维修，若工作不良时，应进行更换，拆卸时注意释放燃油系统压力。

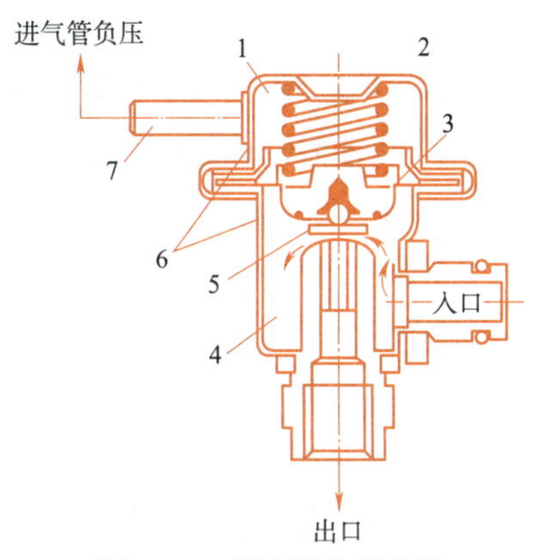

图 19-7　燃油压力调节器

1—弹簧室；2—弹簧；3—膜片；4—燃油室；5—回油阀；6—壳体；7—真空管接头

在部分车型上，燃油压力调节器与进气管连接的真空管路中装有一个真空开关阀（VSV阀），又称燃油压力控制阀，是由ECU控制的电磁阀。日本丰田雷克萨斯LS400轿车VSV阀控制原理及电路如图19-8和图19-9所示。当发动机起动时，若ECU检测到冷却液温度过高，则接通VSV阀电磁线圈的搭铁回路，VSV阀则切断真空通道，使燃油压力调节器的弹簧室通大气，从而提高输油管内的油压，以防止高温时产生“气阻”现象，改善发动机高温起动性能。发动机起动后约100 s，ECU切断VSV阀电路，终止燃油压力控制。

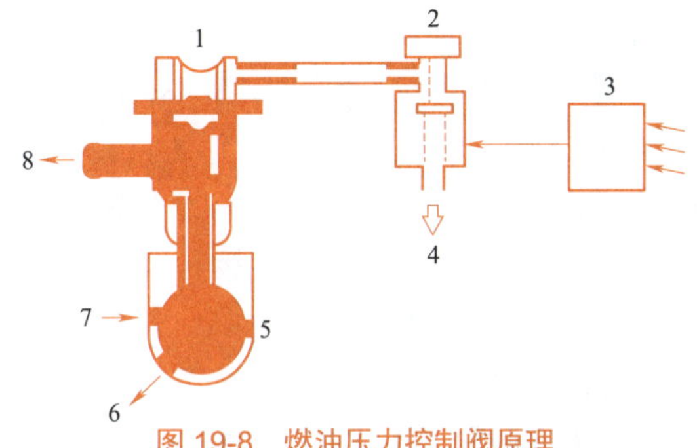

图 19-8　燃油压力控制阀原理

1—燃油压力调节器；2—VSV阀；3—发动机ECU；4—接真空软管；5—接冷起动喷油器；6—接输油管；7—接送油管；8—接回油管

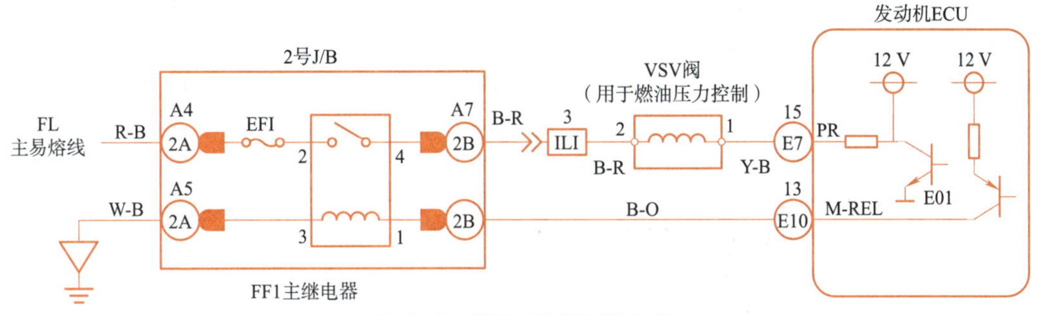

图 19-9　燃油压力控制阀电路

5. 燃油系统的检测

1）燃油系统的压力释放

汽油喷射发动机为便于再次起动，在发动机熄火后，燃油系统内仍保持有较高的残余压力。在拆卸燃油系统内任何元件时，都必须首先释放燃油系统压力，以免系统内的压力油喷出，造成人身伤害或火灾。燃油系统压力的释放方法如下。

（1）起动发动机，维持怠速运转。

（2）在发动机运转时，拔下油泵继电器或电动燃油泵电源接线，使发动机自行熄火。

（3）再使发动机起动2～3次，即可完全释放燃油系统压力。

（4）关闭点火开关，装上油泵继电器或电动燃油泵电源接线。

2）燃油系统压力预置

在拆开燃油系统进行维修之后，为避免首次起动发动机，因系统内无压力而导致起动时间过长，应预置燃油系统残余压力。燃油系统压力预置可通过反复打开和关闭点火开关数次来完成，也可按下述方法进行。

（1）检查燃油系统所有元件和油管接头是否安装良好。

（2）用专用导线将诊断座上的燃油泵测试端子跨接到12 V电源上。

（3）将点火开关转至ON位置，使电动燃油泵工作约10 s。

（4）关闭点火开关，拆下诊断座上的专用导线。

3）燃油系统压力测试

通过测试燃油系统压力，可诊断燃油系统是否有故障，进而根据测试结果确定故障性质和部位。测试时需使用专用油压表和管接头，测试方法如下。

（1）检查油箱内燃油应足够，释放燃油系统压力。

（2）检查蓄电池电压应在12 V左右（电压高低直接影响燃油泵的供油压力），拆开蓄电池负极电缆线。

（3）将专用油压表连接到燃油系统中。不同车型测试压力表的连接方式有所不同，主要有两种连接方式：一种是日本丰田等车型，用专用接头将油压表连接在输油管的进油管接头处，如图19-10所示。另一种是韩国大宇和美国通用等车型，用专用接头将油压表连接在燃油滤清器与输油管之间安装脉动阻尼器的位置（进行压力测试时拆下脉动阻尼器），如图19-11所示。

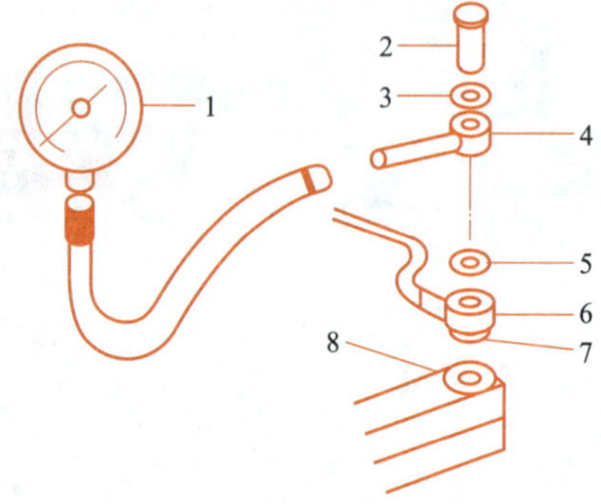

图 19-10　燃油压力表的连接（1）

1—压力表；2—接头螺栓；3、5、7—垫片；4—油压表接头；6—油管；8—燃油分配总管

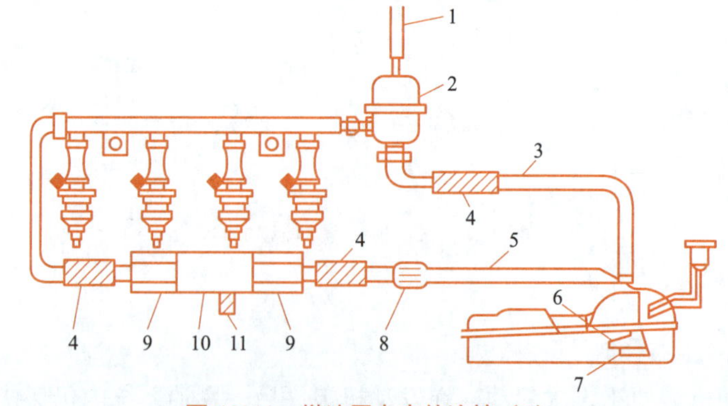

图 19-11　燃油压力表的连接（2）

1—真空软管；2—燃油压力调节器；3—回油管；4—软管；5—压力油管；6—燃油泵；7—油泵滤网；8—燃油滤清器；9—管接头；10—三通管接头；11—油压表接头

（4）将溅出的汽油擦净，重新接好蓄电池负极电缆线。起动发动机并维持怠速运转。

（5）拆开燃油压力调节器上的真空软管，并用手指堵住进气管一侧的管口。检查油压表指示压力应符合标准：一般多点喷射系统压力应为0.25 ~ 0.35 MPa，单点喷射系统压力应为0.07 ~ 0.10 Mpa。

若燃油系统压力过低，可夹住回油软管以切断回油管路，再检查油压表指示压力，若压力恢复正常，说明燃油压力调节器有故障，应更换；若仍压力过低，应检查燃油系统有无泄漏，燃油泵滤网、燃油滤清器和油管路是否堵塞，若无泄漏和堵塞故障，应更换燃油泵。

若油压表指示压力过高，应检查回油管路是否堵塞；若回油管路正常，说明燃油压力调节器有故障，应更换。

（6）如果测试燃油系统压力符合标准，使发动机运转至正常工作温度后，重新接上燃油压力调节器上的真空软管，检查燃油压力表指示压力应略有下降（约0.05 MPa），否则应检查真空管路是否堵塞或漏气；若真空管路正常，说明燃油压力调节器有故障，应更换。

（7）使发动机熄火，燃油泵停止工作，等待10 min后，观察燃油压表压力（即燃油系统残余压力）；多点喷射系统压力应不低于0.20 MPa，单点喷射系统压力应不低于0.05 MPa。若压力过低，应检查燃油系统是否有泄漏，若无泄漏，说明燃油泵出油阀、燃油压力调节器回油阀或喷油器密封不良。

（8）检查完毕后，释放燃油系统压力，并拆下油压表，装复燃油系统。然后，预置燃油系统压力，并起动发动机检查有无泄漏。

6. 1ZR 发动机燃油压力的释放

拆下任何燃油系统零件之前，执行以下程序以防止燃油溅出。

即使执行以下程序之后，压力仍保留在燃油管路内。断开燃油管路时，用棉丝抹布或一块布盖住，以防燃油喷出或涌出。

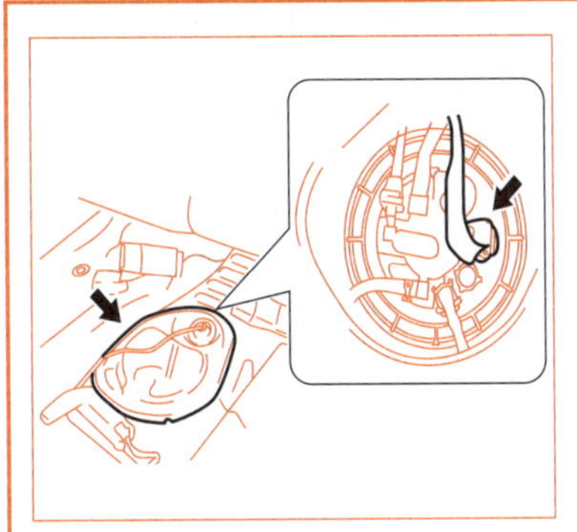

（a）拆下后排座椅座垫总成（参见SE-55页）。

（b）拆下后地板检修孔盖。

（c）从燃油泵总成上断开连接器。

（d）起动发动机。在发动机自然停止后，将点火开关置于OFF位置。

注意：在等待发动机自然停止时，不要提高发动机转速或行驶车辆。

提示：

可能设置DTC P0171/25。

（e）再次起动发动机，确认发动机不起动。

（f）拆下燃油箱盖并释放燃油箱中的压力。

（g）从蓄电池负极端子断开电缆。

（h）连接燃油泵总成连接器。

7. 1ZR 发动机燃油压力的检查

车上检查

1）检查燃油泵工作情况和燃油是否泄漏

① 检查燃油泵工作情况。

（a）将智能检测仪连接到DLC3。

（b）将点火开关置于ON位置，并接通智能检测仪的主开关。

注意：不要起动发动机。

（c）选择以下菜单：Powertrain / Engine / Active Test/ Control the Fuel Pump /Speed。

（d）从燃油管路中检查燃油进油管中的压力。检查并确认能听到燃油在燃油箱中燃油流动的声音。如果听不到声音，则检查集成继电器、燃油泵、ECM和配线连接器。

② 检查燃油是否泄漏。

进行保养后检查并确认燃油系统任何部位均无燃油泄漏。如果燃油泄漏，必要时维修或更换零件。

③ 将点火开关置于OFF位置。

④ 从DLC3上断开智能检测仪。

2）检查燃油压力

① 燃油系统卸压 (参见 FU-1 页)。

② 根据下表中的值用电压表测量蓄电池电压。

标准电压

检测仪连接	条件	规定状态
正极端子 - 负极端子	点火开关置于 OFF 位置	11 ~ 14 V

③ 从蓄电池负极（–）端子上断开电缆。

④ 从主燃油管上断开燃油软管 (参见 FU-1 页)。

⑤ 如图所示，用其他 SST 安装 SST（压力表）。

SST 09268-31012（09268-41500，90467-13001，95336-08070），09268-45014（09268-41200，09268-41220，09268- 41250）。

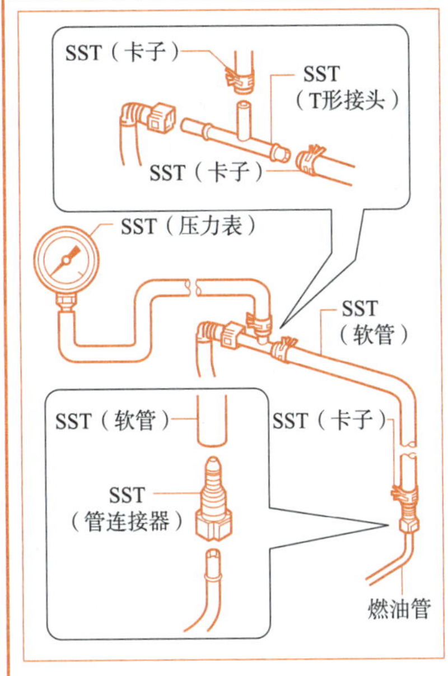

⑥ 擦掉任何汽油。

⑦ 将电缆连接到蓄电池负极（-）端子上。

⑧ 将智能检测仪连接到 DLC3 上。

⑨ 选择以下菜单：Powertrain / Engine / Active Test/ Control the Fuel Pump / Speed。

⑩ 测量燃油压力。

燃油压力：304 ~ 343 kPa。

如果燃油压力大于标准值，更换燃油压力调节器。

如果燃油压力小于标准值，检查燃油软管和连接情况、燃油泵、燃油滤清器和燃油压力调节器。

⑪ 从 DLC3 上断开智能检测仪。

⑫ 起动发动机。

⑬ 测量怠速时的燃油压力。

燃油压力：304 ~ 343 kPa。

⑭ 关闭发动机。

⑮ 检查并确认燃油压力在发动机停止后能按规定持续 5 min。

燃油压力：147 kPa 或更高。

如果燃油压力不符合规定，则检查燃油泵或喷油器。

⑯ 检查燃油压力后，从蓄电池上负极（-）端子上断开电缆，然后小心地拆下 SST，以防汽油溅出。

⑰ 将燃油管重新连接到主燃油管上（燃油管连接器）。

⑱ 将 1 号燃油管卡夹安装到燃油管连接器上。

检查燃油是否泄漏（步骤 1）。

项目实施

1. 注意事项

（1）遵守实验室规章制度，未经许可，不得擅自移动和拆卸仪器与设备。

（2）必须穿工作服、工作鞋，严格执行安全、5S 管理制度。

（3）严禁未经许可，擅自操作教具、设备的电器开关、点火开关和起动开关，以防发生危险。

（4）在教师允许和监控下，才能起动发动机，需与设备周围的人员进行互动，防止意外发生。

（5）发动机运行期间，严禁拔下各传感器及执行器接口，以免损坏 ECU。

（6）燃油系统修理之前必须释放燃油系统压力。

（7）修理燃油系统故障时，必须拆除蓄电池负极，以免发生意外事故。

（8）修理燃油系统故障时，不得在工作场地见明火，以免发生火灾。

（9）工作场地必须配备足够的灭火设备。

2. 实施步骤

项目工单

项目名称	检测燃油系统压力		序号	19	日期	
班级		姓名		学号		

一、资讯

（1）电控燃油系统按有无回油可分为几种？

（2）燃油供给系统都有哪些主要部件组成？各有什么作用？

二、决策和计划

人员分工		选择设备	工作计划
组号			
组长			
组员			

三、实施

（1）检测燃油泵工作情况及燃油是否泄漏。

（2）检测燃油压力。

（3）燃油系统压力分析（压力高或是压力低的原因）。

四、检查

每个工作小组选派一名代表，汇报实训过程体会、掌握了哪些技能。教师确认发动机正常工作，故障已排除。

五、评估

序号	考核要点	配分	评分标准	得分
1	遵守安全操作规程	10	一处叙述不清扣 5 分	
2	仪器设备的使用	20	错误一次扣 5 分	
3	燃油压力的释放和预置	30	错误一次扣 5 分	
4	燃油系统压力的测试	30	错误一次扣 5 分	
5	整理工具，清理现场 实习态度和纪律	10	保持实习现场秩序和卫生，保证人身及设备的安全，违规一次扣 5 分	
6	总分	100	实得分数	

1. 小组自评：成绩____________________

2. 教师点评：成绩____________________

教师签字：____________________

思 考 题

（1）电控燃油喷射系统由几部分组成？

（2）燃油供给系统组成的主要元件都有哪些？

（3）如何释放燃油系统压力？

（4）如何通过测量燃油系统压力判断燃油系统的故障？

项目二十

检测电动燃油泵

一辆装有1ZR发动机的丰田卡罗拉轿车，在启动过程中司机发现该车启动着车后又慢慢熄灭，再次进行启动车辆根本无法着车，司机拨打救援电话后，救援人员赶到将车拖到4S店进行维修。经检测需要对电动燃油泵进行检查、维护或维修。作为一名维修人员，你应该如何对车辆开展维修呢？

项目目标

1. 知识目标

（1）理解电动燃油泵的结构和工作原理；

（2）掌握电动燃油泵故障，对整个电控系统的影响。

2. 能力目标

（1）能够对电动燃油泵进行检测；

（2）知道电动燃油泵数据分析的方法。

3. 素质目标

（1）能够自主学习新知识，形成一定的自学能力；

（2）培养良好的沟通、表达能力和团队协作能力。

项目设备

（1）工具：数字万用表，金德KT600诊断仪，常用工具各4套。

（2）设备：1ZR发动机实验台4台，解剖发动机台架1台，其他D型电控发动机1台。

项目知识

1. 电动燃油泵的类型

电动燃油泵是一种由小型直流电动机驱动的燃油泵，其作用是给电控燃油喷射系统提供具有一定压力的燃油。电动燃油泵的电动机和燃油泵连成一体，密封在同一壳体内。

电动燃油泵按安装位置不同，可分为内置式和外置式两种。

内置式电动燃油泵安装在油箱中，具有噪声小、不易产生气阻、不易泄漏、安装管路较简单等优点，应用更为广泛。有些车型在油箱内还设有一个小油箱，并将燃油泵置于小油箱中，这样可防止在油箱燃油不足时，因汽车转弯或倾斜引起燃油泵周围燃油的移动，使燃油泵吸入空气而产生气阻。

外置式电动燃油泵串接在油箱外部的输油管路中，优点是容易布置，安装自由度大，但噪声大，且燃油供给系统易产生气阻，所以只有少数车型上应用。

目前各车型装用的电动燃油泵按其结构不同，有涡轮式、滚柱式、转子式和侧槽式。内置式电动燃油泵多采用涡轮式，外置式电动燃油泵则多数为滚柱式。

2. 电动燃油泵的构造

1）涡轮式电动燃油泵如图20-1所示，涡轮式电动燃油泵主要由燃油泵电动机、涡轮泵、出油阀、卸压阀等组成。油箱内燃油进入燃油泵内的进油室前，首先经过滤网初步过滤。

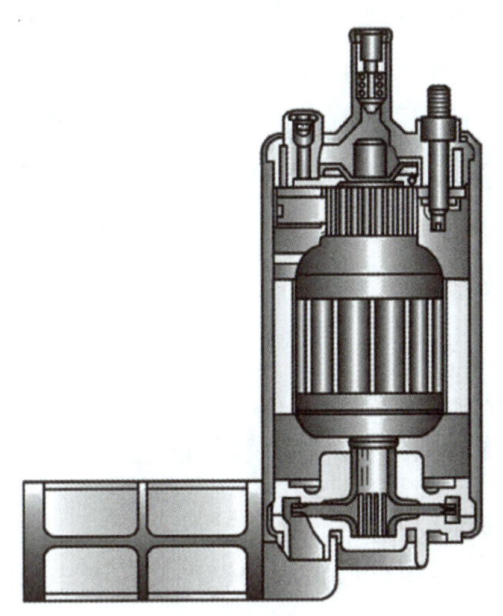

图 20-1　涡轮式电动燃油泵

涡轮泵主要由叶轮、叶片、泵壳体和泵盖组成，叶轮安装在燃油泵电动机的转子轴上。

燃油泵电动机通电时，驱动涡轮泵叶轮旋转，由于离心力的作用，使叶轮周围小槽内的叶片贴紧泵壳，并将燃油从进油室带往出油室。由于进油室燃油不断被带走，所以形成一定的真空度，将油箱内的燃油经进油口吸入；而出油室燃油不断增多，燃油压力升高，当油压达到一定值时，则顶开出油阀经出油口输出。出油阀还可在燃油泵不工作时，阻止燃油倒流回油箱，这样可保持油路中有一定的残余压力，便于下次起动。

燃油泵工作中，燃油流经燃油泵内腔，对燃油泵电动机起到冷却和润滑的作用。燃油泵不工作时，出油阀关闭，使油管内保持一定的残余压力，以便于发动机起动和防止气阻产生。卸压阀安装在进油室和出油室之间，当燃油泵输出油压达到0.4 MPa时，卸压阀开启，使油泵内的进、出油室连通，燃油泵工作只能使燃油在其内部循环，以防止输油压力过高。

涡轮式电动燃油泵具有泵油量大、泵油压力较高（可达600 kPa以上）、供油压力稳定、运转噪声小、使用寿命长等优点，所以应用最为广泛。

2）滚柱式电动燃油泵如图20-2所示，滚柱式电动燃油泵主要由燃油泵电动机、滚柱式燃油泵、出油阀、卸压阀等组成。滚柱式电动燃油泵的输油压力波动较大，在出油端必须安装阻尼减振器，这使燃油泵的体积增大，所以一般都安装在油箱外面，即属外置式。

阻尼减振器主要由膜片和弹簧组成，它可吸收燃油压力波的能量，降低压力波动，以便提高喷油控制精度。

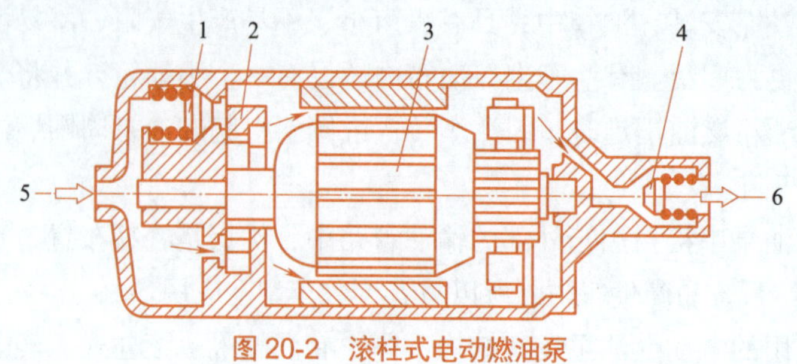

图 20-2 滚柱式电动燃油泵

1—卸压阀；2—滚柱泵；3—燃油泵电动机；4—出油阀；5—进油口；6—出油口

滚柱式电动燃油泵的工作原理如图 20-3 所示。装有滚柱的转子呈偏心状，置于泵壳内，由直流电动机驱动，当转子旋转时，位于转子槽内的滚柱在离心力的作用下，紧压在泵体内表面上，对周围起密封作用，在相邻两个滚柱之间形成了工作腔。在燃油泵运转过程中，工作腔转过出油口后，其容积不断增大，形成一定的真空度。当转到与进油口连通时将燃油吸入；而吸满燃油的工作腔转过进油口后，其容积又不断减小，使燃油压力提高，受压燃油流过电动机，从出油口输出。出油阀和卸压阀的作用与涡轮式电动燃油泵相同。

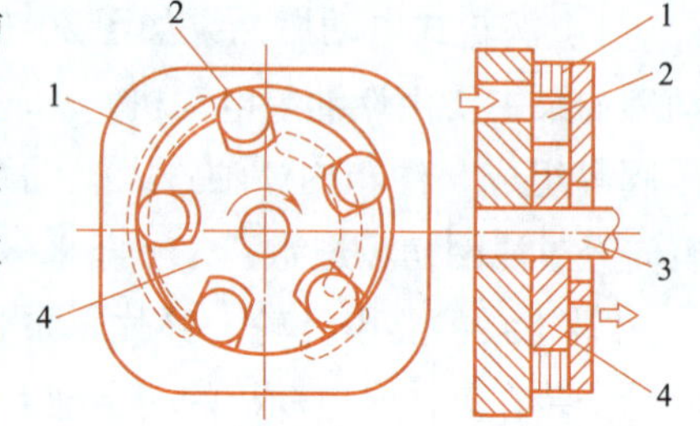

图 20-3 滚柱式电动燃油泵工作原理

1—泵壳体；2—滚柱；3—转子轴；4—转子

3. 燃油泵控制电路

不同车型采用的燃油泵控制电路也不同，但主要分为以下三种类型。

1）ECU控制的燃油泵控制电路

此种控制电路主要应用在装用D型EFI和装用热式或卡门旋涡式空气流量计的L型EFI系统中，如图20-4所示的日本丰田皇冠3.0轿车燃油泵控制电路。

蓄电池电源经主易熔线、20 A熔丝、主继电器进入ECU的＋B端子，燃油泵控制 ECU通过FP端子向燃油泵供电。燃油泵控制ECU根据发动机ECU端子FPC和DI的信号，控制＋B端子与FP端子的连通回路，以改变输送给燃油泵的电压，从而实现对燃油泵转速的控制。当发动机高速、大负荷工作时，发动机ECU的FPC端子向燃油泵控制ECU发出指令，使FP端子向燃油泵提供12 V的蓄电池电压，燃油泵以高速运转。当发动机低速、小负荷工作时，发动机ECU的DI端子向燃油泵控制ECU发出指令，使FP端子向燃油泵提供较低的电压（一般为9 V），燃油泵以低速运转。

ECU的电源端子＋B和燃油泵控制端子FP，分别有导线与诊断座上的相应端子相连，以便于对燃油泵进行检查。

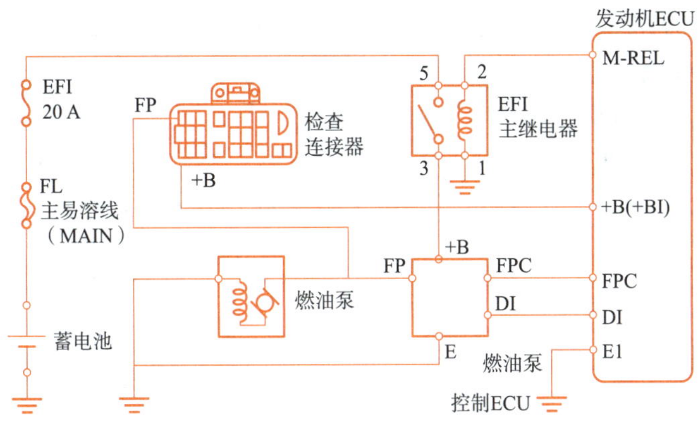

图 20-4　ECU 控制的燃油泵控制电路

2）燃油泵开关控制的燃油泵控制电路

此种控制电路用于装用叶片式空气流量计的L型EFI系统，如图20-5所示的日本丰田雷克萨斯ES300轿车燃油泵控制电路。

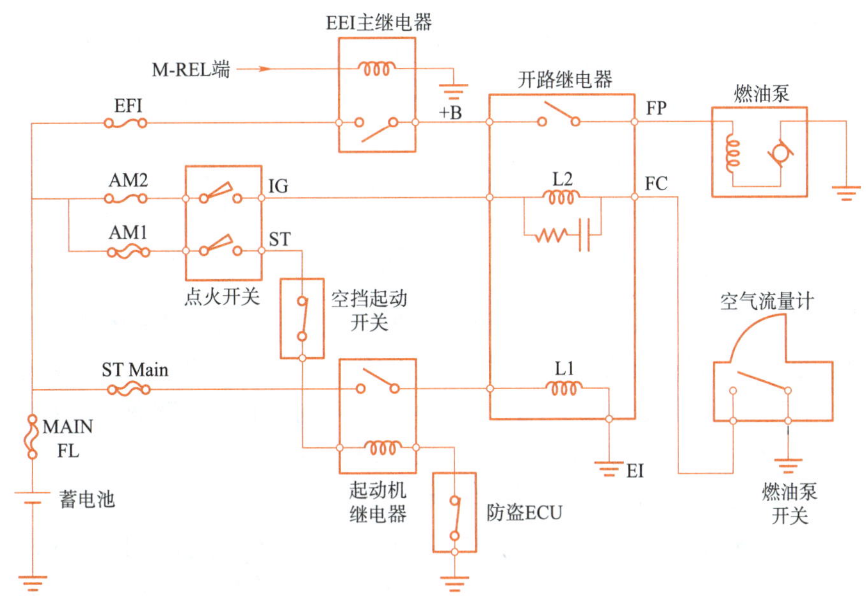

图 20-5　燃油泵开关控制的燃油泵控制电路

发动机起动时，点火开关ST端子与电源接通，起动机继电器线圈通电使其触点闭合，蓄电池经起动机继电器向开路继电器中的线圈L1供电使其触点闭合，从而通过主继电器、开路继电器向燃油泵供电，燃油泵工作。发动机起动后正常运转时，点火开关处于点火位置，点火开关IG端子与电源接通，同时空气流量计内的测量板转动使燃油泵开关闭合，开路继电器内的线圈L2通电，仍可保持开路继电器触点闭合，燃油泵继续工作。发动机运转中，燃油泵始终保持工作状态；但发动机停转时，空气流量计内的燃油泵开关便断开，开路继电器内的L1和L2线圈均不通电，其开关断开燃油泵电路，燃油泵停止工作。

开路继电器中的RC电路，可使发动机熄火时，延长电动燃油泵工作2～3 s，以便保持燃油系统内有一定的残余压力。

3）燃油泵继电器控制的燃油泵控制电路

此种控制电路可根据发动机转速和负荷的变化，通过燃油泵继电器改变燃油泵供电线路，从而控制燃油泵工作转速，如图20-6所示的丰田雷克萨斯LS400轿车燃油泵控制电路。

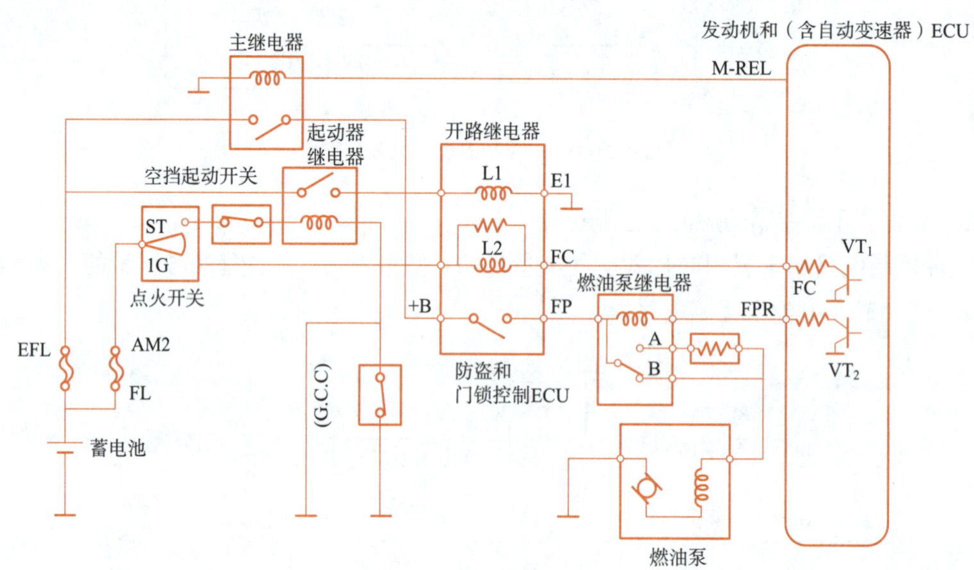

图20-6　燃油泵控制电路

与雷克萨斯ES300基本相同，点火开关接通后即通过主继电器将开路线电器的＋B端子与电源接通，起动时开路继电器中的L1线圈通电，发动机正常运转时，ECU中的晶体管VT_1导通，开路继电器中的L2线圈通电，均使开路继电器触点闭合，油泵继电器FP端子与电源接通，燃油泵工作。发动机熄火后，ECU中的晶体管VT_1截止，开路继电器内的L1和L2线圈均不通电，其开关断开燃油泵电路，燃油泵停止工作。

发动机ECU控制油泵继电器。发动机低速、中小负荷工作时，ECU中的晶体管VT_2导通，燃油泵继电器线图通电，使触点A闭合，由于将电阻串联到燃油泵电路中，所以燃油泵两端电压低于蓄电池电压，燃油泵低速运转。发动机高速、大负荷工作时，ECU中的晶体管截止，燃油泵继电器触点B闭合，直接给燃油泵输送蓄电池电压，燃油泵高速运转。

4. 1ZR燃油泵控制电路原理

如图20-7所示，当发动机起动时，电流从点火开关（电源控制ECU）的端子ST1（STR）流向起动机继电器线圈，并流向ECM的端子STA（STA信号），当STA信号和NE信号输入ECM时，Tr接通，电流将流向电路断路继电器线圈，继电器接通，给燃油泵提供电源，从而使燃油泵工作；产生NE信号（发动机运转）时，ECM将保持Tr接通（电路断路继电器接通），从而燃油泵也保持运转。

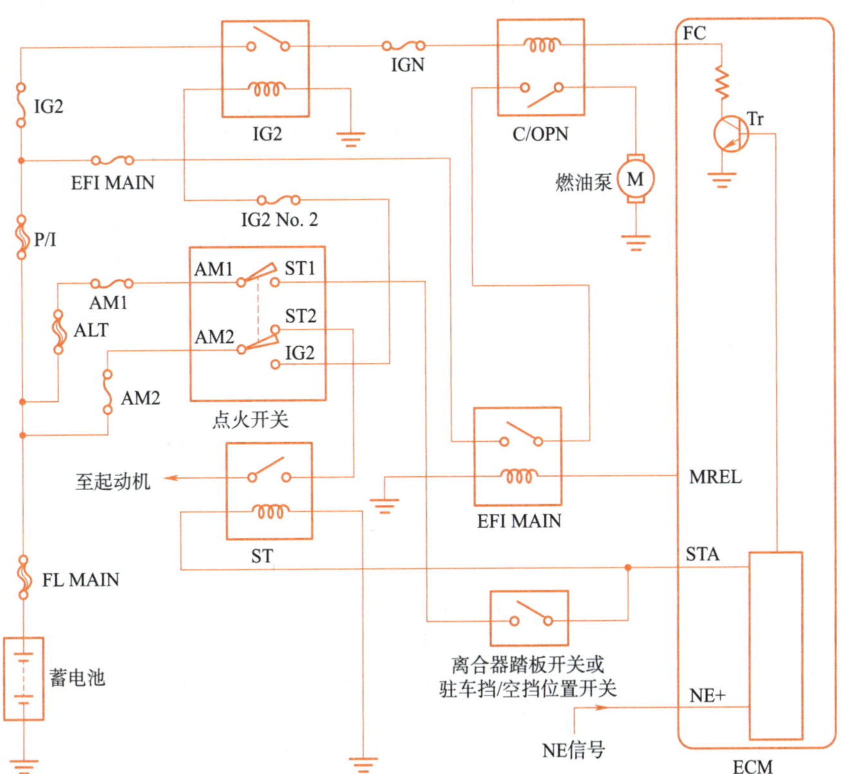

图 20-7 1ZR 燃油泵电路原理图

5. 1ZR 燃油泵电路图

1ZR燃油泵的电路图如图20-8所示。

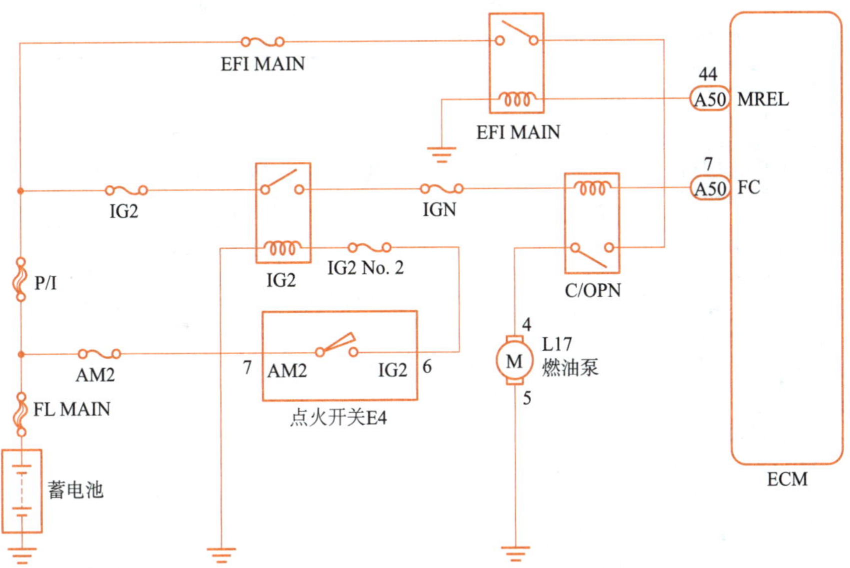

图 20-8 1ZR 燃油泵电路图

6. 检查程序

1）使用智能检测仪执行主动测试（操作C/OPN继电器）

（a）将智能检测仪连接到DLC3。
（b）将点火开关置于ON位置。
（c）打开检测仪。
（d）选择以下菜单项：Powertrain / Engine and ECT / Active Test / Control the Fuel Pump / Speed。
（e）在检测仪上执行主动测试时，检查是否出现燃油泵工作声音。
正常：
出现燃油泵工作声音。

异常 → 转至步骤2

正常 ↓

继续检查故障症状表中所示的下一个电路（参见ES-14页）

2）检查熔丝（IGN熔丝）

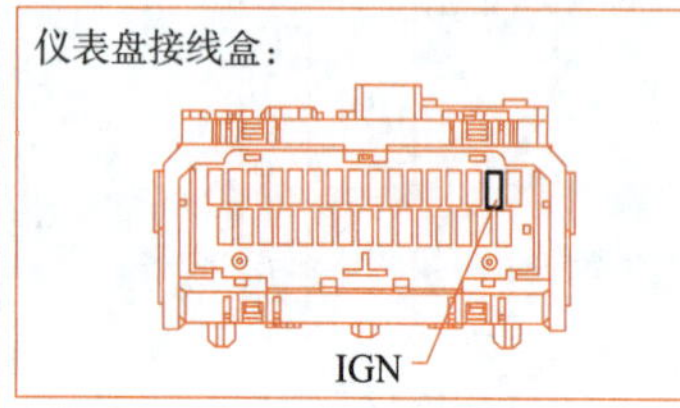

（a）从仪表板接线盒上拆下IGN熔丝。
（b）根据下表中的值测量电阻。
标准电阻

检测仪连接	条件	规定状态
IGN 熔丝	始终	<1 Ω

（c）重新安装IGN熔丝。

异常 → 更换熔丝（IGN熔丝）

正常 ↓

3）检查仪表板接线盒（C/OPN继电器）

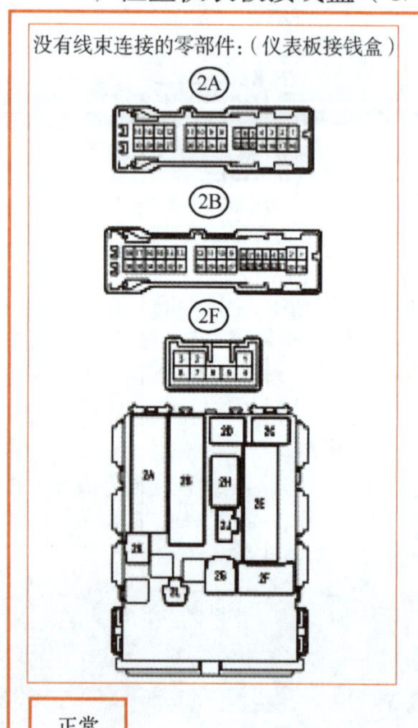

（a）断开仪表板接线盒连接器。
（b）根据下表中的值测量电阻。
标准电阻

检测仪连接	条件	规定状态
2A-8 - 2B-11	始终	≥ 10 kΩ
	在端子 2B-10 和 2F-4 上施加蓄电池电压	<1 Ω

（c）重新连接仪表板接线盒连接器。

异常 → 更换仪表板接线盒（C/OPN继电器）

正常 ↓

4）检查线束和连接器（C/OPN继电器-ECM）

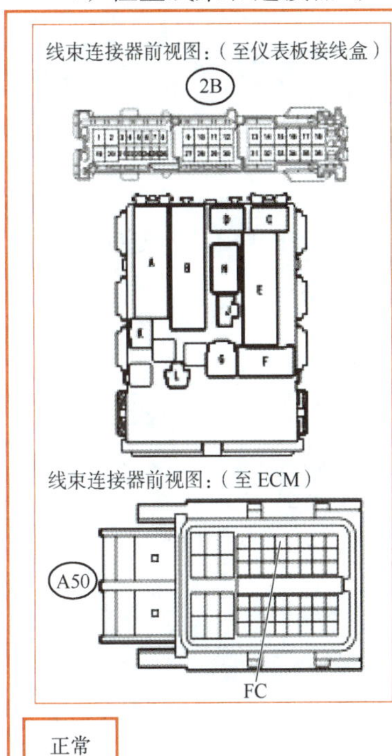

（a）断开ECM连接器。
（b）断开仪表板接线盒连接器。
（c）根据下表中的值测量电阻。
标准电阻（断路检查）

检测仪连接	条件	规定状态
2B-10-A50-7(FC）	始终	<1 Ω

标准电阻（短路检查）

检测仪连接	条件	规定状态
2B-10 或 A-50-7(FC)-车身搭铁	始终	≥ 10 kΩ

（d）重新连接ECM连接器。
（e）重新连接仪表板接线盒连接器。

异常 → 更换线束和连接器（C/OPN继电器-ECM）

正常

5）检查线束和连接器[C/OPN继电器-集成继电器（EFI MAIN继电器）]

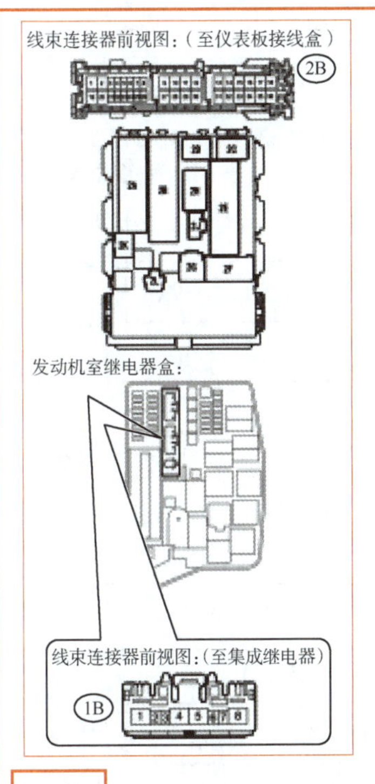

（a）从发动机室接线盒上拆下集成继电器。
（b）断开集成继电器连接器。
（c）断开仪表板接线盒连接器。
（d）根据下表中的值测量电阻。
标准电阻（断路检查）

检测仪连接	条件	规定状态
2B-11-1B-4	始终	<1 Ω

标准电阻（短路检查）

检测仪连接	条件	规定状态
2B-11 或 1B-4- 车身搭铁	始终	≥ 10 kΩ

（e）重新连接仪表板接线盒连接器。
（f）重新连接集成继电器连接器。
（g）重新安装集成继电器。

异常 → 维修或更换线束或连接器（C/OPN继电器-集成继电器（EFI MAIN继电器）

正常

6）检查线束和连接器（C/OPN继电器-燃油泵）

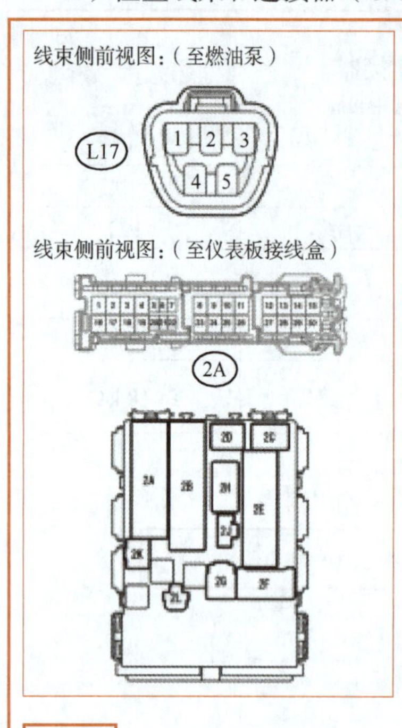

（a）断开燃油泵连接器。

（b）断开仪表板接线盒连接器。

（c）根据下表中的值测量电阻。

标准电阻（断路检查）

检测仪连接	条件	规定状态
2A-8-L17-4	始终	<1 Ω

标准电阻（短路检查）

检测仪连接	条件	规定状态
2A-8 或 L17-4- 车身搭铁	始终	≥ 10 kΩ

异常 → 维修或更换线束或连接器（C/OPN继电器-燃油泵）

正常

7）检查线束和连接器（燃油泵-车身搭铁）

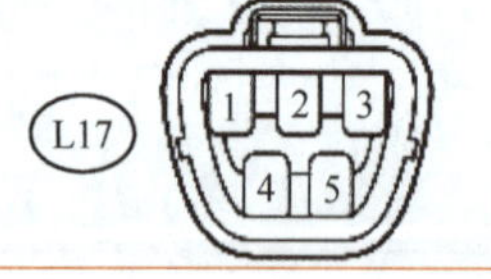

（a）断开燃油泵连接器。

（b）根据下表中的值测量电阻。

标准电阻

检测仪连接	条件	规定状态
L17-5- 车身搭铁	始终	<1 Ω

异常 → 维修或更换线束和连接器（燃油泵-车身搭铁）

正常

8）检查燃油泵总成

检查燃油泵总成（参见FU-37页）。

异常 → 更换燃油泵总成（参见FU-33页）

正常

9）检查ECM电源电路

检查ECM电源电路（参见ES-265页）。

异常 → 维修或更换ECM电源电路（参见ES-265页）

正常

7. 燃油泵的拆装与检测

1）拆卸

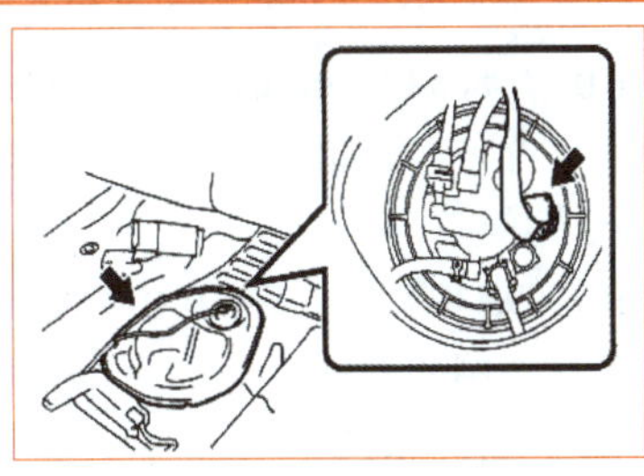

（1）拆卸后排座椅座垫总成（参见SE-55页）。

（2）拆卸后地板检修孔盖。

① 拆下后地板检修孔盖。

② 将连接器从燃油吸油管总成上断开。

（3）燃油系统卸压。

① 起动发动机。在发动机自然停止后，将点火开关置于OFF位置。

提示：可能设置DTC P0171/25。

② 再次起动发动机，确认发动机不起动。

③ 拆下燃油箱盖并释放燃油箱中的压力。

（4）从蓄电池负极端子断开电缆。

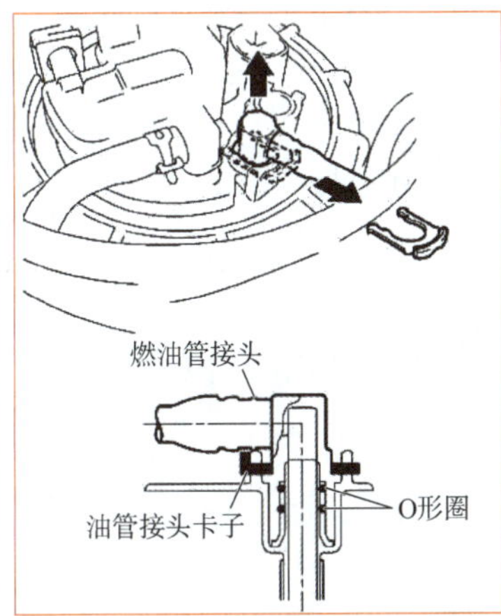

（5）断开燃油箱主管分总成。

拆下油管接头卡子，然后从燃油吸油管总成的螺塞上拉出燃油管接头。

注意：

- 断开前，检查并确认燃油管接头周围没有污物或其他异物。如有必要，清洁接头。
- 必须防止污垢或灰尘进入接头。如果污垢或灰尘进入接头，O形圈可能密封不良。
- 仅用手断开接头。
- 不要使尼龙管弯曲、打结或扭曲。
- 盖上塑料袋以保护接头。

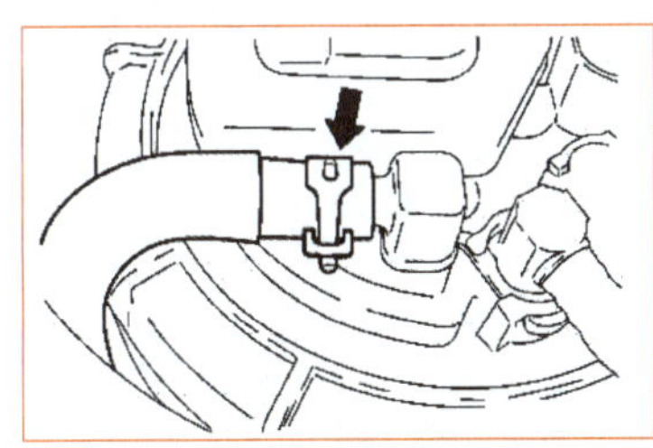

（6）在断开1号燃油蒸发管分总成。

松开卡子，并从燃油吸油管总成上拆下1号燃油蒸发管分总成。

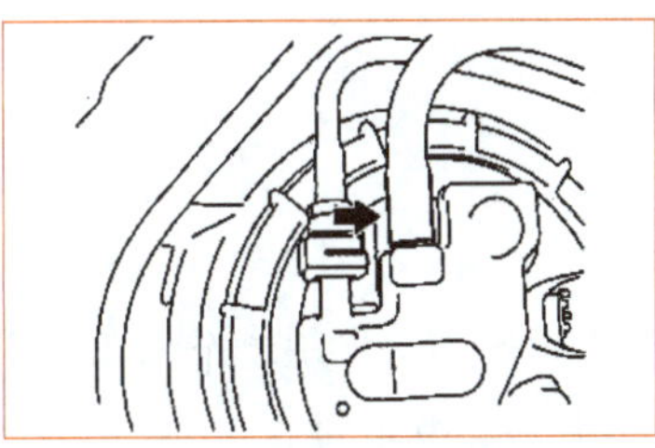

（7）断开1号炭罐出口软管。

将1号炭罐出口软管从燃油吸油管总成上断开。

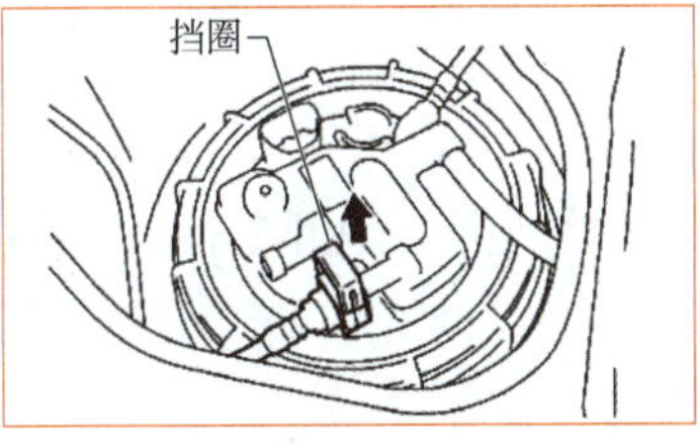

（8）断开燃油箱2号蒸发管。

松开挡圈，并将燃油箱2号蒸发管从燃油吸油管总成上断开。

提示：参见FU-1页。

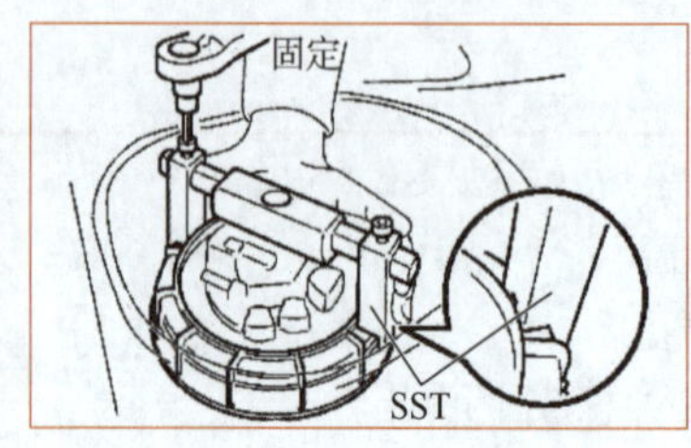

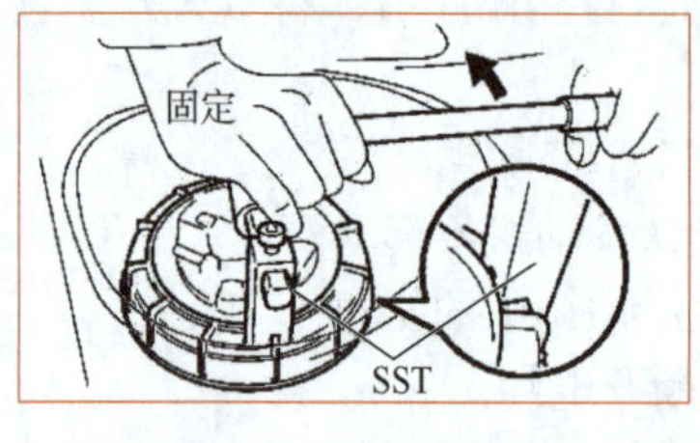

（9）拆卸燃油泵仪表挡圈。

① 用6 mm六角套筒扳手，将SST安装到燃油泵仪表挡圈上。

SST 09808-14020（09808-01410，09808-01420，09808-01430）。

提示：将SST槽口插入燃油泵仪表挡圈肋片。

② 使用SST，松开燃油泵仪表挡圈。

SST 09808-14020（09808-01410，09808-01420，09808-01430）。

注意：不要使用其他任何工具，例如螺丝刀。

提示：将SST槽口插入燃油泵仪表挡圈肋片。

③ 用手固定燃油吸油管总成，以拆下燃油泵仪表挡圈。

（10）拆卸燃油吸油管总成。

① 将燃油吸油管总成从燃油箱上拆下。

注意：确保燃油表传感器臂没有弯曲。

② 从油箱上拆下衬垫。

2）拆解

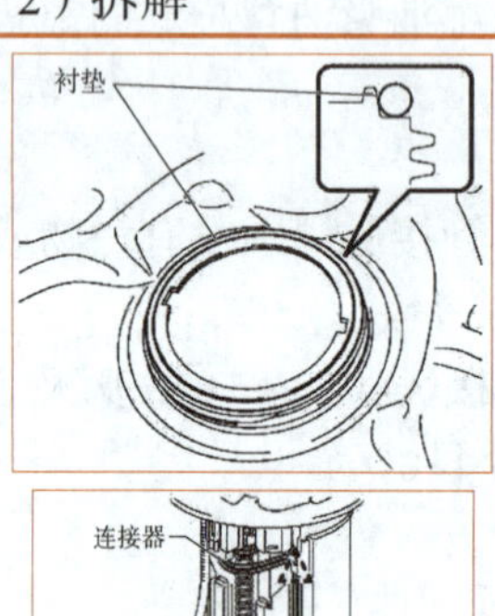

（1）拆卸燃油表传感器总成（参见FU-58页）

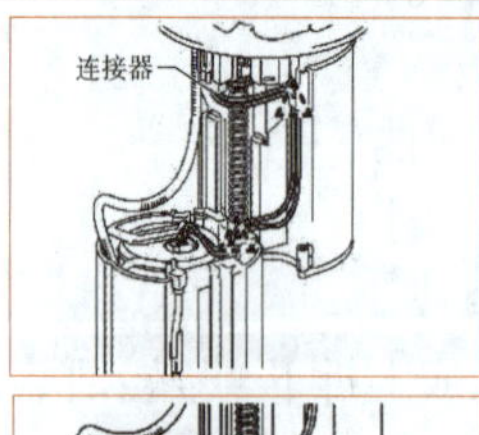

（2）拆卸燃油泵

① 断开燃油泵线束连接器。

② 断开2个线束卡夹。

注意：不要损坏线束。

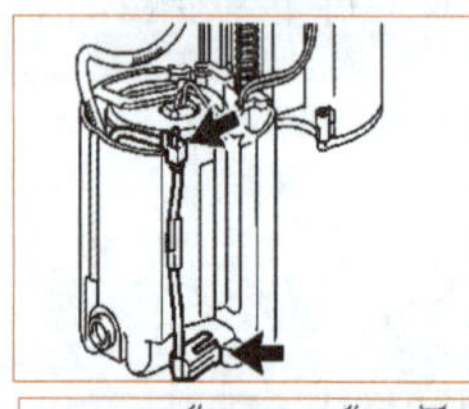

③ 断开燃油泵滤清器软管。

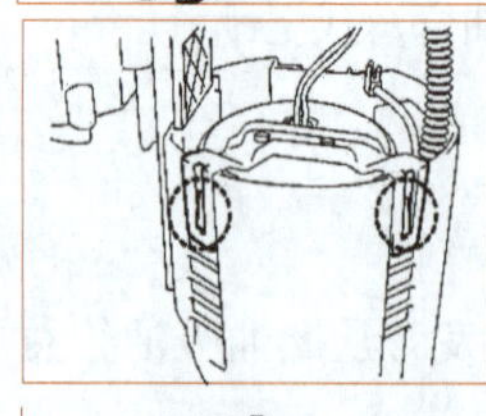

④ 用头部缠有保护胶带的螺丝刀，脱开2个卡爪，并从副燃油箱上拆下燃油滤清器和燃油泵。

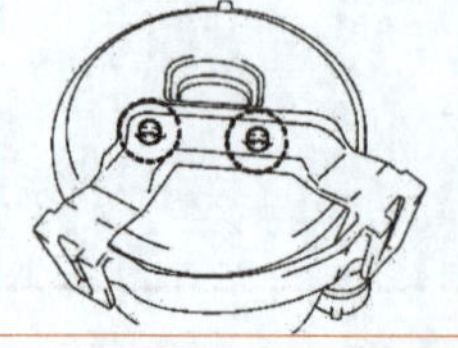

⑤ 用头部缠有保护胶带的螺丝刀，脱开2个卡爪并拆下1号吸油管支架。

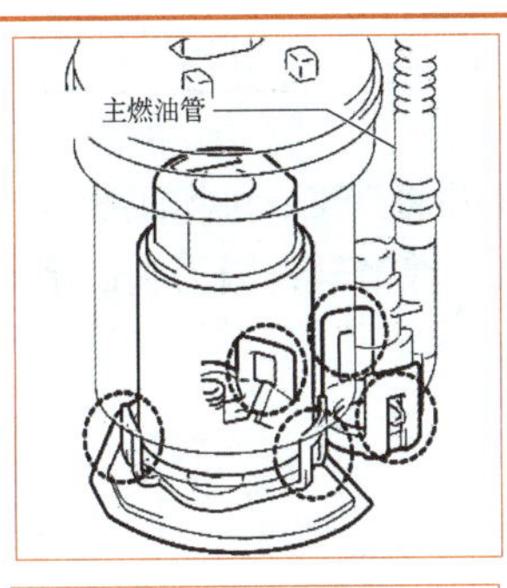

⑥ 用头部缠有保护胶带的螺丝刀，脱开5个卡爪，并从燃油滤清器上拆下燃油泵滤清器和燃油泵。

注意：

• 不要损坏燃油泵滤清器。
• 不要拆下吸油滤清器。
• 如果已从燃油泵上拆下吸油滤清器，则不要使用燃油泵或吸油滤清器。
• 不要断开主燃油管。

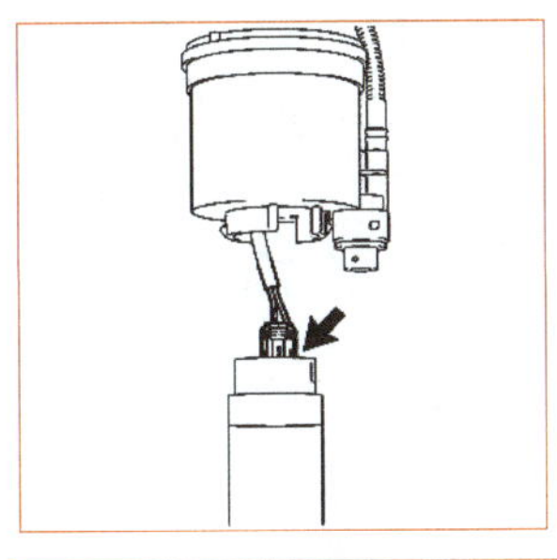

⑦ 断开燃油泵线束。

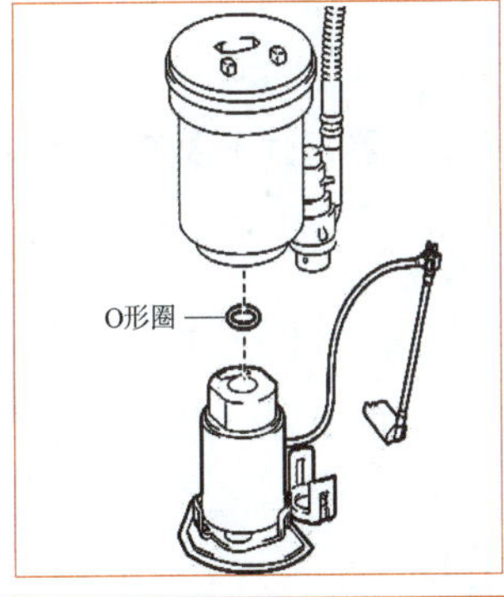

⑧ 拆下O型圈。

3）检查

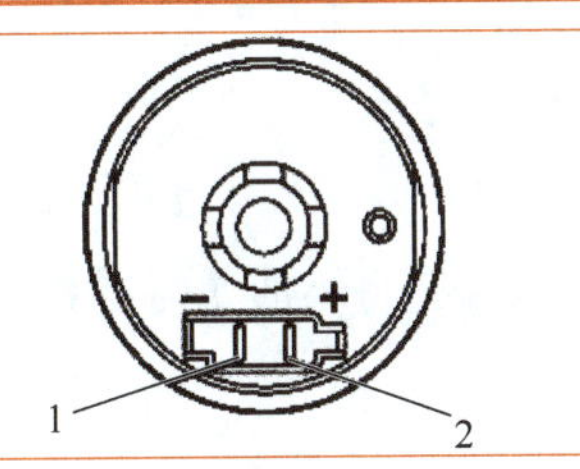

检查燃油泵。

① 检查电阻。

根据下表的值，用欧姆表测量电阻。

标准电阻

检测仪连接	条件	规定状态
1-2	20℃（68°F）	0.2 ~ 3.0 Ω

如果结果不符合规定，则更换燃油泵。

② 检查工作情况。

在两个端子之间施加蓄电池电压。检查并确认燃油泵工作。

注意：

• 这些测试必须迅速完成（少于10 s），以防止线圈烧坏。
• 使燃油泵尽量远离蓄电池。
• 务必在蓄电池侧进行操作。

如果电动机不工作，则更换燃油泵。

4）重新装配

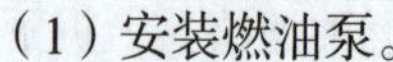

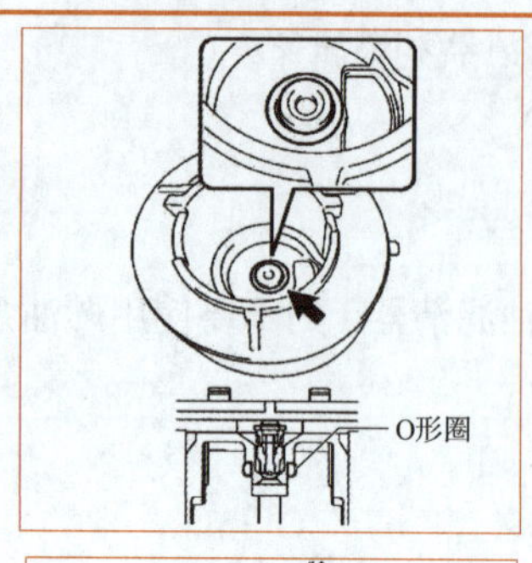

（1）安装燃油泵。

① 在新O形圈上涂抹汽油，然后将其安装到燃油滤清器上。

注意：不要拆解燃油泵和吸油滤清器，因为它们是不可重复使用零件。

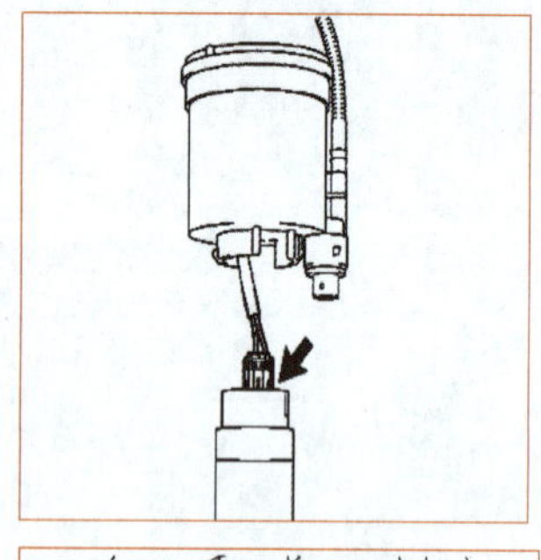

② 连接燃油泵线束。

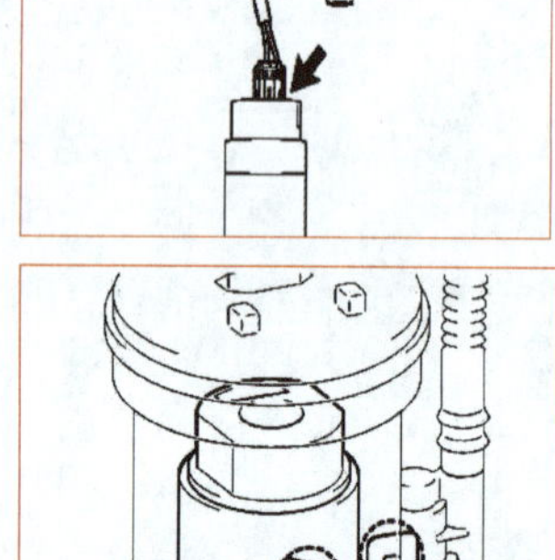

③ 接合5个燃油泵卡爪。

注意：

• 不要拆下吸油滤清器。

• 如果已从燃油泵上拆下吸油滤清器，则不要使用燃油泵或吸油滤清器。

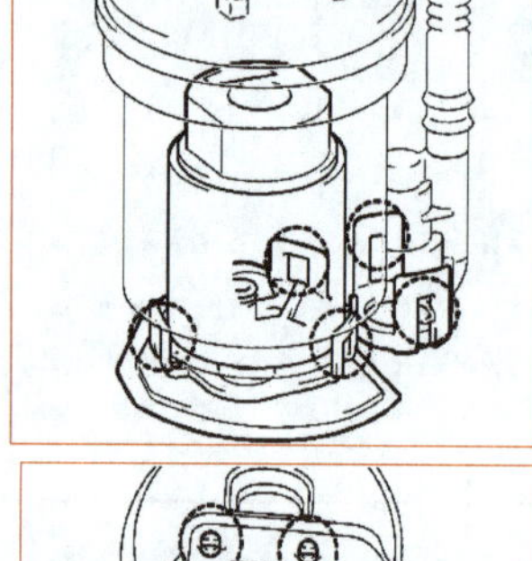

④ 接合1号吸油管支架的2个卡爪。

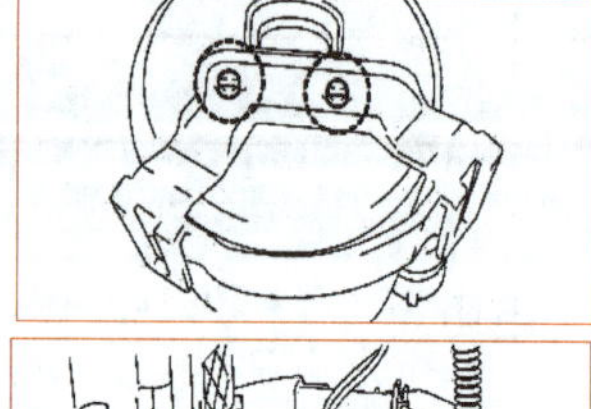

⑤ 接合吸油管支架的2个卡爪，并将燃油滤清器和燃油泵安装到副燃油箱上。

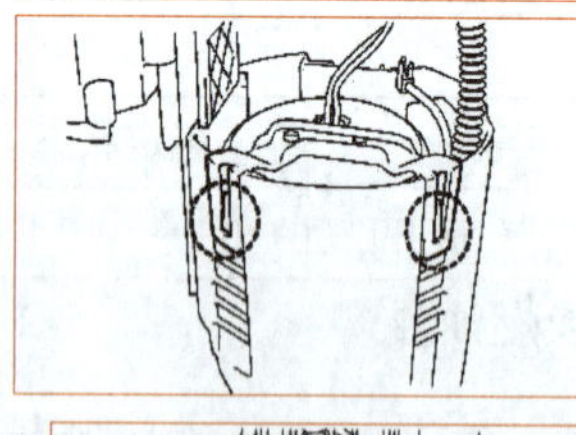

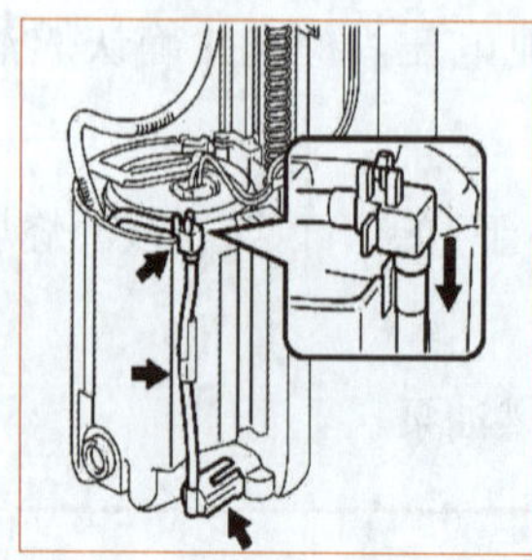

⑥ 将燃油泵滤清器软管槽对准副燃油箱的切口并安装。

注意：不要对燃油管或吸油管支架施加过大的力。

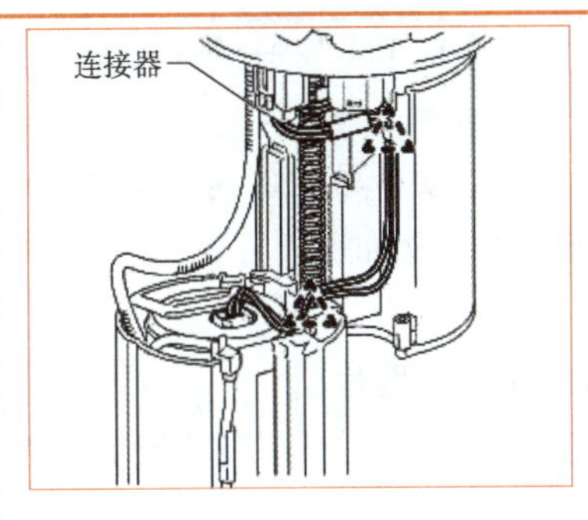

⑦ 连接燃油泵线束连接器。

⑧ 连接2个线束卡夹。

注意：不要损坏线束。

（2）安装燃油表传感器总成（参见FU-59页）。

5）安装

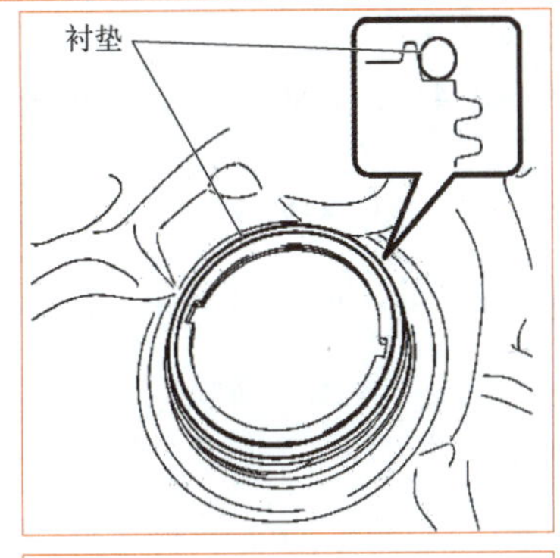

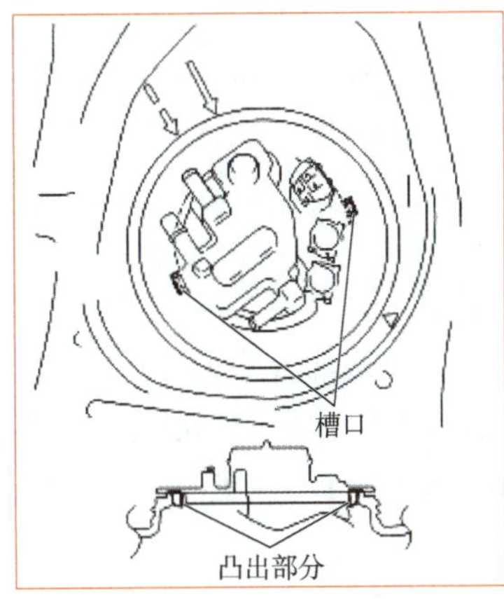

（1）检查燃油泵仪表挡圈的配合。

① 检查燃油泵仪表挡圈。

② 在燃油吸油管总成断开时，将燃油泵仪表挡圈手动安装至燃油箱。

• 如果能用手转动燃油泵仪表挡圈180° 或更多，重复使用挡圈。

• 如果不能用手转动燃油泵仪表挡圈180° 或更多，使用提供的新燃油泵仪表挡圈零件。

提示：检查并确认燃油箱上的螺纹没有损坏、凹痕、异物或其他缺陷。

（2）安装燃油吸油管总成。

① 将新衬垫安装到燃油箱上。

② 将燃油吸油管固定到燃油箱上。

注意：

确保燃油表传感器臂没有弯曲。

③ 将燃油吸油管凸出部分对准燃油箱槽口。

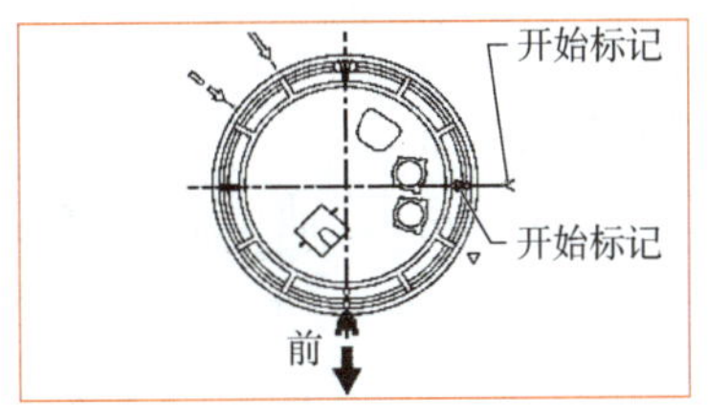

④ 用手固定燃油吸油管总成以防止其倾斜时，将燃油泵仪表挡圈和燃油箱上的开始标记对准，并用手拧紧燃油泵仪表挡圈180° 。

提示：

• 检查并确认燃油箱上的螺纹没有损坏、凹痕、异物或其他缺陷。

• 提供的燃油泵仪表挡圈的直径大于工厂安装的挡圈，预期燃油箱将不断膨胀扩大。如果工厂安装的挡圈直径太小以至于不能重新安装，则用提供的燃油泵仪表挡圈。

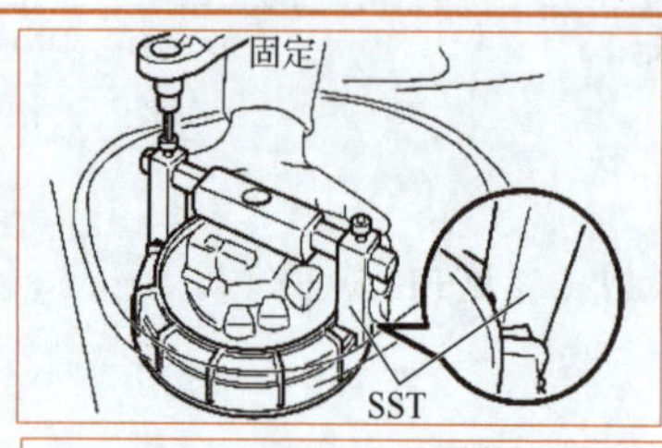

⑤ 用6 mm六角套筒扳手，将SST安装到燃油泵仪表挡圈上。

SST 09808-14020（09808-01410，09808- 01420，09808-01430）。

注意：不要使用其他任何工具，例如螺丝刀。

提示：

- 将SST槽口插入燃油泵仪表挡圈肋片。
- 安装SST时，用手固定燃油吸油管总成以防止衬垫从燃油吸油管脱落。

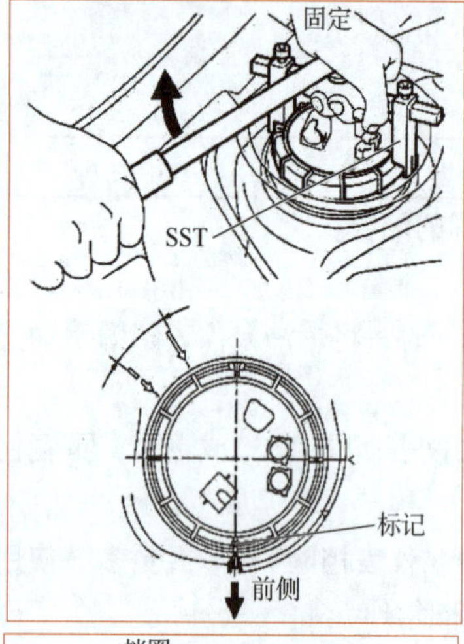

⑥ 从燃油箱上的开始标记紧固燃油泵仪表挡圈约450°，使挡圈上的开始标记落在如图所示的范围内。

SST 09808-14020（09808-01410，09808-01420, 09808-01430）。

注意：不要使用其他任何工具，例如螺丝刀。

提示：将SST槽口插入燃油泵仪表挡圈肋片。

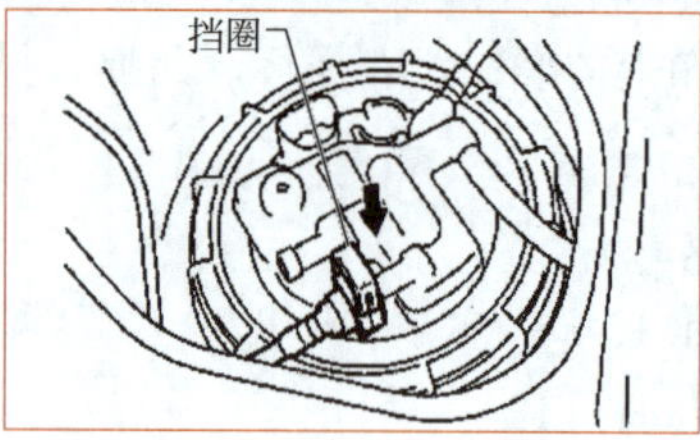

（3）连接燃油箱2号蒸发管。

将燃油箱2号蒸发管连接至燃油吸油管总成。

提示：参见FU-1页。

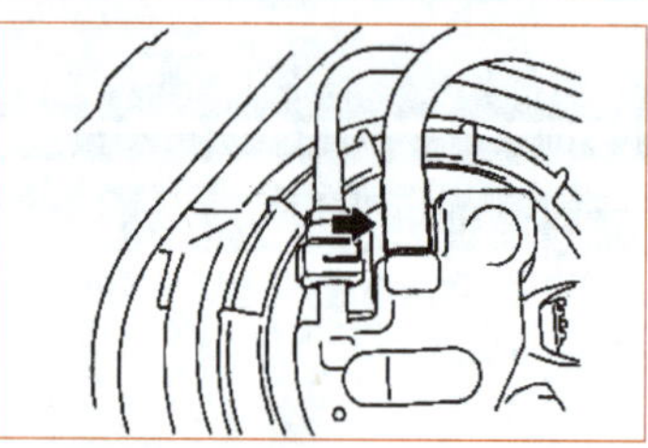

（4）连接1号炭罐出口软管。

将1号炭罐出口软管连接至燃油吸油管总成。

提示：在燃油箱2号蒸发管和1号炭罐出口软管连接后，检查并确认燃油箱2号蒸发管置于1号炭罐出口软管下。

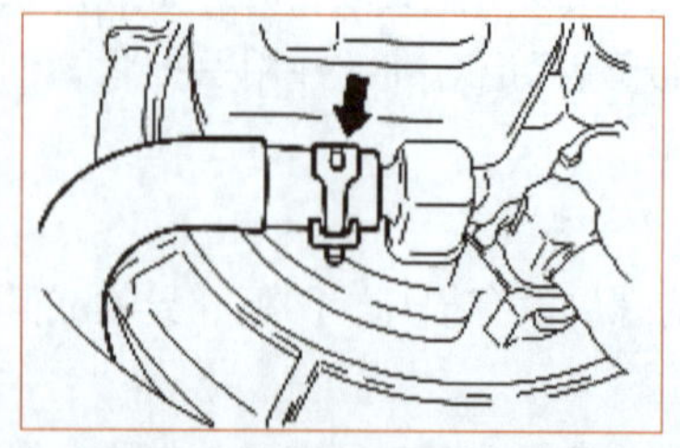

（5）连接1号燃油蒸发管分总成。

用卡子将1号燃油蒸发管分总成连接至燃油吸油管总成。

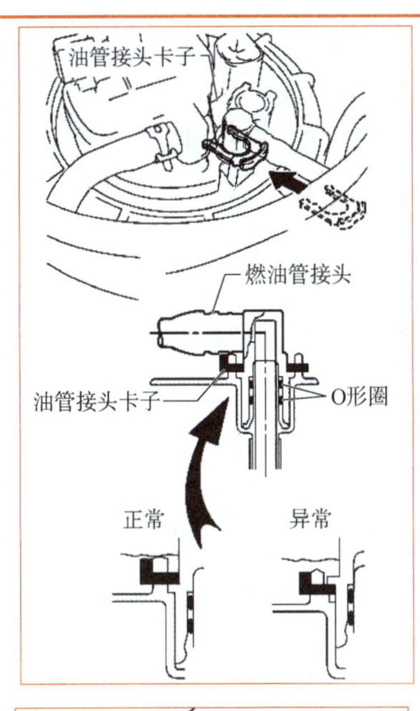

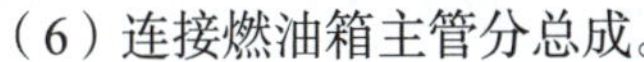

（6）连接燃油箱主管分总成。

① 将燃油管接头推入燃油吸油盘的螺塞里，然后安装油管接头卡子。

注意：

- 在工作前，检查并确认燃油管接头的连接部分和螺塞周围没有划痕或异物。
- 检查并确认燃油管接头牢固插入到底部。
- 检查并确认油管接头卡子位于燃油管接头的轴环上。
- 安装油管接头卡子后，检查并确认燃油箱主管不能被推出。

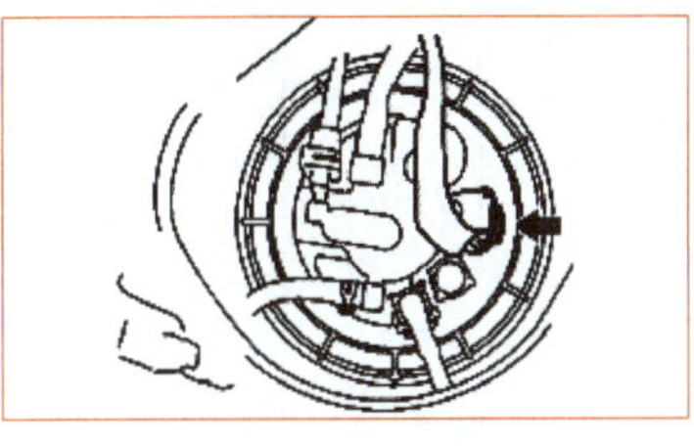

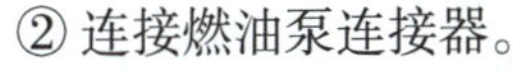

② 连接燃油泵连接器。

（7）将电缆连接到蓄电池负极端子。

扭矩：5.4 N·m。

（8）检查燃油是否泄漏。

提示：参见FU-11页。

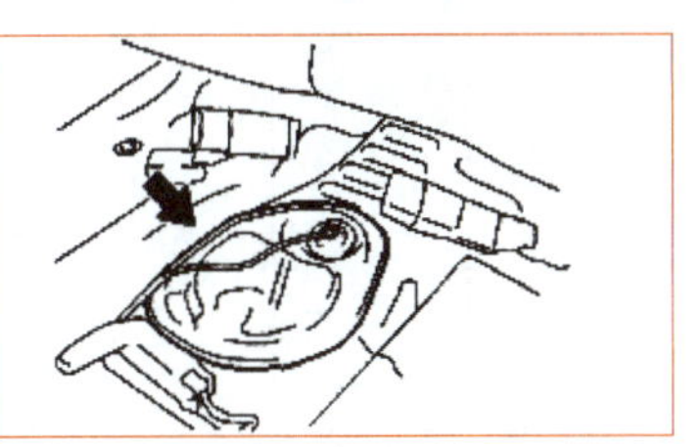

（9）安装后地板检修孔盖。

用新丁基胶带安装后地板检修孔盖。

（10）安装后排座椅座垫总成（参见SE-71页）。

项目实施

1. 注意事项

（1）遵守实验室规章制度，未经许可，不得擅自移动和拆卸仪器与设备。

（2）必须穿工作服、工作鞋，严格执行安全、5S管理制度。

（3）严禁未经许可，擅自操作教具、设备的电器开关、点火开关和起动开关，以防发生危险。

（4）在教师允许和监控下，才能起动发动机，需与设备周围的人员进行互动，防止意外发生。

（5）发动机运行期间，严禁拔下各传感器及执行器接口，以免损坏ECU。

（6）在发动机停止工作后，供油管路保持有压力，在修理检测燃油系统之前，必须释放压力。

2. 实施步骤

项目工单

项目名称	检测电动燃油泵		序号	20	日期	
班级		姓名		学号		

一、资讯

（1）燃油泵按安装位置分可分为几种？按结构分可分为几种，分别是什么类型？

（2）连接燃油泵电路。

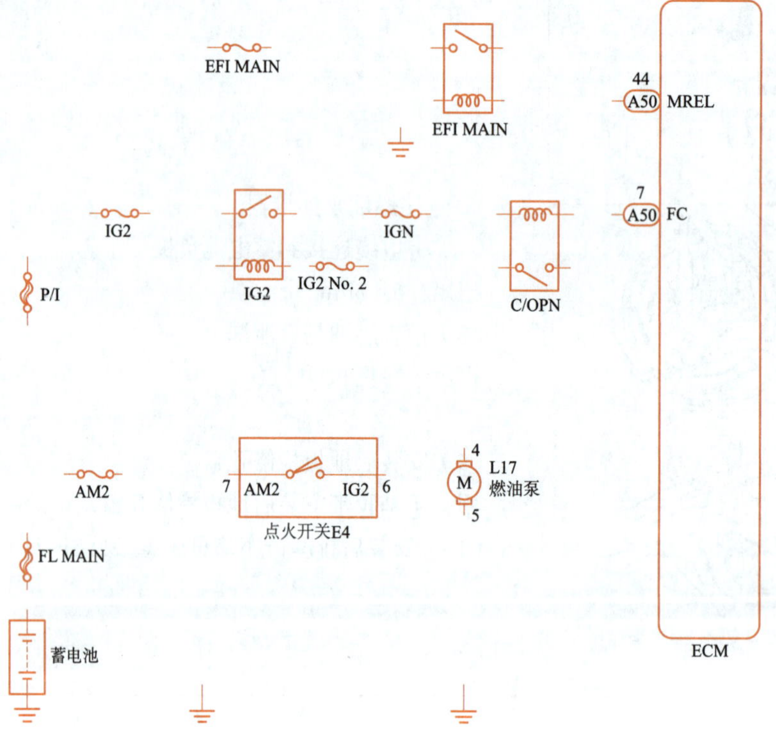

二、决策和计划

人员分工		选择设备	工作计划
组号			
组长			
组员			

三、实施

（1）主动测试。

（2）检查熔丝。

阻值：

（3）检查C/OPN继电器。

（4）检查线束和连接器（C/OPN继电器-ECM）。

（5）检查线束和连接器（C/OPN继电器-集成继电器）。

（6）检查线束和连接器（C/OPN继电器-燃油泵）。

（7）检查线束和连接器（燃油泵-搭铁）。

（8）检查燃油泵。

（9）检查ECM电源。

四、检查

每个工作小组选派一名代表，汇报实训过程体会、掌握了哪些技能。教师确认发动机正常工作，故障已排除。

五、评估

序号	考核要点	配分	评分标准	得分
1	遵守安全操作规程	10	违反安全规则记为0分	
2	工具和仪器使用	10	不正确扣10分	
3	燃油泵的拆卸	20	每错一步扣5分，扣完为止	
4	燃油泵的检测	30	每错一项扣15分	
5	燃油泵电路的检查	20	检查过程不正确扣20分	
6	整理工具，清理现场 实习态度和纪律	10	保持实习现场秩序和卫生，保证人身及设备的安全，违规一次扣5分	
7	总分	100	实得总分	

1. 小组自评：成绩________________

2. 教师点评：成绩________________

教师签字：________________

思 考 题

（1）电动燃油泵的作用是什么？

（2）电动燃油泵按安装位置不同可分为哪几种安装方式？各有什么优缺点？

（3）汽车用电动燃油泵构造分可分为几种？

（4）如何检测电动燃油泵？

项目二十一

检测起动信号

一辆装有1ZR发动机的丰田卡罗拉轿车，在启动过程中，司机发现该车无法正常启动，且没有着车迹象，司机拨打救援电话后，救援人员赶到将车拖到4S店进行维修。作为一名维修人员，你应该如何对车辆开展维修呢？

项目目标

1. 知识目标

（1）掌握起动信号的控制电路；

（2）掌握起动信号故障的检测方法。

2. 能力目标

（1）能够对起动信号故障进行检测；

（2）知道起动信号数据分析的方法。

3. 素质目标

（1）能够自主学习新知识，形成一定的自学能力；

（2）培养良好的社会责任感及职业道德。

项目设备

（1）工具：数字万用表，金德KT600诊断仪，常用工具各4套。

（2）设备：1ZR发动机实验台4台，解剖发动机台架1台，其他D型电控发动机1台。

项目知识

1. 描述

发动机起动时，会把起动信号传递给发动机ECM，使ECM做好起动相关起动程序。电流经点火开关端子ST1流向驻车挡/空挡位置开关（自动变速器）或离合器踏板开关（手动变速器），并流向ECM的端子STA（STA信号）。

2. 电路图

起动信号的电路图如图21-1所示。

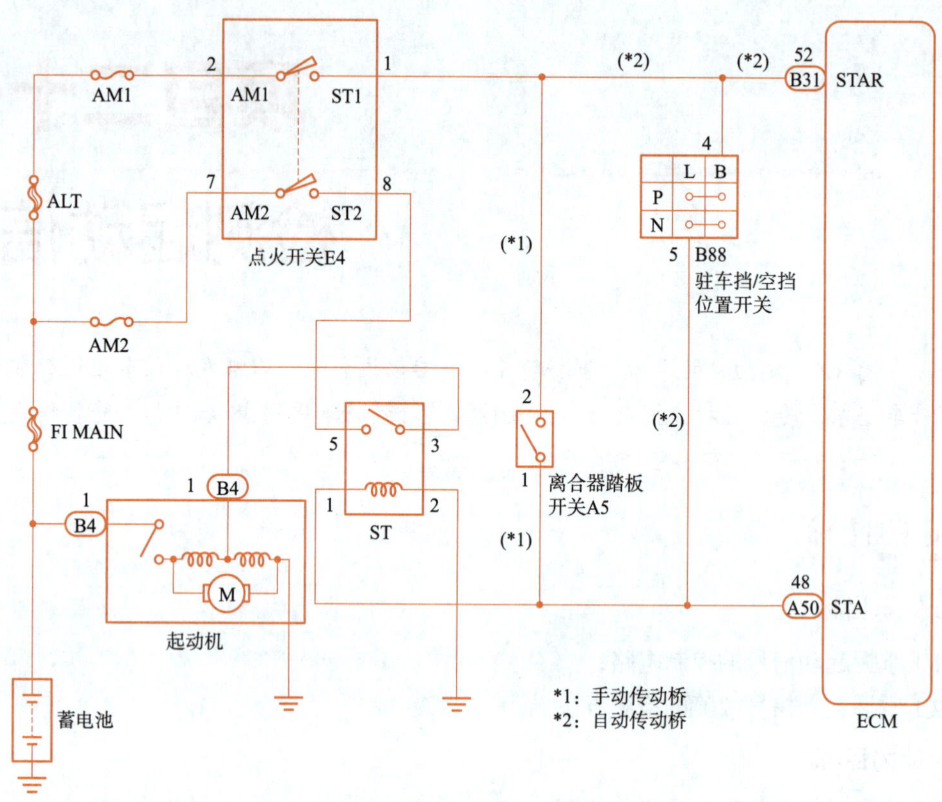

图 21-1　起动信号的电路图

3. 检测程序

1）读取智能检测仪的值（起动机信号）

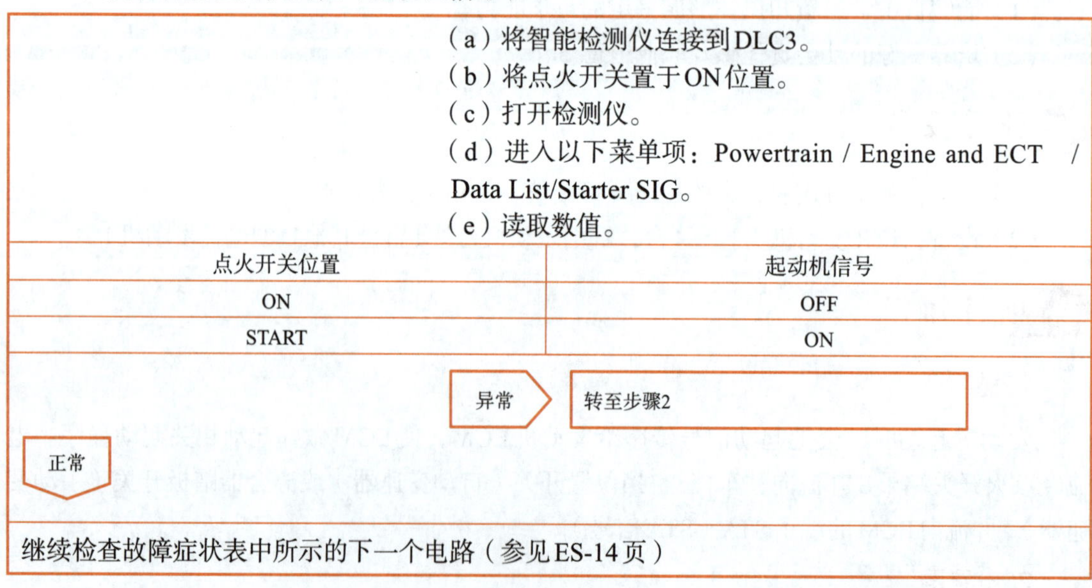

（a）将智能检测仪连接到DLC3。

（b）将点火开关置于ON位置。

（c）打开检测仪。

（d）进入以下菜单项：Powertrain / Engine and ECT / Data List/Starter SIG。

（e）读取数值。

点火开关位置	起动机信号
ON	OFF
START	ON

异常　转至步骤2

正常

继续检查故障症状表中所示的下一个电路（参见ES-14页）

2）检查ST继电器（电源）

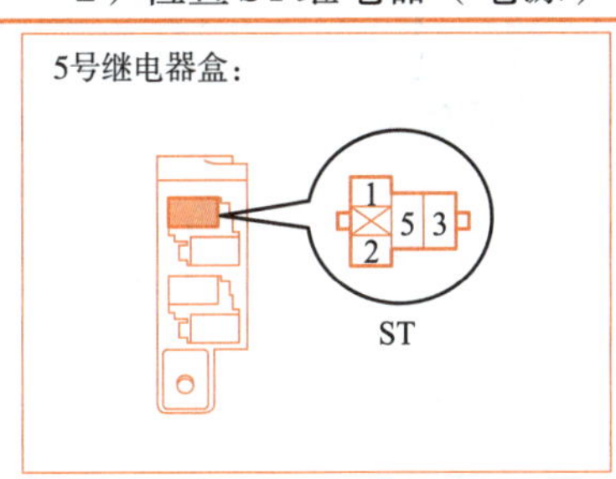

（a）从5号继电器盒上拆下ST继电器。
（b）根据下表中的值测量电压。
标准电压

检测仪连接	条件	规定状态
ST 继电器端子 1-车身搭铁	发动机起动位置	9 ~ 14 V

提示：由于没有安装继电器，发动机不能起动。
（c）重新安装ST继电器。

结果	转至
正常	A
异常（手动传动桥）	B
异常（自动传动桥）	C

B　转至步骤5

C　转至步骤10

A

3）检查ST继电器

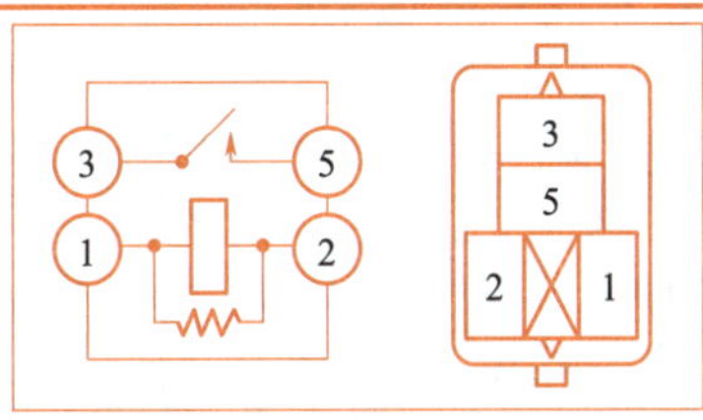

（a）从5号继电器盒上拆下ST继电器。
（b）根据下表中的值测量电阻。
标准电阻

检测仪连接	条件	规定状态
3-5	始终	≥ 10 kΩ
3-5	始终	＜1Ω（在端子1和2之间施加蓄电池电压）

（c）重新安装ST继电器。

异常　更换ST继电器

正常

4）检查线束和连接器（ST继电器-车身搭铁）

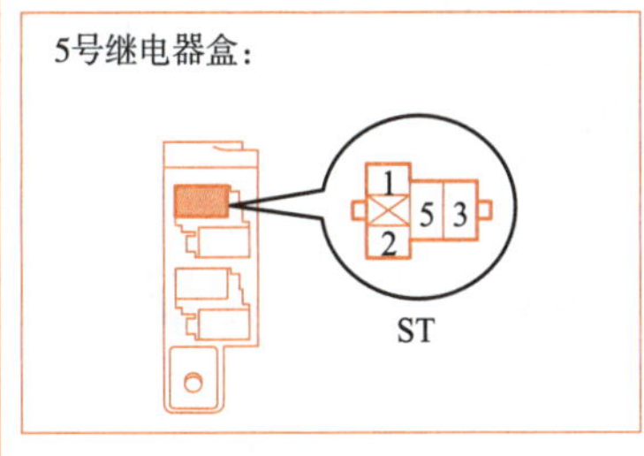

（a）从5号继电器盒上拆下ST继电器。
（b）根据下表中的值测量电阻。
标准电阻

检测仪连接	条件	规定状态
ST 继电器端子 2- 车身搭铁	始终	＜1Ω

（c）重新安装ST继电器。

结果	转至
正常	A
异常（手动传动桥）	B
异常（自动传动桥）	C

B　维修或更换线束或连接器（ECM-驻车挡/空挡位置开关）

C　维修或更换线束或连接器（ST继电器-车身搭铁）

A

维修或更换线束或连接器（ECM-离合器踏板开关总成）

5）检查线束和连接器（ST继电器-离合器踏板开关总成）

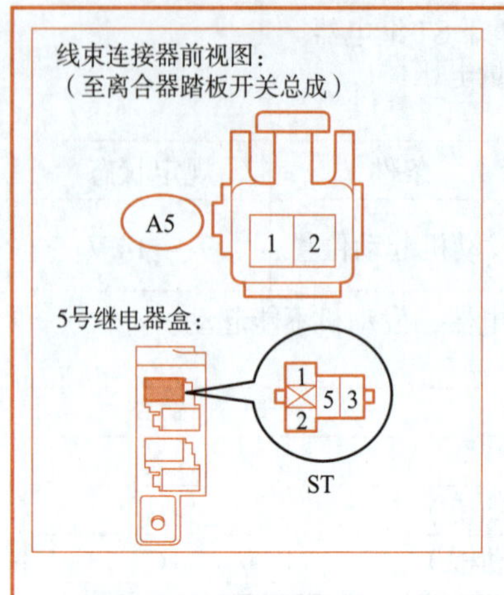

（a）从5号继电器盒上拆下ST继电器。
（b）断开离合器踏板开关总成连接器。
（c）根据下表中的值测量电阻。
标准电阻（断路检查）

检测仪连接	条件	规定状态
ST 继电器端子 1 - A5-1	始终	＜1 Ω

标准电阻（短路检查）

检测仪连接	条件	规定状态
ST 继电器端子 1 或 A5-1 - 车身搭铁	始终	≥ 10 kΩ

（d）重新安装ST继电器。
（e）重新连接离合器踏板开关总成连接器。

正常

异常 → 维修或更换线束或连接器（ST继电器-离合器踏板开关总成）

6）检查离合器踏板开关总成

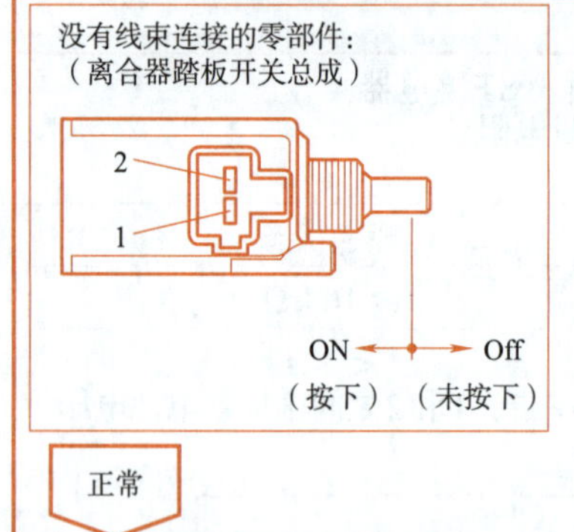

（a）断开离合器踏板开关总成连接器。
（b）根据下表中的值测量电阻。
标准电阻（断路检查）

检测仪连接	条件	规定状态
1-2	开关销未按下	≥ 10 kΩ
	开关销按下	＜1 Ω

（c）重新连接离合器踏板开关总成连接器。

正常

异常 → 更换离合器踏板开关总成（参见AX-81页）

7）检查线束和连接器（离合器踏板开关总成-点火开关总成）

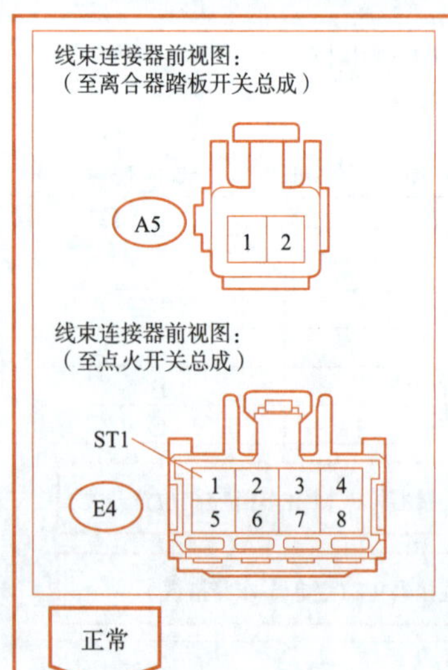

（a）断开离合器踏板开关总成连接器。
（b）断开点火开关总成连接器。
（c）根据下表中的值测量电阻。
标准电阻（断路检查）

检测仪连接	条件	规定状态
A5-2-E4-1（ST1）	始终	＜1 Ω

标准电阻（短路检查）

检测仪连接	条件	规定状态
A5-2 或 E4-1 (ST1)-车身搭铁	始终	≥ 10 kΩ

（d）重新连接离合器踏板开关总成连接器。
（e）重新连接点火开关总成连接器。

正常

异常 → 维修或更换线束或连接器（离合器踏板开关总成-点火开关总成）

8）检查点火开关总成

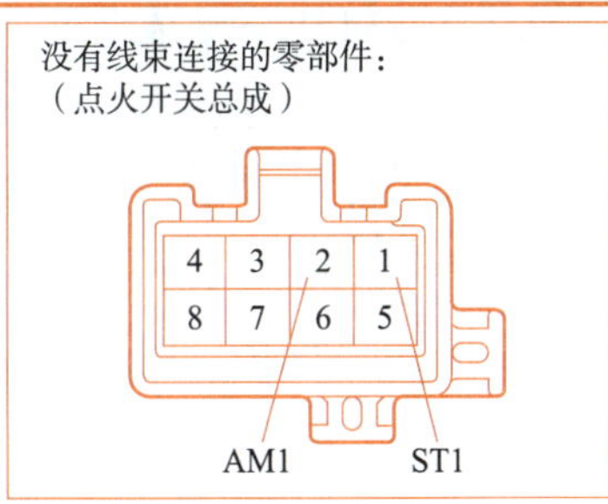

（a）断开点火开关总成连接器。

（b）根据下表中的值测量电阻。

标准电阻

检测仪连接	条件	规定状态
所有端子	LOCK	≥ 10 kΩ
E4-2 (AM1)-E4-1(ST1)	START	< 1 Ω

（c）重新连接点火开关总成连接器。

异常 → 更换点火开关总成（参见ST-18页）

正常

9）检查熔丝（AM1熔丝）

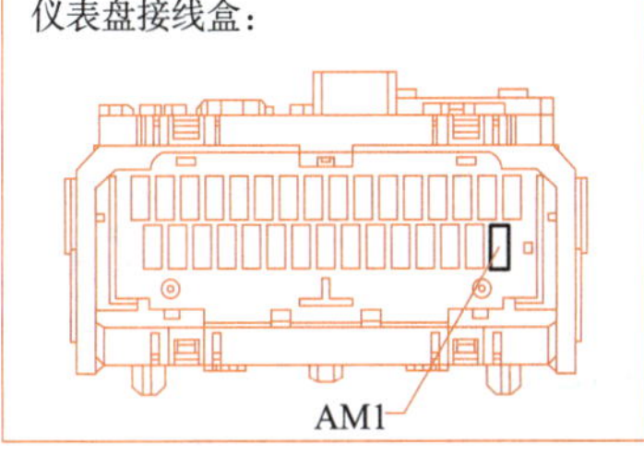

（a）从仪表板接线盒上拆下AM 1熔丝。

（b）根据下表中的值测量电阻。

标准电阻

检测仪连接	条件	规定状态
AM1 熔丝	始终	< 1 Ω

（c）重新安装AM 1熔丝。

异常 → 更换熔丝（AM1熔丝）

正常

维修或更换线束或连接器（点火开关总成-蓄电池）

10）检查线束和连接器（ST继电器-驻车挡/空挡位置开关）

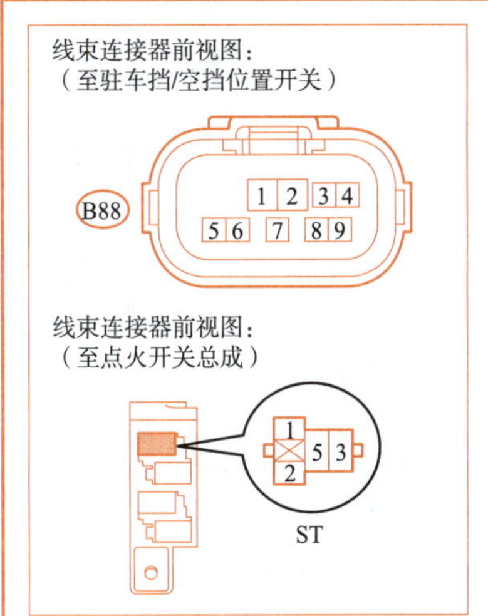

（a）从5号继电器盒上拆下ST继电器。

（b）断开驻车挡/空挡位置开关连接器。

（c）根据下表中的值测量电阻。

标准电阻（断路检查）

检测仪连接	条件	规定状态
ST 继电器端子 1-B88-5	始终	< 1 Ω

标准电阻（短路检查）

检测仪连接	条件	规定状态
ST 继电器端子 1 或 B88-5- 车身搭铁	始终	≥ 10 kΩ

（d）重新安装ST继电器。

（e）重新连接驻车挡/空挡位置开关连接器。

异常 → 维修或更换线束或连接器（离合器踏板开关总成-点火开关总成）

正常

11）检查驻车挡/空挡位置开关总成

检查驻车挡/空挡位置开关总成（U340E 自动传动桥）（参见 AX-82 页）

正常

异常 → 更换驻车挡/空挡位置开关总成（U340E自动传动桥）（参见AX-81页）

12）检查线束和连接器（点火开关总成-ECM）

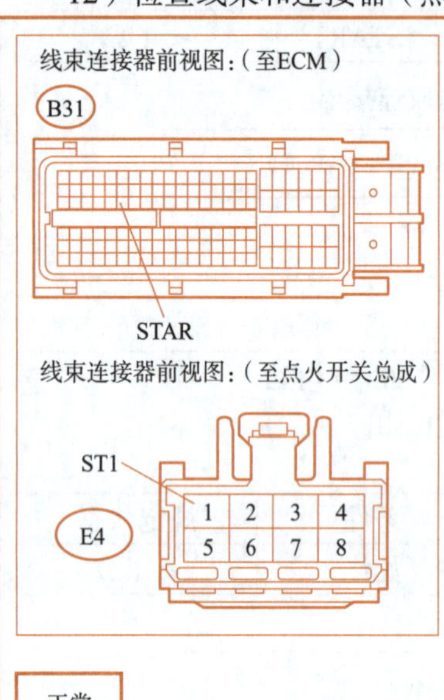

（a）断开ECM连接器。

（b）断开点火开关总成连接器。

（c）根据下表中的值测量电阻。

标准电阻（断路检查）

检测仪连接	条件	规定状态
B31-52(STAR)-E4-1(ST1)	始终	< 1 Ω

标准电阻（短路检查）

检测仪连接	条件	规定状态
B31-52(STAR) 或 E4-1 (ST1)- 车身搭铁	始终	≥ 10 kΩ

（d）重新连接ECM连接器。

（e）重新连接点火开关总成连接器。

正常

异常 → 维修或更换线束和连接器（点火开关总成-ECM）

13）检查线束和连接器（驻车挡/空挡位置开关-点火开关总成）

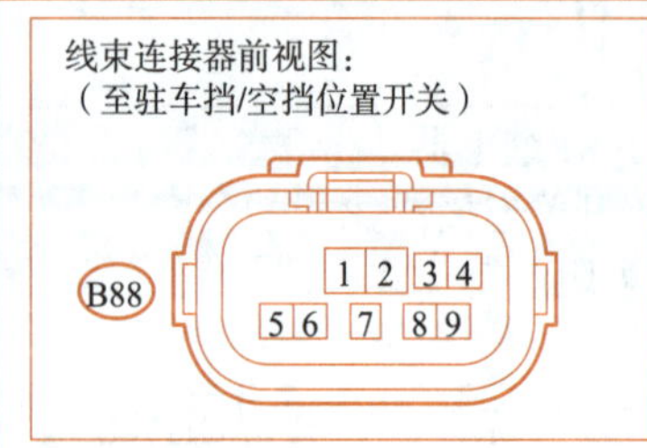

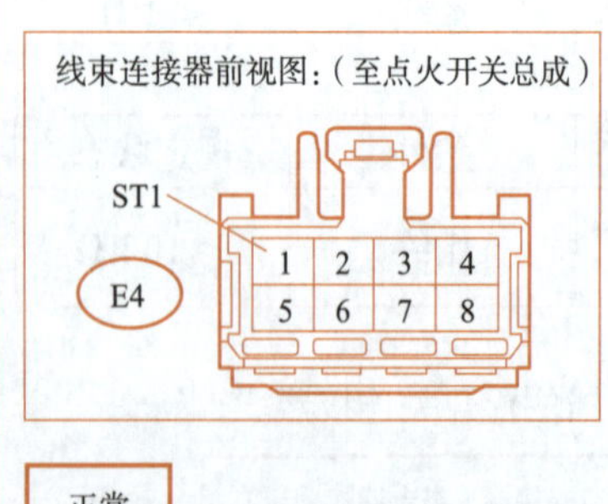

（a）断开驻车挡/空挡位置开关连接器。

（b）断开点火开关总成连接器。

（c）根据下表中的值测量电阻。

标准电阻（断路检查）

检测仪连接	条件	规定状态
B88-4-E4-1 (ST1)	始终	< 1 Ω

标准电阻（短路检查）

检测仪连接	条件	规定状态
B88-4 或 E4-1(ST1)-车身搭铁	始终	≥ 10 kΩ

（d）重新连接驻车挡/空挡位置开关连接器。

（e）重新连接点火开关总成连接器。

异常 → 维修或更换线束或连接器（驻车挡/空挡位置开关-点火开关总成）

正常

14）检查线束和连接器（驻车挡/空挡位置开关-ECM）

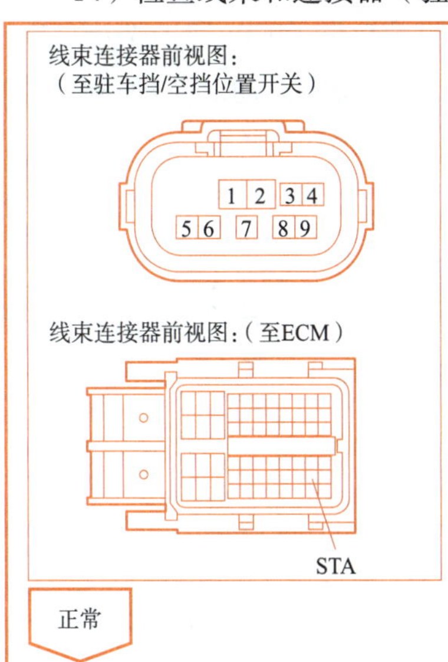

（a）断开ECM连接器。
（b）断开驻车挡/空挡位置开关连接器。
（c）根据下表中的值测量电阻。
标准电阻（断路检查）

检测仪连接	条件	规定状态
B88-5-A50-48(STA)	始终	< 1 Ω

标准电阻（短路检查）

检测仪连接	条件	规定状态
B88-5 或 A50-48(STA)-车身搭铁	始终	≥ 10 kΩ

（d）重新连接ECM连接器。
（e）重新连接驻车挡/空挡位置开关连接器。

异常 → 维修或更换线束或连接器（驻车挡/空挡位置开关-ECM）

正常

15）检查点火开关总成

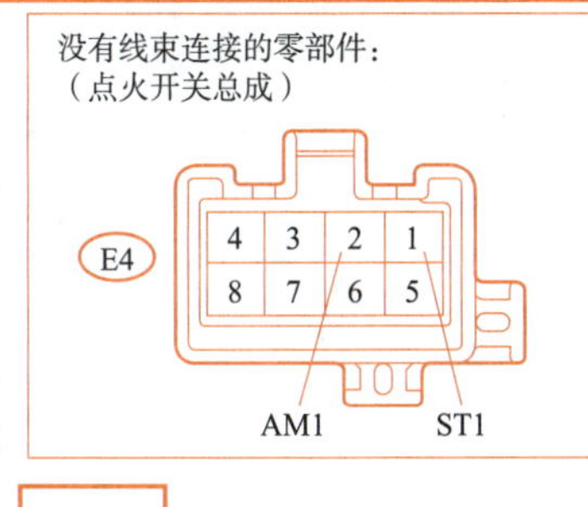

（a）断开点火开关总成连接器。
（b）根据下表中的值测量电阻。
标准电阻

检测仪连接	条件	规定状态
所有端子	LOCK	≥ 10 kΩ
E4-2(AM1)-E4-1(ST1)	START	< 1Ω

（c）重新连接点火开关总成连接器。

异常 → 更换点火开关总成（参见ST-18页）

正常

16）检查熔丝（AM1熔丝）

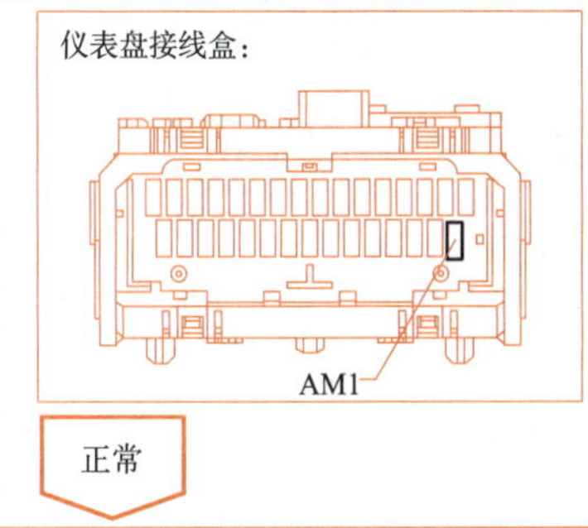

（a）从仪表板接线盒上拆下AM1熔丝。
（b）根据下表中的值测量电阻。
标准电阻

检测仪连接	条件	规定状态
AM1 熔丝	始终	< 1 Ω

（c）重新安装AM1熔丝。

异常 → 更换熔丝（AM1熔丝）

正常

维修或更换线束或连接器（点火开关总成-蓄电池）

项目实施

1. 注意事项

（1）遵守实验室规章制度，未经许可，不得擅自移动和拆卸仪器与设备。

（2）必须穿工作服、工作鞋，严格执行安全、5S管理制度。

（3）严禁未经许可，擅自操作教具、设备的电器开关、点火开关和起动开关，以防发生危险。

（4）在教师允许和监控下，才能起动发动机，需与设备周围的人员进行互动，防止意外发生。

（5）发动机运行期间，严禁拔下各传感器及执行器接口，以免损坏ECU。

2. 实施步骤

项目工单

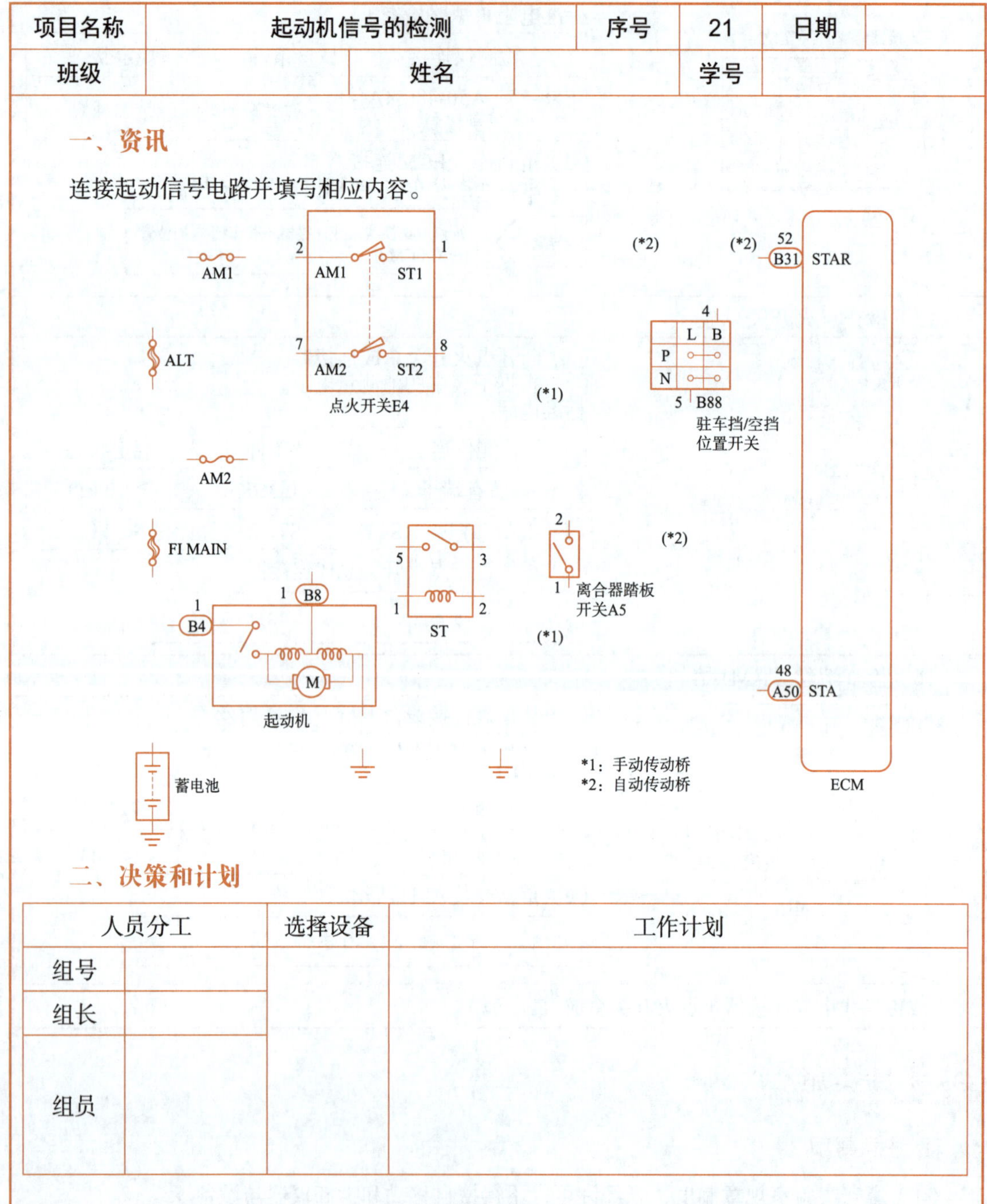

项目名称	起动机信号的检测		序号	21	日期	
班级		姓名		学号		

一、资讯

连接起动信号电路并填写相应内容。

二、决策和计划

人员分工		选择设备	工作计划
组号			
组长			
组员			

三、实施（根据提示，写出实际操作过程）

（1）读取智能检测仪起动信号值。

（2）检查 ST 电源。

（3）检查 ST 继电器。

（4）检查线束和连接器（ST 继电器 - 车身搭铁）。

（5）检查线束和连接器（ST 继电器 - 离合器踏板开关总成）。

（6）检查离合器踏板开关总成。

（7）检查线束和连接器（离合器踏板开关总成 - 点火开关总成）。

（8）检查点火开关总成。

（9）检查熔丝（AM1 熔丝）。

（10）检查线束和连接器（ST 继电器 - 驻车挡 / 空挡位置开关）。

（11）检查驻车挡 / 空挡位置开关总成。

（12）检查线束和连接器（点火开关总成 -ECM）。

（13）检查线束和连接器（驻车挡 / 空挡位置开关 - 点火开关总成）。

（14）检查线束和连接器（驻车挡 / 空挡位置开关 -ECM）。

（15）检查点火开关总成。

（16）检查熔丝（AM1 熔丝）。

四、检查

每个工作小组选派一名代表，汇报实训过程体会、掌握了哪些技能。教师确认发动机正常工作，故障已排除。

五、评估

序号	考核要点	配分	评分标准	得分
1	遵守安全操作规程	20	违反安全规则记为 10 分	
2	工具和仪器使用	20	不正确扣 10 分	
3	起动电路的检测	40	每错一项扣 15 分	
4	整理工具，清理现场 实习态度和纪律	20	保持实习现场秩序和卫生，保证人身及设备的安全，违规一次扣 5 分	
5	总分	100	实得分数	

1. 小组自评：成绩__________________

2. 教师点评：成绩__________________

教师签字：__________________

思考题

（1）如何进行起动信号检测？

（2）如何检查点火开关总成？

（3）简述读取智能检测仪起动信号值操作。

项目二十二

检测 ECM 电源电路

一辆装有1ZR发动机的丰田卡罗拉轿车，司机发现该车无法启动。司机拨打救援电话后，救援人员赶到将车拖到4S店进行维修。经检测是ECM电源电路故障。作为一名维修人员，你应该如何对车辆开展维修呢？

项目目标

1. 知识目标

（1）掌握ECM电源电路的控制电路；

（2）掌握ECM电源电路故障的检测方法。

2. 能力目标

（1）能够对ECM电源电路故障进行检测；

（2）能够根据工艺流程、技术规范排除ECM电源电路的故障。

3. 素质目标

（1）培养良好的心理素质和克服困难的能力；

（2）培养良好的社会责任感及职业道德。

项目设备

（1）工具：数字万用表，金德KT600诊断仪，常用工具各4套。

（2）设备：1ZR发动机实验台4台，解剖发动机台架1台，其他D型电控发动机1台。

项目知识

1. 电路图

ECM电源的电路图如图22-1所示。

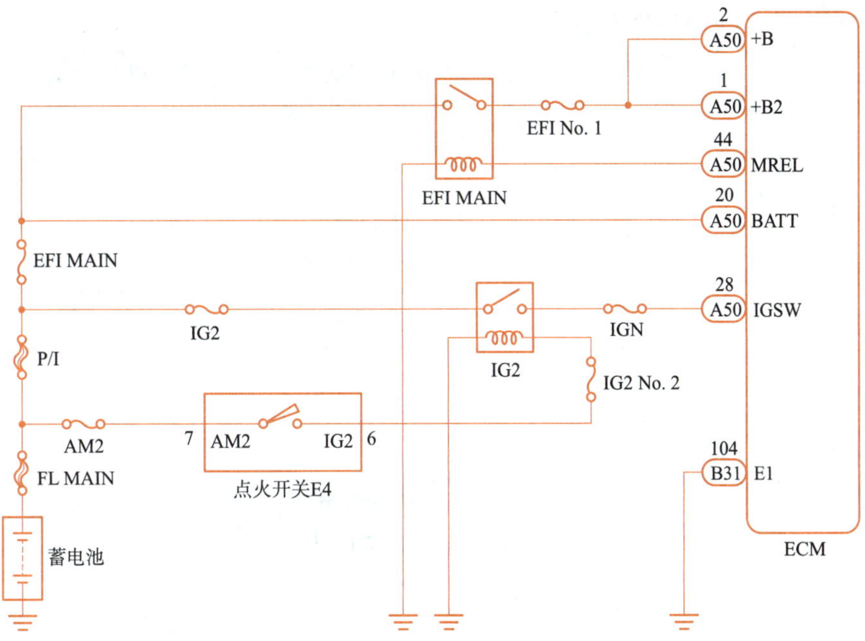

图 22-1　ECM 电源电路图

2. 检测程序

1）检查线束和连接器（ECM - 车身搭铁）

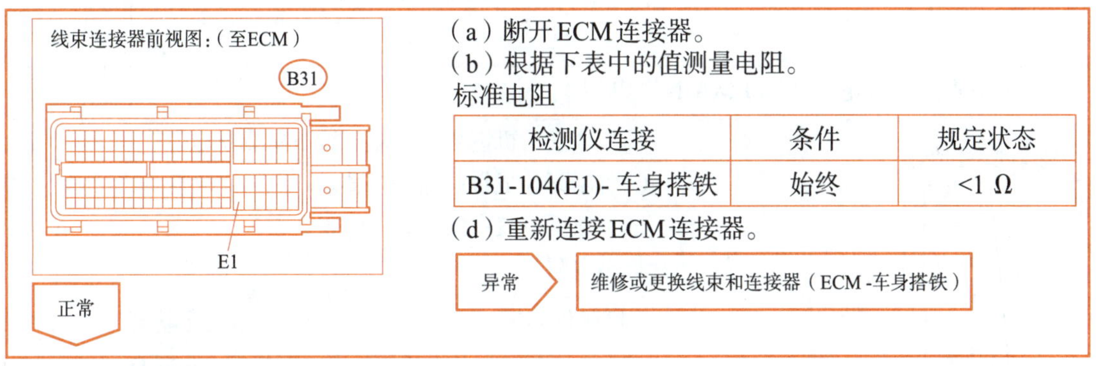

（a）断开 ECM 连接器。
（b）根据下表中的值测量电阻。
标准电阻

检测仪连接	条件	规定状态
B31-104(E1)- 车身搭铁	始终	<1 Ω

（d）重新连接 ECM 连接器。

异常　维修或更换线束和连接器（ECM -车身搭铁）

2）检查 ECM（IGSW 电压）

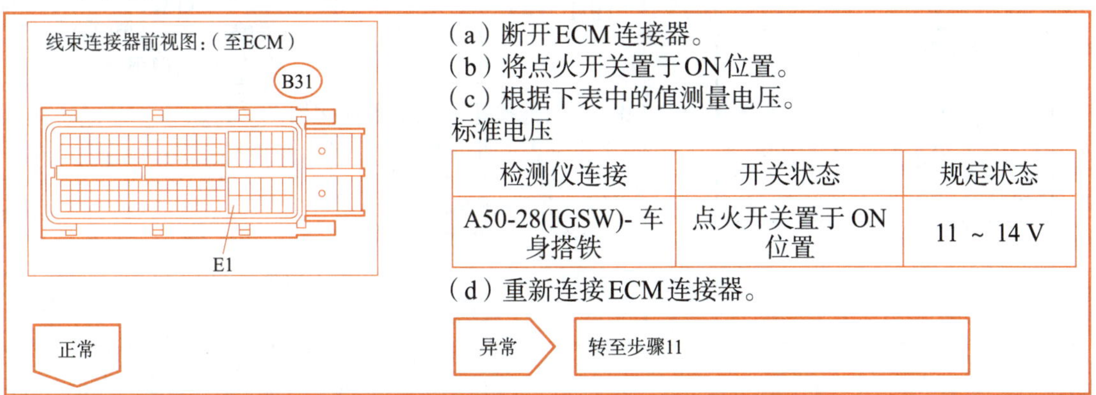

（a）断开 ECM 连接器。
（b）将点火开关置于 ON 位置。
（c）根据下表中的值测量电压。
标准电压

检测仪连接	开关状态	规定状态
A50-28(IGSW)- 车身搭铁	点火开关置于 ON 位置	11 ～ 14 V

（d）重新连接 ECM 连接器。

异常　转至步骤11

3）检查熔丝（EFI MAIN熔丝）

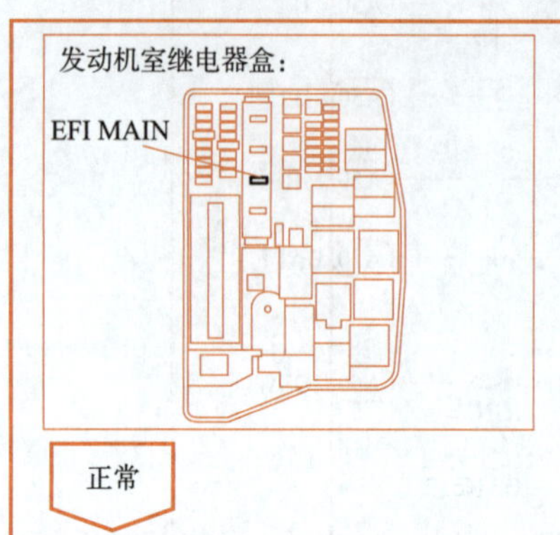

（a）从发动机室继电器盒上拆下EFI MAIN熔丝。
（b）根据下表中的值测量电阻。
标准电压

检测仪连接	条件	规定状态
EFI MAIN 熔丝	始终	<1Ω

（c）重新安装EFI MAIN熔丝。

异常 → 更换熔丝（EFI MAIN熔丝）

正常

4）检查熔丝（EFI No.1熔丝）

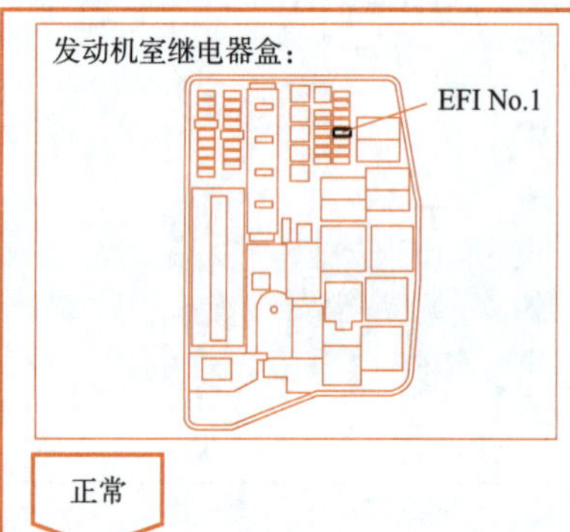

（a）从发动机室继电器盒上拆下EFI No.1熔丝。
（b）根据下表中的值测量电阻。
标准电阻

检测仪连接	条件	规定状态
EFI No.1 熔丝	始终	<1Ω

（c）重新安装EFI No.1连接器。

异常 → 更换熔丝（EFI N0.1熔丝）

正常

5）检查集成继电器（EFI MAIN继电器）

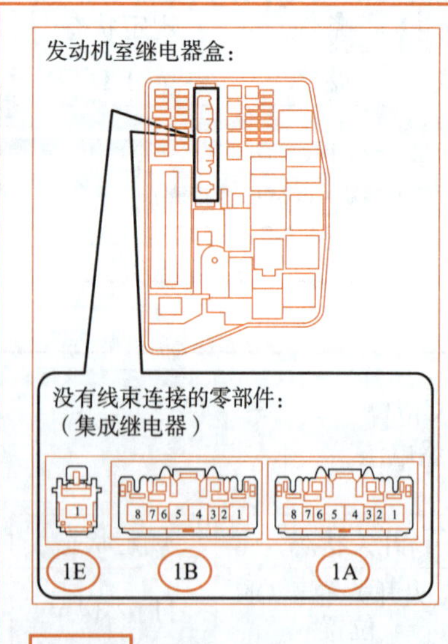

（a）从发动机室继电器盒上拆下集成继电器。
（b）断开集成继电器连接器。
（c）根据下表中的值测量电阻。
标准电阻

检测仪连接	条件	规定状态
1E-1-1B-4	始终	≥ 10 kΩ
	始终	<1Ω（向端子 1B-2 和 1B-3 施加蓄电池电压）

（d）重新连接集成继电器连接器。
（e）重新安装集成继电器。

异常 → 更换集成继电器

正常

6）检查线束和连接器[集成继电器（EFI MAIN 继电器）-EFINo.1 熔丝]

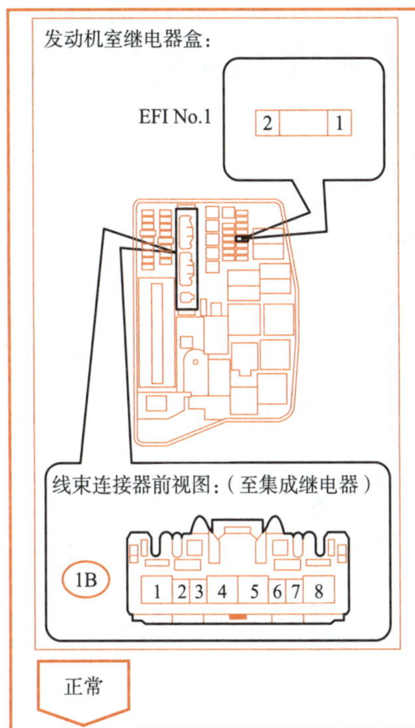

（a）从发动机室继电器盒上拆下集成继电器。
（b）断开集成继电器连接器。
（c）从发动机室继电器盒上拆下 EFI No.1 熔丝。
（d）根据下表中的值测量电阻。

标准电阻（断路检查）

检测仪连接	条件	规定状态
1B-4-1（EFI No.1 熔丝）	始终	<1 Ω

标准电阻（短路检查）

检测仪连接	条件	规定状态
1B-4 或 1（EFI No.1 熔丝）- 车身搭铁	始终	≥ 10 kΩ

（e）重新安装 EFI No.1 熔丝。
（f）重新连接集成继电器连接器。
（g）重新安装集成继电器。

正常

异常 → 维修或更换线束或连接器[集成继电器（EFI MAIN继电器）-EFI N0.1熔丝]

7）检查线束和连接器(EFI No.1 熔丝 -ECM)

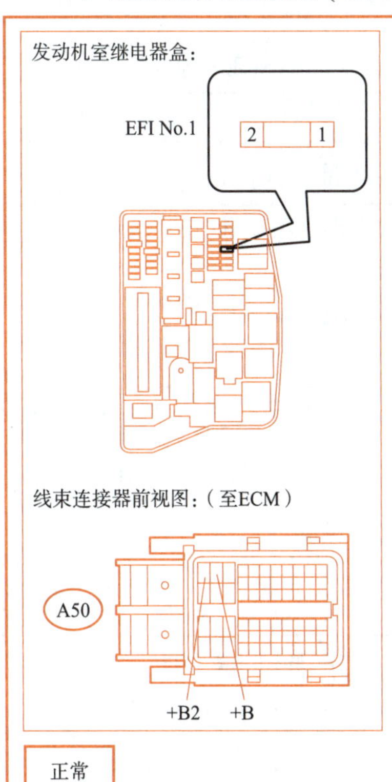

（a）断开 ECM 连接器。
（b）从发动机室继电器盒上拆下 EFI No.1 熔丝。
（c）根据下表中的值测量电阻。

标准电阻（断路检查）

检测仪连接	条件	规定状态
2 (EFI No.1 熔丝)- A50-1 (+B2)	始终	<1 Ω
2 (EFI No.1 熔丝)- A50-2 (+B)	始终	<1 Ω

标准电阻（短路检查）

检测仪连接	条件	规定状态
2(EFI No.1 熔丝) 或 A50-1(+B2)- 车身搭铁	始终	≥ 10 kΩ
2(EFI No.1 熔丝) 或 A50-2(+B)- 车身搭铁	始终	≥ 10 kΩ

（d）重新安装 EFI No. 1 熔丝。
（e）重新连接 ECM 连接器。

异常 → 维修或更换线束或连接器（EFI NO.1熔丝-ECM）

正常

8）检查线束和连接器（EFI MAIN 继电器 - 蓄电池）

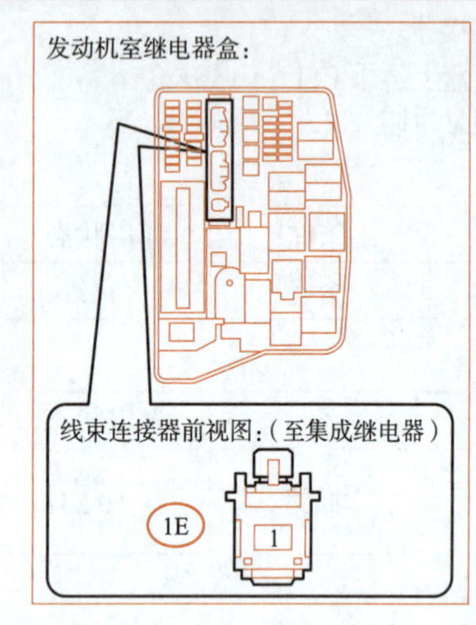

（a）从发动机室继电器盒上拆下集成继电器。

（b）断开集成继电器连接器。

（c）断开蓄电池负极端子。

（d）断开蓄电池正极端子。

（e）根据下表中的值测量电阻。

标准电阻（断路检查）

检测仪连接	条件	规定状态
1E-1- 蓄电池正极端子	始终	<1 Ω

标准电阻（短路检查）

检测仪连接	条件	规定状态
1E-1 或蓄电池正极端子 - 车身搭铁	始终	≥ 10 kΩ

（f）重新连接集成继电器连接器。

（g）重新安装集成继电器。

（h）重新连接蓄电池正极端子。

（i）重新连接蓄电池负极端子。

正常

异常 → 维修或更换线束或连接器（EFI MAIN继电器-蓄电池）

9）检查线束和连接器[集成继电器（EFI MAIN 继电器）- 车身搭铁]

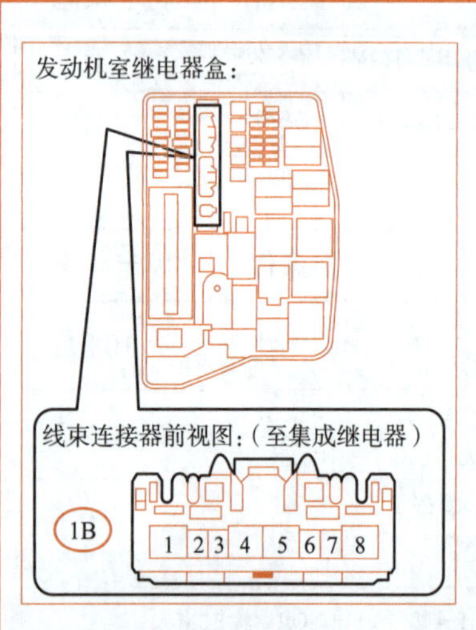

（a）从发动机室继电器盒上拆下集成继电器。

（b）断开集成继电器连接器。

（c）根据下表中的值测量电阻。

标准电阻

检测仪连接	条件	规定状态
1B-3- 车身搭铁	始终	<1 Ω

（d）重新连接集成继电器连接器。

（e）重新安装集成继电器。

异常 → 维修或更换线束和连接器[集成继电器（EFI MAIN继电器）-车身搭铁]

10）检查线束和连接器[集成继电器（EFI MAIN继电器）-ECM]

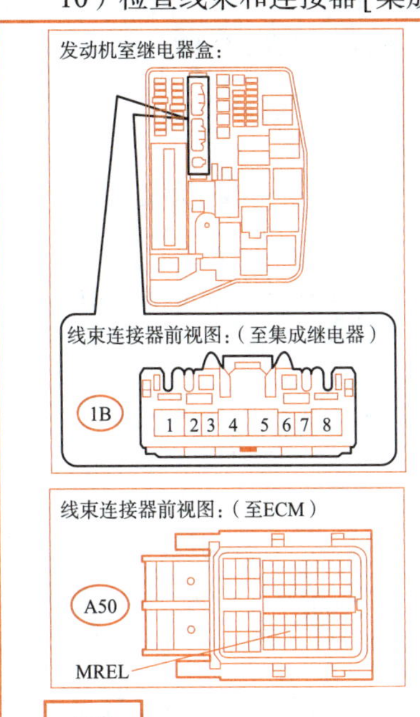

（a）断开ECM连接器。
（b）从发动机室继电器盒上拆下集成继电器。
（c）断开集成继电器连接器。
（d）根据下表中的值测量电阻。

标准电阻（断路检查）

检测仪连接	条件	规定状态
1B-2-A50-44(MREL)	始终	<1 Ω

标准电阻（短路检查）

检测仪连接	条件	规定状态
1B-2 或 A50-44(MREL)- 车身搭铁	始终	≥ 10 kΩ

（e）重新连接ECM连接器。
（f）重新连接集成继电器连接器。
（g）重新安装集成继电器。

异常 → 维修或更换线束或连接器[集成继电器（EFI MAIN 继电器）-ECM]

正常

更换ECM（参见ES-326页）

11）检查熔丝（IGN熔丝）

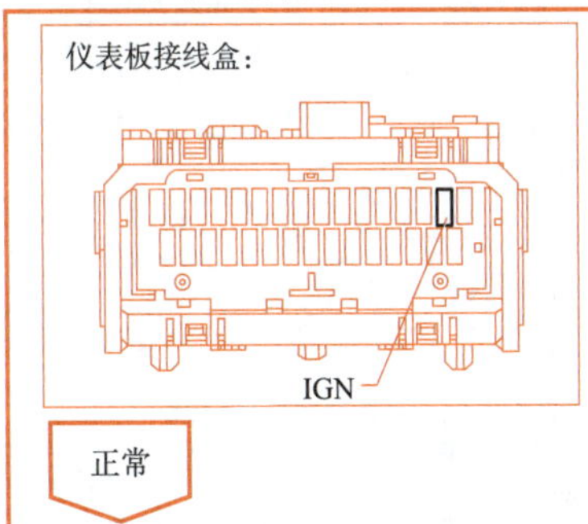

（a）从仪表板接线盒上拆下IGN熔丝。
（b）根据下表中的值测量电阻。

标准电阻

检测仪连接	条件	规定状态
IGN 熔丝	始终	<1 Ω

（c）重新安装IGN熔丝。

异常 → 更换熔丝（IGN熔丝）

正常

12）检查熔丝（IG2熔丝）

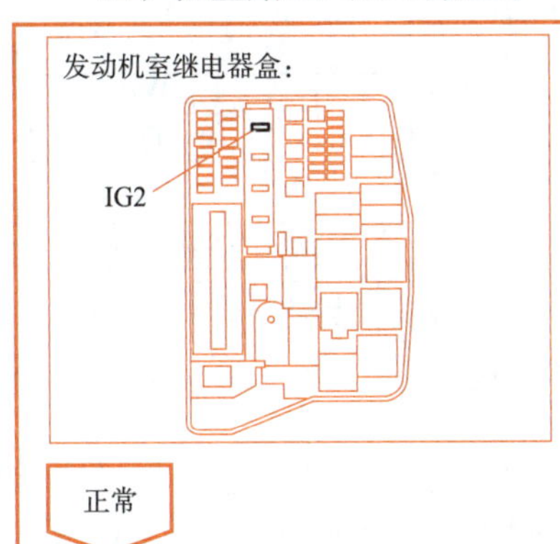

（a）从发动机室继电器盒上拆下IG2熔丝。
（b）根据下表中的值测量电阻。

标准电阻

检测仪连接	条件	规定状态
IG2 熔丝	始终	<1 Ω

（c）重新安装IG2熔丝。

异常 → 更换熔丝（IG2熔丝）

正常

13）检查集成继电器（IG2继电器）

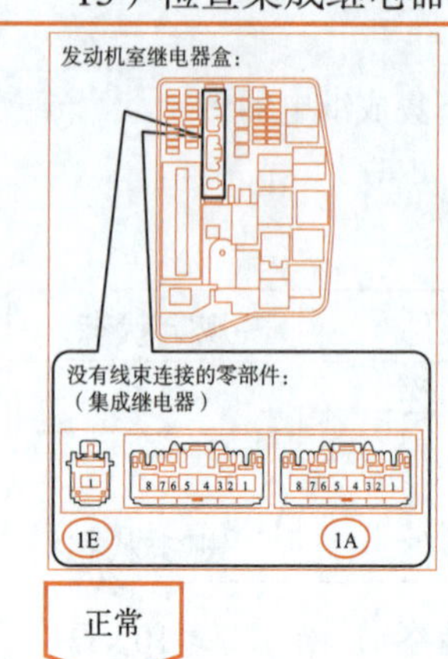

正常

（a）从发动机室继电器盒上拆下集成继电器。
（b）断开集成继电器连接器。
（c）根据下表中的值测量电阻。

标准电阻

检测仪连接	条件	规定状态
1E-1-1A-4	始终	≥ 10 kΩ
	始终	<1 Ω（在端子 1A-2 和 1A-3 上施加蓄电池电压）

（d）重新连接集成继电器连接器。
（e）重新安装集成继电器。

异常 → 更换集成继电器（IG2继电器）

14）检查线束和连接器（IGN熔丝-ECM）

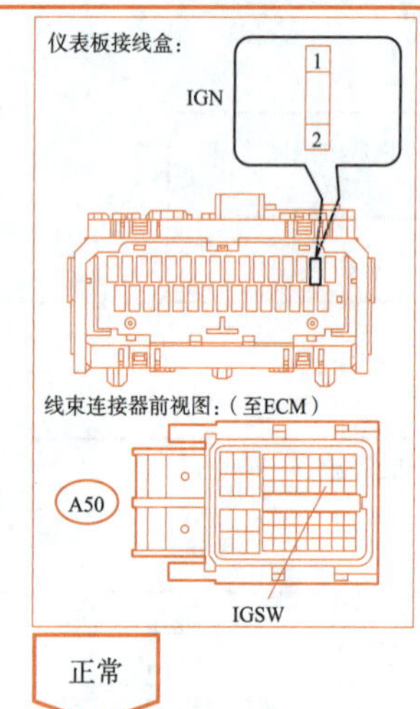

正常

（a）断开ECM连接器。
（b）从仪表板接线盒上拆下IGN熔丝。
（c）根据下表中的值测量电阻。

标准电阻（断路检查）

检测仪连接	条件	规定状态
2（IGN熔丝）-A50-28（IGSW）	始终	<1 Ω

标准电阻（短路检查）

检测仪连接	条件	规定状态
2（IGN熔丝）或 A50-28（IGSW）- 车身搭铁	始终	≥ 10 kΩ

（d）重新连接ECM连接器。
（e）重新安装IGN熔丝。

异常 → 维修或更换线束和连接器（IGN熔丝-ECM）

15）检查线束和连接器[集成继电器（IG2继电器）-IGN熔丝]

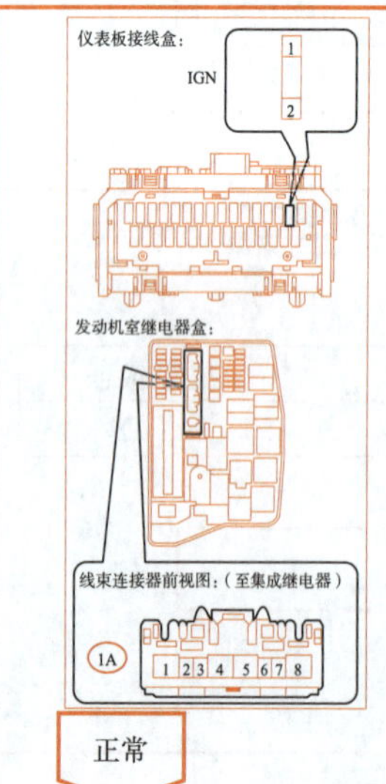

正常

（a）从发动机室继电器盒上拆下集成继电器。
（b）断开集成继电器连接器。
（c）从仪表板接线盒上拆下IGN熔丝。
（d）根据下表中的值测量电阻。

标准电阻（断路检查）

检测仪连接	条件	规定状态
1A-4-1（IGN熔丝）	始终	<1 Ω

标准电阻（短路检查）

检测仪连接	条件	规定状态
1A-4 或 1（IGN熔丝）- 车身搭铁	始终	≥ 10 kΩ

（e）重新连接集成继电器连接器。
（f）重新安装集成继电器。
（g）重新安装IGN熔丝。

异常 → 维修或更换线束和连接器[集成继电器（IG2继电器）-IGN熔丝]

16）检查线束和连接器[集成继电器（IG2继电器）-蓄电池]

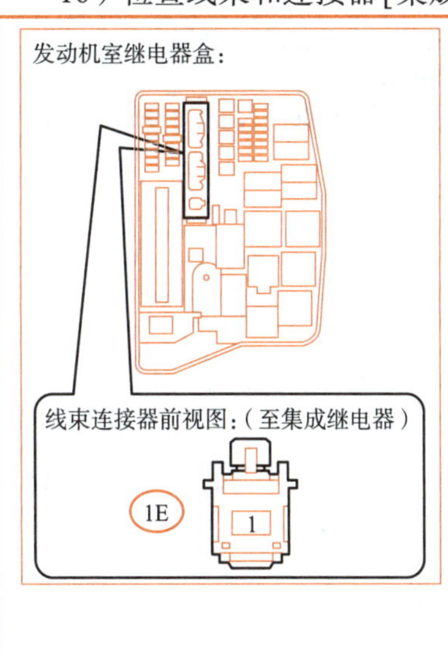

（a）从发动机室继电器盒上拆下集成继电器。
（b）断开集成继电器连接器。
（c）断开蓄电池负极端子。
（d）断开蓄电池正极端子。
（e）根据下表中的值测量电阻。

标准电阻（断路检查）

检测仪连接	条件	规定状态
1E-1- 蓄电池正极端子	始终	<1 Ω

标准电阻（短路检查）

检测仪连接	条件	规定状态
1E-1- 蓄电池正极端子 - 车身搭铁	始终	≥ 10 kΩ

（f）重新连接集成继电器连接器。
（g）重新安装集成继电器。
（h）重新连接蓄电池正极端子。
（i）重新连接蓄电池负极端子。

正常

异常 → 维修或更换线束和连接器[集成继电器（IG2继电器）-蓄电池]

17）检查线束和连接器[集成继电器（IG2继电器）-车身搭铁]

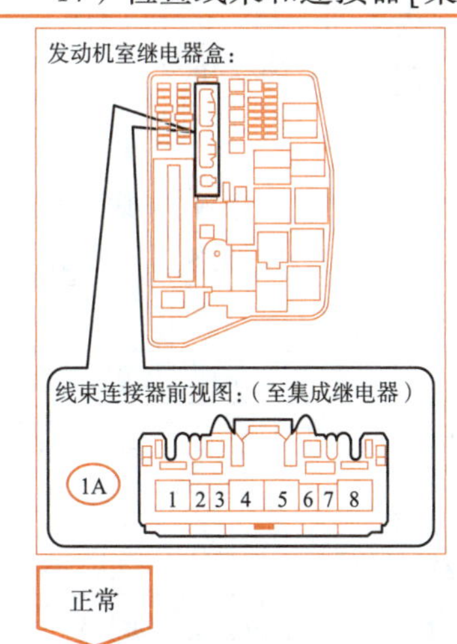

（a）从发动机室继电器盒上拆下集成继电器。
（b）断开集成继电器连接器。
（c）根据下表中的值测量电阻。

标准电阻

检测仪连接	条件	规定状态
1A-3- 车身搭铁	始终	<1 Ω

（d）重新连接集成继电器连接器。
（e）重新安装集成继电器。

异常 → 维修或更换线束和连接器（IG2继电器-车身搭铁）

正常

18）检查熔丝（IG2No.2熔丝）

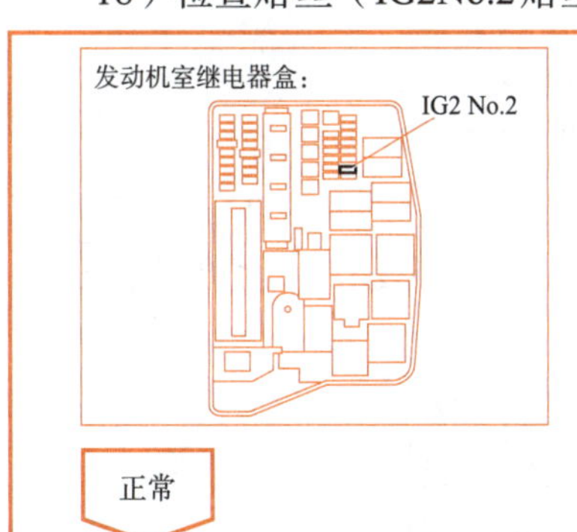

（a）从发动机室继电器盒上拆下IG2 No.2熔丝。
（b）根据下表中的值测量电阻。

标准电阻

检测仪连接	条件	规定状态
IG2 No.2 熔丝	始终	<1 Ω

（c）重新安装IG2 No.2熔丝。

异常 → 更换熔丝（IG2 No.2熔丝）

正常

19）检查线束和连接器（IG2 继电器 -IG2 No.2 熔丝）

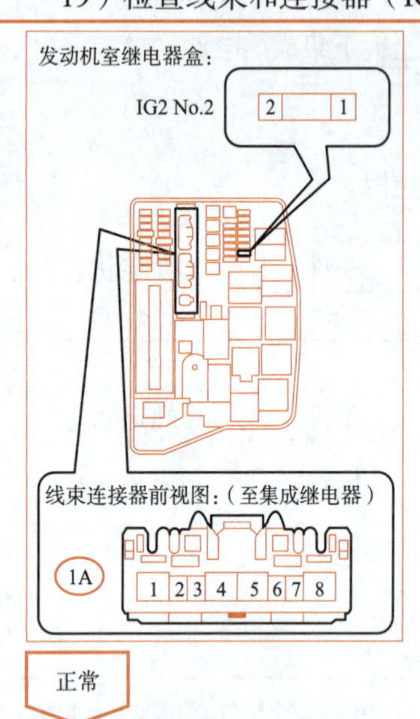

（a）从发动机室继电器盒上拆下集成继电器。
（b）断开集成继电器连接器。
（c）从发动机室继电器盒上拆下 IG2 No.2 熔丝。
（d）根据下表中的值测量电阻。
标准电阻（断路检查）

检测仪连接	条件	规定状态
1A-2-2（IG2 No.2 熔丝）	始终	<1 Ω

标准电阻（短路检查）

检测仪连接	条件	规定状态
1A-2 或 2（IG2 No.2 熔丝）- 车身搭铁	始终	≥ 10 kΩ

（e）重新连接集成继电器连接器。
（f）重新安装集成继电器。
（g）重新安装 IG2 No.2 熔丝。

正常

异常 → 维修或更换线束和连接器（IG2继电器-IG2No.2熔丝）

20）检查线束和连接器（IG2 No.2 熔丝 - 点火开关）

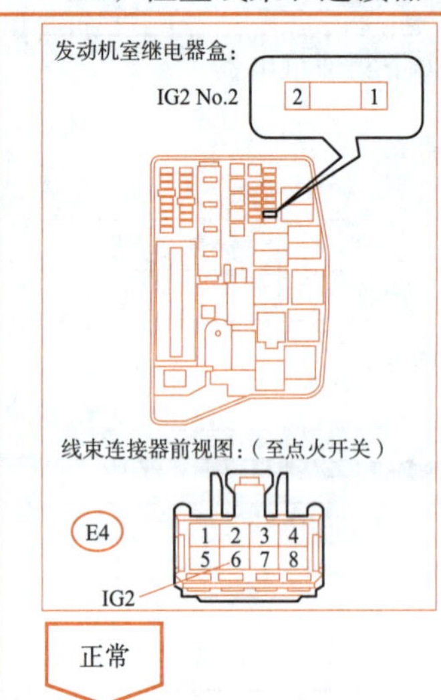

（a）断开点火开关连接器。
（b）从发动机室继电器盒上拆下 IG2 No.2 熔丝。
（c）根据下表中的值测量电阻。
标准电阻（断路检查）

检测仪连接	条件	规定状态
1（IG2 No.2 熔丝）- E4-6（IG2）	始终	<1 Ω

标准电阻（短路检查）

检测仪连接	条件	规定状态
1（IG2 No.2 熔丝）或 E4-6（IG2）- 车身搭铁	始终	≥ 10 kΩ

（d）重新连接点火开关连接器。
（e）重新安装 IG2 No.2 熔丝。

正常

异常 → 维修或更换线束和连接器（IG2 No.2熔丝-点火开关）

21）检查点火开关总成

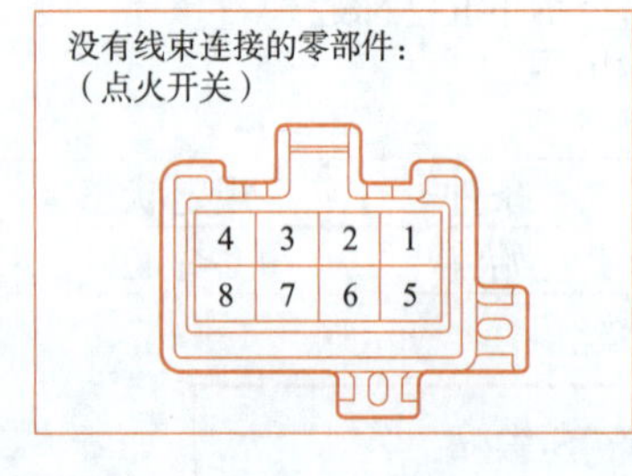

（a）断开点火开关总成连接器。
（b）根据下表中的值测量电阻。
标准电阻

检测仪连接	条件	规定状态
所有端子	LOCK	≥ 10 kΩ
2-4	ACC	<1 Ω
1-2-4，5-6	ON	
1-3-4，5-6-7	START	

（c）重新连接点火开关总成连接器。

正常

异常 → 更换点火开关总成（参见ST-18页）

22）检查熔丝（AM2熔丝）

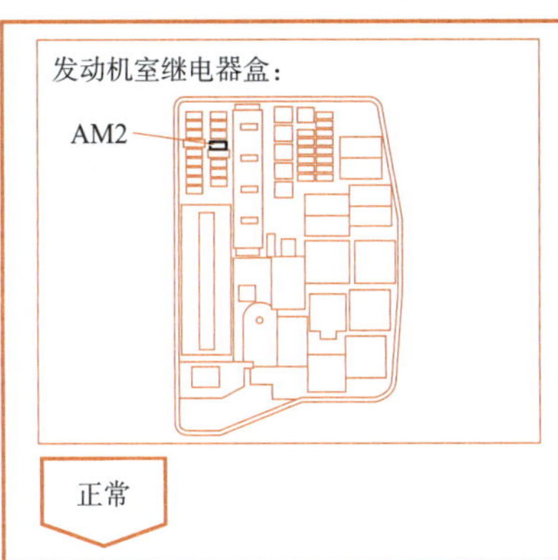

（a）从发动机室继电器盒中拆下 AM2 熔丝。

（b）根据下表中的值测量电阻。

标准电阻

检测仪连接	条件	规定状态
AM2 熔丝	始终	<1 Ω

（c）重新安装 AM2 熔丝。

异常 → 更换熔丝（AM2熔丝）

正常 ↓

23）检查线束和连接器（点火开关-AM2熔丝）

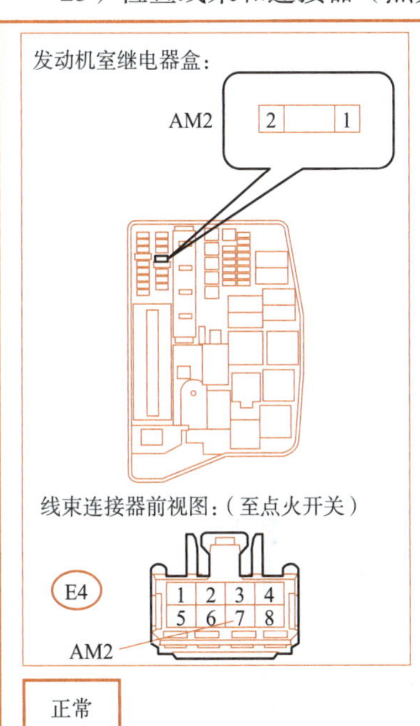

（a）断开点火开关连接器。

（b）从发动机室继电器盒中拆下 AM2 熔丝。

（c）根据下表中的值测量电阻。

标准电阻（断路检查）

检测仪连接	条件	规定状态
E4-7(AM2)-2(AM2 熔丝）	始终	<1 Ω

标准电阻（短路检查）

检测仪连接	条件	规定状态
E4-7(AM2) 或 2(AM2 熔丝）- 车身搭铁	始终	≥ 10 kΩ

（d）重新连接点火开关连接器。

（e）重新安装 AM2 熔丝。

异常 → 维修或更换线束或连接器（点火开关-AM2熔丝）

正常 ↓

维修或更换线束或连接器（AM2 熔丝 - 蓄电池）

项目实施

1. 注意事项

（1）遵守实验室规章制度，未经许可，不得擅自移动和拆卸仪器与设备。

（2）必须穿工作服、工作鞋，严格执行安全、5S 管理制度。

（3）严禁未经许可，擅自操作教具、设备的电器开关、点火开关和起动开关，以防发生危险。

（4）在教师允许和监控下，才能起动发动机，需与设备周围的人员进行互动，防止意外发生。

（5）发动机运行期间，严禁拔下各传感器及执行器接口，以免损坏 ECU。

2. 实施步骤

项目工单

项目名称	ECM 电源电路的检测		序号	22	日期	
班级		姓名		学号		

一、资讯

连接电路。

二、决策和计划

人员分工		选择设备	工作计划
组号			
组长			
组员			

三、实施（根据提示，写出实际操作过程）

（1）检查线束和连接器（ECM- 车身搭铁）。

（2）检查 ECM（IGSW 电压）。

（3）检查熔丝（EFI MAIN 熔丝）。

（4）检查熔丝（EFI No.1 熔丝）。

（5）检查集成继电器（EFI MAIN 继电器）。

（6）检查线束和连接器 [检查集成继电器（EFI MAIN 继电器）- EFI No.1 熔丝]。

（7）检查线束和连接器（EFI No.1 熔丝 -ECM）。

（8）检查线束和连接器（EFI MAIN继电器-蓄电池）。

（9）检查线束和连接器[检查集成继电器（EFI MAIN继电器）-车身搭铁]。

（10）检查线束和连接器[检查集成继电器（EFI MAIN继电器）-ECM]。

（11）检查熔丝（IGN熔丝）。

（12）检查熔丝（IG2熔丝）。

（13）检查集成继电器（IG2继电器）。

（14）检查线束和连接器（IGN熔丝-ECM）。

（15）检查线束和连接器[集成继电器（IG2继电器）-IGN熔丝]。

（16）检查线束和连接器[集成继电器（IG2继电器）-蓄电池]。

（17）检查线束和连接器[集成继电器（IG2继电器）-车身搭铁]。

（18）检查熔丝（IG2 No.2熔丝）。

（19）检查线束和连接器（IG2继电器-IG2 No.2熔丝）。

（20）检查线束和连接器（IG2 No.2熔丝-点火开关）。

（21）检查点火开关总成。

（22）检查熔丝（AM2熔丝）。

（23）检查线束和连接器（点火开关-AM2熔丝）。

四、检查

每个工作小组选派一名代表，汇报实训过程体会、掌握了哪些技能。教师确认发动机正常工作，故障已排除。

五、评估

<table>
<tr><th>序号</th><th>考核要点</th><th>配分</th><th>评分标准</th><th>得分</th></tr>
<tr><td>1</td><td>遵守安全操作规程</td><td>20</td><td>违反安全规则记为 10 分</td><td></td></tr>
<tr><td>2</td><td>工具和仪器使用</td><td>20</td><td>不正确扣 10 分</td><td></td></tr>
<tr><td>3</td><td>ECM 电源电路的检测</td><td>40</td><td>每错一项扣 15 分</td><td></td></tr>
<tr><td rowspan="2">4</td><td>整理工具，清理现场</td><td rowspan="2">20</td><td rowspan="2">保持实习现场秩序和卫生，保证人身及设备的安全，违规一次扣 5 分</td><td rowspan="2"></td></tr>
<tr><td>实习态度和纪律</td></tr>
<tr><td>5</td><td>总分</td><td>100</td><td>实得分数</td><td></td></tr>
</table>

1. 小组自评：成绩____________________

2. 教师点评：成绩____________________

教师签字：____________________

思考题

（1）简述 ECM 电源电路故障的检测方法？

（2）如何检查 AM2 熔丝？

项目二十三

发动机电子控制系统排除故障的思路与方法

一辆装有1ZR发动机的丰田卡罗拉轿车，行驶10万千米后出现了怠速低、怠速不稳、加速不良的现象，为此司机将车辆开到服务站进行维修。作为一名维修人员，你应该如何进行发动机电子控制系统故障排除呢？

项目目标

1. 知识目标

（1）了解什么是故障诊断；

（2）掌握故障诊断的方法和原则。

2. 能力目标

（1）能够根据工艺流程、技术规范进行检测并排除故障；

（2）知道故障诊断的形式。

3. 素质目标

（1）能够自主学习新知识，形成一定的自学能力；

（2）培养积极乐观、努力进取的生活态度。

项目设备

（1）工具：数字万用表，金德KT600诊断仪，常用工具各4套。

（2）设备：1ZR发动机实验台4台，解剖发动机台架1台，其他D型电控发动机1台。

项目知识

1. 汽车故障

汽车故障是指汽车部分或完全丧失工作能力的现象，其实质是汽车零件本身或零件之间的配合状态发生了异常变化。汽车的工作能力是动力性、经济性、工作可靠性及安全环保等性能的总称。

汽车故障的形式多种多样，一般分类如下。

（1）按汽车丧失工作能力的程度可分为局部故障和完全故障。

局部故障是指汽车部分丧失了工作能力，降低了使用性能的故障。完全故障是指汽车完全丧失了工作能力，不能行驶的故障。

（2）按故障发生的后果可分为轻微故障、一般故障、严重故障和致命故障。

轻微故障不会导致停驶，暂不影响正常行驶，故障排除时不需要更换零件，可用随车工具在短时间内排除。一般故障不会导致主要零部件损坏，虽未造成停驶，但已影响汽车的正常行驶，可在短时间内用随车工具通过调整或更换低值易耗件进行修复。严重故障会导致整车性能严重下降及主要零部件损坏，且不能用随车工具在短时间内修复。致命故障会造成汽车重大损坏及主要总成报废，还可能导致人身伤亡。

（3）按故障发生的性质可分为自然故障和人为故障。

自然故障是指在汽车使用期内，由于内、外部不可抗拒的自然因素的影响而产生的故障。人为故障是指在汽车制造和维修中，由于使用了不合格的零件或违反了装配技术要求，或在使用中没有遵守使用条件和操作工艺规程及运输、保管不当等人为因素所造成的故障。

（4）按故障发生的速度可分为突发性故障和渐进性故障。

突发性故障是指零件在损坏前没有可以察觉到的征兆，故障是瞬间产生的，具有偶然性和突发性，一般不受运行时间的影响，难以预测。但这种故障容易排除，通常不影响汽车的使用寿命。渐进性故障是由于汽车某些零件的初始参数逐渐恶化，其参数值超出允许范围而引起的故障，其故障率与运行时间有关，在汽车有效寿命的后期才会明显地表现出来。渐进性故障是汽车需进行大修的标志，通过诊断和检测，可以预测故障发生的时间。

（5）按故障表现的稳定程度可分为持续性故障和间歇性故障。

持续性故障的症状稳定，故障规律明显，其故障部位技术状况稳定，一般较易诊断和排除。间歇性故障时有时无，具有突发性，且无明显规律可循，其故障部位的技术状况会发生不规则变化。

（6）按故障显现程度可分为可见性故障和潜在性故障。

可见性故障是指已经导致汽车功能丧失或性能下降的故障。潜在性故障是指逐渐发展,但尚未对汽车性能产生影响的故障。

2. 汽车故障诊断

1）汽车故障诊断定义

汽车故障诊断是指在不解体(或仅拆下个别小零件)的情况下，确定汽车的技术状况，查明故障部位及故障原因的汽车应用技术。汽车技术状况是指定量测得的表征某一时刻汽车外观和性能参数值的总和。

2）汽车故障诊断方法

汽车技术状况的诊断是通过检查、测量、分析、判断等一系列活动完成的，其基本方法主要分为人工经验诊断法和现代仪器设备诊断法。

（1）人工经验诊断法。

人工经验诊断法是指诊断人员凭丰富的实践经验和一定的理论知识，在汽车不解体或局部解体的情况下，依靠直观的感觉印象，借助简单工具和仪表，采用眼观、耳听、手摸和鼻闻等手段，进行检查、试验、分析，确定汽车的技术状况，查明故障原因和故障部位的诊断方法。

通过原地检查或道路试验，靠直接观察、感觉或借助简单的工具来确定发动机故障的部位和产生的原因。这种方法较适合于常见和明显的机械性故障，诊断的速度和准确性主要取决于诊断人员的技术水平和工作经验。其基本方法可以归纳为六个字，即“问”“看”“听”“嗅”“摸”“试”。

“问”：即询问驾驶员，也叫“问诊”。需要通过问诊掌握维修车辆的基本情况应包括车辆行驶里程、运行条件、以往修理情况、故障的产生时间和症状。这些信息对诊断分析故障有着非常重要的价值，必须认真听客户对故障现象的描述，尽管客户的描述可能曲解真实故障或不全面，也可能是自相矛盾的，但它时常有可能把握住问题关键。

最好的做法是：在倾听客户的初步意见之后，思索一下，进行一次初诊断，随后询问一些有关的问题来帮助确定或否定初步诊断的结论，同时认真填写“客户调查表”，如表23-1所示。此表所含项目是电控发动机电控系统故障现象的真实记录，与诊断测试结果一起构成查找故障源的依据。

表23-1　客户调查表

<table>
<tr><td colspan="2" rowspan="3">客户姓名</td><td rowspan="3"></td><td>登记号</td><td></td></tr>
<tr><td>登记日期</td><td></td></tr>
<tr><td>车身代号</td><td></td></tr>
<tr><td colspan="2">接车日期</td><td></td><td>里程表读数</td><td>km</td></tr>
<tr><td colspan="2">故障发生日期</td><td colspan="3"></td></tr>
<tr><td colspan="2">故障发生频次</td><td colspan="3">□经常 □有时 □仅一次 □其他</td></tr>
<tr><td rowspan="5">故障发生的条件</td><td>天气</td><td colspan="3">□晴天 □阴天 □雨天 □雪天 □其他</td></tr>
<tr><td>气温</td><td colspan="3">□炎热天 □热天 □冷天 □寒冷天（大约　℃）</td></tr>
<tr><td>地点</td><td colspan="3">□高速公路 □一般公路 □市内 □上坡 □下坡
□粗糙路面 □其他</td></tr>
<tr><td>发动机水温</td><td colspan="3">□冷机 □暖机时 □暖机后 □任何温度 □其他</td></tr>
<tr><td>发动机工况</td><td colspan="3">□启动 □启动后 □怠速 □无负载
□行驶（□匀速 □加速 □减速）□其他</td></tr>
<tr><td rowspan="6">故障现象</td><td>发动机不能启动</td><td colspan="3">□不能启动 □无启动征兆 □有启动征兆</td></tr>
<tr><td>启动困难</td><td colspan="3">□启动时运转转速低 □其他</td></tr>
<tr><td>怠速不良</td><td colspan="3">□怠速不稳 □怠速高 □怠速低 □怠速粗暴
□其他</td></tr>
<tr><td>动力不足</td><td colspan="3">□加速迟缓 □回火 □放炮 □喘振 □敲缸 □其他</td></tr>
<tr><td>发动机熄火</td><td colspan="3">□启动后立即熄火 □踩加速踏板后 □松加速踏板后 □空调工作时 □挂挡时 □其他</td></tr>
<tr><td>其他</td><td colspan="3"></td></tr>
<tr><td colspan="2">故障指示灯状态</td><td colspan="3">□常亮 □有时亮 □不亮</td></tr>
</table>

“看”：即察看发动机工作状况，如排气颜色、机油状况、外部附件和线束连接状况，以及是否有漏油、漏水、漏气情况等。

“听”：异响是发生故障和产生事故的前兆，必须认真对待。通过监听发动机各部位工作响声，与正常响声比较判断该部位工作响声是否存在异响。

“嗅”：在发动机工作时如有异味产生，如浓烈的汽油味、焦嗅味，必须仔细检查产生味源的部位。

“摸”：通过手摸感觉有关工作部位的温度和振动来判断该部位工作是否正常。但应注意严格按安全操作规定进行。

“试”：即通过试车，对发动机整体的技术状况进行测试，从而可以更直观地了解故障发生的条件和症状。

（2）现代仪器设备诊断法。

现代仪器设备诊断法是指在汽车不解体的情况下，利用测试仪器、检测设备和检验工具，检测整车、总成或机构的参数、曲线和波形，为分析、判断汽车技术状况提供定量依据的诊断方法。

① 利用随车故障自诊断系统诊断。

利用故障自诊断系统调取发动机电控系统的有关故障代码，然后根据故障代码表的故障提示，找出故障所在的方法。随车故障自诊断系统通常只能提供与电控系统有关的电气装置或线路故障，只能做出初步诊断结构，具体故障原因，还需要通过直接诊断和简单仪器进行深入诊断。

② 利用简单仪表诊断。

利用以万用表和示波器为主的通用仪表，对电控发动机故障进行诊断的方法。因为电控系统的各部件均有一定的电阻值范围，工作时有输出电压信号范围和输出脉冲波形，因此用万用表测量元件的电阻或输出电压，用示波器测试元件工作时的输出电压波形，用万用表测量导通性等可判断元器件或线路是否正常。

③ 利用专用诊断仪器诊断。

利用电控发动机故障分析仪、发动机电脑综合分析仪等仪器进行诊断的方法，尤其以发动机电脑综合分析仪所占比例最大，诊断效果最好。

这些专用诊断仪器大多数为带有微处理器的电子计算机系统，对汽车故障的诊断十分有效。

在实际的故障诊断过程中，上述两种方法往往同时综合使用，也称为综合诊断法。人工经验诊断法简单实用，不需要专用仪器设备，投资少、见效快，但对复杂故障诊断速度慢、准确性差，不能进行定量分析，需要诊断人员有较高的技术水平和丰富的实践经验。

现代仪器设备诊断法检测速度快、准确性高，能定量分析，可实现快速诊断，而且采用微机控制的现代电子仪器设备能自动分析、判断、存储并打印出汽车各项性能参数，但其投资大、检测成本高。

现代仪器设备诊断法是汽车故障诊断检测技术发展的必然趋势。人工经验诊断法虽然有一定不足，但在相当长的历史时期内仍有十分重要的实用价值，即使普遍使用了现代仪器设备诊断法，也不能完全脱离人工经验诊断法。现代仪器设备诊断法也是把人脑的分析、判断，通过计算机语言变成了电脑的分析、判断。所以，不能鄙薄人工经验诊断法，更不能忽视其实用性，只有将两者有机结合，才能提高故障诊断效率。

3）发动机电子控制系统故障诊断原则

（1）先思后行。

当发动机出现故障时，根据故障现象先进行故障分析，在清楚可能的故障原因后再选择适当的程序和方法进行故障诊断操作，以防止故障诊断操作的盲目性，尤其是对故障原因比较复杂的故障现象，“先思后行”既可避免对无关部位做无效的检查，又不会漏检有关的故障部位，达到准确迅速排除故障之目的。

（2）先外后内。

在选择故障诊断程序和操作次序时，先对发动机电子控制系统以外的故障原因进行检查，然后再对电子控制系统进行诊断操作，以避免费时费力去检查发动机电子控制系统，而不能及时找到真正的故障原因。

（3）故障码优先。

当故障自诊断系统监测到电子控制系统故障时，均会以故障码的方式储存故障信息，但并不是所有的故障都通过发动机故障警告灯报警，因此无论仪表板上的发动机故障警告灯是否亮起报警，在对发动机电子控制系统进行检查以前，均应先进行读取故障码操作，以便充分利用故障自诊断系统迅速而准确地排除故障。

（4）先简后繁。

能以简单方法检查的可能故障部位优先检查。直观检查最为简单，一些看、摸、听、闻等方法可以确认的故障部位优先检查；需要用仪器、仪表或其他专用工具进行检测的部位，也应将较易检查的安排在前面。这样可使电控发动机的故障诊断变得较为简单。

（5）先熟后生。

电控发动机的一些故障现象可能有多个故障原因，不同故障原因出现的概率是不同的，对常见的故障部位先进行检查，往往可迅速确定故障部位，省时省力。

（6）先备后用。

电子控制系统元件性能是否良好、电路是否正常，通常以电压或电阻等参数值来判断。没有这些诊断参数，不了解检测的位置，往往会使电子控制系统的故障诊断变得很困难或根本无法进行。所谓先备后用就是在检修前，应准备好有关的诊断参数、检修资料或备件，以保证故障诊断的顺利进行。

项目实施

1. 注意事项

（1）遵守实验室规章制度，未经许可，不得擅自移动和拆卸仪器与设备。

（2）必须穿工作服、工作鞋，严格执行安全、5S管理制度。

（3）严禁未经许可，擅自操作教具、设备的电器开关、点火开关和起动开关，以防发生危险。

（4）在教师允许和监控下，才能起动发动机，需与设备周围的人员进行互动，防止意外发生。

（5）发动机运行期间，严禁拔下各传感器及执行器接口，以免损坏ECU。

2. 实施步骤

1）电控发动机常见故障诊断程序

（1）不能起动的故障诊断程序如图23-1所示。

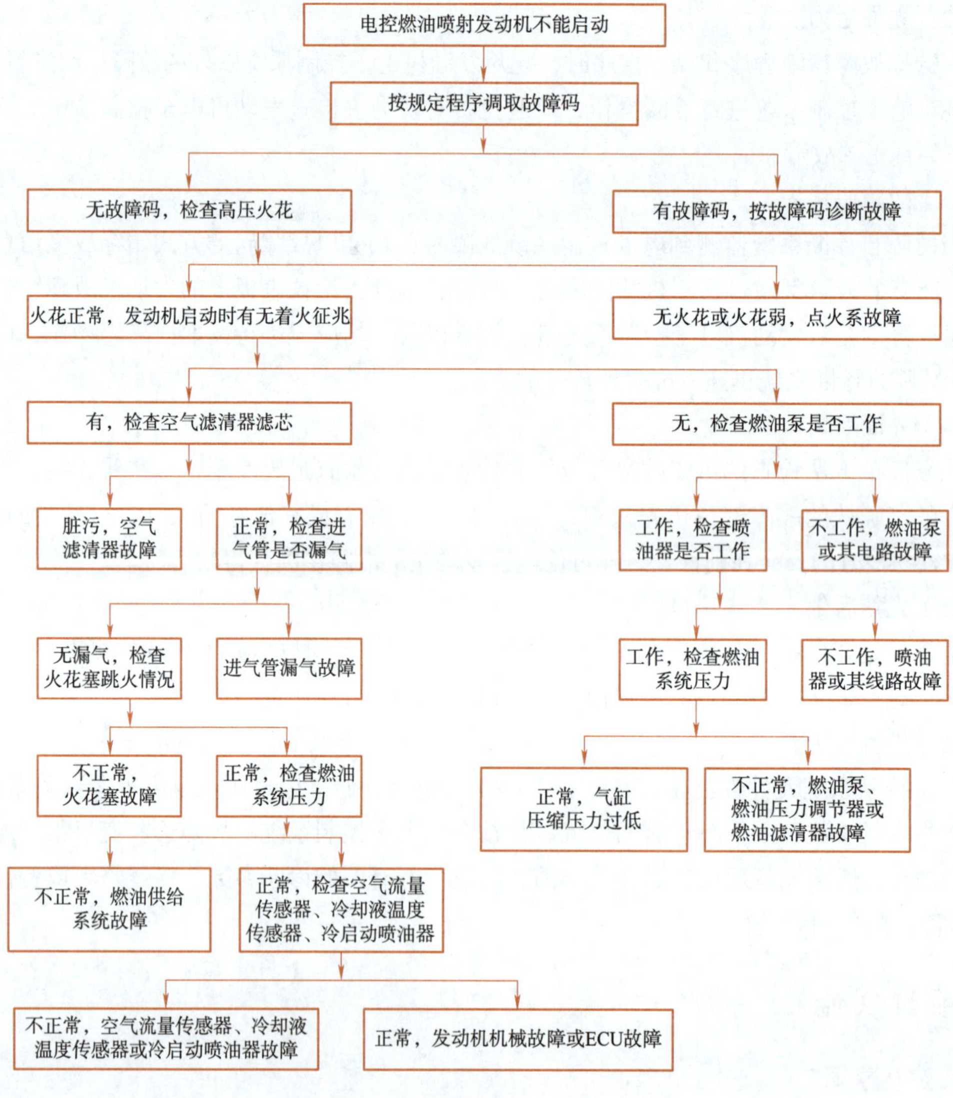

图23-1 不能起动的故障诊断程序

（2）起动困难的故障诊断程序如图23-2所示。

（3）怠速过高的故障诊断程序如图23-3所示。

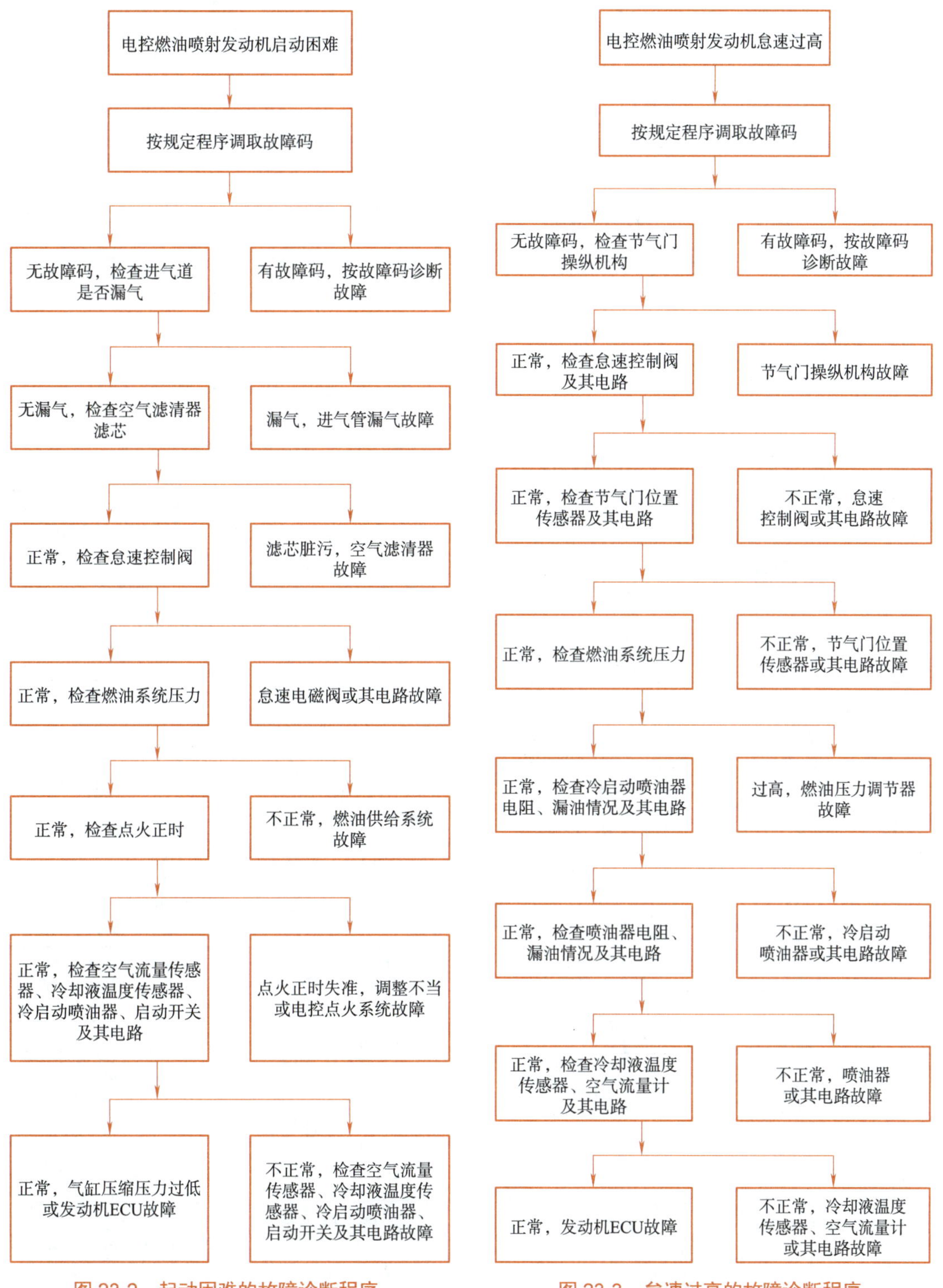

图23-2　起动困难的故障诊断程序

图23-3　怠速过高的故障诊断程序

（4）怠速不稳的故障诊断程序如图23-4所示。

（5）加速不良的故障诊断程序如图23-5所示。

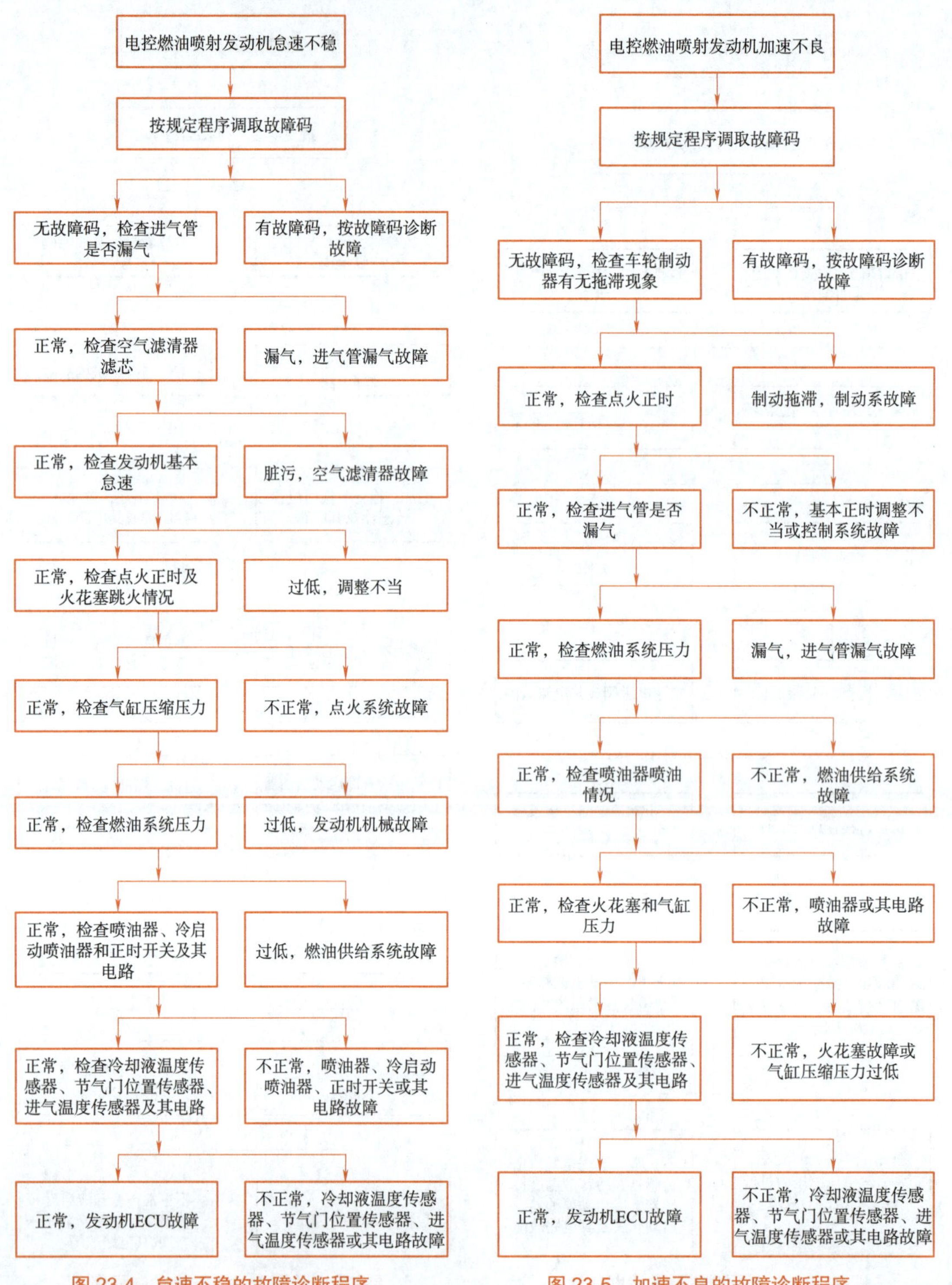

图23-4　怠速不稳的故障诊断程序

图23-5　加速不良的故障诊断程序

（6）混合气过稀的故障诊断程序如图23-6所示。

（7）混合气过浓的故障诊断程序如图23-7所示。

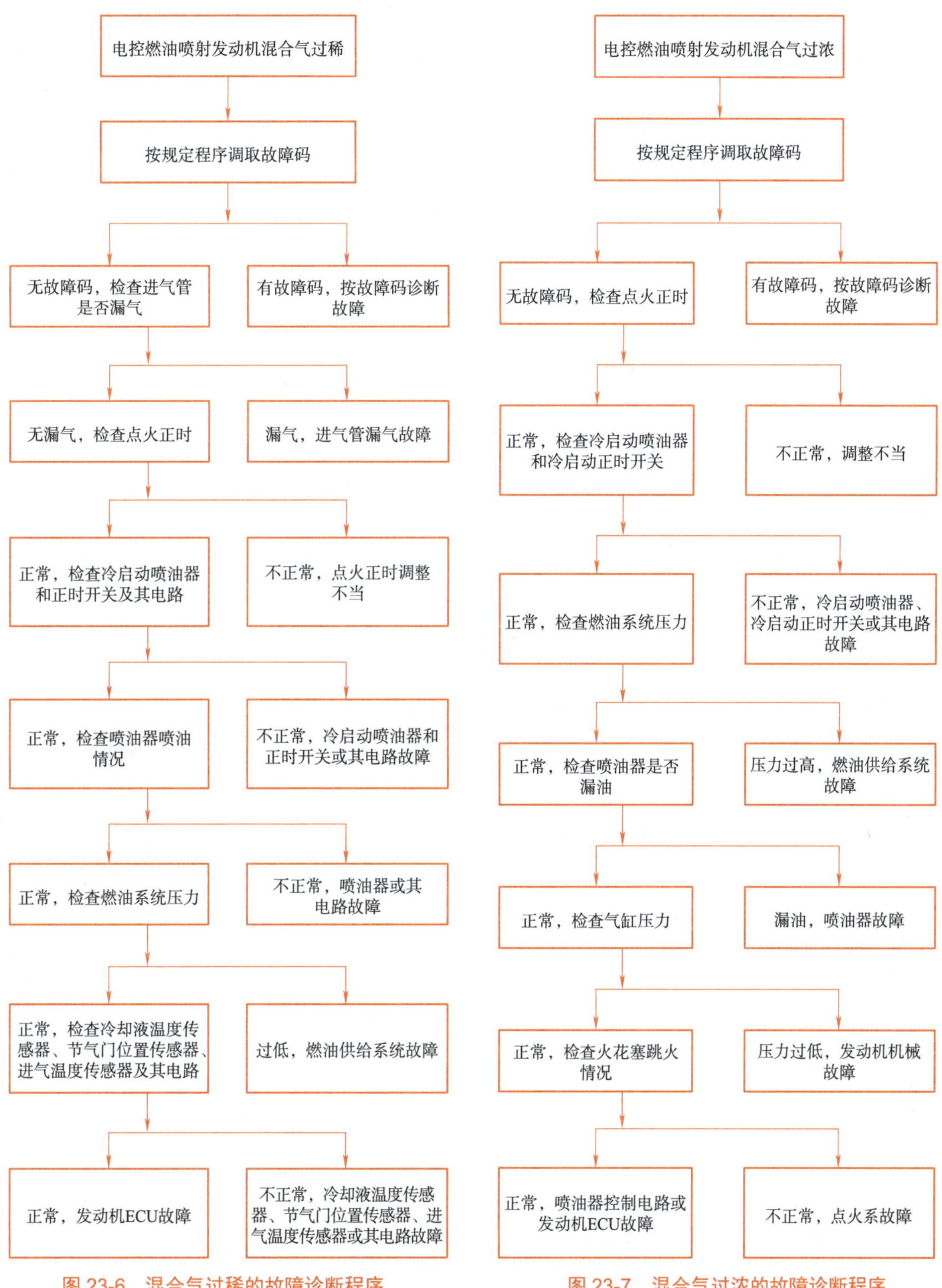

图23-6　混合气过稀的故障诊断程序

图23-7　混合气过浓的故障诊断程序

（8）起动失速的故障诊断程序如图23-8所示。

2）基本检查

基本检查是对电控系统故障维修之前对汽车基本情况的一个检查，针对电控发动机的基本检查主要包括基本怠速检查、基本点火正时的检查和燃油压力的检查等。在进行基本检查时，必须使发动机水温达到正常的工作温度（80℃以上），同时关闭车上所有附加电器装置，如空调、除霜等，并且在冷却风扇未动作时进行检查调整，以免风扇动作的电源消耗，影响检查的准确性。有些时候为了获取冷车时的数据，也可在冷车时做一些基本检查。具体的基本检查流程如图23-9所示。

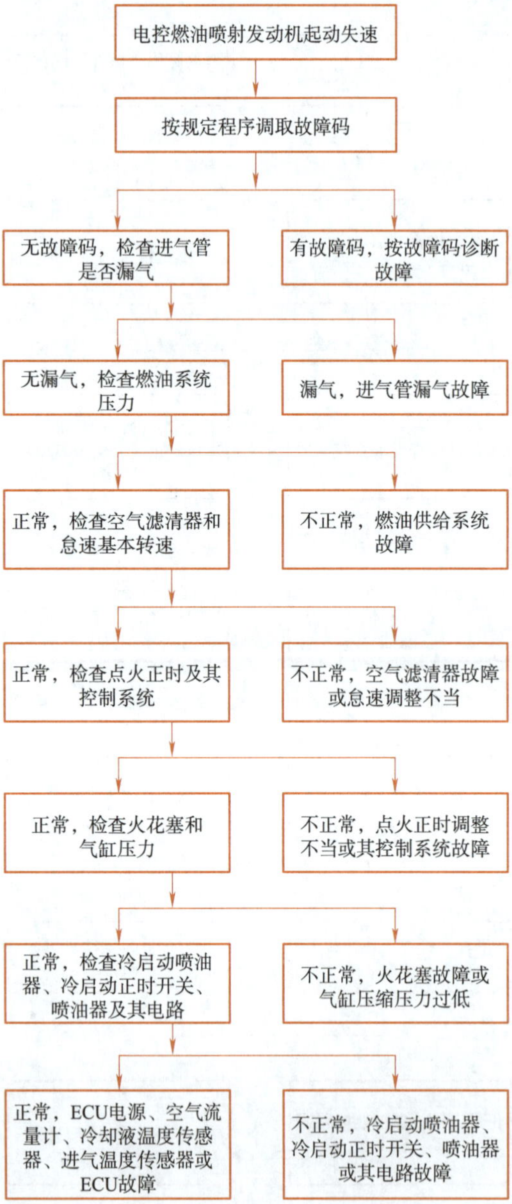

电控燃油喷射发动机起动失速
↓
按规定程序调取故障码
↓
- 无故障码，检查进气管是否漏气
- 有故障码，按故障码诊断故障

无故障码，检查进气管是否漏气 ↓
- 无漏气，检查燃油系统压力
- 漏气，进气管漏气故障

无漏气，检查燃油系统压力 ↓
- 正常，检查空气滤清器和怠速基本转速
- 不正常，燃油供给系统故障

正常，检查空气滤清器和怠速基本转速 ↓
- 正常，检查点火正时及其控制系统
- 不正常，空气滤清器故障或怠速调整不当

正常，检查点火正时及其控制系统 ↓
- 正常，检查火花塞和气缸压力
- 不正常，点火正时调整不当或其控制系统故障

正常，检查火花塞和气缸压力 ↓
- 正常，检查冷启动喷油器、冷启动正时开关、喷油器及其电路
- 不正常，火花塞故障或气缸压缩压力过低

正常，检查冷启动喷油器、冷启动正时开关、喷油器及其电路 ↓
- 正常，ECU电源、空气流量计、冷却液温度传感器、进气温度传感器或ECU故障
- 不正常，冷启动喷油器、冷启动正时开关、喷油器或其电路故障

图23-8 起动失速的故障诊断程序

步骤	检查项目	结果	处理
1	检查蓄电池电压，应不低于11 V	不正常	充电或更换
2	发动机是否能转动	否	机械故障
3	发动机能否起动	否	进行步骤7
4	检查空气滤清器	不正常	清洁或更换滤芯
5	检查怠速转速	不正常	检查、调整怠速
6	检查点火正时	不正常	调整点火正时
7	检查燃油压力	不正常	检查燃油供给系统
8	检查火花塞和高压线跳火情况	不正常	检查点火系统

1 →正常→ 2 →是→ 3 →是→ 4 →正常→ 5 →正常→ 6 →正常→ 7 →正常→ 8 →正常→ 基本检查完毕

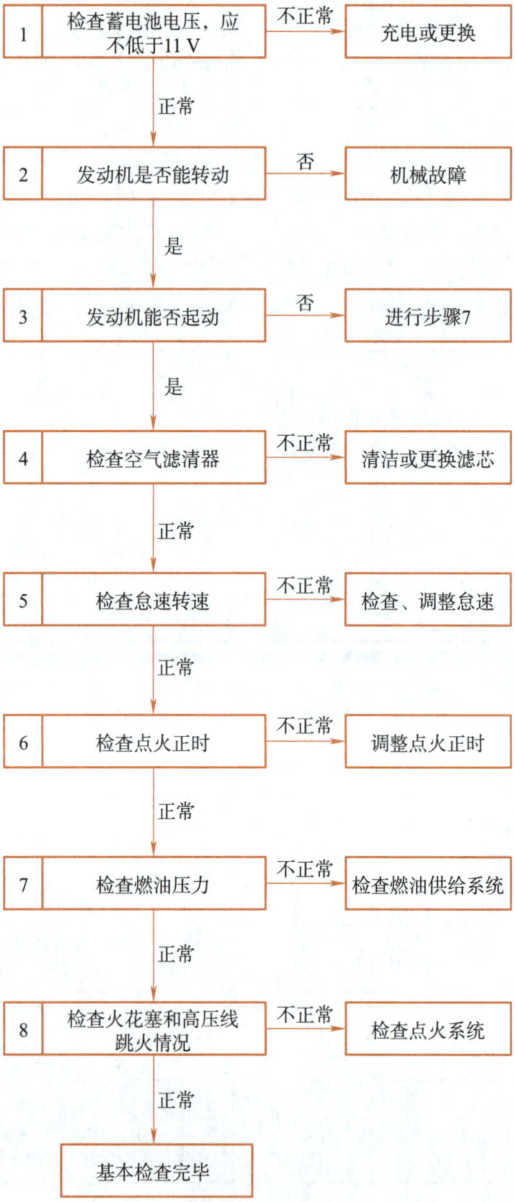

图23-9 基本检查流程

3）故障诊断表

在对发动机电子控制系统进行故障诊断时，如果通过基本检查无法查明故障原因时，则可根据故障现象按故障诊断表进行检查，如表23-2所示。

表23-2　故障诊断表

症　状	可疑部位
发动机不能转动（不能起动）	停机系统
	起动机信号电路
	起动机
无初始燃烧（不能起动）	ECM电源电路
	VC输出电路（ECM5 V输出）
	曲轴位置传感器
	燃油泵控制电路
	点火系统
	喷油器电路
	气门正时
发动机转动正常但起动困难	燃油泵控制电路
	燃油泵
	发动机冷却液温度传感器
	点火系统
	喷油器
	压缩
	喷油器电路
	进气系统
	节气门体
发生间歇性不完全燃烧（不能起动）	燃油泵控制电路
	燃油泵
	燃油管路
	点火电路
	点火系统
	喷油器
	曲轴位置传感器
	气门正时
发动机转速过高（怠速不良）	空调信号电路
	节气门体
	节气门体控制电路
	发动机冷却液温度传感器
	PCV软管
	PCV系统
	ECM电源电路

续表

症　状	可疑部位
发动机转速过低（怠速不良）	燃油泵控制电路
	节气门体
	节气门体控制电路
	进气系统
	PCV 软管
	PCV 系统
减速时发动机失速	怠速（参见“发动机转速过低”症状）
怠速不稳	压缩（发动机机械部分）
	加热型氧传感器（S1）
	加热型氧传感器（S2）
	质量空气流量计
	点火系统
	空调信号电路
	燃油管路（阻塞）
	燃油泵
	进气系统
	PCV 软管
	PCV 系统
抖动（怠速不良）	PCV 软管
	PCV 系统
	质量空气流量计
	加热型氧传感器（S1）
空调运作时发动机失速	空调信号电路（压缩机电路）
	ECM
喘抖 / 加速不良（操纵性能差）	燃油管路
	燃油泵
	气门正时
	质量空气流量计
	节气门体
	爆震传感器
喘振（操纵性能差）	燃油管路
	燃油泵控制电路
	燃油泵
	点火系统
	喷油器
刚刚起动后发动机失速	质量空气流量计
	进气系统
	燃油管路

项目工单

项目名称	电子控制系统排除故障的思路和方法		序号	23	日期	
班级		姓名		学号		

一、资讯

（1）汽车故障形式可分为几类?

（2）发动机电子控制系统故障诊断原则是什么?

二、决策和计划

人员分工		选择设备	工作计划
组号			
组长			
组员			

三、实施

（1）实施基本检查并做好相应记录。

（2）发动机转动正常，完成起动困难的原因分析及就车检查。

四、检查

每个工作小组选派一名代表，汇报实训过程体会、掌握了哪些技能。教师确认发动机正常工作，故障已排除。

五、评估

序号	考核要点	配分	评分标准	得分
1	遵守安全操作规程	10	违反安全规则记为 10 分	
2	仪器使用	10	不正确扣 10 分	
3	常见故障的诊断和排除	60	诊断方法不正确扣 20 分	
			操作步骤不正确扣 20 分	
			故障未排除扣 20 分	
4	规范作业情况	10	每次扣 5 分，扣完为止	
5	整理工具，清理现场	10	保持实习现场秩序和卫生，保证人身及设备的安全，违规一次扣 5 分	
	实习态度和纪律			
6	总分	100	实得分数	

1. 小组自评：成绩____________________

2. 教师点评：成绩____________________

教师签字：____________________

思考题

（1）什么是故障诊断？

（2）故障诊断的方法有哪些？

（3）故障诊断的原则是什么？

（4）画出发动机不能起动的诊断操作步骤流程图。

（5）基本检查项目包括哪些？

项目二十四

发动机电子控制系统综合故障排除训练

一辆装有1ZR发动机的丰田卡罗拉轿车，在启动过程中，司机发现该车无法正常启动，且一点着车迹象都没有，司机拨打救援电话后，救援人员赶到将车拖到4S店进行维修。作为一名维修人员，你应该如何对车辆开展维修呢?

项目目标

1. 知识目标

（1）了解台架使用前的准备工作与使用中的相关基础知识；

（2）掌握故障设置与排除相关基础知识。

2. 能力目标

（1）能够排除发动机控制系统综合故障；

（2）知道相关工艺流程、技术规范。

3. 素质目标

（1）能够自主学习新知识，形成一定的自学能力；

（2）培养良好的专业素质及职业能力。

项目设备

（1）工具：数字万用表，金德KT600诊断仪，常用工具各4套。

（2）设备：1ZR发动机实验台4台，解剖发动机台架1台，其他D型电控发动机1台。

项目知识

1. 台架使用前的准备工作与使用中的相关基础知识

（1）实训台应安装在具有发动机尾气排放装置的场所，并置有消防器材备用。

（2）安装场地应平整结实。

（3）使用滚轮移动台架后，应将万向轮刹住以免滑移。

（4）演示场所禁止吸烟和明火作业。

（5）发动机运转前应察看润滑油、冷却液、蓄电池的液面高度是否满足要求，若不足时应进行补充后再运转发动机。

（6）每运转125 h或4个月时应更换发动机润滑油、机油滤清器一次，并清洁空气滤清器一次。

（7）运转中应随时检查机油油压、水温、充电状态以及是否有油、水、电气的泄漏和机体异响，出现故障应立即停机检修。

（8）要尽量避免长时间怠速或高速运转。

（9）操作时应注意与旋转部件、高温元件保持一定距离以免发生事故。

（10）操作时应遵循电控系统要求，严禁运行中拔接插头，测量时务必使用高阻抗电表。

（11）汽油箱油位报警灯点亮时，须及时加油以免烧坏汽油泵。

（12）本机熄火前应让发动机进入怠速状态5 s后方可熄火。

（13）超过十天不使用本机时，务必断开蓄电池负极接线。

（14）发动机不工作时点火开关接通不得超过10 min。

（15）严格按照规定使用符合要求的汽油、润滑油、冷却液。

（16）移动台架应尽量推动机架主体（尽可能不要推动防护栏）。

2. 发动机台架的运转及显示功能

（1）接通操作显示面板上的点火开关后，此时，组合仪表灯、机油报警灯、蓄电池充电指示灯、防盗灯点亮，同时显示蓄电池电压值，若冷却液不足时则冷却液液位灯也同时点亮，只有在添加冷却液后其灯熄灭方可进行下一步操作。

（2）旋转点火开关至起动挡位，起动机运转（最长可延续5 s）发动机运转后应立即松开钥匙（蓄电池电压值低于11 V时需充电或检查蓄电池）。

（3）发动机运转正常时防盗灯应熄灭（否则发动机可能无法起动或运转不正常），机油报警灯、蓄电池充电指示灯也同时熄灭。

（4）此时发动机若在冷机下运转则进入快怠速运转工况，操作显示面板上的相关仪表显示：发动机转速在1 000 r/min以上，真空压力显示0.06 MPa，燃油压力显示0.27 MPa左右，蓄电池电压表应显示13.5 V以上，发动机开始热机。

（5）当水温表显示温度为70～80℃时发动机热机结束，此时怠速降至800 r/min左右，发动机进入怠速工况。真空压力显示0.06 MPa左右，燃油压力显示0.27 MPa左右，若显示温度超过90℃时散热器风扇开始运转进行强制冷却，蓄电池电压表应显示13.5 V以上。

（6）轻踏油门踏板，操作显示面板上的相关仪表显示发动机转速在1 500～2 500 r/min左右，此时发动机进入中速工况。真空压力显示略有增加，燃油压力显示0.27 MPa以上，蓄电池电压表应显示13.8 V以上。

（7）加大油门开度、操作显示面板上的相关仪表显示发动机转速在2 500～4 000 r/min左右，此时发动机进入高速工况。燃油压力显示0.27 MPa以上，真空压力显示0.065 MPa，蓄电池电压表应显示13.8 V以上。

（8）把油门踏板从原始状态迅速踏下，操作显示面板上的相关仪表显示发动机转速从800 r/min瞬间增至3 000 r/min以上，此时发动机进入的是急加速工况。真空压力显示瞬间归零然后骤升至0.08 MPa随后回至0.06 MPa，燃油压力显示从0.27 MPa升至0.3 MPa。

3. 故障设置与排除相关基础知识

台架的故障设置简单易操作，但在设置故障时，一定要注意关闭点火开关，防止在设置故障的瞬间，造成ECU及其他电控元件的损坏。故障设置时只需将故障设置面板上的故障设置按钮由接通状态变成断路状态即可。台架可以设置单个故障，也可以设置复杂故障数个，单个故障可以组合在一起任意设置，但考虑到实际在车上这样发生故障的可能性几乎为零，所以本台架单次故障设置最多不超过三个单个故障。

电控汽油喷射式发动机出现故障多数是由于使用不当所造成的，故障排除应遵循发动机故障排除的相关基础知识。

（1）操作员应了解电控系统各主要元件所在位置。

（2）掌握仪表盘上各开关、显示灯、仪表等的作用和功能，弄清仪表盘上英文缩写含义。

（3）熟练掌握操作要领，避免误操作。

（4）E C U应防止电磁干扰。

（5）检查线束是否有油污、潮湿、松动，保持清洁连接器清洁、连接可靠。

（6）蓄电池的极性不许接反，禁用外接电源起动发动机，以免电压过高损坏电控系统元件。

（7）必须使用无铅汽油，定期更换燃油滤清器。

（8）知道“故障指示灯”工作情况。

（9）不论发动机是否在运转，只要点火开关接通（ON），决不可断开任何12 V电气工作装置。接通点火开关时，不允许拆开任何12　V电器装置，防止电器装置中的线圈自感作用产生的瞬时电压损坏ECU或传感器。

（10）当需要将装有电控发动机的汽车与其他任何车辆进行电源跨接起动时，必须首先关断电控汽车上的点火开关，方可进行跨接线的拆装。

（11）在对装有电控系统的汽车进行电弧焊时，应断开电脑供电电源线，避免电弧焊接时的高压电造成电脑的损坏。

（12）在靠近电脑或传感器的地方进行车身修理作业时，应特别小心，以免碰坏这些电子元件。

（13）在拆卸电控系统各电线接头时，首先要关掉点火开关（OFF）并拆下蓄电池负极搭铁线。如果仅检查电子控制系统，那么仅关掉点火开关即可。

（14）拆下蓄电池负极搭铁线后，电脑内所储存的所有故障信息（代码）都会被清除掉，因此，如有必要，应在拆下蓄电池负极搭铁线前，读取电脑内的故障信息。

（15）在对蓄电池进行拆卸与安装时，务必使点火开关和其他用电设备开关均置于关断位置（OFF）。

（16）切记电控汽车上所采用的供电系统均为负极搭铁，安装蓄电池时，要特别注意正、负极不可接反。

（17）车上不宜装功率超过8 W的无线电台，如必须装时，天线应尽量远离电脑，否则会损坏电脑中的电路和部件。

（18）在装上或取下PROM时，操作人员应先使自已搭铁（接触车身），否则，身体上的静电会损坏电脑电路。

（19）人体的静电放电可能产生很高的电压，因此，对电脑操作和数字式仪表进行检修作业或靠近这种仪表时，一定要带上接铁金属带，将其一头缠在手腕上，另一头夹在车身上。

（20）拆开任何油路部分，应首先对燃油系统进行卸压。检修油路系统时，千万不能吸烟，并要远离明火。

（21）对电控系统进行检修时，应避免电控系统由于过载而损坏，为此还应注意不可用试灯对电控系统的传感器部分和电控单元进行检查（包括对其接线端子的检查），不能用指针式万用表检查电控系统部分的电阻，而应该用高阻抗的数字式万用表（10 MΩ 以上）或是电控系统专用检测仪表。禁止用搭铁试火或拆线刮火的方法对电路进行检查。

（22）切记不可用水冲洗电控单元和其他电子装置，当雨刮器出现泄漏时，应及时进行维修，并注意电控系统的保护，避免其因受潮而引起电脑电路板、电子元器件、集成电路和传感器的工作失常。

（23）在一般情况下，不要打开电脑盖板，因为电控发动机上的故障是外部设备故障，电脑故障一般比较少，即使是电脑有故障，在没有检测手段（检测电脑工作的示波器、信号发生器等设备）的情况下，打开电脑盖板也不可能解决任何问题，相反，很可能因为操作不当而导致新的故障。在确认是电脑故障时，应由专业人员对其进行测试和维修。发动机发生故障时，忌盲目拆检。

（24）在对发动机台架检修时，应防止将水溅到电脑及其线路上。

（25）在拆下导线连接器时，要注意松开锁紧弹簧（卡环）或按下锁扣；在安装导线连接器时，应注意一定要插到底并锁好锁止器（锁卡）。

（26）电控系统的线路故障，主要是配线和连接器故障，在故障设置没有设置故障时，一般为导线折断、连接器接触不良、连接器端子被拔出或没有插到底或配线搭铁。

（27）对于1ZR电控发动机而言，由于电脑主要是根据空气流量计测得的空气量来控制喷油器的喷油量的，因此进气系统不密封对电喷系统的不良影响要比化油器式发动机影响更大。特别要注意：发动机量油尺、润滑油加注口盖、乙烯塑料软管等的脱落会引起发动机运转不稳；当空气流量计与汽缸盖之间的进气系统零件脱开、松动或裂开时，均会吸入空气并导致发动机运转不稳。

（28）不可在缺油的状态下，强行运转发动机，因为电动燃油泵是依靠流过燃油泵的燃油进行冷却的，缺油运转会使电动燃油泵因过热而烧毁，因此在对燃油泵（单体）进行通电试验时，时间也不宜过长。

（29）不可在发动机运转时拔下任何传感器的导线插头（连接器），这样会使电脑中出现人为的故障代码（假码的一种），影响维修人员正确地判断和排除故障。

（30）橡胶密封件千万不要玷污汽油、机油。

（31）在检查喷油器性能时，一定要清楚喷油器是高电阻型的还是低电阻型的。高电阻型的喷油器电阻一般有12～14 Ω，可以直接接蓄电池电压来进行喷油器喷油性能试验。但低电阻型的喷油器其电磁线圈的电阻一般只有2～3 Ω，直接接蓄电池会因电流过大而烧坏喷油器，须采用专用连接器与蓄电池连接，若用普通导线，则需串联一个8～10 Ω的电阻。AJR发动机属于高阻喷油器。

4. 1ZR ECM 端子及其参考电压

1ZR ECM的端子位置如图24-1所示。

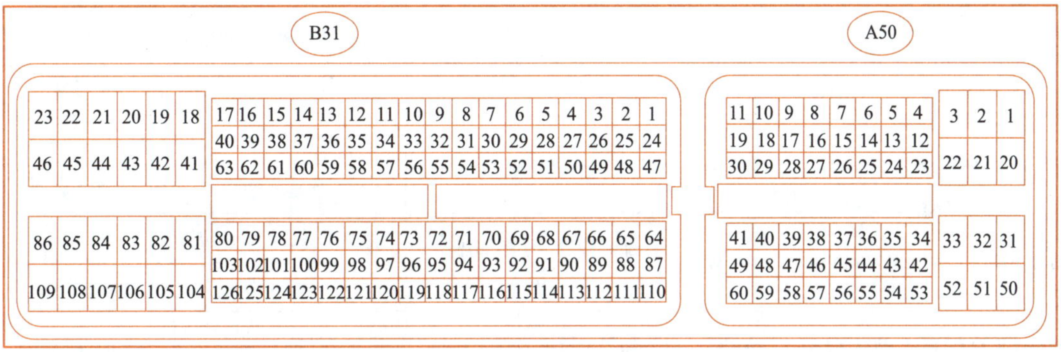

B31

23 22 21 20 19 18
46 45 44 43 42 41
17 16 15 14 13 12 11 10 9 8 7 6 5 4 3 2 1
40 39 38 37 36 35 34 33 32 31 30 29 28 27 26 25 24
63 62 61 60 59 58 57 56 55 54 53 52 51 50 49 48 47
86 85 84 83 82 81
109 108 107 106 105 104
80 79 78 77 76 75 74 73 72 71 70 69 68 67 66 65 64
103 102 101 100 99 98 97 96 95 94 93 92 91 90 89 88 87
126 125 124 123 122 121 120 119 118 117 116 115 114 113 112 111 110

A50

11 10 9 8 7 6 5 4
19 18 17 16 15 14 13 12
30 29 28 27 26 25 24 23
3 2 1
22 21 20
41 40 39 38 37 36 35 34
49 48 47 46 45 44 43 42
60 59 58 57 56 55 54 53
33 32 31
52 51 50

图 24-1　1ZR ECM 端子位置

提示：表24-1列出了每对ECM端子间的标准正常电压，同时还指出了每对端子的相应检查条件。将检查结果与“规定状态”栏所示的每对端子的标准正常电压进行比较。

表 24-1　ECM端子详情

端子号（符号）	配线颜色	端子描述	条件	规定状态
A50-20 (BATT)-B31-104(E1)	P-BR	蓄电池（用于测量蓄电池电压和ECM存储器）	始终	9 ～ 14 V
A50-2 (+B)-B31-104 (E1)	B-BR	ECM 电源	点火开关置于ON位置	9 ～ 14 V
A50-1 (+B2)-B31-104(E1)	B-BR	ECM 电源	点火开关置于ON位置	9 ～ 14 V
A50-3 (+BM)-B31-104 (E1)	B-BR	节气门执行器电源	始终	9 ～ 14 V
B31-85(IGT1)-B31-104(E1)	W-BR	点火线圈（点火信号）	怠速运转时	产生脉冲
B31-84(IGT2)-B31-104(E1)	B-BR			
B31-83(IGT3)-B31-104(E1)	G-BR			
B31-82(IGT4)-B31-104(E1)	LG-BR			
B31-81 (IGF1)-B31-104 (E1)	Y-BR	点火线圈（点火确认信号）	点火开关置于ON位置	4.5 ～ 5.5 V
			怠速运转时	产生脉冲

续表

端子号（符号）	配线颜色	端子描述	条件	规定状态
B31-122 (NE+)-B31-121 (NE-)	G- R	曲轴位置传感器	发动机暖机时怠速	产生脉冲
B31-99 (G2+)-B31-98(G2-)	W-R	可变气门正时（VVT）传感器（进气侧）	发动机暖机时怠速	产生脉冲
B31-108 (#10)-B31-45(E01)	W-BR	喷油器	点火开关置于 ON 位置	9 ~ 14 V
			怠速运转时	产生脉冲
B31-107 (#20)-B31-45(E01)	Y- BR	喷油器	点火开关置于 ON 位置	9 ~ 14 V
			怠速运转时	产生脉冲
B31-106 (#30)-B31-45(E01)	P-BR	喷油器	点火开关置于 ON 位置	9 ~ 14 V
			怠速运转时	产生脉冲
B31-105 (#40)-B31-45(E01)	L- BR	喷油器	点火开关置于 ON 位置	9 ~ 14 V
			怠速运转时	产生脉冲
B31-109 (HT1A)-B31-86(E03)	G - W	加热型氧传感器加热器（S1）	点火开关置于 ON 位置	9 ~ 14 V
			怠速运转时	< 3.0 V
B31-112(OX1A)-B31-90(EX1A)	W- BR	加热型氧传感器（S1）	传感器预热后，保持发动机转速 2 500 r/min，运行 2 min	产生脉冲
B31-47 (HT1B)- B31-86(E03)	LG-W	加热型氧传感器加热器（S2）	点火开关置于 ON 位置	9 ~ 14 V
			怠速运转时	< 3.0 V
B31-64 (0X1B)- B31-87(EX1B)	W-GR	加热型氧传感器（S2）	传感器预热后，保持发动机转速 2500 r/min，运行 2 min	产生脉冲
B31-110(KNK1)-B31-111 (EKNK)	R-G	爆震传感器	发动机暖机后保持 4000 r/min 的发动机转速	产生脉冲
A50-8 (SPD)-B31-104(E1)	V- BR	来自组合仪表的速度信号	以 20 km/h 的速度行驶	产生脉冲
B31-97 (THW)- B31-96 (ETHW)	L- P	发动机冷却液温度传感器	怠速，发动机冷却液温度为 80℃（176°F）	0.2 ~ 1.0 V
B31-65 (THA)- B31-88 (ETHA)	P-BR	进气温度传感器	怠速，进气温度为 20℃（68°F）	0.5 ~ 3.4 V
B31-118 (VG)- B31-116 (E2G)	GR- LG	质量空气流量计	怠速、换挡杆置于 P 挡或 N 挡、空调关闭	0.5 ~ 3.0 V
A50-24 (W)- B31-104 (E1)	R- BR	MIL	点火开关置于 ON 位置（MIL 熄灭）	< 3.0 V
			怠速运转时	9 ~ 14 V
A50-48 (STA)-B31-104 (E1)	LG - BR	起动机信号	发动机起动	5.5 V 或更高
B31-115(VTA1)-B31-91 (ETA)	Y- BR	节气门位置传感器（用于发动机控制）	点火开关置于 ON 位置，节气门全关	0.5 ~ 1.2 V
			点火开关置于 ON 位置，节气门全开	3.2 ~ 4.8 V

续表

端子号（符号）	配线颜色	端子描述	条件	规定状态
B31-114(VTA2)-B31-91(ETA)	GR - BR	节气门位置传感器（用于传感器故障检测）	点火开关置于 ON 位置，松开油门踏板	2.1 ~ 3.1 V
			点火开关置于 ON 位置，踩下油门踏板	4.5 ~ 5.5 V
B31-67 (VCTA)-B31-91(ETA)	W- BR	传感器电源（规定电压）	点火开关置于 ON 位置	4.5 ~ 5.5 V
A50-57 (VCPA) - A50-59(EPA)	P-R	油门踏板位置传感器电源（用于 VPA）	点火开关置于 ON 位置	4.5 ~ 5.5 V
A50-55 (VPA) - A50-59(EPA)	L-R	油门踏板位置传感器（用于发动机控制）	点火开关置于 ON 位置，松开油门踏板	0.5 ~ 1.1 V
			点火开关置于 ON 位置，完全踩下油门踏板	2.6 ~ 4.5 V
A50-56 (VPA2) - A50-60(EPA2)	Y-0	油门踏板位置传感器（用于传感器故障检测）	点火开关置于 ON 位置，松开油门踏板	1.2 ~ 2.0 V
			点火开关置于 ON 位置，完全踩下油门踏板	3.4 ~ 5.0 V
A50-58 (VCP2) - A50-60(EPA2)	B-0	油门踏板位置传感器电源（用于 VPA2）	点火开关置于 ON 位置	4.5 ~ 5.0 V
B31-42 (M+)-B31-43(ME01)	G-BR	节气门执行器	发动机暖机时怠速	产生脉冲
B31-41 (M-)-B31-43 (ME01)	R-BR	节气门执行器	发动机暖机时怠速	产生脉冲
A50-36 (STP)-B31-104(E1)	L-BR	刹车灯开关	踩下制动踏板	9 ~ 14 V
			松开制动踏板	＜ 1.5V
A50-35 (ST1-)-B31-104(E1)	R-BR	刹车灯开关	点火开关置于 ON 位置，踩下制动踏板	＜ 1.5 V
			点火开关置于 ON 位置，松开制动踏板	9 ~ 14 V
B31-49 (PRG)-B31-104 (E1)	B-BR	清污 VSV	点火开关置于 ON 位置	9 ~ 14 V
			怠速运转时	产生脉冲
A50-7 (FC)-B31-104 (E1)	O-BR	燃油泵控制	点火开关置于 ON 位置	9 ~ 14 V
			怠速运转时	＜ 1.5V
A50-15(TACH)-B31-104(E1)	GR-BR	发动机转速	怠速运转时	产生脉冲
A50-27 (TC)-B31-104(E1)	P-BR	DLC3 的端子 TC	点火开关置于 ON 位置	9 ~ 14 V
B31-100 (0C1+)- B31-123 (0C1-)	BR-R	凸轮轴正时机油控制阀（进气侧）	怠速运转时	产生脉冲
A50-41 (CANH)-B31-104(E1)	Y-BR	CAN 通信线路	点火开关置于 ON 位置	产生脉冲
A50-49 (CANL)-B31-104(E1)	W-BR	CAN 通信线路	点火开关置于 ON 位置	产生脉冲
A50-28(IGSW)-B31-104(E1)	B- BR	点火开关	点火开关置于 ON 位置	9 ~ 14 V
A50-44 (MREL)-B31-104(E1)	L- BR	EFI MAIN 继电器	点火开关置于 ON 位置	9 ~ 14 V

续表

端子号（符号）	配线颜色	端子描述	条件	规定状态
B31-60 (0E1+)- B31-61(0E1-)	BR-P	凸轮轴正时机油控制阀（排气侧）	怠速运转时	产生脉冲
B31-76 (EV1+)- B31-75(EV1-)	Y-G	可变气门正时（VVT）传感器（排气侧）	发动机暖机时怠速	产生脉冲
B31-70 (VCV1)-B31-104(E1)	V-BR	VVT 传感器电源（规定电压）	点火开关置于 ON 位置	4.5 ~ 5.5 V
B31-117(VC)-B31-104(E1)	V-BR	VVT 传感器电源（规定电压）	点火开关置于 ON 位置	4.5 ~ 5.5 V
B31-52 (STAR)-B31-104 (E1)	W-BR	起动机继电器控制	点火开关置于 ON 位置	＜1.5 V
			发动机起动	≥ 5.5 V
A50-43 (RFC)-B31-104(E1)	R-G - BR	冷却风扇控制	点火开关置于 ON 位置	4.5 ~ 5.5 V

5. 标准波形

（1）点火器IGT信号（从EMC到点火器）参数设置如表24-2所示，波形如图24-2所示。

表24-2 点火器IGT信号（从EMC到点火器）参数设置

ECM 端子名称	IGT（1 至 4）和 E1 之间 IGF1 和 E1 之间
检测仪量程	2 V/ 格，20 ms/ 格
条件	怠速运转时

提示：波长随发动机转速的增加而变短。

（2）曲轴位置传感器和可变气门正时（VVT）传感器参数设置如表24-3所示，波形如图24-3所示。

表24-3 曲轴位置传感器和可变气门正时（VVT）传感器参数设置

ECM 端子名称	CH1：在 G2+ 和 G2- 之间 CH1：在 EV1+ 和 EV1- 之间 CH2：在 NE+ 和 NE- 之间
检测仪量程	5 V/ 格，20 ms/ 格
条件	发动机暖机后怠速运转

提示：波长随发动机转速的增加而变短。

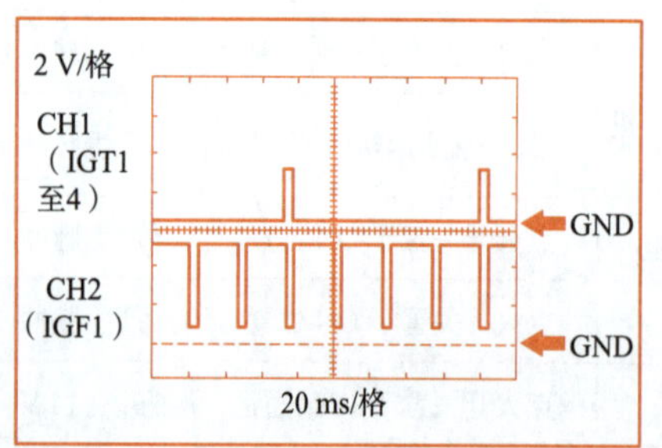

图24-2 点火器IGT信号（从EMC到点火器）波形

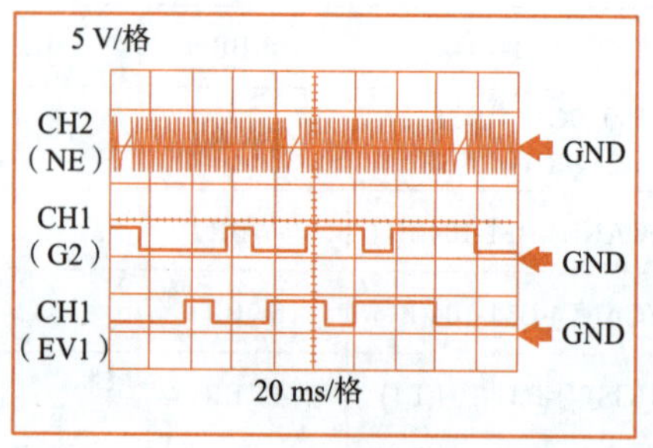

图24-3 曲轴位置传感器和可变气门正时（VVT）传感器波形

（3）1号（至4号）喷油器信号参数设置如表24-4所示，波形如图24-4所示。

表24-4　1号（至4号）喷油器信号参数设置

ECM 端子名称	在 10 号（至 40 号）和 E01 之间
检测仪量程	20 V/ 格，20 ms/ 格
条件	怠速运转时

提示：波长随发动机转速的增加而变短。

（4）加热型氧传感器（B1 S1）参数设置如表24-5所示，波形如图24-5所示。

表24-5　加热型氧传感器（B1 S1）参数设置

ECM 端子名称	在 0X1A 和 EX1A 之间
检测仪量程	0.2 V/ 格，200 ms/ 格
条件	传感器预热后，保持发动机转速 2 500 r/min，运行 2min

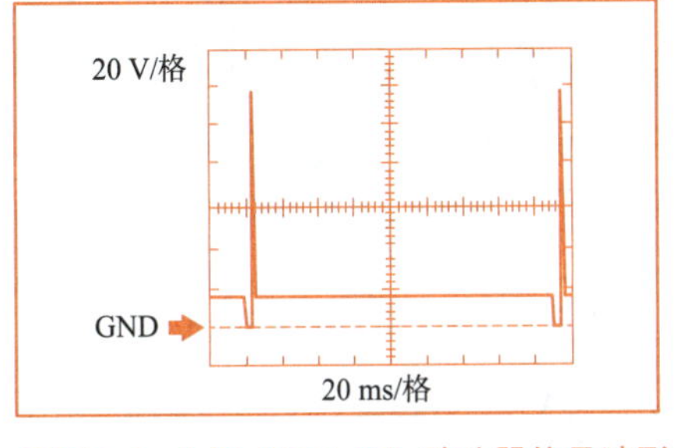

图24-4　1号（至4号）喷油器信号波形

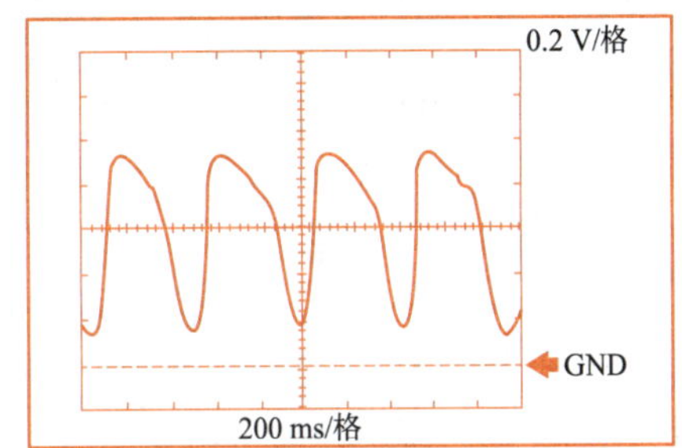

图24-5　加热型氧传感器（B1 S1）波形

（5）加热型氧传感器（B1 S2）参数设置如表24-6所示，波形如图24-6所示。

表24-6　加热型氧传感器（B1 S2）参数设置

ECM 端子名称	在 0X1B 和 EX1B 之间
检测仪量程	0.2 V/ 格，200 ms/ 格
条件	传感器预热后，保持发动机转速 2 500 r/min，运行 2min

提示：在数据表中，项目02SB1 S2显示来自加热型氧传感器至ECM的输入值。

（6）爆震传感器参数设置如表24-7所示，波形如图24-7所示。

表24-7　爆震传感器参数设置

ECM 端子名称	在 KNK1 和 EKNK 之间
检测仪量程	1 V/ 格，1 ms/ 格
条件	发动机暖机后，使发动机转速保持在 4 000 r/min

提示：波长随发动机转速的增加而变短；波形和振幅根据车型稍有差别。

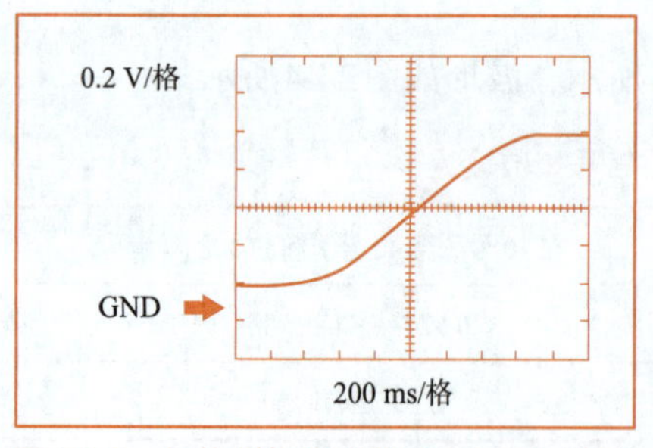

图 24-6　加热型氧传感器（B1 S2）波形

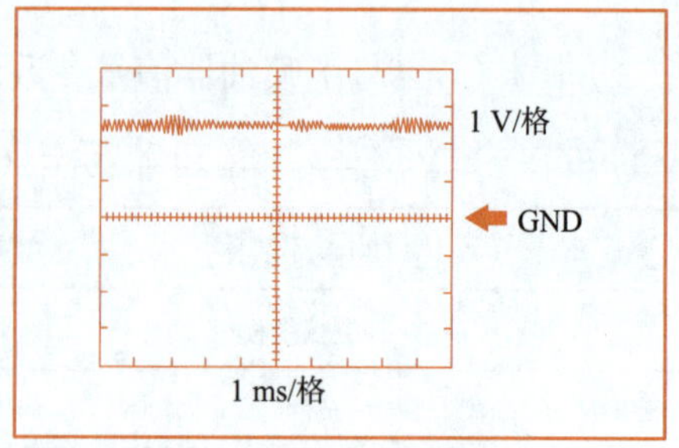

图 24-7　爆震传感器波形

（7）车速信号参数设置如表24-8所示，波形如图24-8所示。

表24-8　车速信号参数设置

ECM 端子名称	在 SPD 和 E1 之间
检测仪量程	5V/ 格，20 ms/ 格
条件	驱动轮缓慢旋转

提示：波长随车速的增加而变短。

（8）节气门执行器正极端子参数设置如表24-9所示，波形如图24-9所示。

表24-9　节气门执行器正极端子参数设置

ECM 端子名称	在 M+ 和 ME01 之间
检测仪量程	5 V/ 格，1 ms/ 格
条件	发动机暖机后怠速运转

提示：占空比随节气门执行器的操作而变化。

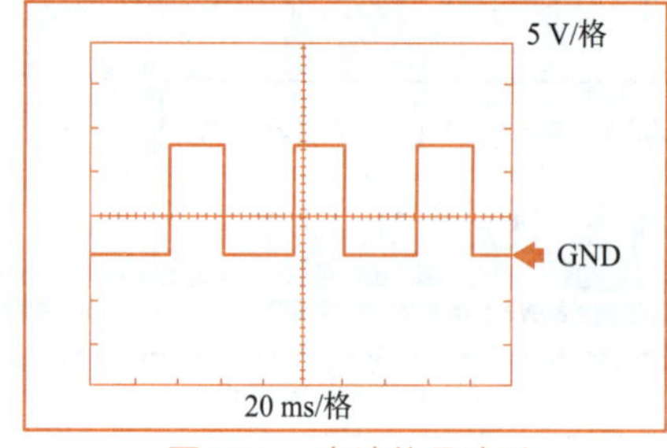

图 24-8　车速信号波形

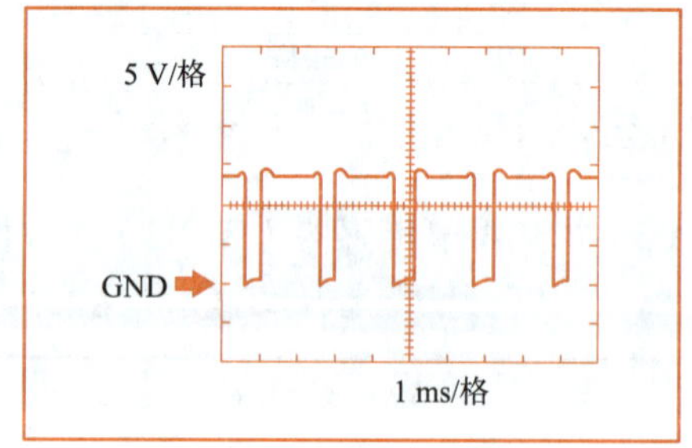

图 24-9　节气门执行器正极端子波形

（9）节气门执行器负极端子参数设置如表24-10所示，波形如图24-10所示。

表24-10　节气门执行器负极端子参数设置

ECM 端子名称	在 M- 和 ME01 之间
检测仪量程	5 V/ 格，1 ms/ 格
条件	发动机暖机后怠速运转

提示：占空比随节气门执行器的操作而变化。

（10）清污VSV参数设置如表24-11所示，波形如图24-11所示。

表24-11　清污VSV参数设置

ECM 端子名称	在 PRG 和 E1 之间
检测仪量程	10 V/ 格，20 ms/ 格
条件	怠速运转时

提示：如果波形与插图不相似，则怠速运转10min或更长时间后再次检查波形。

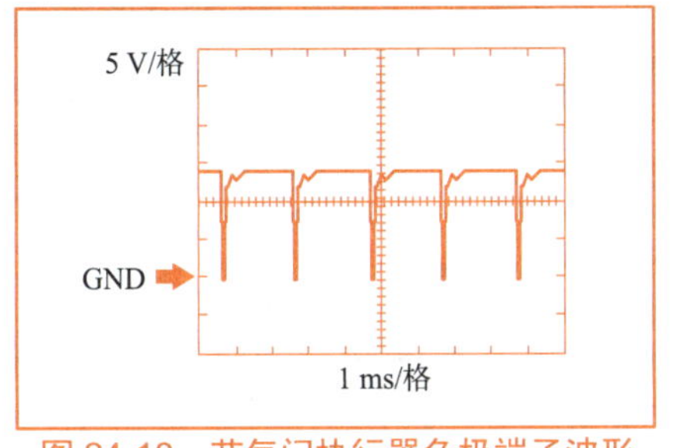

图 24-10　节气门执行器负极端子波形

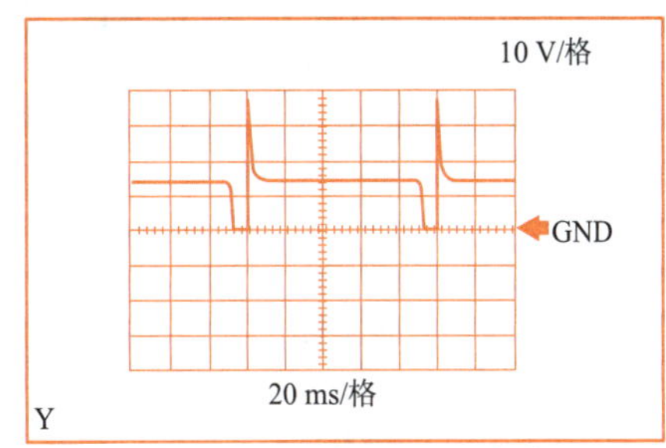

图 24-11　清污 VSV 波形

（11）发动机转速信号参数设置如表24-12所示，波形如图24-12所示。

表 24-12　发动机转速信号参数设置

ECM 端子名称	在 TACH 和 E1 之间
检测仪量程	5 V/ 格，10 ms/ 格
条件	怠速运转时

提示：波长随发动机转速的增加而变短。

（12）进气凸轮轴正时机油控制阀参数设置如表24-13所示，波形如图24-13所示。

表 24-13　进气凸轮轴正时机油控制阀参数设置

ECM 端子名称	在 0C1+ 和 0C1- 之间
检测仪量程	5 V/ 格，1 ms/ 格
条件	怠速运转时

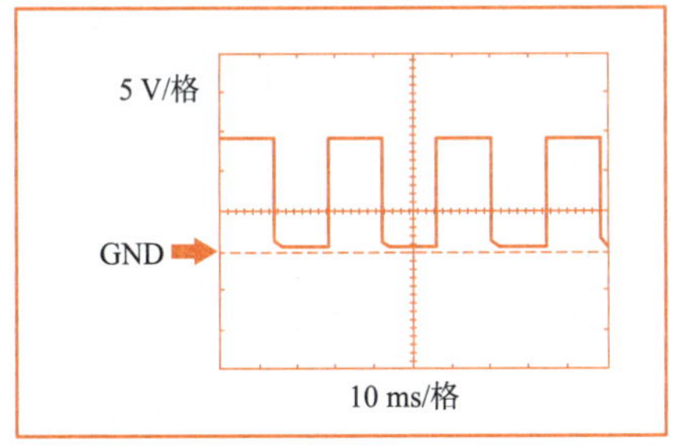

图 24-12　发动机转速信号波形

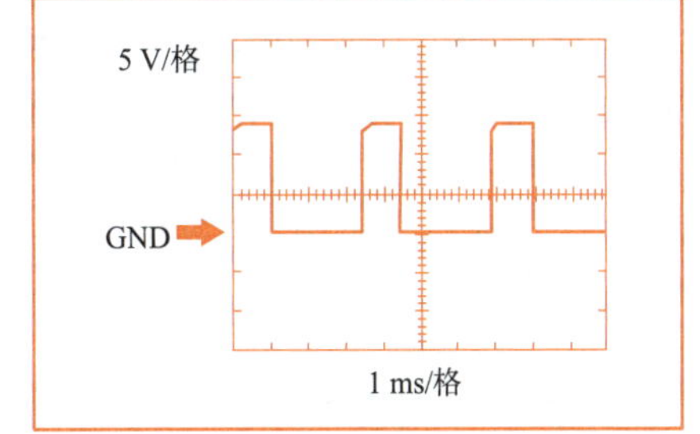

图 24-13　进气凸轮轴正时机油控制阀波形

（13）CAN-H通信信号参数设置如表24-14所示，波形如图24-14所示。

表 24-14　CAN-H 通信信号参数设置

ECM 端子名称	在 CAN-H 和 E1 之间
检测仪量程	1 V/ 格，10 μs/ 格
条件	发动机停止且点火开关置于 ON 位置

提示：波形随着CAN通信信号而变化。

（14）CAN-L通信信号参数设置如表24-15所示，波形如图24-15所示。

表 24-15　CAN-L 通信信号参数设置

ECM 端子名称	在 CAN-L 和 E1 之间
检测仪量程	1 V/ 格，10 μs/ 格
条件	发动机停止且点火开关置于 ON 位置

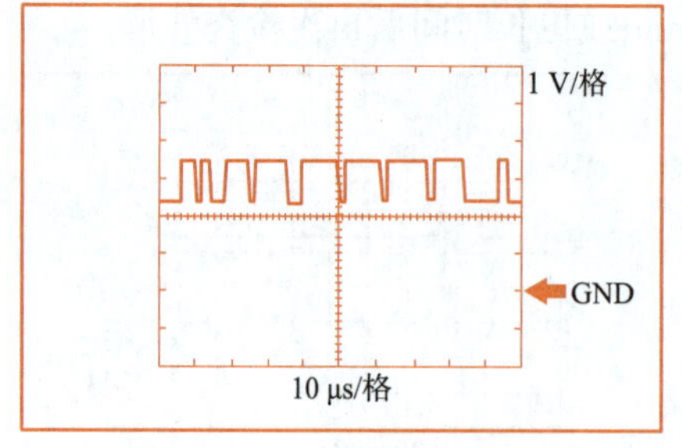

图 24-14　CAN-H 通信信号波形

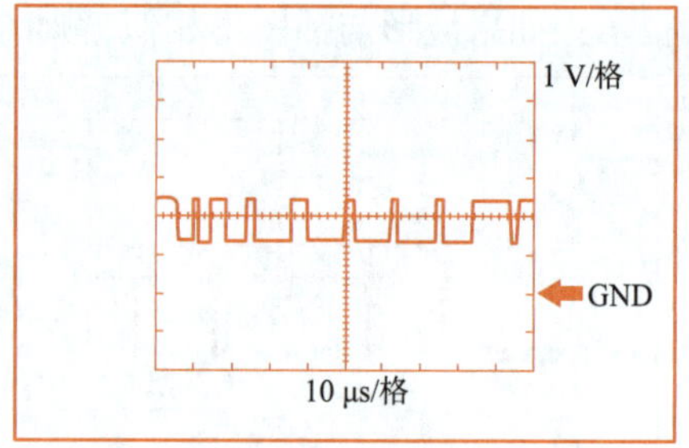

图 24-15　CAN-L 通信信号波形

（15）排气凸轮轴正时机油控制阀参数设置如表24-16所示，波形如图24-16所示。

表24-16　排气凸轮轴正时机油控制阀参数设置

ECM 端子名称	在 0E1+ 和 0E1- 之间
检测仪量程	5 V/ 格，1 ms/ 格
条件	怠速运转时

6. 执行主动测试

使用智能检测仪进行主动测试，无须拆下任何零件就可进行继电器、VSV、执行器和其他项目的操作。通过主动测试执行元件，可以缩短诊断时间，根据主动测试结果，判断故障元件。

测试时先接智能检测仪连接到DLC3，打开点火开关至ON位置，并开启检测仪，选择：Powertrain / Engine and ECT /Active Test，参照24-17表进行主动测试。

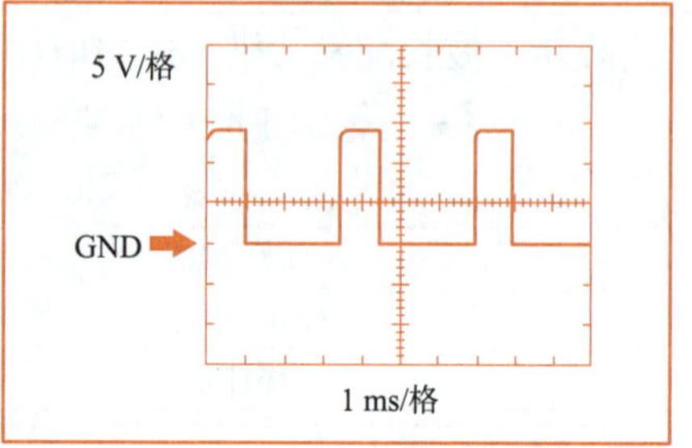

图 24-16　排气凸轮轴正时机油控制阀波形

表24-17　主动测试情况表

检测仪显示	测试部位	控制范围	诊断备注
Control the Injection Volume	改变喷油量	在 –12.5% 和 24.8% 之间	所有喷油器应在同一时间测试； 在低于 3 000 r/min 时执行测试； 在控制范围内，喷油量可按 0.1% 的递变值进行变化；
Control the Injection Volume for A/F Sensor	改变喷油量	降低 12.5% 或增加 24.8%	在低于 3 000 r/min 时执行测试； 控制 A/F 传感器的喷油量，可用于检查前加热型氧传感器和后加热型氧传感器的电压输出，并将其绘成图表； 为进行测试，选择以下菜单项：Active Test / Control the Injection Volume for A/F Sensor / Data List / A/F Control System / O2S B1S1 and O2S B1S2
Activate the VSV for Evap Control	激活清污 VSV 控制	ON/OFF	
Control the Fuel Pump / Speed	激活燃油泵（C/OPN 继电器）	ON/OFF	在发动机停机时，可以进行测试
Connect the TC and TE1	接通和断开 TC 和 TE1 的连接	ON/OFF	ON：TC 和 TE1 连接 OFF：TC 和 TE1 断开
Control the Idle Fuel Cut Prohibit	禁止怠速燃油切断控制	ON/OFF	
Control the Electric Cooling Fan	控制电动冷却风扇	ON/OFF	

续表

检测仪显示	测试部位	控制范围	诊断备注
Activate the Starter Relay	起动机	ON/OFF	
Activate the ACC Cut Relay	激活 ACC CUT 继电器	ON/OFF	满足下列条件时，可以测试： 点火开关置于 ON 位置； 发动机停机
Control the ETCS Open/Close Slow Speed	节气门执行器	ON：节气门缓慢打开 / 关闭	满足下列条件时，可以测试： 发动机停机； 换挡杆置于空挡位置； 完全踩下油门踏板（油门踏板位置：58° 或者更高）
Control the ETCS Open/Close Fast Speed	节气门执行器	ON：节气门快速打开 / 关闭	
Control the VVT Linear (Bank 1)	控制 VVT(B1)	-128% ~ 127% 该值添加至与当前机油控制阀占空比 100%：最大提前 -100%：最大滞后	VVT 执行器 100% 运行时，发动机失速或怠速不稳。车辆停止且发动机怠速运转时，可执行此测试
Control the WT system (Bank 1)	控制 VVT(B1)	-128% ~ 127%	车辆停止且发动机怠速运转时，可执行此测试
Control the Cylinder #1 Fuel Cut	1 号气缸喷油器燃油切断	ON/OFF	车辆停止且发动机怠速运转时，可执行此测试
Control the Cylinder #2 Fuel Cut	2 号气缸喷油器燃油切断	ON/OFF	
Control the Cylinder #3 Fuel Cut	3 号气缸喷油器燃油切断	ON/OFF	
Control the Cylinder #4 Fuel Cut	4 号气缸喷油器燃油切断	ON/OFF	
Control the VVT Exhaust Linear (Bank l)	控制 VVT(B1）	-128% ~ 127% 该值添加至当前机油控制阀占空比 100%：最大提前 -100%：最大滞后	-
Control the All Cylinders Fuel Cut	控制所有气缸燃油切断	ON/OFF	车辆停止且发动机怠速运转时，可执行此测试
Check the Cylinder Compression	检查气缸压缩压力	ON/OFF	所有气缸中的燃油喷射和点火停止转动发动机时，每个气缸测量发动机转速

项目实施

1. 注意事项

（1）遵守实验室规章制度，未经许可，不得擅自移动和拆卸仪器与设备。

（2）必须穿工作服、工作鞋，严格执行安全、5S 管理制度。

（3）严禁未经许可，擅自操作教具、设备的电器开关、点火开关和起动开关，以防发生危险。

（4）在教师允许和监控下，才能起动发动机，需与设备周围的人员进行互动，防止意外发生。

（5）发动机运行期间，严禁拔下各传感器及执行器接口，以免损坏 ECU。

（6）冷却液温度传感器要轻拿轻放，避免不必要的损坏。

（7）上实验台测试电压信号时，注意操作流程和相对应的测试端口。原则上只做本次实验相关的测试，其他无关的部位不要测试，否则按原理不清或看不懂电路图扣分。

（8）在实物台架上，测试端口与ECU直接相连，不要将任何电压加在发动机实验台的测试端口上，以免损坏ECU。

2. 实施步骤

项目工单

项目名称	电子控制系统综合故障排除		序号	24	日期	
班级		姓名		学号		

一、资讯

（1）发动机快怠速运转工况，操作显示面板上的相关仪表显示：发动机转速________r/min，真空压力显示________MPa，燃油压力显示________MPa左右，蓄电池电压表应显示________V。

（2）当水温表显示温度为________℃时发动机热机结束，此时怠速降在________r/min左右，发动机进入怠速工况。真空压力显示________MPa左右，燃油压力显示________MPa左右，若显示温度超过________℃时散热器风扇开始运转进行强制冷却，蓄电池电压表应显示________V以上。

（3）轻踏油门踏板，操作显示面板上的相关仪表显示发动机转速在________至________r/min左右，此时发动机进入中速工况。真空压力显示略有增加，燃油压力显示________MPa以上，蓄电池电压表应显示________V以上。

（4）加大油门开度、操作显示面板上的相关仪表显示发动机转速在________至________r/min左右，此时发动机进入高速工况。燃油压力显示________MPa以上，真空压力显示____MPa，蓄电池电压表应显示________V以上。

（5）把油门踏板从原始状态迅速踏下，操作显示面板上的相关仪表显示发动机转速从________r/min瞬间增至________r/min以上，此时发动机进入的是急加速工况。真空压力显示瞬间然后骤升至________MPa随后回至________MPa，燃油压力显示从________MPa升至________MPa。

二、决策和计划

人员分工		选择设备	工作计划
组号			
组长			
组员			

三、实施

（1）实施主动测试，测试相应元器件并做记录。

（2）测试ECM端子电压，并填写下表。

端子号	配线颜色	端子描述	条件	规定状态
A50-20 (BATT) - B31-104（E1）				
A50-3 (+BM) - B31-104（E1）				
B31-85 (IGT1) - B31-104（E1）				

B31-81 (IGF1) - B31-104 (E1)				
B31-122 (NE+) - B31-121(NE-)				
B31-108 (#10) - B31-45 (E01)				
B31-109 (HT1A) - B31-86 (E03)				
B31-112 (OX1A) - B31-90(EX1A)				
B31-110 (KNK1) - B31-111(EKNK)				
B31-97 (THW) - B31-96(ETHW)				
B31-118 (VG) - B31-116(E2G)				
B31-115 (VTA1) - B31-91(ETA)				
B31-67 (VCTA) - B31-91(ETA)				
A50-44 (MREL) - B31-104 (E1)				

（3）故障排除（记录故障排除过程及主要检测数据）。

四、检查

每个工作小组选派一名代表，汇报实训过程体会、掌握了哪些技能。教师确认发动机正常工作，故障已排除。

五、评估

序号	考核要点	配分	评分标准	得分
1	仪器使用	10	不正确扣 5 分	
2	电控发动机线路的检测	10	检测不正确扣 10 分	
3	电控发动机组件的检测	10	检测不正确扣 10 分	
4	数据流的分析	30	错误一次扣 5 分	
5	故障的排除	30	排放方法不正确扣 15 分	
			故障未排除扣 15 分	
6	整理工具，清理现场	10	保持实习现场秩序和卫生，保证人身及设备的安全，违规一次扣 5 分	
	实习态度和纪律			
7	总分	100	实得分数	

1. 小组自评：成绩________________

2. 教师点评：成绩________________

教师签字：________________

思 考 题

（1）发动机进入怠速工况后真空压力显示是多少 MPa？燃油压力显示多少 MPa？

（2）对电控系统进行检修时，应避免电控系统由于过载而损坏，为此还应注意哪几点？

（3）至少写出一个故障的排除过程，及排除过程中所测得的数据。

（4）为什么在点火开关接通（ON）时，决不可断开任何 12 V 电气工作装置？

（5）发动机急加速工况时，真空压力和燃油压力的变化规律是什么？

参考文献

[1] 苑庆进，车立新．电控发动机检测与维修 [M]．武汉：武汉大学出版社，2012.

[2] 梁宏．电控发动机维修 [M]．北京：电子工业出版社，2013.

[3] 金君堂．汽车电控发动机构造与维修 [M]．北京：中国劳动社会保障出版社，2013.

[4] 文恺．最新汽车电路维修速查系列 [M]．北京：化学工业出版社，2014.

[5] 王勇春，杨奇才．电控发动机维修 [M]．北京：经济管理出版社，2015.

[6] 刘伟．电控发动机维修实战 [M]．武汉：武汉大学出版社，2015.

[7] 谭本忠．电控发动机原理与维修 [M]．2 版．北京：机械工业出版社，2017.

[8] 李雷．电控发动机维修 [M]．2 版．北京：机械工业出版社，2018.

[9] 解福泉．电控发动机维修（汽车运用与维修专业）[M]．2 版．北京：高等教育出版社，2019.

[10] 李雷．电控发动机维修 [M]．3 版．北京：机械工业出版社，2021.

[11] 王囤．汽车电控发动机构造与维修 [M]．4 版．北京：人民交通出版社，2021.